Der weiße Falke.

Erzählung
aus
der Zeit des Untergangs der Huronen.

Von

Anton Ohorn.

Vierte Auflage.

Mit 25 Text-Abbildungen von Alb. Richter, sowie sechs Farbendruckbildern nach Aquarellen von F. W. Heine.

Leipzig.
Verlag von Otto Spamer.
1907.

Das seltene und gesuchte Werk

Der weiße Falke

von Anton Ohorn

erscheint im Rahmen ausgewählter Literatur
als exklusive Reprint-Ausgabe in der
Historischen Bibliothek des Melchior Verlages.

Die Historische Bibliothek enthält wichtige
sowie interessante Bücher zur Geschichte
und lässt anhand dieser eindrucksvollen Zeitzeugen
bedeutende Ereignisse, Begebenheiten und Personen
aus längst vergangener Zeit wieder lebendig erscheinen.

Nachdruck der Originalausgabe von 1907
nach einem Exemplar aus Privatbesitz.

M

Reprint

Wolfenbüttel
2012
ISBN: 978-3-942562-81-2
www.melchior-verlag.de

Ein huronisches Totenfest.

Inhaltsverzeichnis.

Erstes Kapitel: Ein huronisches Totenfest 3
Zweites Kapitel: Die Gründung Montreals 11
Drittes Kapitel: Der weiße Falke 21
Viertes Kapitel: Die Entführung 31
Fünftes Kapitel: Auf der Fährte 40
Sechstes Kapitel: Kämpfe und Abenteuer 50
Siebentes Kapitel: Der Friedensschluß 71
Achtes Kapitel: Der rote Tom 80
Neuntes Kapitel: In Feindeshand 96
Zehntes Kapitel: Jogues' Tod und Glanzauges Flucht 107
Elftes Kapitel: Gefahren und Rettungen 122
Zwölftes Kapitel: Abermals Frieden 145
Dreizehntes Kapitel: Das Wehrgeld 162
Vierzehntes Kapitel: Der Überfall von St. Joseph 172
Fünfzehntes Kapitel: Franzmann und Deutscher 183
Sechzehntes Kapitel: Blutige Tage 200
Siebzehntes Kapitel: Der Führer verloren 215
Achtzehntes Kapitel: Bei den Wampanoagen 228
Neunzehntes Kapitel: Ein verhungerndes Volk 255
Zwanzigstes Kapitel: Der Löwe lebt noch 268
Einundzwanzigstes Kapitel: Die Heimat verloren — Alles verloren . 274
Zweiundzwanzigstes Kapitel: Ein getreues Herz des höchsten Schatzes Preis 286
Dreiundzwanzigstes Kapitel: Der letzte Huronenhäuptling 302

Buntbilder:

Seite

Ein huronisches Totenfest . . . . Titelbild
Das erste „Te deum" der Begründer von Montreal 16
Erste Begegnung Hermann Langers mit dem „roten Tom" 86
Die Ermordung des „weißen Vaters", Pater Daniel 178
Der junge Häuptling der Wampanoagen wirft sich zwischen die Kämpfenden 238
Hermann Langer bei seiner wiedergefundenen Mutter 296

Der weiße Falke.

Wachtfeuer der Huronen.

Erstes Kapitel.

Ein huronisches Totenfest.

Es war im Mai des Jahres 1642. In dem Winkel des kanadischen Landes zwischen dem Ottawafluß und dem breiten, machtvollen Lorenzostrom hatte auch der Frühling seinen Einzug gehalten, so daß an den dunklen Tannen und Fichten die halbgrünen Sprossen nickten und im jungen Grase die ersten bunten Blumen blühten.

Ein dunkler Abend lag auf den Wäldern und dem Flusse, seltsame Vogelstimmen tönten schrill und vereinzelt, und Leuchtkäfer flogen wie Feuerfunken durch die Luft. Im Walde selbst aber flammten noch andre Lichter und leuchteten zu einem eigenartigen, düsteren Schauspiel: Das Volk der Huronen feierte sein Totenfest. Wer den Tag über schon die vereinsamten, übermoosten Waldpfade, welche nach der von dunklen, mächtigen Urwaldstämmen umrahmten Lichtung führten, beobachtet hätte, würde verschiedene Indianerzüge bemerkt haben, bestehend aus Männern und Weibern, welche, stumm einherschreitend, meist in Felle eingehüllte Bündel trugen oder auf einfachen Tragbahren tote, halbverweste Körper schleppten; traurig und klagend tönte dann und wann ein Schrei und hallte schaurig von den Riesen=

bäumen wider, als ob die Seelen längst Verstorbener noch einen Gruß in ihre Welt und ihren Stamm hineinriefen.

Die Stämme der Huronen zogen zur großen Totenfeier, welche ungefähr alle zwölf Jahre stattfand und bei welcher alle innerhalb dieses Zeitraumes Gestorbenen in einem großen gemeinsamen Grabe beigesetzt wurden.

Rings um die weite Lichtung brannten hochlodernd die Feldfeuer, um dieselben kauerten die braunen Gestalten, die Männer zumeist bekleidet mit den Fellen des Bibers und der Fischotter, an den Füßen rohlederne Gamaschen oder Moccasins, die Haare teils lose herabhängend, teils geflochten, teils auf dem Scheitel emporstarrend, wie die Rückenmähne der Hyänen, die Weiber angethan mit kurzen bunten Röcken und mit dem unvermeidlichen Wampumschmuck, der auf seltsame, kunstfertige Weise aus purpurroten und weißen Perlen hergestellt wurde. Wenn hier und da die Männer das Pelzwerk auf der Brust auseinanderschlugen, beleuchtete der Feuerschein sonderbare Zeichnungen, die ihrem Leibe eintättowiert waren.

In der Mitte der Lichtung befand sich eine etwa 10 m lange und 3 m tiefe Grube, und um dieselbe lief ein Holzgerüst, das auf starken Stämmen ruhte und an welchen Leitern hinanführten.

So viele Indianer auch anwesend waren, sie waren alle seltsam still, und ihre Blicke hafteten auf den Fellen, in welchen die Überreste ihrer Toten eingehüllt waren. Dunkler Qualm stieg von den Feuern auf, über welchen in berußten Kesseln die Abendmahlzeit bereitet wurde.

Da erhob sich an einem der größten Feuer ein Mann, hochgewachsen und breitschulterig; die dunklen Haare hingen ihm ungeordnet auf den Nacken, den Oberleib deckte ein Gewand aus Otterfell und Wampumschnüre lagen ihm über der Brust. Die rote Flammenglut beleuchtete ein energisches Gesicht mit scharfen Zügen und blitzenden Augen. Der Mann, dessen Linke an dem Stiel des Tomahawks in seinem Gürtel ruhte, stand in der Fülle seiner Kraft.

Ein Flüstern ging durch die Anwesenden:

„Anatoha wird sprechen!“

Der braune Mann in dem Otterfellgewande war der erste Häuptling der Huronenstämme, gleich ausgezeichnet durch List wie durch Kraft, und sein Volk hatte ihm die verschiedensten Ehrennamen beigelegt; mit ehrfurchtsvoller Scheu und mit Nacheiferungssehnsucht sahen nach ihm die Jünglinge, und mit vorgeneigtem Haupt lauschten die Alten, wenn er redete, oder wenn von seinen Heldenthaten gesprochen wurde.

„Brüder und Schwestern! Nehmet Abschied von euren Toten, gebet sie der Erde, auf daß ihre Seelen sich freuen in den Wohnungen Manitus, des großen Geistes!“

Er hatte mit wohllautender, weit vernehmbarer Stimme gerufen, ein Moment des Schweigens folgte, und dann kam Leben und Bewegung unter die Menge. Unter klagenden Lauten wurden die Gebeine der Toten enthüllt, noch einmal geliebkost und mit Thränen benetzt, dann aber wiederum in die Felle gewickelt. Die braunen Gestalten drängten sich wirr und wild durcheinander nach dem Gerüst, sie kletterten an dem Gebälk und den rohen Leitern empor, und bald hingen alle vorspringenden Zacken und alle die unzähligen Pfähle, welche ringsum in die Erde eingerammt waren, voll von den unheimlichen Bündeln, die bei dem roten Flammenglanze seltsam schwankten.

Mitten unter den Resten der Toten aber stand hoch auf dem Vorsprung des Gerüstes Anatoha; und während man die Leitern entfernte, so daß er gleichsam außer aller Verbindung war mit allem, was lebte und warm pulsierendes Blut hatte, ward es allgemach wieder ruhig. Man hätte das Blatt vom Baum des Urwaldes fallen hören, so still war es, als der Häuptling zu reden begann. Als er den rechten Arm bewegte, schlug er das Otternfell zurück und zeigte seine reich tättowierte Brust, voll von unauslöschlich eingeätzten Zeichen. Anatoha war ein großer Krieger und ein gegen Körperschmerz unempfindlicher Mensch, das bewiesen diese Bilder, deren Herstellung nur unter den größten Schmerzen, bei denen schon manch starker Mann des Stammes unter Schweigen und Hingebung starb, möglich war.

Anatoha redete.

„Zwölf Jahre sind vergangen, seitdem die Kinder des Huronenvolkes zum letztenmal ihre Toten in die Erde gelegt haben. Viele große Krieger hat Manitu seitdem abberufen; sie gehen nicht mehr auf dem Jagdpfade, zu ringen mit den Tieren des Waldes und des Flusses, sie haben den Kriegspfad verlassen, und der gelbe Rost frißt an ihren Waffen, sicher ist vor ihren Händen der Skalp ihrer Feinde. Sie sitzen nicht mehr um das große Beratungsfeuer, und ihre Stimmen sind stumm geworden. Laßt uns Klage erheben um unsre Toten, die nicht wiederkommen und deren Verdienste hier anzuführen gleich wäre der Arbeit, die Nadeln zu zählen an den grünen Tannen des Urwaldes oder die Funken, die von dem Feuer aufsprühen. Ihre Thaten bleiben unvergessen, und der Greis erzählt sie am Lagerfeuer den Kindern, wenn der Wintersturm fegt über den Huronensee, und die Herzen der Knaben werden pochen und ihr Mund wird sagen: Laßt uns werden, wie sie gewesen, die Lust unsres Volkes und der Schrecken der Feinde! — Sie sind daheim jetzt in den ewigen Jagdgründen, wo ihnen niemals fehlet Fleisch und Fisch, wir aber, ihre Verwandten und Freunde, bringen ihnen heute das große Totenopfer. Sie sollen es wissen in den Wohnungen des großen Geistes, daß wir heute ihrer denken und um sie klagen, denn auch sie haben unsrer gedacht. Sehet hin auf die reichen Geschenke, das Feuer leuchtet wider von dem glänzenden Wampum, von den reichen Gewändern und dem kostbaren Pelzwerk — das alles haben sie uns hinterlassen und schenken es ihren Brüdern und Schwestern und Freunden. O wie schön und reich sie zu geben wissen! — Mögen auch unsre Freunde, wenn man uns dereinst in das große Grab senkt, von uns sagen, was wir von ihnen sprechen: Sie sind große, gewaltige Krieger gewesen und sie waren gut gegen ihre Freunde — möge ihnen Manitu, der große Geist, alle Lust geben in seinem Hause!"

Während der Rede Anatohas hatten einige andre Häuptlinge die weite Grube ausgelegt mit Biberfellen und drei große kupferne Kessel in der Mitte aufgestellt. Als der Sprecher endete, brach die Menge in ein wildes Geheul aus, und man schleppte die noch ganz erhaltenen Leichen an den Rand der Grube und warf sie wehklagend hinab; die unten befindlichen Häuptlinge ordneten dieselben. Nun stürmte die Menge mit lautem Schreien auf das Gerüst; von allen Seiten kletterte man hinan, auf demselben, unter demselben und daneben drängte und stieß die Menge, und jeder wollte eines von den Bündeln mit den Knochenresten erfassen und in das große Grab werfen. Wild durcheinander flogen die dunklen, unheimlichen Ballen, die Umhüllungen lösten sich hier und da, und die klappernden Gebeine regneten nieder auf die Männer, welche die Überreste noch immer mit langen Stangen ordneten.

Die Feuer schienen greller emporzulodern, grauenhafter wurde der Lärm und das wilde Durcheinanderhasten. Hier schleppte man Baumstämme, dort Erde, dort Steine herbei, um das riesige Grab zu bedecken, und bald wölbte sich mitten in der Lichtung ein großer Hügel — die Totenstätte von Hunderten von Huronen.

Um die Erderhöhung wurde es still. Rings um dieselbe hockten die braunen Gestalten mit hoch an den Leib hinaufgezogenen Beinen und stimmten ein Trauerlied an. In seltsam weichen Molltönen klangen die Laute wie still getragenes Leid, wie schwermuttiefes Sehnen, und der Wald schien den Atem anzuhalten, wie um dem Gesange zu lauschen.

Zur selben Zeit stand hart an dem Rande der Lichtung, aber noch im Schatten des Urwaldes eine kleine Schar. Ihre Tracht und ihre Bewaffnung verriet die Bleichgesichter, ihre Sprache die Franzosen. Wenn ihr Anführer in den Lichtschein hinausgetreten wäre, so würde man das ganze Eindrucksvolle der stattlichen, ritterlichen Erscheinung bemerkt haben. Er war groß und breitschulterig, sein Haar noch dunkel, seine Augen von hellem Braun, seine Wangen gebräunt von der Sonne, rotgebeizt vom Frost, seine Nase lang und scharfgeschnitten, sein ganzes Wesen verriet Kühnheit und Unternehmungslust. Er trug ein weites Obergewand von dunkler Farbe und einen Hut mit einer Feder des Steinadlers geschmückt; seine Hand lag an dem fein gearbeiteten Silbergriff seines Degens.

Neben ihm stand ein andrer Mann, beinahe von gleicher Größe, mit derselben breiten Brust und mit ernsten gefurchten Zügen. Ein langer, schwarzer Rock fiel ihm beinahe bis auf die Knöchel herab, und auf dem kurzgeschorenen, ergrauenden Haare saß ein breitkrempiger, dunkler Hut; er hatte ganz das Aussehen eines Priesters. Hinter den beiden aber standen noch tiefer im Schatten ihre bewaffneten Begleiter, in ihrer Mitte auch zwei Frauen, nach europäischer Art und — wenigstens die eine — vornehm gekleidet.

Das Totenlied klang schaurig und traurig mit seinen ernsten, langgezogenen Tönen durch den schweigenden Wald, und lautlos, fast erstarrt lauschten die fremden Männer.

Jetzt flüsterte der Anführer zu dem andern:

„Sie sind unvorsichtig; sie gehen auf dem Kriegspfade und haben keine Wachen ausgestellt, ein Überfall würde sie alle in die Hände ihrer Feinde geben.“

„Die Seelen ihrer Toten halten nach ihrem Glauben für sie die Wache!“ entgegnete der andre.

„Und Ihr haltet sie bestimmt für Huronen, Hochwürden?“ fragte der erste wieder.

„Gewiß, ich bin dank dem Unterricht des Pater Le Jeune, unsres ersten Huronenmissionars, im stande, die Worte ihres Klageliedes zu verstehen.“

„Und meint Ihr, daß sie uns freundlich aufnehmen werden?“

„Ich zweifle nicht daran, Herr von Maisonneuve, sie liegen im blutigsten Streite mit den mächtigsten Stämmen der Irokesen und werden mit Freuden den Bundesgenossen in uns begrüßen.“

„Dann laßt uns unterhandeln; es ist mir darum zu thun, daß die Mädchen eine gesicherte Ruhestatt für die Nacht finden.“

Der mit Maisonneuve Angeredete winkte den Leuten zurückzubleiben und trat mit dem Geistlichen auf die Lichtung und in den hellen Feuerschein.

Ein zischendes „Hugh!“ klang von dem Grabhügel her, in das unterbrochene Totenlied mischte sich ein wilder Aufschrei.

Doch nur einen Augenblick währte die Aufregung. Schon schritt Anatoha den Fremden entgegen, deren Tracht und Wesen den Huronen weder befremdlich, noch bedenklich erscheinen mochte, und auch der Priester war einige Schritte vorgetreten. Er sprach, allerdings ungeläufig und hart, in dem Idiom des Indianerstammes:

„Wir grüßen unsre roten Brüder als Freunde und Bundesgenossen; unsre Büchsen sollen ihnen beistehen gegen ihre Feinde. Wir sind ausgezogen, um an guter Stelle ein festes Haus zu bauen, und streifen verirrt durch den Wald, während unsre Genossen an dem großen Strome unsrer harren. Gewährt uns, diese Nacht an euren Feuern zu rasten und eure Gäste zu sein, denn in Frieden kommen wir zu euch und wir haben Frauen bei uns, welche der Ruhe bedürfen, und leitet uns morgen zurück auf den Pfad, welchen wir verloren haben."

Anatoha hatte schweigend und die Arme über der Brust gekreuzt die Worte gehört, dann erwiderte er:

„Die Bleichgesichter kommen nicht zu guter Stunde und zu gutem Orte. Die Kinder des großen Geistes haben ihre Toten begraben und sind noch voll Trauer. Nicht will es uns ziemen, hier um das Beratungsfeuer zu sitzen und den Bund mit euch zu schließen, aber wir weisen eure Hand nicht von uns. Wenn eure Squaws es ertragen, noch eine Stunde durch den Wald zu wandern, so will ich euch nach einer unsrer Städte führen und ihr sollt dort rasten in den Wigwams der Huronen, und Anatoha selbst wird morgen euer Führer sein nach dem großen Strome."

Maisonneuve erklärte sich einverstanden mit der nächtlichen Wanderung, und während er und sein Begleiter zu den Ihrigen zurücktraten und den Frauen mitteilten, was sie beschlossen hatten, hatte auch Anatoha mit andern Häuptlingen und älteren Stammesangehörigen Rücksprache genommen, und bald stand eine Huronenschar bereit zum Aufbruche. — —

Die Fackeln wiesen den Weg durch den Wald, und die Waffen der weißen Männer blitzten im Feuerschein; der ganze Zug schritt schweigend weiter und lange noch hörte man das Lärmen und Rufen derer, die bei den Toten zurückgeblieben waren und bei dem großen Grabe ihren Schmaus hielten. Maisonneuve trat zu den beiden weiblichen Gestalten und redete halblaut die eine an: „Bist du müde, Schwester Marie? — Wärest du doch mit Margret zurückgeblieben!"

„Würdest du dann nicht in großen Sorgen um mich gewesen sein? — Sieh, mir ist am wohlsten, Paul, wenn ich bei dir sein kann, und als ich mich entschloß, aus der Heimat dir hierher zu folgen, da wußte ich, daß ich ein Leben der Gefahr, der Entbehrung und der Anstrengung wähle, aber wir thun es ja im Interesse unsrer heiligen Kirche, für Ausbreitung unsres Glaubens und für den Himmel. Sieh Margret an, die schwächer ist als ich und die auch alles mit Mut und Freudigkeit trägt — und was hat Pater Jogues nicht alles erduldet, und welch heldenhaftes Beispiel gibt nicht unser Pater Brebeuf?"

Der Edelmann drückte die Hand seiner Schwester, der Geistliche aber, der vielleicht seinen Namen — er hieß Jean Brebeuf — gehört hatte, trat herzu und sagte:

„Selig sind, die um meinetwillen Mühen und Verfolgung ertragen, denn ihrer ist das Himmelreich — spricht der Herr.“

Wieder schwiegen alle, und nur die Funken knisterten an den Fackeln, und ab und zu knackte ein zertretener Zweig unter einem Fußtritt. —

Es war, als sei in diesem Häuflein Franzosen die schwärmerische Romantik der Kreuzfahrer wieder aufgelebt. Paul de Chomedey, Herr von Maisonneuve, war ein tapferer und frommer Edelmann, der, angeregt durch den Umgang mit glaubenseifrigen Jesuiten und mit ernsten, religiösen Schwärmern, wie dem Steuereinnehmer Dauversière in La Fleche, der sich himmlischer Eingebungen rühmte und sich selbst bis aufs Blut kasteiete — den abenteuerlichen Plan faßte, nach Kanada zu ziehen und mit Schwert und Wort die heidnischen Indianer zu bekehren. Sein Vater, ein lustiger und leichtlebiger Mann, suchte sich dem Vorhaben zu widersetzen, der Sohn aber entgegnete mit den Worten des Evangelisten Markus: „Es ist niemand, so er verläßt Haus oder Brüder oder Schwestern oder Vater oder Mutter um meinetwillen und um des Evangelii willen, der nicht hundertfältig empfange.“ — Der Alte hatte dem festen Entschlusse nachgeben und sogar seiner gleichfalls von der vielverbreiteten Schwärmerei erfaßten Tochter gestatten müssen, den Bruder zu begleiten.

Die letztere hatte eine Gefährtin gefunden in Margareta Bourgeois, der Tochter eines ganz achtbaren Handelsmannes. Obgleich von lauter Wundergläubigen umgeben, blieb sie selbst doch kühl und nüchtern, und nicht Schwärmerei, sondern reine und thatkräftige Nächstenliebe verleitete sie, dem Unternehmen sich anzuschließen.

Maisonneuve waren außerdem noch etwa vierzig Männer, von ähnlichem Geiste wie er selbst beseelt, gefolgt, keine gewöhnliche Abenteurerschar. Sie hatten sich in der Kirche von Notre-Dame in Paris vor dem Altare der Madonna versammelt und das Gelübde gethan, fern im Westen eine christliche Niederlassung für Ausbreitung des Glaubens zu gründen und sie der „gebenedeiten Jungfrau Maria“ zu widmen.

Der Eifer der kleinen Schar wurde besonders entflammt durch zwei Jesuiten: Jean Brebeuf und Isaak Jogues. Beide hatten sich schon früher der Indianermission gewidmet, und Jogues hatte sogar ein teilweises Martyrium bei den Irokesen erfahren. Seine Hände waren verstümmelt und nur durch ein besonderes päpstliches Breve war er ermächtigt, trotzdem den Meßgottesdienst zu verrichten. Beide Priester brannten vor Bekehrungseifer, und wenn sie gleich sich bewußt waren, daß ein möglicherweise qualvoller Tod ihrer warte, so hob dies nur noch ihre Freudigkeit und ihren stürmischen Eifer. Brebeuf befand sich mit der kleinen Schar im Walde, Jogues war mit den andern bei dem Fahrzeuge zurückgeblieben.

Sie waren von Quebec heraufgekommen, wo der Gouverneur, Herr von Montmagny, sie nicht allzu freundlich aufgenommen hatte, da er in Maisonneuve einen Nebenbuhler fürchtete. Nachdem sie dort den Winter zugebracht, hatte sie der Gouverneur, als sie aufbrachen, nicht aufgehalten, war ihnen aber auch nicht förderlich gewesen durch Weisungen hinsichtlich der Wahl der Niederlassung; am liebsten würde er es gesehen haben, wenn sie sich durch Schwierigkeiten hätten abschrecken lassen und nach Frankreich zurückgekehrt wären. So durchstreiften sie denn verschiedene Gegenden, um eine passende Lage für eine Ansiedelung zu finden, und bei einer solchen Streife waren sie mit den Huronen zusammengetroffen.

Nach einem ungefähr einstündigen Marsche gelangte der Zug an die Palissaden der Huronenstadt, die schweigend und dunkel auf einer Anhöhe lag. Man durchschritt den trockenen Graben, welcher sich um dieselbe zog, und kletterte über die durcheinander geworfenen Baumstämme und Steine. Hunde schlugen mit heiserem Bellen an, in den Rindenhäusern aber war es still, und nur aus einzelnen leuchtete Feuerschein heraus und dunkle Gestalten tauchten vereinzelt auf und sahen anfangs überrascht und erschrocken, dann aber voll Neugier nach den bewaffneten Fremden. Diese führte Anatoha seinem Wigwam zu.

Der Medizinmann am Krankenlager.

Zweites Kapitel.

Die Gründung Montreals.

Die Stadt der Huronen zeichnete sich weder durch Größe noch durch Schönheit aus; ordnungslos und wie zu einem Haufen zusammengedrängt lagen die gleichförmig gebauten, langgestreckten Häuser, die einem verdeckten Gange ähnlich sahen, deren Fachwerk aus Baumstammen gebildet war, und die man mit großen Rindenstücken von Weißzedern und Sprossenfichten bedeckt hatte. Eine fußweite Öffnung an der Vorderseite gestattete dem Lichte den Zutritt, dem Rauche den Abzug. Das Haus des Häuptlinges unterschied sich nur durch seine größere Länge von den andern, und als die Fremden eintraten, schlug ihnen sofort ein beißender Rauch entgegen von dem Feuer, das nahezu in der Mitte des Raumes brannte und einen düsteren Qualm nach der vollständig von Ruß geschwärzten Decke schickte. An beiden Seiten des langen Gemaches liefen breite Gerüste hin, aus Pfosten mit darübergelegten Rindenstücken hergestellt und mit Matten oder Fellen bedeckt. Unter dem gewölbten Dache lagen oder hingen an Stangen Kleidungsstücke, Waffen und Schmuckgegenstände.

Anatoha forderte seine Gäste auf, sich an dem Feuer niederzulassen, und setzte die Friedenspfeife in Brand, welche in dem Kreise der Männer herumging und aus welcher ein jeder einige Züge that. Das war der

Willkomm im Hause des Indianers, und dieser rief nun nach einer Ecke des Raumes hin um Speise und Trank. Zwei braune Frauengestalten erschienen hier und brachten auf Rindenstücken Fleisch und eine Art Brot aus Mais. Wild gab es wenig im Lande der Huronen, man hatte für gewöhnlich Hundefleisch als Leckerbissen, bei besonderen Gelegenheiten aber tötete man einen der Bären, die zu solchem Zwecke in einzelnen Orten gemästet wurden. Das große Totenfest hatte den letzteren Braten veranlaßt, und so trug man den Franzosen Bärenschinken auf und reichte ihnen in einfachen Holzgefäßen einen metartigen Trank.

Die jüngere der beiden Frauen, welche die Speisen gebracht hatten, sah mit scheuer Neugier auf die bunte und verhältnismäßig reiche Tracht der beiden fremden Damen und näherte sich schüchtern, Schritt um Schritt, Marien. Mit der Neugier des Kindes tippte sie mit den braunen Fingern an das Gewand der Fremden, und als dies willig geduldet ward, wurde sie kühner und strich mit der Hand leicht über das goldglänzende, weiche Haar Mariens, die halb scheu, halb verwundert nach dem braunen Wesen hinsah, für welches sie offenbar ein Gegenstand der Bewunderung war. Die junge Huronin war in der That schön; schlank gewachsen wie die Königskerze, mit zierlichen Händen und Füßen, mit außerordentlich regelmäßigen, mildfreundlichen Gesichtszügen hatte sie etwas unbewußt Anmutiges und lieblich Scheues, das an das trauliche Reh des Waldes gemahnte; das Schönste aber in diesem braunen, weichen Antlitz waren die Augen, die groß und mit feuchtem aber hellem Glanze dreinschauten, so sinnig, als ob hundert Märchen darin zu lesen stünden, so scharf, als ob sie dem andern bis ins Herz zu schauen vermöchten.

Marie fühlte sich angezogen von der seltsamen Anmut des braunen Mädchens — denn eine Frau konnte sie unmöglich sein — und fragte sie nach ihrem Namen. Die Huronin schaute ihr verwundert auf die Lippen, sie hatte die französischen Worte nicht verstanden, aber sie lächelte und zeigte die blendendweißen Zähne zwischen den halbgeöffneten roten Lippen. — Marie errötete über ihre vermeintliche Ungeschicklichkeit, und Pater Brebeuf, welcher neben ihr saß, kam ihr zu Hilfe. Er wiederholte ihre Frage in huronischer Sprache, und mit einer gewissen Freudigkeit nannte das Mädchen ihren Namen: Glanzauge. Zugleich aber kauerte sie sich neben Marie nieder und streichelte ihr noch immer Haar und Hände, so daß diese, gerührt von solcher Zutraulichkeit und Zuneigung, das Mädchen an sich zog und ihre braune Stirn küßte.

Die Zeit war vorgerückt, und Anatoha, welcher mit Hilfe Brebeufs sich mit Maisonneuve verständigte, forderte seine Gäste auf, sich zur Ruhe zu begeben. Die Lagerstätten waren einfach genug. Durch die ganze Länge des Hauses zogen sich an beiden Seiten breite Gerüste, 1 m hoch vom Boden, gebildet aus dicken Rindenstücken, gestützt durch Pfosten und Kreuzstangen und bedeckt mit Matten oder Fellen, das waren die Sommerschlafstellen, und darunter befanden sich die Brennvorräte. Hier legten sich die Männer zur Ruhe nieder, die Frauen aber wurden von Glanzauge nach einem verschlagenen Raume geleitet, wo weichere Lagerstätten, bedeckt mit Ottern- und Biberfellen, hergerichtet waren. Bald legte sich der Schlaf auf die müden Augenlider Mariens, und sie wußte nichts davon, daß eine braune Mädchengestalt die ganze Nacht über an dem Fußende ihres Lagers kauerte und mit großen, glänzenden Augen nach ihrem Angesichte hinschaute. In dem weiten Raume daneben brannte das Feuer die ganze Nacht hindurch, und man hörte in dem Wigwam des Häuptlings nichts, als ab und zu das leise Knistern der Flamme oder die schnarchenden Laute eines Schläfers.

Brebeuf erwachte zuerst am Morgen und machte einen Gang durch die sogenannte Stadt. Es war noch recht still; hier und da kauerte ein häßliches altes Weib vor einer Hütte, beschäftigt, Kleidungsstücke auszubessern oder Häute zu bearbeiten, ein oder der andre fleißigere Mann schnitzte an einer Waffe oder einer Pfeife, ein Hund knurrte schläfrig den frühen Wanderer an — dem glaubenseifrigen Jesuiten aber zog es das Herz krampfhaft zusammen, wenn er dachte, daß die Bewohner all dieser Hütten, die Kinder dieses ganzen Stammes noch in der Nacht des Heidentumes lagen, daß kein Kirchglöcklein sie zu gemeinschaftlichem Gottesdienst rief, daß Haß und Mord und Totschlag hier noch die grausame Losung sei.

Aus einer Hütte vernahm er ein seltsames Heulen und Lärmen; er trat ein und sah nun zu seiner Verwunderung hier einen alten Mann auf einem Lager liegen und ringsum einen Kreis von Indianern, Männer und Weiber, kauern. Der Alte war offenbar krank, und vor ihm stand der Doktor des Stammes, der ihn schlug und schüttelte und kniff, dazu in entsetzlicher Weise heulte und mit Schildkrötenschalen um die Ohren rasselte, um den bösen Geist, den Urheber der Krankheit, zu vertreiben. Endlich biß er den alten Mann unter wilden Gebärden, daß das Blut an dem braunen Arme herabfloß und der Kranke erschöpft zurücksank. Der Doktor aber brachte mit Triumphgeschrei ein kleines Stück Holz zum Vorschein, das er in seinem Munde versteckt hatte und das er für die Ursache der nun gehobenen Krankheit ausgab. Die Anwesenden tanzten unter entsetzlichem Geheul um das Lager, auf welchem der blutende Alte mit geschlossenen Augen wie tot lag. Um Brebeuf hatte sich niemand gekümmert, und tief aufatmend trat derselbe wieder aus der Hütte hinaus in die Morgenluft.

Es wurde lebendiger im Orte. Männer zogen im Geleite großer Wolfshunde zur Jagd, Weiber zu der ihnen obliegenden Feldarbeit. Mit einem Male erhob sich ein gewaltiger Lärm; Männer, Weiber, nackte Kinder liefen alle nach einer Richtung hin, und langsam folgte Brebeuf. Die Gasse herauf kam ein Zug Leute, singend und schreiend. Es waren die Huronen, welche von dem Totenfeste zurückkehrten. Sie waren mit ihren andern Stammesgenossen auf eine kleine Bande Irokesen getroffen, hatten diese überfallen, eine Anzahl der Feinde getötet und einige zu Gefangenen gemacht. Einen derselben führte man nun im Triumphe durch die Stadt. Der Irokese, ein noch junger Mann, war schlimm zugerichtet, seine Hände waren geradezu zerfleischt von den Bissen seiner Feinde, wirr hingen ihm die dunklen Haarsträhne um das Gesicht und über den Nacken, aber er schritt aufrecht, fast mit einem höhnischen Lächeln um die Lippen, in der ihn umlärmenden Menge.

Nun wurde er nach indianischem Brauche einem Krieger übergeben, welcher in dem Gefechte einen nahen Verwandten verloren hatte, so daß der Gefangene an Stelle des Erschlagenen angeblich adoptiert wurde. Der Hurone empfing ihn mit einer gewissen Zärtlichkeit, die etwas Entsetzliches hatte, wenn man wußte, was dem Gefangenen drohte. Er sagte zu ihm: „Mein lieber Neffe, als ich vernahm, daß du kämest, habe ich mich sehr gefreut und gehofft, du würdest bei mir bleiben, um den Platz dessen einzunehmen, den wir verloren haben. Aber da ich sehe, wie du zugerichtet bist, und da deine Hände so zerrissen und zerfleischt sind, daß du sie nie wieder brauchen kannst, so ändre ich meine Absicht. Fasse deshalb Mut und bereite dich vor, als tapferer Mann zu sterben.“ Der Gefangene fragte mit größter Ruhe, auf welche Weise man ihn töten wolle.

„Durch Feuer“, war die Antwort seines freundlichen Wirtes.

„Es ist gut!“ erwiderte der Irokese.

Den Jesuiten schauderte und er suchte Gelegenheit, den Mann zu retten, oder wenigstens seine Seele für das Christentum und den Himmel zu gewinnen. Er begab sich nach dem Wigwam Anatohas und teilte diesem mit, was er gesehen habe, zugleich mit der Bitte, man möge dem Irokesen das Leben schenken. Der Häuptling zuckte mit den Achseln.

„Mein Vater“, sagte er, „die Krieger der Irokesen haben manchen unsrer Brüder lebendig gebraten und seine Gebeine dem großen Grabe entzogen, wir üben, was unser Recht und unsre Pflicht ist, und würden verächtlich vor unsren Feinden, wenn wir ihrer schonten.“

Er sprach das mit solcher Festigkeit und Entschiedenheit, daß Brebeuf erkannte, daß seine Bitte umsonst sei, und so begab er sich nach der Hütte, in welcher der Gefangene weilte.

Dieser saß an dem Feuer, und die Schwester des Huronen, an dessen Stelle er adoptiert werden sollte, brachte ihm Schüsseln mit verschiedenen Speisen und setzte sie ihm unter Beweisen hoher Zärtlichkeit und mit thränenden Augen vor, während der Krieger selbst ihm die entzündete Pfeife reichte, den Schweiß von seiner Stirn wischte und ihm mit einem Federfächer Kühlung zuwedelte.

Der Jesuit setzte sich neben den Gefangenen und begann in seinem gebrochenen Dialekt zu ihm zu sprechen.

„Mein Bruder soll sterben und diese Jagdgründe verlassen; er ist ein mutiger Mann und sieht dem Tode ruhig entgegen. Weiß mein Bruder aber auch, was nach dem Tode mit ihm geschieht?“

Der Irokese sah den fremden Mann, der so ruhig zu ihm redete, befremdet, aber nicht unfreundlich an und sagte:

„Coral wird in dem Hause Manitus, des großen Geistes, leben und mit seinen Vätern in den ewigen Jagdgründen streifen.“

„Das wird mein Bruder nicht“, sprach der Jesuit, „sondern er wird in eine dunkle Höhle kommen, in die kein Sonnenstrahl hineinfällt und kein Sternenlicht, und in welcher es wimmelt von giftigen Schlangen und Kröten, und er wird hungern und weder Fleisch noch Fisch haben und dürsten, und niemand wird ihm Honigtrank oder Wasser reichen. Es wird aber ein ewiges Feuer an dem Orte brennen und darin wird sein Leib gelegt werden; er wird alle Qualen des Feuers erleiden, ohne verbrennen zu können, und häßliche Teufel werden ihn mit glühend gemachten Zangen zwicken, und er wird nichts hören, als das gräßliche Geheul derer, die an demselben Orte leiden.“

Die Augen des Irokesen wurden merklich größer. „Und warum soll Coral an diesen Ort kommen?“ fragte er.

„Weil mein Bruder ein Heide ist, weil er den großen Manitu gar nicht kennt, weil alles, was er bisher geglaubt hat, falsch war, weil seine Medizinmänner und Zauberer ihn belogen haben.“

Der Gefangene fuhr mit einer wilden Gebärde empor, Brebeuf aber legte ihm die Hand leise auf seine zerfleischten Finger und sagte:

„Ruhig, mein Bruder! Ich will dir erzählen von dem großen Geiste, der diese Wälder und Ströme und Berge und Seen geschaffen, und der auch alle Menschen gemacht hat, damit sie Brüder untereinander und seine Kinder sein sollen. Die Kinder Manitus sind aber böse geworden und haben einander getötet und gequält und haben auch ihren Vater vergessen. Da jammerte es Manitu seiner Kinder und er schickte seinen liebsten Sohn, der machtvoll wie er selbst und selbst Gott war, auf die Erde, damit er den Menschen predige, daß sie einander lieben sollen. Die bösen Menschenkinder aber haben ihn, der Christus genannt wird, auch gemartert und getötet und haben ihn dann in ein festes Grab gelegt. Nach drei Tagen aber ist er lebend und herrlich aus diesem Grabe wieder hervorgegangen, und er hat denen, die an ihn und seinen Vater glauben, versprochen, daß auch sie nicht im Grabe bleiben, sondern auferstehen und zu der Herrlichkeit des Himmels ein=

gehen würden, in welcher er selbst wohnt. Und dort gibt es weder Schmerz noch Tod mehr, dort lieben sich alle wahrhaft als Brüder und Schwestern. Will mein Bruder Coral nicht an diesen Manitu und seinen Sohn glauben?"

„Werden meine Väter und meine Verwandten auch in diesem Himmel sein?" fragte der Gefangene.

„Deine Väter können es nicht mehr sein, deinen Verwandten aber wollen wir denselben Glauben verkünden und dann wirst du sie wiedersehen."

Der Irokese schüttelte leicht mit dem Kopfe und fragte weiter:

„Wird im Himmel gejagt, Krieg geführt oder werden irgend welche Feste gefeiert?"

„Nein", entgegnete sanft der Priester.

„Dann will ich nicht hin", sagte der Indianer, „dann ist der Himmel ein guter Platz für die Bleichgesichter, aber ich will bei den Indianern sein, denn die Bleichgesichter werden mir nichts zu essen geben, wenn ich hinkomme."

Der Jesuit ließ sich in seinem Bekehrungseifer nicht abschrecken.

„Sieht mein Bruder Coral nicht ein, daß ich es gut mit ihm meine, und daß ich ihn lieb habe? Im Himmel gibt es keine Indianer und keine Bleichgesichter mehr, dort werden alle einander gleich sein und alle gut, und darum möchte ich, daß mein Bruder in den Himmel kommt. Wenn er zur Hölle geht, so wird er nie mehr mit seinen Freunden sich freuen, er wird zusehen müssen, wie sie selbst Qualen erdulden, und wird mit ihnen doppelt leiden, und wenn die Kinder und Freunde meines Bruders in den Himmel kommen, zu dem wir sie mit Hilfe unsres Gottes führen werden, werden sie nach Coral fragen und niemand wird ihnen denselben zeigen, bis sie ihn von ihrer Herrlichkeit aus werden glühen sehen im ewigen Feuer, aus welchem er niemals wird erlöst werden können."

„Ist das alles wahr?" fragte der Irokese.

„Warum sollte ich meinen Bruder belügen, welchen ich lieb habe?" entgegnete der Jesuit voll freudiger Erregung, denn er fühlte, daß er gewonnen habe. Der warme Ton der Worte Brebeufs, der in seiner Offenheit und Herzlichkeit ungemein mit der heuchlerischen Zärtlichkeit seiner Feinde kontrastierte, schien allerdings das Meiste zu thun, und nachdem der Jesuit mit gewandter Sophistik noch einzelne Bedenken des Irokesen gelöst hatte, erklärte dieser, an den Gott der Bleichgesichter glauben zu wollen. Da schöpfte der Priester in der Freudigkeit seines Herzens in seiner hohlen Hand aus einem nahestehenden Becken Wasser und berührte mit der Flüssigkeit die Stirn des Indianers, indem er leise mit bebenden Lippen die Taufformel murmelte.

Mochte der Leib des Irokesen auch jetzt im Feuer verbrennen, die Seele war gerettet, und gehobenen Schrittes verließ der Jesuit die Hütte des Indianers und den dem Tode verfallenen Mann. —

Das erste „Te deum“ der Begründer von Montreal.

Die Franzosen hatten bereits am Morgen die Huronenstadt verlassen wollen, aber Anatoha bat sie, noch einen Tag zu rasten, und Maisonneuve gab hauptsächlich deshalb nach, weil Marie von der Anstrengung des vorausgegangenen Tages sich noch ermüdet fühlte, und weil er nicht gehen wollte, ohne den mächtigsten Huronenhäuptling sich zum Freunde und Bundesgenossen gemacht zu haben. Marie saß vor der Thür des Wigwams, und zu ihren Füßen kauerte auch heute wieder Glanzauge, die Schwester Anatohas, und sie hing der schönen Weißen ihren Wampumschmuck um Nacken und Brust, und Marie streichelte ihr dafür liebkosend die braunen Wangen. Ohne sich gegenseitig durch das lebendige Wort verständigen zu können, unterhielten sich die beiden Mädchen durch eine lebhafte Zeichen- und Gebärdensprache, und die Augen der jungen Indianerin glänzten freudiger, der Mund lachte seliger, wenn sie sich verstanden sah.

Um die Mittagszeit gab der Irokese sein Abschiedsfest, wie es Brauch und Sitte ist bei solchen, welche den Tod nahe wissen. Zu diesem Gastmahl ist jeder willkommen. auch Maisonneuve und die Franzosen begaben sich nach dem Hause des Huronen, in welchem der Totgeweihte sich befand. Feuer brannten in dem Raume, und die rußigen Kessel schwebten darüber. Die Indianer kamen nacheinander, ein jeder versehen mit seiner Schüssel und mit einem Löffel, und jeder begrüßte den Irokesen mit dem üblichen tiefen Kehllaute Ho! Dann kauerten sie sich auf die Erde um die Feuer nieder, und die aufwartenden Squaws (Weiber) füllten mit großen Löffeln die Schüsseln der Gäste.

Der Irokese sah mit bewunderungswerter Ruhe dem seltsamen Schauspiele zu, und nach einer Weile erhob er sich und redete mit lauter und fester Stimme die Anwesenden an:

„Meine Brüder! Der Tod steht mir in kürzester Zeit bevor. Thut mir das Schlimmste und Schmerzlichste an, ich fürchte weder Qual noch Tod.“

Es hatte etwas Grauenhaftes, den jungen Krieger als Wirt unter seinen Todfeinden sitzen zu sehen, die sich jetzt an Höflichkeiten und Zärtlichkeiten an ihm überboten und in wenigen Stunden schon die entsetzlichsten Martern über ihn zu verhängen gedachten. Die Franzosen vermochten den Anblick dieses Henkermahles nicht zu ertragen und traten aus der Hütte hinaus; Anatoha folgte ihnen.

Gern hätte Maisonneuve seinen Weg noch an demselben Tage fortgesetzt. aber der Häuptling hatte ihm versprochen, nicht allzu weit entfernt ihm einen geeigneten Platz zur Anlegung eines Forts zu zeigen, und Anatoha durfte an dem heutigen Tage, bei einem solchen Feste nicht fehlen. Auch wollte der feinfühlende Franzose seinen Wirt, der sich in seiner Art sehr liebenswürdig zeigte, nicht durch eine selbständige Abreise verletzen, und so blieb man und setzte den Abmarsch auf den Anbruch des nächsten Morgens fest.

Der Abend kam, und immer neue Haufen langten aus den umliegenden Orten an, um den Tod des Irokesen zu sehen und an seiner Marter sich zu beteiligen. Sie drängten sich alle in und um das Haus, welches denselben beherbergte, und mit Einbruch der Nacht hielt Anatoha an die Versammelten eine Rede, in welcher er in wilder, begeisterter Weise sie aufforderte, bei dem kommenden Opfer ihre Sache gut zu machen, da der große Geist auf sie herabschauen würde.

Die Anstalten zu dem entsetzlichen Schauspiel wurden getroffen; mit finsterem Blicke, die Arme mit den verstümmelten Händen über der ruhig atmenden Brust gekreuzt, schaute der Irokese zu.

Zwölf Feuer brannten in der Mitte der geräumigen Wohnung auf dem Erdboden. Die Gerüste auf beiden Seiten waren dicht mit Zuschauern besetzt, und zwischen diesen und den Feuern standen die jungen Krieger in Reihen aufgestellt, jeder mit brennenden Fichtenästen oder Rollen von Birkenrinde in der Hand. Es war ein entsetzliches Bild, und die Augen der Franzosen vermochten den Anblick nicht zu ertragen. Die Feuer loderten mit rotem Scheine, die Fichtenäste qualmten mit schwarzem Rauche, die Menge schrie und heulte mit verzerrten Gesichtern und wütenden Gebärden, und der einzige Ruhige war — das Opfer selbst.

Nun begann er seinen Todeslauf. Stolz, aufrecht schritt er mit seinen wehenden Haaren hin durch die auflohenden Feuer und von rechts und links schlugen die Feuerbrände auf seinen Kopf und seinen Nacken, und die Funken wirbelten knisternd in die Höhe.

Das wüste Geschrei und Geheule der Huronen klang weit durch die Stille der Nacht, und auch die beiden jungen Französinnen vernahmen es, welche mit Glanzauge vor der Thür des Wigwams des Häuptlings lagen. Niemand erzählte ihnen, daß dort ein Mensch in langen, entsetzlichen, aber stumm getragenen Qualen mit dem Tode rang; doch die heulenden, gräßlichen Töne erfüllten sie mit gleichem Entsetzen wie die Männer, die abgehärteten Kriegsleute, welche auf ihren Lagerstätten ruhten und doch den Schlaf nicht finden konnten.

Die ganze Nacht hindurch klang das wilde Schreien und erst bei Tagesanbruch verstummte es. In dem Hause des Huronen lagen die zu einem Klumpen zusammengebrannten Überreste des Irokesen, und Pater Brebeuf freute sich, daß er ihm wenigstens die Herrlichkeit des Himmels erschlossen hatte.

Mit Sonnenaufgang hatten die Franzosen die Indianerstadt verlassen. Sie wurden begleitet von Anatoha und acht Huronen; außerdem befand sich auch Glanzauge bei dem Zuge. Diese hatte eine geradezu schwärmerische Verehrung für Marie gefaßt, so daß dieselbe durch Brebeuf den Häuptling hatte bitten lassen, er möge seiner Schwester erlauben, für einige Zeit wenigstens bei ihr zu wohnen. Anatoha hatte, mehr noch durch die Bitten Glanzauges bewogen, nachgegeben, und so schritt das Indianermädchen jetzt leichtfüßig neben der aus Tannenästen hergestellten Tragbahre her, die von Indianern getragen wurde, und auf welcher Marie saß. Die Huronen hatten sich diesen Akt der Höflichkeit den weißen Frauen gegenüber nicht nehmen lassen, und der Zug kam auf diese Weise auch rascher vorwärts.

Der Wald lag noch in tiefem Schweigen, nur hier und da rauschte ein kleines Wasser mit schäumenden Fällen, oder ein scheues Tier huschte durch die Stämme. Glanzauge pflückte die Blumen an dem Wege und reichte dieselben Marien, welche sie zum Kranze flocht und ihn auf das dunkle Haar der Indianerin legte.

Um die Mittagszeit erreichte man das Lager der Franzosen am Ufer des Ottawa, an dessen Strande ihre Fahrzeuge vor Anker lagen. Die Freude des Wiedersehens war beiderseits warm und aufrichtig, zumal die hier Lagernden schon in Sorge gewesen waren um ihre Gefährten. Man hielt Mittagsrast, und Brebeuf erzählte während derselben seinem Ordensgenossen, Pater Jogues, einem schmächtigen, blassen Manne, in dessen Augen aber die Feuerglut der Schwärmerei loderte, von der Bekehrung und der Taufe des Irokesen und bat ihn, eine Messe für das Seelenheil des Neugetauften, falls er deren noch bedürfen sollte, zu lesen.

Bald bestieg man die Fahrzeuge, eine ziemlich große Schaluppe und ein ansehnliches, flachfahrendes und von Segeln bewegtes Boot und fuhr nun wieder stromabwärts den Weg zurück, den die Franzosen von Quebec her gekommen waren. An einsamen, grünen Ufern entlang zogen die Schifflein ihre Gleise in dem ruhigen Strome, der sie bereitwillig und ohne Anstrengung ihrer Insassen weitertrug. Da gebot Anatoha zu landen.

Es war eine Landzunge oder ein kleines Dreieck, welches durch den Zusammenfluß eines kleinen Baches mit dem St. Lorenzstrome gebildet und welches später als Point Callière bekannt wurde. An dem Bache dehnte sich weit und freundlich eine Wiese hin, und hinter derselben erhob sich in dunkleren Farbenschattierungen der Wald mit einer Vorhut zerstreuter Bäume. Frühlingsblumen mit buntem Farbenschmelz standen in dem jungen Grase, und fremde, halb scheue, halb neugierige Vögel mit glänzendem Gefieder flatterten in den Baumzweigen. Der Ort war von idyllischer, einsamer Schönheit.

Mit den Gefühlen eines Kolumbus sprang Maisonneuve ans Land und sank auf seine Kniee nieder. Gleich ihm thaten seine Begleiter, und mit Verwunderung sahen die Huronen, wie die stattlichen Männer allgesamt sich niederbeugten und mit sonoren Lauten das alte Jubellied der katholischen Kirche: Te deum laudamus — Herr Gott, dich loben wir! anstimmten. Die Sonne zuckte auf dem Wasserspiegel und auf dem grünen Lande, auf den Wimpeln des Schiffleins und den Waffen der Krieger, und den Huronen war es, als sollten sie mit hinknieen und in den fremden Lauten den fremden Gott mit anbeten. Das war ein andres Schauspiel, als jenes, das sie am Abend zuvor ihren Gästen geboten hatten.

Nun wurde das Gepäck, Zeltstücke, Lebensmittel, Waffenvorräte u. dgl. angelandet, und ein ungemein rühriges Leben entstand. Das erste war, daß man an der freundlichsten Stelle einen kleinen Altar errichtete, und die beiden Damen übernahmen es, ihn mit Blumen und Laubwerk auszuschmücken; die Hand des Heidenkindes half dabei, und man ließ sie gewähren, denn man hoffte, ja auch sie für die alleinseligmachende Kirche zu gewinnen. Brebeuf hatte ein Madonnenbild zur Stelle gebracht, und um das milde Mutterangesicht Mariens schmiegten sich die fremden, bunten Blüten. Und abermals knieten alle rings umher, um sich den Segen des Himmels zu erbitten zu dem neuen Werke, das sie mit solcher Begeisterung begonnen. Auf der Stufe des Altars aber stand Brebeuf und redete die in ehrfurchtsvollem Schweigen vor ihm Knieenden an:

„Ein Senfkorn seid ihr, von Gotteshand gelegt in dieses Erdreich, ein Senfkorn, das wachsen und gedeihen soll, bis seine Zweige einen ganzen Weltteil überschatten. Gering ist eure Zahl, aber groß ist euer Glaube und eures Glaubens Kraft, und euer Werk ist das Werk Gottes des Allerhöchsten. Er lächelt freundlich auf euch hernieder und sein Segen ist die Bürgschaft, daß eure Kinder einst dies Land erfüllen sollen!" — —

Die Sonne sank im Westen und rötete den Saum der Wälder; sie glänzte mit ihrem letzten Gruße auf dem lieblichen Bilde, und dann senkte sich mit ihren Schleiern die Dämmerung nieder auf die Erde. Leuchtkäfer flimmerten wie glitzernde Funken über der Wiese und zogen ihre leuchtenden Gleise durcheinander. Die neuen Ansiedler aber fingen sie und banden sie mit Fäden zu blinkenden Gewinden und hingen sie vor dem Altare auf. Und hoch vom Himmel herab glänzten und winkten die ewigen Sterne.

Die Lagerzelte waren aufgeschlagen, die Feuer brannten im Kreise, die müden Krieger legten sich zur Ruhe, und still war es bis auf den leisen Schritt der ausgestellten Wachtposten.

Noch lange glimmten die Glühwürmer an dem Altare, und die braunen Augen des jungen Huronenmädchens, das vor dem Zelte Mariens lag, blickten immer darauf hin, wie das bläuliche Licht auf dem milden, schwermütigen Madonnenantlitz flimmerte, das matt davon erhellt ward.

Das war die Nacht des 17. Mai 1642, die Geburtsnacht von **Montreal**.

Kampf mit dem Irokesenhäuptling (S. 23 u. 24).

Drittes Kapitel.

Der weiße Falke.

Der Maimorgen erwachte über dem Zeltlager, und die Schläfer erhoben sich. Die Sonne schien auf den Altar mit dem Marienbilde, und Brebeuf las vor demselben die erste Messe, während die Männer ihre frommen Loblieder sangen. Dann ging man an die Arbeit, und Maisonneuve führte die Axt so gut, wie der letzte seiner Leute. Die Schläge hallten von den Bäumen wider, und noch ehe der zweite Abend über die neue Gründung hereinbrach, waren feste Palissaden um die Zelte gezogen und die Huronen hatten wacker daran mitgearbeitet.

Bald erhoben sich an Stelle der Zelte feste Holzhäuser, und eine freundliche Rindenkapelle schloß den Altar ein. Die drei Kanonen, welche man in der Schaluppe mitgeführt hatte, sahen mit ihren dunklen Mündungen drohend von den Palissaden nieder. Die Indianer waren wieder nach ihrer Stadt zurückgegangen mit dem Versprechen, möglichst oft nach Villemarie — Marienstadt — (so hieß die neue Niederlassung) zu kommen, und Glanzauge besonders hatte das mit den lebhaftesten Gebärden versichert.

Ein idyllischer Friede herrschte in dem kleinen Fort und zugleich das schönste Einvernehmen mit den benachbarten Huronen, für die man eine landwirtschaftliche Ansiedelung in der Umgegend von Villemarie zu gründen hoffte. Es fanden sich auch Indianer, welche zu einer solchen Niederlassung geneigt waren, welche man mit Werkzeugen unterstützte und denen man die Felder bestellen half. Nebenbei bemühte sich Brebeuf, ihnen die Lehren des Christentums zu verkünden, was auch nicht ganz ohne Erfolg schien, und Pater Jogues war ausgezogen, um in gleicher Weise in den Dörfern und Städten der Huronen zu wirken.

Der Himmelfahrtstag Mariä wurde mit großer Festlichkeit begangen. Brebeuf las in der Kapelle mit besonderer Feierlichkeit die Messe, stimmte das Te deum an, und in frommer Prozession zogen die Ansiedler in dem Fort herum, während die Kanonen zu Ehren der Himmelskönigin gelöst wurden.

Verwunderlich genug war es, daß die Irokesen bisher die Niederlassung nicht entdeckt hatten, trotzdem sie ununterbrochen in das Gebiet der Huronen ihre Einfälle machten, so daß öfters ganze Indianerdörfer, deren Krieger den Kriegspfad betraten, ihre Weiber und Kinder dem Schutze des Forts übergaben. Die Leute wurden dann liebreich aufgenommen, genährt und gekleidet, und wiewohl viele von den Lebensmitteln mit großen Kosten aus Frankreich herbeigeschafft wurden, war doch immer etwas für die meist hungrigen Wilden übrig.

Es war Anfang August und ein schöner Morgen, als eine Anzahl Kanoes den Strom herabfuhr. Lautlos schlugen die Ruder in das Wasser, lautlos glitten die flinken Fahrzeuge dahin. Drinnen saßen Huronen, etwa fünfzig an der Zahl, nicht im Kriegsschmuck, sondern sorglos und harmlos. Sie führten Waren, besonders Pelzwerk, und kamen, um nach gewohnter Weise Tauschhandel zu treiben. Die Ufer des Stromes waren mit Wald und dichtem Gebüsch bewachsen und hinderten jede Aussicht, bis man in die Nähe des Punktes gelangte, der jetzt Lochine genannt wird, und wo die Stromschnellen von St. Louis beginnen, wenige Meilen oberhalb Villemarie. Hier ward es lichter am Ufer, und bei einer Biegung des Stromes entfuhr den Indianern mit einem Male ein Hugh! des Erstaunens und Schreckens.

Hart am Strande war ein Fort errichtet, allerdings wie es schien, mit hastiger Eile, aber trotzdem nicht ohne Festigkeit. Baumstämme waren übereinander geworfen und mit Flechtwerk von Baumzweigen durchzogen — was aber den eigentlichen Schreck veranlaßt hatte, war nicht das Bauwerk, sondern die braunen, kriegerischen Gestalten, welche vor demselben im Sonnenschein lagerten und deren Aussehen keinen Zweifel ließ, daß es Irokesen waren, die sich auf dem Kriegspfade befanden. Die Huronen, welche in der letzten Zeit empfindliche Schlappen von ihren Feinden erfahren hatten, waren in ihrer Bestürzung völlig ratlos geworden, sie wußten nicht, ob sie kämpfen oder fliehen sollten. Beides schien aussichtslos, und so beschlossen sie, auf den Rat ihres Häuptlings, den Irokesen unter der Maske der Freundschaft zu nahen und ihnen einen Teil ihrer Waren als Geschenke anzubieten. Sie ruderten also dem Ufer zu, an welchem ihre Feinde standen und bereits ein wildes Geschrei erhoben. Diese waren aber erstaunt und verstummten, als sie bemerkten, daß die Huronen nicht zu den Waffen griffen und keine Anstalten zu einem etwaigen Kampfe trafen. Der Häuptling derselben rief ihnen zu, sie kämen als friedliche Leute und böten ihnen Geschenke zum Beweise ihrer guten Gesinnung. Man ließ sie denn auch landen, die Tomahawks ruhten in den Gürteln und die beiderseitigen Anführer reichten sich die Hände.

Der Häuptling der Irokesen war eine kräftige Hünengestalt mit wildem Gesicht, das durch die Tätlowierung noch grauenerregender aussah; er hieß Kiotsaton. Mit breitem Grinsen nahm er die Geschenke der Huronen entgegen, welche mit kriechender, demütiger Freundlichkeit sich vor ihren Feinden beugten und in entwürdigendster Weise um ihre Gunst warben. So kam es, daß sie sich sogar verleiten ließen, von der französischen Niederlassung zu erzählen, ja noch mehr, daß sie, um ihre Freundschaft ins volle Licht zu stellen, die Irokesen aufforderten, die Franzosen anzugreifen, und ihnen einen leichten Sieg versprachen.

Die wilden Augen Kiotsatons leuchteten bei diesen Mitteilungen von einem unheimlichen Feuer, und kaum eine Viertelstunde später glitten vier irokesische Kanoes, mit je 10 Mann besetzt, den Strom hinab, Villemarie entgegen.

Um das Fort war alles still, nur die Posten schritten auf den Palissaden auf und nieder, und vom Walde her klang der Axtschlag. Sechs von den Ansiedlern waren beschäftigt, Holz zu fällen, und hatten, keine Gefahr ahnend, ihre Waffen bei Seite gelegt. Sie merkten es bei ihrer Beschäftigung und ihrem Gespräche nicht, wie sich der Wald um sie her belebte, und wie dunkle Männergestalten schlangengleich auf dem Boden daherkrochen und sie von allen Seiten umgaben: mit einem Male erklang ein schriller Pfiff, und gleichzeitig standen, wie aus dem Boden gewachsen, die indianischen Krieger rings um sie her. Einige der Franzosen gedachten zu fliehen, die andern griffen nach ihren Axten, um sich mittels dieser durchzuschlagen. Es war ein Kampf, der nur einige Sekunden dauerte. Ein Irokese brach mit zerschelltem Schädel lautlos nieder, gleichzeitig aber wälzten sich drei der Franzosen im Blute. die andern drei lagen gebunden und geknebelt zu den Füßen ihrer Feinde.

Einen Angriff auf das Fort selbst unternahmen die Irokesen nicht, sie begnügten sich, ihre Gefangenen nach ihren Kanoes zu schleppen und sie dort wie leblose Bündel in eine Ecke zu werfen. Bei ihrer Niederlassung angelangt, hielten sie einen wilden Siegesschmaus, bei welchem es nicht ohne Mißhandlung der Bleichgesichter abging. An beidem beteiligten sich auch die Huronen, sehr zum Ingrimm und zur Erbitterung der Franzosen, doch sollte ihr treuloses, feiges Verhalten ihnen keinen Nutzen bringen, denn mitten in der Nacht fielen die Irokesen über die nichts ahnenden Huronen her und richteten unter den Wehrlosen ein entsetzliches Blutbad an. Nur fünf waren entkommen und einer von ihnen hatte aus Mitleid, trotz der Hast des Fliehens die Fesseln des einen Franzosen durchschnitten, welchem es gleichfalls gelang, sich zu retten.

Diese Sechs kamen am andern Morgen durchnäßt und vor Kälte zitternd vor Villemarie an und erzählten dem erstaunt aufhorchenden Maisonneuve von der Nähe der Feinde. Dieser war entschlossen, mit einer Anzahl Leute gegen die Irokesen auszuziehen, und in der That wurde die Schaluppe ausgerüstet. Man kam auch nach dem Orte, wo das feindliche Fort stand, aber von den Indianern war keine Spur zu finden, und Maisonneuve mußte sich begnügen, die Befestigung zu zerstören.

So war zum erstenmal der Frieden der Niederlassung blutig gestört worden, und von da ab war der Kampf mit den Irokesen ein unaufhörlicher. Gefährlich war es von nun ab, über den Festungsgraben oder die Palissaden hinauszugehen, denn tagelang lauerten oft die braunen Gestalten der Feinde im Walde, ob nicht ein einsames Bleichgesicht ihnen zum Opfer fallen würde. Zuweilen lagerten sie auch in großen Scharen auf einer versteckten Lichtung und schickten ein kleines Häuflein heran gegen das Fort, um einige Franzosen zum Kampfe und damit in die unvermeidliche Falle zu locken.

Maisonneuve zeigte eine bewunderungswürdige Ruhe und Kaltblütigkeit und ließ sich nicht zu einem Gefechte reizen, in welchem die Seinen wenig Aussicht auf einen Sieg hatten. Er so wenig wie seine Leute waren vertraut mit der Kampfesart der Indianer, die jeden Vorteil des Bodens mit Gewandtheit und Klugheit auszunützen verstanden, und denen gegenüber auch die glänzendste persönliche Tapferkeit nichts fruchten konnte. Maisonneuve hoffte, daß die Irokesen endlich selbst ihre Taktik aufgeben und einen Angriff auf das Fort unternehmen würden, und dann war ihm nicht bange darum, daß sie mit blutigen Köpfen würden zurückgeschlagen werden.

Seine Leute hatten indes wenig Freude an diesem Zaudern, und da sie selbst von glühender Begier erfüllt waren, sich mit dem Feinde zu messen, waren sie nahe daran, das Verhalten ihres Befehlshabers für Feigheit anzusehen. Einzelne Hitzköpfe machten aus ihrer Stimmung auch kein Hehl, und manchmal, wenn ein aus dem Walde aufsteigendes dünnes Rauchwölkchen die Anwesenheit der Feinde verriet, grollten sie vernehmlich genug über das Zögern ihres Führers, der Mühe hatte, solchen Äußerungen gegenüber sich zu beherrschen.

So war der Herbst vergangen, der Schnee lag auf der Wiese und wiegte sich auf den Ästen der Bäume, und noch immer dauerten die Beunruhigungen durch die Irokesen fort. An einem Morgen geschah es, daß sich eine Anzahl derselben zwar in Sicht, aber außer Schußweite des Forts sehen ließ und durch verschiedene verächtliche Gebärden die Besatzung reizte. Maisonneuve sah die Feinde, und seine Hand krampfte sich fest um den Griff seines Degens zusammen. Er hätte nicht das tapfere Soldatenherz besitzen müssen, welches ihm thatsächlich eigen war, wenn er diesen offenen Hohn hätte ruhig ertragen sollen. Dennoch bezähmte er sich, obgleich in ihm alles vor Erregung zitterte.

„Werden wir denn niemals diese braunen Hunde Achtung lehren?“ fragte mit einem Male eine erregte Stimme hinter ihm.

Maisonneuve wendete sich rasch nach dem Sprecher um und sah in ein hocherrötetes Mannesgesicht mit blitzenden Augen, in denen die helle Streitbegier brannte. Das riß ihn selbst mit fort, so daß er seiner gewohnten Ruhe ganz vergessend ausrief:

„Zu den Waffen! Wir wollen es mit Gott und der heiligen Jungfrau versuchen! Zeigt aber, daß ihr Männer seid nicht nur mit Worten, sondern auch in der That!“

Wie mit einem Zauberschlage entfaltete sich jetzt ein reges, bewegtes Leben im Fort. Die Männer füllten ihre Munitionstaschen und luden ihre Gewehre; andre schnallten sich Schneeschuhe an, um bequemer und leichter sich bewegen zu können. Maisonneuve hatte seine Schwester umarmt und geküßt, und diese ging mit Margarete nach der Kapelle, um für den Sieg der Ihrigen zu beten. Nun zog die Schar, welcher Brebeuf den Segen erteilt hatte, aus, ein Häuflein von dreißig mutigen Männern, an der Spitze der Befehlshaber, der den blanken Degen in der Hand hielt und zwei Pistolen im Gürtel trug.

Sie schritten langsam über die Wiese und betraten den Wald. Es war ringsum totenstill und einsam, als ob niemals der Fuß eines Irokesen den Boden betreten hätte. Tief lag der Schnee in den Gruben und Löchern, und ab und zu rutschte einer von den Männern bis unter die Arme herab und die andern mußten ihm heraushelfen. Mit einem Male hallte der Wald wider von einem entsetzlichen Heulen; als ob die Hölle ihre Teufel ausgespieen hätte, so wimmelte es plötzlich ringsum von braunen Kriegergestalten, und ein Hagel von Pfeilen brach herab über die erschreckten Franzosen. Maisonneuve war auf einen derartigen Überfall gefaßt gewesen und hatte den Seinen für diesen Fall die Weisung gegeben, hinter Bäumen Deckung zu suchen und mit Ruhe und Kaltblütigkeit zu feuern. So geschah es denn auch, und eine Zeitlang krachten die Schüsse und zischten die Pfeile, ohne daß die Irokesen trotz ihrer

Übermacht besondere Erfolge errungen hätten. Allerdings waren drei von den Franzosen getötet und einige verwundet, aber man würde doch ausgehalten haben, denn die Feinde hatten schon beträchtlich mehr Verluste — da fing der Schießbedarf an auszugehen. Das Feuern erfolgte langsamer, und Maisonneuve erkannte, daß sie alle verloren seien, wenn es ihnen nicht gelang, das Fort zu erreichen. Er gab den Befehl zum Rückzuge und führte seine Leute nach einer Holzschleife, wo wenigstens der Schnee nicht unter dem Fuße wich.

Hier hielt er selbst stand, um den Seinen den Rücken zu decken und die Verwundeten bei der Flucht zu unterstützen. Die Franzosen aber fühlten kaum den festeren Boden unter den Füßen, als sie wie von panischem Schrecken erfaßt davoneilten und dicht zusammengedrängt dem Fort zustrebten. Die dort Zurückgebliebenen sahen nur einen wirren Menschenknäuel und glaubten, den Feind vor sich zu haben. Einer der Unüberlegten hielt bereits die Lunte an das Zündloch der Kanone, um zwischen die Herandrängenden hineinzuschießen, zum Glücke aber versagte aus irgend einem Grunde das Stück, und das Geschrei der näher Kommenden zeigte, mit wem man es zu thun habe.

Maisonneuve stand allein noch seinen zahlreichen Feinden gegenüber und zog den Waldpfad abwärts sich langsam zurück. In jeder Hand hielt er eine Pistole und streckte die Mündungen drohend den Irokesen entgegen. Es wäre diesen leicht gewesen, den mutigen Mann durch die Überzahl ihrer Pfeile zu töten, aber ein gewisses instinktives Ehrgefühl schien sie davon abzuhalten, und sie suchten den Befehlshaber der Franzosen, denn als solchen hatten sie ihn erkannt, lebend in ihre Gewalt zu bekommen. Ihr Häuptling schien diese Ehre sich selbst vorbehalten zu wollen, und als die Irokesen dies merkten, blieben sie unwillkürlich einige Schritte zurück und beobachteten nun das seltene Schauspiel dieses Zweikampfes von Gewandtheit, Mut und List. Von Baum zu Baum mit katzengleicher Behendigkeit springend, kam der Indianer dem Europäer immer näher, ohne dessen drohender Waffe sich zum Ziele zu bieten. Nun war der Irokese ganz nahe, Maisonneuve hob seine Pistole, drückte los und in demselben Moment hatte sich der Häuptling niedergebeugt. Der Schuß hatte versagt; mit der Raschheit des Raubtieres schnellte der Irokese empor, um seinen Gegner zu packen, da krachte es seitwärts von der Lichtung her, der Indianer griff mit beiden Händen in die Luft, stieß einen heulenden Schrei aus und brach, ohne auch nur einmal noch zu zucken, zusammen.

Unwillkürlich hatte sich Maisonneuve einen Augenblick umgeblickt, lange genug, um den fremden Mann zu sehen, der die noch rauchende Büchse in der Hand hielt und gegen ihn heraneilte. Er erwartete nun, daß sich die Irokesen auf ihn stürzen würden, und hatte den Degen in die Rechte genommen, während er in der Linken noch das zweite Pistol hielt, bereit, auf das Äußerste zu kämpfen. Seine Besorgnis erfüllte sich seltsamerweise nicht, vielmehr fand nun ein Schauspiel statt, wie es in den Kämpfen mit Indianern mehrfach sich ereignete. Die Irokesen schienen ihres Feindes ganz zu vergessen und eilten zu ihrem gefallenen Häuptling, um zu sehen, ob noch Leben in dem Körper sei, und um denselben für alle Fälle in Sicherheit zu bringen. Ungefährdet konnte sich Maisonneuve zurückziehen, bis er am Ausgange des Waldes und unmittelbar unter dem Schutze der Kanonen des Forts mit dem Manne zusammentraf, welcher durch seinen glücklichen Schuß ihn gerettet hatte.

Der ritterliche Franzose streckte ihm mit einigen Worten des Dankes die Hand entgegen, die der andre mit einer gewissen Herzlichkeit drückte, indem er einiges in fremd klingendem Französisch erwiderte. Die Einladung, nach dem Fort zu folgen, nahm er kurz an und pfiff, während sie so dahinschritten, unverfolgt von den Irokesen, nach Weidmannsart, als ob er einen Hund locke. Und in der That, unmittelbar nach dem schrillen Signal jagte ein prächtiger Neufundländer über die schneeige Fläche heran, kreiste einmal um die beiden und schritt nun hinter seinem Herrn her.

Maisonneuve konnte sein Vergnügen an dem schönen Tiere nicht verhehlen, und der Fremde sagte: „Ja, Pilot ist auch kein gewöhnlicher Hund; er ist mein Freund und Lebensretter; wir stehen für einander ein im Leben und Sterben, und ich habe mehr wie einmal den letzten Bissen mit ihm geteilt. Pilot steht aber seinen Mann. Er wittert einen Irokesen eine halbe Stunde weit, und bei ihm mögen Sie sich bedanken, daß meine Kugel zu rechter Zeit dem roten Halunken in den Schädel fuhr."

„Wissen Sie so genau, an welcher Stelle Sie ihn getroffen?" fragte Maisonneuve.

„Ich schieße alle meine Feinde in die Stirn, wenn nicht etwas andres vorher bestimmt ist!" entgegnete der Fremde leichthin, ohne jede Selbstüberhebung.

Der Franzose sah ihn überrascht und beinahe ungläubig an, der andre bemerkte es lächelnd und nahm die Büchse von der Schulter.

„Sehen Sie da drüben an dem Strauche das einzige gelbe, flatternde Blättchen?"

Maisonneuve nickte, und im Augenblicke danach krachte der Schuß; der Fremde hatte gefeuert, fast ohne zu zielen — das Blatt von dem weit entfernten Strauche war verschwunden.

Maisonneuve sprach seine Verwunderung und Anerkennung aus, ohne daß eine Miene in dem Gesichte des andern sich verändert hätte; nur der Hund wedelte, als ob er die Würdigung seines Herrn verstanden hätte, mit dem Schweife und sah mit seinen klugen, glänzenden Augen nach dem Franzosen hin. Dieser hatte, während er neben dem seltsamen Fremden hinschritt und mit ihm sprach, hinlänglich Gelegenheit, ihn näher zu betrachten. Es war eine stattliche Gestalt, schlank und kräftig zugleich mit einem ausdrucksvollen, frischen und ehrlichen Gesicht. Über die germanische Abstammung konnte kein Zweifel sein; lange, blonde Haare rollten ihm in regellosen Locken auf den Nacken, ein rötlicher Bart umrahmte das Kinn und die gebräunte Wange, und über der kräftigen Nase standen zwei wahrhaft kornblumenblaue Augen, die dem so energischen Gesichte eine merkwürdige Weichheit verliehen; nach seinen Augen zu schließen, hätte er keinem Tiere etwas zuleide thun können, und doch hatte vor kurzer Frist seine Kugel einen Menschen gefällt; seine Stimme war klangvoll, fest, und was er sprach, zeigte den selbstbewußten, aber auch selbständigen Mann. Sein Gewand war einfach. Die Beine steckten in hohen braunen Stulpenstiefeln, und den Oberleib bedeckte ein gut anschließender Pelzrock mit Schnüren. Auf dem Kopfe saß eine Mütze aus Otterfell, unter welcher dicht die glänzenden Haare hervorquollen, und über der Schulter trug er eine ziemlich umfangreiche Tasche, die ihn aber trotz ihrer anscheinenden Schwere nicht im mindesten in seinen Bewegungen zu stören schien. Alles in allem war die Erscheinung des Mannes eine angenehme, das fühlte auch Maisonneuve, und doppelt herzlich hieß er ihn beim Eintritt in das Fort willkommen. Das Ansehen Maisonneuves war infolge seiner Kaltblütigkeit und seines Mutes bei seinen Leuten bedeutend gestiegen, aber auch den blonden Fremden betrachtete man mit einer gewissen Achtung, und beide waren die Helden des Tages.

In dem größten Raume des Forts, der als Speisesaal galt, dabei aber einfach genug möbliert war, saßen nach dem überstandenen Abenteuer der wackere Befehlshaber, Pater Brebeuf, dessen Gefährte Jogues bereits auf Mission zu den Huronen gegangen war, die beiden Damen und der junge Fremde. Er saß zwischen Maisonneuve und Marie, und hinter ihm, hart an seinem Stuhle lag Pilot und ließ sich dann und wann mit behaglichem Knurren von dem und jenem den schönen Kopf krauen. Die Mahlzeit, bei welcher man heute ein übriges gethan hatte, war beendet, der Wein von Frankreich blinkte in den Gläsern, und vom Hofe her klang das fröhliche Rufen der Mannschaft, welcher heute ebenfalls ein besonderer Trunk gereicht worden war.

Der Fremde legte sich zurück in seinem Stuhle, strich sich mit der Rechten durch seine goldenen Haarsträhne und streichelte mit der Linken den Neufundländer.

„So behaglich ist mir's schon lange nicht geworden", sprach er — „beim heiligen Pafnuzius — und ich bringe mein Glas den verehrten Damen, dem mutigen Befehlshaber und allen wackeren Gründern und Verteidigern von Villemarie!"

Die Pokale läuteten aneinander.

„Und nun, meine verehrten Herrschaften“, fuhr er fort, „sollen Sie auch erfahren, wem Sie eigentlich Ihre Gastfreundschaft angedeihen lassen; es ist kein besonderes Menschenkind, und Sie müssen sich gefaßt machen, daß nicht einmal ein Edelmann, sondern nur ein ganz gewöhnlicher Sterblicher sich in mir entpuppt. Ich heiße Hermann Langer, bin aber mein lebenlang von meinen Mitschülern und Freunden und auch wohl von meinen Feinden Longinus genannt worden und will darum ohne viel Geflunker mich unter diesem Namen Ihnen vorstellen. Meine Wiege hat im alten Lübeck gestanden und mein Vater war Schiffskapitän, ein braver Mann, beim heiligen Pafnuzius — der nun schon lange irgendwo im Atlantischen Ozean begraben liegt, ein großes, pompöses Grab, meine Herrschaften. Ich war sein einziger Junge und sollte keine Landratte werden, und da ging's denn frühzeitig mit hinaus zur See. Es war mir, als das erste Unbehagen vorüber war, ausnehmend wohl, wenn ich so in der Takelage saß und der Wind mir um die Ohren sang und weiße Vögel beinahe greifbar an den Raaen vorbeischossen. Mich hatten sie glücklich herausgezogen, als unser Schiff scheiterte, und es waren Franzosen, Ihre Landsleute, denen ich damals mein Leben verdankte, und bei denen ich zuerst etwas von Ihrer Sprache lernte. Ich fuhr mit den Franzosen nach Quebec, hier lagen wir ein gutes Vierteljahr vor Anker, und ich habe mir einstweilen etwas von Land und Leuten in Kanada angesehen; beim heiligen Pafnuzius! es machte mir Vergnügen, auch einmal mit Rothäuten zu verkehren, und im Verein mit unserm Hochbootsmann, einem unternehmungslustigen Burschen, ging ich zum erstenmal auf den Schneefeldern der neuen Welt jagen. Meine erste Beute war — ein Irokese, der sich uns feindselig entgegengestellt hatte, und den ich, ohne zu zielen, aus blankem Zufall durch den Kopf schoß, und das ist für mich verhängnisvoll geworden.

„Wir fuhren nach Europa zurück und ich eilte nach Lübeck, um meine Mutter zu begrüßen. Ich hatte mich so sehr gefreut, überraschen zu können, und sollte statt dessen überrascht werden. Meine Mutter hatte sich zum zweitenmal verheiratet mit dem Reeder des untergegangenen Schiffes und war erschrocken, als sie mich Totgeglaubten wiedersah. Es ging ihr nicht gut, trotzdem sie eine reiche Frau geworden war — ich hab's ihr an den Augen angesehen, obwohl sie mir's niemals sagte. Mein Stiefvater ist ein geldprotziger Herr, ein Mann, der — beim heiligen Pafnuzius — einen Geldsack statt des Herzens im Leibe hat, und da mir's nicht paßte, mich von ihm scheel ansehen zu lassen, so habe ich eines schönen Tages mein Bündel wieder geschnürt. Meine Mutter — glücklich ist sie wahrlich nicht — hat mich unter Thränen gesegnet und ich habe mich mit einem Kauffahrer wieder eingeschifft herüber nach Kanada. Ich war europamüde, und es ging mir durch den Sinn, hier in der neuen Welt ein Pelzjäger zu werden, ein unabhängiger Mann, der niemand Rechenschaft zu geben hat für sein Thun und Lassen. Mein Reichtum ist meine Büchse, mein guter Pilot, den ich für den Rest des Geldes, das mir meine Mutter gab, als blutjunges Tier gekauft habe, und meine — beiden scharfen Augen, die mir bei den Irokesen den bekannten Namen „der weiße Falke“ eingebracht haben.

„So bin ich ein Abenteurer geworden und streife frohen Mutes durch die Welt, die mich — beim heiligen Pafnuzius — wahrlich nicht verwöhnt hat. Daß ich heute mit meiner Kugel ein ritterliches Menschenleben gerettet habe, ist die schlechteste meiner Thaten nicht und etwas von dem Wenigen, was mich eigentlich freut in meinem Leben. Die rothäutigen Schurken aber wissen es, daß ich noch lebe, denn sie kennen meinen Schuß — scharf zwischen die beiden Augen, denn man darf auch eine Rothaut nicht unnötig quälen und mißhandeln.“

Longinus nahm einen Schluck aus seinem Glase, Maisonneuve aber reichte ihm herzlich die Hand:

„Bleibt unser Freund und Kampfgenosse und laßt Euch den Aufenthalt auf Villemarie behagen, wir können ein mutiges Herz und eine starke Faust recht wohl brauchen.“

„Ich bin zum Nesthocker verdorben, Herr Baron, das Streifen und die Gefahr ist meine Lust und so — beim heiligen Pafnuzius — laßt mich — —“

Er hatte ablehnen wollen, unterbrach sich aber plötzlich, denn er hatte nach Marie hingesehen, die mit so freundlichen Augen und wie es schien bittend ihn anschaute; ihn überkam der Gedanke, daß er berufen sein könnte, dieses zarte, schöne Wesen schützen zu helfen, und er sagte, in seinen Worten fortfahrend:

„Doch nein, ich will's nicht ganz ablehnen; ein warmes Nest zur Winterszeit ist auch etwas wert, und ich nehme Eure Gastfreundschaft an. Topp! ich bin Euer Waffengefährte, aber ohne mich für alle Zeit zu binden. Zieht's mich einmal wieder hinaus, dann — beim heiligen Pafnuzius — laßt mich mit meinem Pilot gehen!“

Er reichte den Männern die Hand und sah mit Genugthuung und einer gewissen Erregung, wie über Mariens Gesicht eine leichte Röte hinzog; die junge Dame stand auf und hieß ihn gleichfalls noch einmal herzlich willkommen.

„Ich danke Euch, Fräulein“ — sagte er — „Ihr habt zwei Schützer mehr, die Leib und Leben für Euch lassen — den Abenteurer Hermann Longinus und seinen Hund.“

Und Pilot drängte sich heran und schmiegte sich mit wedelndem Schweif an das Gewand der Dame.

Der treue Pilot wittert Feinde (S. 33).

Viertes Kapitel.

Die Entführung.

Es war im Dezember. Die Irokesen zeigten sich seltener in der Nähe des Forts, und die Ruhe in demselben wurde eigentlich niemals gestört. Eine treffliche Erwerbung hatte man an Longinus und dessen Neufundländer Pilot gemacht. Der Hund machte jeden Morgen die Runde durch die um das Fort liegenden Wälder und Felder und witterte durch seinen ausgezeichneten Geruchssinn mehrmals versteckt lagernde Feinde. In solchen Fällen eilte das Tier spornstreichs dem Fort zu und machte durch wütendes Bellen die Verteidiger auf die Gefahr aufmerksam. Eines Tages war er blutend zurückgekommen, ein Streifschuß hatte ihn verletzt, doch ließ er sich nicht abhalten, schon am nächsten Morgen der gewohnten Pflicht wieder nachzukommen.

So nahte das Weihnachtsfest und man traf Vorbereitungen, um dasselbe in festlicher Weise zu begehen. Es war zwei Tage vor dem heiligen Abend, die Nacht war hereingebrochen und schneidend wehte der Wind herüber vom Lorenzstrom, so daß sich die Wachen fröstelnd enger in ihre Mäntel hüllten. Da vernahm einer der Posten durch das Sausen des Windes hindurch ein seltsames, unheimliches Rauschen und Gurgeln; er trat an eine vorspringende Ecke der Palissaden und spähte in die Nacht hinaus. Tiefdunkel lag der Himmel über der Erde, und das Auge des Mannes vermochte die Finsternis nicht zu durchdringen, aber das ferne Getöse war ihm unheimlich und er ging, um Longinus zu wecken, der ganz nahe seine Wohnung hatte. In wenigen Minuten war dieser angekleidet und nach dem Walle geeilt; Pilot folgte nach. Angestrengt horchte der junge Deutsche hinaus in die Dunkelheit, dann sagte er ernst: „Beim heiligen Pafnuzius, Freund, das ist Wasser, und wenn mich nicht alles täuscht, so bekommen wir den St. Lorenz zum Besuch. Das kann eine verteufelte Geschichte geben, geht und weckt den Kommandanten!"

Der Mann eilte, und Maisonneuve ließ nicht lange auf sich warten. In dem Augenblicke, da er zu Longinus trat, hellte sich der Himmel etwas auf, zwischen den zerfetzten, jagenden Wolken sah der bleiche Mond heraus, und sein Licht war hell genug, um zu zeigen, daß sich der junge Deutsche in seiner Meinung nicht getäuscht hatte. In der Richtung nach dem Strome zu wogte und wallte es gleich einem Meere: schmutzige Wellen wälzten sich heran und sprangen gleich entsetzlichen Kobolden übereinander weg, unaufhaltsam vorwärtsdrängend.

Bald war alles, was Leben hatte im Fort, auf den Beinen. Die Männer standen auf den Wällen, aber ratlos und nicht im stande, sich gegen das herandrohende Element zu schützen. Brebeuf hatte die Kerzen in der kleinen Kapelle angezündet, und die Mutlosesten begaben sich dahin, um im Gebete Trost, Hoffnung oder Hilfe zu finden, die andern aber starrten mit bleichen Gesichtern hinaus auf die Ebene. Sie hatten Fackeln angezündet, und man konnte bei dem wild flackernden roten Scheine die verstörten Mienen sehen. Longinus stand mit gekreuzten Armen da, so ruhig, als ob es ein gewöhnliches Schauspiel gebe, aber in seinem Herzen bewegten sich seltsame Gedanken. Er selbst hatte dem Tode schon oft ins Auge gesehen, für ihn hatte das Sterben seinen Stachel verloren, aber an das junge, schöne Wesen dachte er, welches in der Rindenkapelle kniete im brünstigen Gebet, an Marie von Maisonneuve, und ihrethalb war ihm bange und beklommen.

Der Kommandant war selbst hinabgestiegen zur Kapelle, und auf den Knieen liegend vor dem Madonnenbilde gelobte er, ein riesengroßes Kreuz auf seinen eignen Schultern nach dem benachbarten Gebirge zu tragen und dasselbe auf dessen höchstem Gipfel zu errichten, wenn sie aus der Gefahr gerettet würden. Das Gelübde schien wirkungslos zu bleiben, denn immer näher drängten die Wasser heran, und der indes klar gewordene Himmel ließ die Schrecknisse mit erschütternder Deutlichkeit erkennen. Die schmutziggelben Wellen flossen bereits in den Festungsgraben und spülten mit lüsternen

Zungen an dem Fuße der Palissaden. Da befahl Maisonneuve die am meisten bedrohten Magazine zu räumen, und Longinus forderte die Männer auf, in der Eile Flöße und Kanoes herzurichten und sich darauf vorzubereiten, daß man das Fort verlassen müsse.

Es waren entsetzlich bange Viertelstunden, und mit glühenden Augen beobachteten die Ansiedler das Wasser, das mit seinem unheimlichen Spiegel höher, immer höher stieg. Da schien es mit einem Male allen Bedrohten, als ob ein Stagnieren der Flut eintrete, und man begann aufzuatmen. Die Hoffnung sollte nicht getäuscht werden. Mit dem Morgengrauen sank das Wasser in rascher Weise, und als die Sonne sich aus dem trüben Wolkenschleier des Morgens herauswand und mit ihrem milden, warmen Antlitz niedergrüßte, war jede Gefahr vorüber.

Brebeuf ließ es sich nicht nehmen, daß infolge des Gelübdes Maisonneuves die Mutter Gottes sich ins Mittel gelegt und geholfen habe, und der Kommandant war bei seinem frommen Sinne auch keine Minute bedenklich, sein heiliges Versprechen einzulösen.

Gleich nach dem Weihnachtsfeste ließ er einen Pfad durch den Wald bis nach dem Gipfel des Berges hauen, und auf dem freien Platze in Villemarie wurde ein großes Kreuz gezimmert. Am Tage der Erscheinung des Herrn sollte die Aufstellung erfolgen, und in der That versammelten sich alle Bewohner des Forts am Morgen des sechsten Januar vor der kleinen Kapelle, wo Brebeuf nach abgehaltenem Gottesdienste das Kreuz in feierlicher Weise einsegnete und weihte. Die Kanonen des Forts donnerten, und eine seltsame Prozession begann ihren Auszug: Krieger in Wehr und Waffen voran, hinter ihnen Maisonneuve, waffenlos und mit dem schweren Kreuze auf seinen Schultern, nach ihm Brebeuf und die beiden Damen, und zum Schlusse wieder Bewaffnete.

Longinus war mit einigen Leuten zum Schutze des Forts zurückgeblieben und sah dem sonderbaren Zuge nach, der sich im Sonnenschein nach den Bergen zu bewegte. Ein Lächeln spielte um die Lippen des jungen Deutschen — doch nur sekundenlang, dann faßte es ihn beinahe wie weiche Rührung an, wenn er die gläubige Demut des sonst so heldenhaften Maisonneuve sah und an den frommen Kindesglauben Mariens dachte, welche im weißen Gewande neben dem Bruder einherschritt.

Der Weg war für den Kreuzträger beschwerlich genug; das wuchtige, kantige Marterholz schnitt ihm in die Schultern, aber er wies jede Hilfe und Unterstützung zurück; er rutschte mehrmals auf dem steilen, kiesigen Pfade aus, aber ohne zu rasten setzte er den Gang fort. Endlich stand er auf dem höchsten Gipfel, aufrecht stellte er das Kreuz empor, dessen Formen Longinus von dem Fort aus gar deutlich erkannte, und wieder donnerten die

Kanonen, während die Schar auf dem Berge niederkniete und Brebeuf seinen Segen erteilte.

In das Kreuz waren durch Brebeuf Reliquien eingefügt worden, und die Stelle, auf welcher es stand, kam geradezu in den Ruf eines Gnadenortes, nach welchem manch einer aus dem Fort seine Pilgerfahrt machte.

Der Winter verging, und mit dem Frühjahr kamen Verstärkungen aus Frankreich, und das Leben um Villemarie wurde wieder reger. Huronen kamen ab und zu in ihren Kanoes und brachten die Erzeugnisse ihrer Wälder, und Brebeuf freute sich, manchen unter ihnen zu finden, welcher durch Pater Jogues bereits bekehrt worden war. Auch Anatoha traf mit einer Anzahl seiner Stammesgefährten in Villemarie ein und mit ihm Glanzauge, die in heller Freude die Hände Mariens küßte.

Diesmal sollte das Huronenmädchen nicht so rasch wieder in ihren Wald zurückkehren, sondern Marie sprach den Wunsch aus, sie länger bei sich behalten zu dürfen, und Anatoha gab den vereinten Bitten beider Mädchen nach. Die junge Französin hatte eine aufrichtige Zuneigung zu Glanzauge gefaßt und hoffte im stillen, sie ganz zwanglos und ruhig zum Christentume herüberziehen zu können; deshalb vor allem war es ihr darum zu thun, die junge Indianerin bei sich zu behalten, daneben war es freilich auch die Sehnsucht nach einem andern weiblichen Umgang, denn war auch Margarete sehr gut und liebenswürdig, so war sie doch auch ungemein still und verschlossen, während Marie Augenblicke hatte, in welchen sie gern einmal fröhlich und ungebunden ihrer kindesheiteren Natur freien Lauf gegönnt und lustig aufgejubelt hätte. Das braune Naturkind mit ihrem frischen, harmlosen Wesen schien also eine ganz geeignete Gefährtin, und Maisonneuve begünstigte diese Mädchenfreundschaft, weil er damit auch auf Anatoha einen Einfluß zu gewinnen hoffte.

Brebeuf war es besonders darum zu thun, den Häuptling zu bekehren, weil er von einem solchen Beispiele viel für den ganzen Stamm erwartete, aber so klug und fein auch der gewandte Jesuit dem Huronen beizukommen sich bemühte, alles schien umsonst: Anatoha wies jeden Bekehrungsversuch mit unerschütterlichem Ernst von sich, so sehr sich auch in seinen Mienen die Ehrfurcht vor den Religionsübungen der Bleichgesichter ausdrückte. — —

Es war zu Beginn des Sommers, als eines Morgens Marie mit Glanzauge aufbrach, um nach dem Kreuze auf der Berghöhe zu pilgern. Die beiden Mädchen gingen allein, nur Pilot schritt langsam hinter ihnen her, der Hund schloß sich überhaupt außerordentlich an Marie an, die wiederum ungemeines Vertrauen auf die Kraft des Tieres setzte und in seinem Schutze sich ganz sicher fühlte. Die Furcht vor den Irokesen war ganz und gar geschwunden, da man mindestens seit einem Vierteljahr nicht die geringste

Belästigung von ihnen erfahren hatte, und sorglos wanderten die beiden jungen Gestalten den Waldpfad empor. Die Weißtannen zu beiden Seiten wiegten ihre Wipfel im leichten Morgenwinde, ab und zu huschte ein Eichhörnchen über den Weg, auf welches Pilot eifrig, aber vergeblich, Jagd machte, und buntfarbige Vögel schrieen mißtönig auf den Baumästen.

Die beiden Mädchen waren bei dem Kreuze angekommen, und Marie kniete vor demselben nieder und betete halblaut das Gebet des Herrn. Ruhig stand die junge Huronin daneben, legte liebkosend ihre Hand auf den schönen Kopf des Hundes und sah hinab auf das Land zu ihren Füßen. Es war ein schöner, lachender Anblick, diese Wiese mit ihrem Blumenschmuck, dahinter das braune Fort, dessen Kanonen im Sonnenglanz bis hier herauf blitzten, und dahinter ein weiter glänzender Streifen — das Wasser des St. Lorenz. Und wie sie so stand, hatte sich auch Marie erhoben, und ihre Hand in die Glanzauges legend, zog sie die braune Freundin nieder auf den einfachen Steinsitz neben dem Kreuze. Im Verkehr mit Pater Brebeuf und den ab und zu im Fort verkehrenden Huronen hatte die junge Französin wenigstens so viel von der Indianersprache erlernt, um sich in derselben verständlich machen zu können, und so vermochte sie doch einigermaßen sich mit Glanzauge zu unterhalten.

„Sieh, wie schön und friedlich das Land hier unten ruht“, sagte sie — „weißt du, wer das alles geschaffen hat?“ „Manabozo, der große Manitu“ — entgegnete die Huronin, und das Kinn in die Hand gestützt, saß sie da, lächelnd gleich einem Kinde. „Meinst du, Glanzauge kenne nicht die Erzählungen ihres Glaubens? O, Manabozo ist stark und schön, sein Vater ist der Westwind und seine Mutter ein Enkelkind des Mondes. Mit seinem Bruder ist er einstmals zur Jagd gegangen, und böse Okis haben in Schlangengestalt ihnen aufgelauert. Mond und Sterne haben geschlafen in ihren Wolkenbetten, als Manabozo mit seinem Bruder an einen großen See kam; der war zugefroren und das Eis schimmerte blau und verlockend. Unter der glänzenden Decke aber lauerten die bösen Okis, und sie durchbrachen das Eis unter dem Fuße des Bruders Manabozos, so daß sie ihn zu sich hinabziehen konnten. Da verwandelte sich der große Manitu in einen Baumstumpf und lauerte auf den König der Schlangen, und als dieser sich im Mittagsschein sonnte, erschlug er ihn. Die bösen Schlangenokis aber ließen die Gewässer des Sees austreten über die ganze Erde, und es wurde eine große Überschwemmung, in welcher alle Menschen starben und die Erde zu Grunde ging. Manabozo aber war auf einen Baum geklettert, und der Baum wuchs auf sein Geheiß immer höher, so daß er hinausragte über die Fluten, und der große Manitu, bis zum Nacken im Wasser stehend, sah sich in der trostlosen Einöde um nach einem lebenden Wesen. Da sah er über sich einen Tauchervogel und bat ihn, unterzutauchen und ein Klümpchen Erde zu holen, aber der Vogel vermochte nicht den Grund zu finden. Und Manabozo bat eine Moschusratte, welche daherschwamm, um dasselbe. Sie erschien bald wieder, aber sie war tot und schwamm auf dem Rücken, an ihren Füßen jedoch fand sich ein Teilchen Erde, und daraus und aus dem Leibe des Tauchervogels hat der große Manitu die Welt von neuem geschaffen."

Sie hatte das Märchen in halbsingendem Tone, fast wie für sich, erzählt, und Marie hatte sie aussprechen lassen, dann sagte sie:

„Sieh, Glanzauge, dein Manitu ist schwach; er hat nicht einmal seinen Bruder schützen können vor den bösen Schlangenokis; der kann die große schöne Welt nicht geschaffen haben. Dein Manitu ist selbst erst geworden, und der Mond und der Westwind waren vor ihm da, unser Gott aber, den wir verehren, hat den Mond und den Westwind geschaffen; er hat keinen Anfang genommen und wird kein Ende nehmen, und wer an ihn glaubt, wird auch ewig leben und unsterblich sein."

Die Indianerin lächelte wieder und unterbrach Marie: „O, Manabozo hat dem ersten seiner roten Kinder auch die Unsterblichkeit gegeben und hat sie ihm eingeschnürt in ein Bündel, das er niemals öffnen sollte. Die Frau meines roten Bruders aber hat eines Tages in ihrer Neugier die Schnüre des Bündels durchschnitten und die Unsterblichkeit ist fortgeflogen, und die roten Kinder des großen Geistes müssen seitdem sterben, und auch die Bleichgesichter sterben. Selbst der Gott der Bleichgesichter ist gestorben, wie Eccom — so nannten die Indianer Brebeuf — selbst erzählt hat, und darum stellt ihr das Kreuz auf zur Erinnerung an seinen Tod."

„Wohl ist er daran gestorben", entgegnete lebhaft Marie, „aber er ist wieder lebend geworden und lebt in Ewigkeit."

„Wer einmal gestorben ist, wird nicht wieder lebendig auf dieser Erde, aber die roten Kinder kommen, wenn sie tot sind, in die ewigen Jagdgründe Manitus und mehr begehren sie nicht."

Marie wollte entgegnen, als sich mit einem Male ihre Aufmerksamkeit nach dem Hunde lenkte. Das schöne Tier war aus seiner liegenden Stellung aufgesprungen und schnupperte mit hochgehaltener Nase nach dem Walde zu. Es stieß ein dumpfes Knurren aus und begann an dem Kleide Mariens zu zerren, so daß derselben unheimlich zu Mute ward. Sie faßte die Hand der Indianerin und sagte mit leisem Beben:

„Pilot wittert Feinde; komm, laß uns gehen!"

Die beiden Mädchen eilten den Berg hinab, der Hund lief immer mit gehobenem Kopfe vor ihnen her. Plötzlich stand er still, rannte auf sie zu und suchte durch erneutes Zerren am Gewande Marie auf eine neue Gefahr aufmerksam zu machen. Die Jungfrau verstand das Wesen des Hundes nicht zu deuten, Glanzauge aber sagte:

„Er will, daß wir nicht auf dem Wege bleiben. Laß uns seitwärts in den Wald gehen und ein Versteck suchen!“ Sie bogen von dem bisher betretenen Pfade ab, der Hund folgte langsam und wie es schien beruhigter. Sie waren indes kaum fünfzig Schritte in der neuen Richtung gegangen, als Pilot aufs neue unruhig wurde und ängstlich zu winseln begann. In ihrer Angst und Ratlosigkeit wollte Marie auf die Kniee fallen und zum Gebete ihre Zuflucht nehmen, Glanzauge aber zog sie fort nach einer Gruppe von niedrigem, doch dichtem Strauchwerk. Zwischen dasselbe bargen sie sich, und Pilot hielt regungslos, wie ein Wesen aus Stein, dabei die Wache; nur die Augen des Hundes leuchteten im Glanze der Aufregung.

Es war totenstill im Walde, die beiden Mädchen wagten kaum zu atmen und preßten sich noch zitternder aneinander, als sie zwischen den Bäumen eine dunkle Gestalt heranschleichen sahen, gerade auf ihr Versteck los: Es war zweifellos ein Irokese. Er spähte vorsichtig nach allen Richtungen, ohne noch eine Ahnung von ihrer Nähe zu haben; er würde an dem Gebüsche, das so ungefährlich aussah, auch vorübergegangen sein, wenn ihm nicht etwas Lichtes, Helles ins Auge gekommen wäre. Es war das Gewand Mariens. Er stieß ein leises Hugh! aus, in demselben Momente aber hatte ihn Pilot bereits an der Kehle gefaßt und niedergerissen. Der überraschte Wilde wehrte sich mit verzweifelnder Kraft, aber das kräftige Tier ließ seinen Feind nicht los und ein halblautes Gurgeln war alles, was sich der gepreßten Kehle des Indianers entrang. Es war aber immer genug, um seine Genossen herbeizulocken; von allen Seiten tauchten mit einem Male die wilden, braunen Gesellen empor, Steine und Pfeile flogen nach dem Neufundländer, welcher von seinem Feinde abließ und eine Sekunde wie kampfbereit um sich schaute. Der Instinkt mochte dem klugen Tiere das Vergebliche eines ungleichen Kampfes vorgeführt haben, er ließ scheinbar seine Schutzbefohlenen im Stiche und in wilden Sprüngen setzte er durch den Wald, verfolgt von hundert Pfeilen, deren einer ihn am Halse verwundete, und mit wütendem Gebelle eilte er gegen das Fort.

Die tödlich erschrockene Marie vergaß jeder Vorsicht, sie schrie beim Anblick der wilden Feinde laut auf, und im Nu waren diese in das Gebüsch eingedrungen und zerrten die beiden zitternden Mädchen hervor. Die junge Französin warf sich dem einen Wilden zu Füßen und hob mit flehender Gebärde die Hände empor; der aber schwang bereits seinen Tomahawk über ihrem Haupte, als die Hand des Häuptlings ihm in den Arm fiel. Glanzauge stand ruhig, mit trotzig finsteren Blicken, in der Mitte der Irokesen und schwieg hartnäckig auf alle an sie gerichteten Fragen. Da nahte ihr der Häuptling Kiotsaton, ein triumphierendes Grinsen zog über sein breites, häßliches Gesicht, als er sie ansah, dann sprach er hastig einige Worte zu seinen Genossen. Hierauf umschlung er Glanzauge und hob sie auf seinen Arm, ein andrer

Irokese erfaßte die junge Französin, und eine Minute später lag der Wald so still, als ob hier niemals ein Frevel verübt worden wäre. An dem Orte, wo Pilot den Indianer gewürgt hatte, war noch eine kleine Blutlache zu sehen.

Der Neufundländer war nach dem Fort gekommen; das Blut tropfte von seinem Halse und bezeichnete seine Spur, und erschreckt sah der Posten, welcher ihn einließ, das aufgeregte, verwundete Tier. Longinus putzte an seiner Büchse und ließ den Lauf im Sonnenlicht blinken, da stand Pilot neben ihm und bellte ihn heiser an. Ein Blick auf den treuen Kampfgefährten ließ eine entsetzliche Ahnung in dem blonden Deutschen aufsteigen; er erinnerte sich, daß er die beiden Mädchen mit dem Hunde hatte ausgehen sehen, und im nächsten Augenblicke schon fragte er die Posten sowie jeden, dem er begegnete, ob Marie und Glanzauge zurückgekehrt seien. Überall erhielt er verneinende Antworten. Er eilte zu Maisonneuve, erschreckt hörte dieser den ausgesprochenen Verdacht, und als auch Margarete nichts von einer Rückkehr der beiden wußte, da konnte kein Zweifel sein, daß man es mit einem Unglück oder einem Verbrechen der Irokesen zu thun habe.

Der Hund zeigte noch immer die größte Unruhe, bellte und zerrte seinen Herrn am Rocke, und dieser nahm sich kaum Zeit, nach der übrigens nicht bedeutenden Wunde des Tieres zu sehen, die dem kundigen Jäger sofort als durch einen Pfeil veranlaßt erschien; er warf die Büchse über die Schulter, steckte etwas Munition zu sich und war bereit, dem hinausdrängenden Hunde zu folgen. Maisonneuve ließ es sich nicht nehmen, ihn zu begleiten, und so schritten denn die beiden Männer eiligst den Pfad dahin, auf welchem Pilot ihnen vorauseilte, der von Zeit zu Zeit sich umwendend, sie gleichsam zu größerer Hast zu mahnen schien. So bogen sie hart an der Stelle, wo dies die beiden Mädchen gethan, in den Wald ein und schnuppernd blieb der Hund vor der Blutlache stehen und umkreiste das Gebüsch, in welchem die Mädchen versteckt waren. Maisonneuve erschrak beim Anblick des Blutes und sprach die schlimmste Befürchtung aus. Longinus schüttelte mit dem Kopfe:

„Nein, so thöricht sind die Irokesen nicht, die beiden Mädchen zu töten, die in ihrer Hand wertvolle Geiseln bilden; das ist Indianerblut.“

Er hatte sich niedergebeugt zu der Spur und fuhr fort: „Hier hat ein Kampf stattgefunden, der Boden ist aufgewühlt, und zwar hat ein Mann hier unter seinem Gegner gelegen.“

Der Hund bellte wie in freudiger Aufregung.

„Ei, mein Pilot, das ist eine von deinen Heldenthaten!“ Das Tier wedelte mit dem Schweife, als ob es seine Zustimmung ausdrücken wollte.

„Sie sind geraubt, darüber ist kein Zweifel“, sprach Maisonneuve aufgeregt; „die Räuber können indes mit ihrer Beute noch nicht allzu weit sein, laßt uns nachjagen, Longinus!“

Der Angeredete schüttelte mit dem Kopfe.

„Wir holen sie kaum ein, wenn auch Pilot uns die Fährte genau anzugeben wüßte, aber in ihren Händen lassen wir sie nicht, so wahr ich Hermann Longinus heiße. Beim heiligen Pafnuzius! Die roten Hunde sollen den weißen Falken wieder kennen lernen. Laßt uns vorerst nach dem Fort zurückkehren; ich werde mich mit der nötigen Munition versehen und dann nur in Begleitung Pilots aufmachen, um die Spur der Schurken zu entdecken. Ihr bleibt in Villemarie zurück; Ihr könnt nichts nützen, da Ihr zu wenig mit den Gewohnheiten der Indianer vertraut seid und nicht in den Erscheinungen des Waldes zu lesen versteht. Ich werde mir Anatoha als Begleiter aufsuchen, der ein doppeltes Interesse an dieser abenteuerlichen Fahrt hat."

Maisonneuve widersprach nicht; er erkannte, daß Longinus recht habe, und so suchte er seine innere Unruhe möglichst zu bekämpfen. Die zwei Männer gingen schweigend nach dem Fort zurück und suchten den erregten Fragen der Mannschaft auszuweichen; die Krieger wollten am liebsten alle zusammen aufbrechen zur Verfolgung der Räuber, und Maisonneuve hatte viel zu thun, ihnen das Thörichte eines solchen Gedankens auszureden. Margarete stand, still vor sich hinweinend, unter den Männern; ihr legte Longinus seine Hand auf die Schulter und sagte:

„Weint nicht, Fräulein, Ihr sollt Eure Freundin wiedersehen!"

Er sagte das mit so fester Zuversicht, daß Margarete verwundert und wie mit einem Male seltsam gestärkt, ihm nachblickte, wie er so durch den Hof des Forts hinschritt, aufrecht, stattlich und jeder Zoll ein Mann der Kraft.

Während die Franzosen bei der Erregbarkeit ihres Temperamentes noch durcheinanderlärmten und schrieen, packte der Deutsche seine große Weidmannstasche voll Lebensmittel und Schießvorrat, wusch und verklebte dem Neufundländer sorgfältig die Wunde am Halse, warf die Büchse über die Schulter und schritt nun auf Maisonneuve zu, welcher noch immer bei den aufgeregten Soldaten stand. Er schüttelte dem Baron kräftig die Hand und sagte:

„Ihr seht mich entweder mit Marie oder nie mehr zurückkehren!"

Unter Segensrufen und heilsamen Wünschen aller verließ der kühne Mann das Fort, und stolz, als sei er sich seiner wichtigen Mission bewußt, schritt der Neufundländer nebenher.

Longinus entdeckt die Kanoes der Irokesen.

Fünftes Kapitel.

Auf der Fährte.

In der Huronenstadt, welche Anatoha bewohnte und in welcher der Jesuitenpater Jogues seine Missionsthätigkeit begann, war ein Haus mehr entstanden, an welchem nach alter Indianersitte der ganze Ort hatte mitbauen helfen — das Missionshaus. Es unterschied sich äußerlich durch gar nichts von den Wohnungen der Indianer, war etwa 9 m lang und ungefähr 6 m breit, mit Seitenwänden aus starken, in die Erde gerammten Stämmen, die durch Querbalken verbunden und mit Baumrinde dicht verkleidet waren. Die innere Einrichtung dagegen wich von der eines Indianerwigwams bedeutend ab und zeigte, daß der Bewohner ein Angehöriger eines Kulturvolkes war. Der ganze Längenraum war durch Querwände in drei Gemächer geteilt, welche durch hölzerne Thüren — gar wunderliche Vorrichtungen in den Augen der Huronen — verbunden waren. Das erste Gemach diente als Vorhalle sowie als Vorratskammer für alle Bedürfnisse des Lebens, Korn, Fleisch, Fische u. dgl.; der Mittelraum, bei weitem der größte, war Wohn- und Schlafzimmer, aber auch Arbeitsraum, Küche und Schulstube, und das dritte Gelaß endlich diente als Kapelle. Jogues hatte dieselbe freundlich und einladend hergerichtet, einen schlichten Holzaltar gebaut, den er stets mit frischen grünen Reisern schmückte und auf welchem ein einfaches Kreuzbild prangte; an den Wänden aber befanden sich eine Anzahl roh gemalter Heiligenbilder und Gefäße, wie sie beim Gottesdienst verwendet wurden.

Eine Neuerung war es auch, daß Jogues in dem Dache des Mittelraumes ein Loch angebracht hatte, so daß der Rauch des Feuers, der in den andern Häusern so entsetzlich quälte und bei alten Leuten sogar Erblindungen bewirkte, abziehen konnte. Einige rohgezimmerte Stühle, eine Handmühle, eine Uhr, sämtlich den Huronen bisher unbekannte Dinge, vervollständigten die Einrichtung und lockten Neugierige an. Besonders die Uhr fand viele Bewunderer und Verehrer. Stundenlang hockten mitunter die braunen Gäste auf dem Boden um das Wunderding her und sahen sich erstaunt an, wenn sie zu schlagen begann. In dem Kasten mußte nach ihrer Meinung irgend ein Oki stecken, welcher dem Pater dienstbar war, denn sobald der letzte Schlag einer Stunde ertönte, rief Jogues „Halt!" — und das gehorsame Wesen war mit einem Male still.

„Was sagt der Kapitän?" fragten sie häufig, denn diesen Namen hatten sie der Uhr gegeben.

„Wenn er Zwölf schlägt, sagt er: Hängt den Kessel auf! und wenn er viermal schlägt, sagt er: Steht auf und geht nach Hause!"

Das merkten sich auch die Besucher und verließen regelmäßig um vier Uhr die Wohnung des „klugen Vaters".

Auch die Handmühle war ein vielbewunderter Gegenstand und wurde unermüdet gedreht. Ein Magnet, ein Vergrößerungsglas und andres waren Dinge, welche eine große Anziehungskraft auf die Wilden ausübten und dazu dienen mußten, sie den Mysterien des christlichen Glaubens zugänglicher zu machen, denn da sie eine hohe Meinung von dem Geiste des Pater Jogues hatten, so waren sie leichter geneigt, ihm zu glauben, was er erzählte.

Der Jesuit war in der That unermüdlich. Wo immer jemand krank daniederlag, eilte er herbei, um körperliche Hilfe zu bringen, soweit ihm das möglich war, unterließ aber freilich niemals, von der Herrlichkeit des christlichen Himmels und von den Schrecknissen der Hölle zu erzählen, um die Seelen für seinen Glauben zu werben. So oft es anging, versammelte er die Kinder in seinem Hause, und angethan mit seinem Talare, um der Sache eine größere Feierlichkeit zu geben, sang er das Vaterunser, welches er in das Huronische übersetzt hatte, und lehrte die Kinder mitsingen; desgleichen ließ er sie das Ave Maria und das Glaubensbekenntnis nachsprechen und wies sie an, das Zeichen des Kreuzes zu machen. Da sich die Kinder dabei unterhielten und nachträglich wohl auch noch mit Rosinen oder Pflaumen beschenkt wurden, so erfreuten sich diese Gebets- und Unterrichtsstunden eines großen Zulaufes seitens der Jugend. Schwerer war es, den Erwachsenen beizukommen. Jogues veranlaßte allerdings dann und wann die Ältesten und Angesehensten, sich bei ihm zu versammeln und begann dann auch vor diesen von den katholischen Heilswahrheiten in seiner begeisterten Weise zu reden; besonders verstand er es, die Höllenqualen mit den brennendsten, entsetzensvollsten Farben auszumalen, so daß seinen braunen Zuhörern die Haut schauerte und sie in ihrer ersten Erregung zu allem „Ja“ sagten oder die Worte des Paters als „gut“ und „wahr“ bezeichneten. Drang Jogues in sie, den Glauben selbst anzunehmen und sich taufen zu lassen, so suchten sie dieser Anforderung schlau und gewandt auszuweichen, so daß der Jesuit dies Sakrament bisher nur Sterbenden und zwar zumeist Kindern gespendet hatte. Dabei ging er übrigens eben so vorsichtig wie klug zu Werke. Er hatte in der Regel eine Stelle seines Gewandes für alle Fälle angefeuchtet und redete so lange in den Kranken hinein, bis dieser zu allem, was er sprach, „Ja“ sagte. Das genügte dem übereifrigen Priester und mit dem an seinem Kleide feucht gemachten Finger berührte er die Stirn des Sterbenden in der festen Überzeugung, durch diesen Vorgang die Seele des Indianers für den Himmel gerettet zu haben. Besondere Freude hatte er an der Taufe sterbender Kinder, die er aus den Flammen der Hölle erlöste und aus kleinen Indianern in kleine Engel verwandelte.

Am meisten standen seinen Bemühungen die sogenannten Medizinmänner entgegen, welche zugleich als Zauberer und als Priester galten und deren Interesse durch Annahme des Christentumes am meisten geschädigt worden wäre. Ob dieselben freche Betrüger waren oder selbst an ihren Hokuspokus und dessen Kraft glaubten, vermochte Jogues nicht zu entscheiden. Der Zauberer in der Stadt Anatohas war ein Mann von etwa fünfzig Jahren, mit einem rohen, von Leidenschaften durchwühlten Gesichte, der sich auf jede Weise bemühte, den Missionar zu ärgern oder ihm Schrecken zu verursachen.

So war einst nach einem beutereichen Jagdzug ein großer Festschmaus abgehalten worden, und die Indianer entwickelten dabei die ihnen eigne, unglaubliche Gefräßigkeit; Jogues nahm an dem Feste teil, um, wenn möglich, Ausschweifungen zu verhüten; in seiner Nähe saß der Zauberer. Während nun die braunen Squaws die Mahlzeit auftrugen, sprang der Zauberer mit einem Male auf und schrie mit gellender Stimme, er sei verrückt geworden und man solle alle Waffen, Beile und Messer verstecken, denn er fühle den unwiderstehlichen Drang, jemand zu töten. Seine Augen rollten wild und unheimlich und hefteten sich auf den ruhig dasitzenden Jesuiten, dann warf er sich auf den Boden nieder und blieb bewegungslos, wie tot, eine Weile liegen. Hierauf erhob er sich aufs neue, brach in ein entsetzliches Schreien aus, stürzte aus der Hütte und wieder herein, und indem er einen der stützenden Pfähle ergriff, zerbrach er ihn wie in unbezähmbarer Wut. Jogues war zwar erschrocken, aber las ruhig sein Brevier weiter. Als aber der Zauberer am nächsten Morgen wieder den Wahnsinnigen spielte, glaubte der Priester, er könne wirklich von einer Gehirnkrankheit befallen sein; er ging darum zu ihm hin und befühlte ihm den Puls, den er vollkommen normal fand. Der Indianer sah ihn einen Augenblick erstaunt an und gab seine Heuchelei auf.

Der Jesuit hatte während des Winters vielfach traurige Szenen angesehen. Mehr als einmal hatte das blasse Gespenst des Hungers über die Palissaden der Indianerstadt hereingeblickt und sogar seine Opfer gefordert. Die Jagd war wenig ergiebig, und gerade um die Weihnachtszeit war die Lage der Indianer eine tief beklagenswerte gewesen. Tag und Nacht klangen die Medizintrommeln und Lieder aus den Wigwams und verbanden sich schaurig mit dem Wimmern verhungernder Kinder. Das Vertrauen auf die Kraft ihrer Zauberer begann bei den Huronen zu schwinden und sie kamen zu Jogues, um von ihm und seinem Gotte Hilfe zu erflehen. Da überkam den Missionar eine freudige Hoffnung, er hegte sogar das Vertrauen, daß Gott zur Ehre seines Namens unter den Wilden ein Wunder wirken werde, und traf demgemäß seine Vorkehrungen. Er arbeitete einige Gebete in der Huronensprache aus und lud die Indianer ein, nach der Kapelle zu kommen. Sie folgten ihm zahlreicher und williger als sonst und knieten mit ihm vor dem Altare nieder. Nun ließ er sie einige Gebete nachsprechen, in welchen sie versprechen mußten, ihrem Aberglauben zu entsagen und Christus zu gehorchen, wenn er ihnen Speise gebe und sie vor dem Untergang bewahre. Als das geschehen war, erteilte er ihnen den Segen, und nun zogen sie aus zur Jagd. Das Ergebnis derselben war ein sehr reiches; Biber, Stachelschweine, ja selbst ein Elentier wurde am Abend in die Stadt gebracht zur ungemeinen Freude des Jesuiten, welcher sein Vertrauen zu Gott glänzend gerechtfertigt sah. Seine Freude sollte nur von kurzer Dauer sein. Die Huronen setzten sich zu dem gewohnten Festmahl zusammen; die Feuer glänzten, in den rußigen Kesseln siedete und brodelte es, und Jogues erhob sich, um zu sprechen und um die Indianer aufzufordern, seinem Gotte ihren Dank zu sagen. Da lachte der Zauberer ihm wild ins Gesicht, die andern folgten seinem Beispiel, dann fielen sie mit gierigem Geschrei über das Mahl her, und der enttäuschte Jesuit saß still und niedergeschlagen dabei.

So war auch für Pater Jogues der Sommer gekommen unter fortdauernder Mühsal, und ohne daß seine Thätigkeit größere Erfolge hätte aufweisen können. Mehr als einmal war sogar sein Leben in Gefahr gewesen, und nur dem energischen Einschreiten Anatohas hatte er seine Rettung zu verdanken. Der Häuptling hielt sich im übrigen von den Religionsübungen des Jesuiten fern und hatte sich kaum einmal bewegen lassen, die Neuerungen und seltsamen Gegenstände in dem Wigwam des Zauberers der Bleichgesichter in Augenschein zu nehmen.

Der Sommer brachte eine außergewöhnliche Hitze und damit verbundene Dürre; die Saaten fingen an zu welken, und bei der sandigen Beschaffenheit des Bodens war das Schlimmste zu fürchten. Der Zauberer that sein Möglichstes, um die bösen Geister zu beschwören und rief von den Dächern der Häuser aus unaufhörlich die guten Okis an; doch alles war umsonst, wolkenlos und stahlblau lag der Himmel über der heißen Erde. Nach Osten und Westen zu donnerte es mehrmals, über der Stadt aber wollte sich kein Wölkchen zeigen. Da klagte der Zauberer abermals den Jesuiten an und behauptete, daß die rote Farbe des Kreuzes, welches Jogues vor der Thür seines Hauses aufgestellt hatte, den Donnervogel schrecke und veranlasse, nach einer andern Seite hinzufliegen. Nach dem Glauben der Indianer ist der Donner ein Mann in Gestalt eines Truthahnes. Der Himmel ist sein Palast und er bleibt in demselben, wenn die Luft klar ist. Wenn die Wolken anfangen zu rollen, steigt er auf die Erde herab, um Schlangen und andre Gegenstände zu sammeln. Der Blitz zuckt, sobald er seine Flügel hebt oder senkt. Wenn der Sturm heftiger wird als gewöhnlich, hat dies darin seinen Grund, daß er seine Jungen bei sich hat, die ihm nach Kräften helfen, Lärm zu machen.

Die gehässige Meinung des Zauberers fand Anhang und Glauben, und ein wilder Haufen rottete sich vor dem Wigwam des Jesuiten zusammen. Äxte und Tomahawks blitzten in den braunen, kräftigen Fäusten, und das rote, verderbliche Kreuz sollte niedergehauen werden.

Der Missionar stand allein der erregten Menge gegenüber. Mit dem Rücken an das Kreuz gelehnt, breitete er seine Arme wie zum Schutze aus und suchte vergebens die Indianer zu beschwichtigen. Umsonst setzte er auseinander, daß Blitz und Donner nicht von einem Vogel herrühren, sondern auf ganz naturgemäße Weise entstehen — man hatte für seine Erklärungen durchaus kein Verständnis, und die Menge tobte stets lauter und wilder, so daß der bedrohte Priester, welcher nicht von dem Palladium seines Glaubens wich, in ernstliche Lebensgefahr kam, um so mehr, als Anatoha zur Zeit nicht anwesend war.

Schon blitzten die geschwungenen Waffen über seinem Haupte, als ein lautes, zorniges Bellen, welches im Rücken der Wilden erscholl, sie bewog, sich umzuschauen und einen Moment in ihrem Toben einzuhalten. Ein kräftiger, schöner Neufundländer brach sich durch die Menge Bahn und stellte sich wie zur Verteidigung neben den Priester, dem Hunde aber folgte ein blondlockiger, blauäugiger Mann — Hermann Longinus.

„Der weiße Falke!“ rief es unter den Huronen, welchen die Erscheinung des jungen Deutschen keine fremde war, und die allgemeine Aufmerksamkeit wendete sich sofort dieser vielfach bekannten und gefürchteten Persönlichkeit zu; die hochgehobenen Waffen sanken nieder, es wurde sogar ruhig, daß man deutlich die Frage des Bleichgesichtes, der als Freund der Huronen bekannt war, vernehmen konnte:

„Was geht hier vor, und was bedeutet dieser Auftritt?“

Die eben noch am meisten gelärmt hatten, schwiegen jetzt wie betroffen still, und der Jesuit selbst erzählte, um was es sich handle. Ein Lächeln spielte um die Lippen des Deutschen, der auf seine Büchse gelehnt, zugehört hatte.

„Das könnt ihr leicht erproben, ob euer Donnervogel vor der roten Farbe des Kreuzes sich scheut, streicht doch das Kreuz weiß an! Aber etwas andres will ich meinen roten Freunden mitteilen, was sie in gerechtere Aufregung versetzen wird. Glanzauge ist mit der Schwester des Häuptlings der Bleichgesichter im Fort Villemarie von den Irokesen geraubt worden!“

Ein einziger Aufschrei der Wut zitterte durch die Luft. Vergessen war das rote Kreuz, vergessen der Groll gegen den Jesuiten, und alle drängten sich um Longinus, um Näheres zu erfahren. Dieser fragte nach Anatoha und erhielt die Antwort, daß der Häuptling auf dem Jagdpfade sei, die sämtlichen Krieger aber begehrten aufzubrechen und gegen die Irokesen zu ziehen, um ihnen die Beute, die Perle ihres Stammes, Glanzauge, zu entreißen. Der Deutsche gebot Ruhe:

„Nicht also, meine roten Brüder! Mit Gewalt werden wir die Mädchen nicht retten, hier kann nur Verschlagenheit und List helfen, und dazu sind zwei bis drei Männer ausreichend. Ich werde allein gehen, um die Fährte der Irokesen zu suchen, wenn ich Anatoha nicht finden kann. Was er thun soll, das werde ich ihm durch den „weißen Vater“ mitteilen lassen. Geht in eure Wigwams, meine Brüder, der weiße Falke wird euch euer Glanzauge wiederbringen.“

Die Menge begann in der That sich zu verlaufen, um die Kunde von dem Mädchenraube durch den ganzen Ort zu verbreiten, Longinus aber trat mit dem Jesuiten in dessen Wigwam. Ein einziger junger Indianer war auf dem Platze zurückgeblieben, aber auch er bekümmerte sich nicht um das rote Kreuz, sondern ging wie nachsinnend vor dem Missionshause auf und ab. Ein schlanker, schöner Bursche mit einer Adlerfeder in den tiefschwarzen Haarsträhnen und einem kostbaren Wampumgürtel, in welchem der blitzende Tomahawk hing. Er schien hier auf jemand zu warten, der für seine Erregung viel zu lange ausblieb; mehrmals hielt er vor dem Eingang des Hauses an, wie zögernd, ob er eintreten solle; endlich öffnete er die Thür und schritt mit hochgehobenem Kopfe durch die Vorhalle in den Mittelraum, wo der Jesuit mit seinem Gaste auf den schwerfälligen Holzstühlen saßen.

Der junge Indianer zeigte eine gewisse Scheu; es war ihm offenbar unbehaglich, dem Missionar gegenüberzutreten, den er vor kurzem noch mit seiner Waffe bedroht hatte, und sein Antlitz hatte eine Art trotzigen Ausdruckes. Er sah Jogues ganz und gar nicht an und wendete sich sogleich an Longinus.

„Will mein weißer Bruder erlauben, daß sich Skandavati ihm anschließt beim Aufsuchen Glanzauges? Skandavati hat Glanzauge sehr lieb, er wird sie finden und sie soll seine Squaw werden. Skandavati ist ein tapferer Krieger, und in seiner Hütte hängen die Skalplocken seiner Feinde; sein Tomahawk ist scharf, und seine Augen sind hell; er sieht auch in der Nacht die Fährte des Elen wie des Fuchses und findet die Fußspuren der Irokesen auch auf festem Boden. Laß Skandavati mit dir gehen, mein weißer Bruder!"

Der Indianer hatte mit einer gewissen Eintönigkeit gesprochen, wie wenn er von einem andern redete und es war nicht sich brüstender Stolz, sondern feste Überzeugung, welche aus ihm sprach. Verwundert schaute Longinus ihm in das kühne Gesicht, aus welchem ein großes, dunkles Feuerauge blitzte, dann reichte er ihm die Hand:

„Mein Bruder Skandavati ist mir als Gefährte willkommen. Möge er sich bereit halten, denn in einer kurzen Frist brechen wir auf!"

„Skandavati ist bereit!" entgegnete der Wilde.

Der Missionar lud ihn ein, an dem einfachen Mahle teilzunehmen, das aus Sagamite (geschrotetem und in Wasser gekochtem Reis) bestand, und der Hurone setzte sich mit einer gewissen Befangenheit gleichfalls auf einem der ihm ungewohnten Stühle nieder. Das Mahl wurde nahezu schweigend eingenommen, und auch Pilot erhielt seinen Anteil. Da ward mit einem Male die Thür der Vorhalle aufgerissen, und Anatoha stand auf der Schwelle. Das Auge des Häuptlings brannte in düsterem Glanze, sonst aber zeigte sich in dem Gesicht keine Spur der Erregung, so sehr es auch in der Brust des starken Mannes arbeiten mochte, dem man den Liebling geraubt hatte. Er war eben von der Jagd zurückgekehrt und hatte gleich am Eingang des Ortes von der Frevelthat der Irokesen und der Anwesenheit des weißen Falken gehört. Er streckte Longinus gleich einem alten Bekannten die Hand entgegen und ließ sich noch einmal erzählen, was dieser von dem Raube der beiden Mädchen wußte.

Der Deutsche that es und fügte noch hinzu, was bereits geschehen. Er hatte mit Hilfe Pilots die Spur der Irokesen verfolgt bis an den St. Lorenz. Dort hatten sie offenbar ihre Kanoes verborgen gehabt und waren stromaufwärts gefahren, um an einer weiter oberhalb liegenden Stelle zu landen. Daß sie an das rechte Ufer übergesetzt sein sollten, war nicht gut anzunehmen, und Longinus war der Meinung, an dem linken Ufer die Spur zu suchen.

Anatoha schloß sich dieser Ansicht an, desgleichen Skandavati, und ohne längeres Zögern beschloß man aufzubrechen und von der Stelle ab, wo Longinus und Pilot die Spur verloren hatten, die Nachforschungen zu beginnen.

Eine Stunde später verließen die drei Männer in Begleitung des Neufundländers die Huronenstadt, der Missionar aber, welcher ihnen seinen Glückwunsch nachrief, war damit beschäftigt, das rote Kreuz mit weißer Farbe zu überstreichen. —

Die Nachmittagssonne glühte, und die breiten Wasser des St. Lorenz glänzten in ihrem Strahle. Tiefstill lag die heiße Welt, nichts regte sich im Walde und in der Flut, da standen die drei an dem Orte, welchen Longinus bezeichnet hatte. Der Hund hielt die Nase dicht an die Erde, und die beiden Huronen beugten sich gleichfalls nieder, um nach der wichtigen Spur zu suchen. Nur das Auge des Indianers oder des in den Wäldern und Prairien heimischen Mannes hätte in dem trockenen, kiesigen Boden, aus welchem hier und da spärliches gelbes Gras sproßte, die Fährten von Menschen oder Tieren entdecken können, jeder andre würde das für ganz unmöglich gehalten haben. Anatoha erhob sich nach einer Weile und sagte:

„Hier sind sie gewesen, das ist sicher, aber ich glaube nicht, daß alle hier waren; ich kann auch keine Spur finden von dem kleinen leichten Fuße einer Squaw."

„Sie werden die Mädchen getragen haben, um schneller vorwärts zu kommen", bemerkte Longinus.

„Die weiße Taube vielleicht", sagte der Häuptling, „Glanzauge nicht; Glanzauge weiß zu gehen und ist zu stolz, sich von einem Irokesen tragen zu lassen."

Er hatte sich wieder nach der Fährte niedergebeugt.

„Es ist auch nur ein schwerer Tritt zu erkennen wie von einem Krieger, welcher eine Last trug; mein weißer Bruder möge mir glauben. Unsre Feinde sind schlau, sie werden versucht haben, uns irrezuleiten. Will der weiße Falke noch ein Stück mit mir zurückgehen auf dieser Spur, wir werden finden, was ich vermute."

Longinus kannte den sicheren Instinkt der Indianer aus Erfahrung, er nahm schweigend seine Büchse auf die Schulter und schritt neben dem Häuptling in den Wald hinein. Pilot lief vor den Männern her, immer die Nase tief zur Erde gehalten; er führte mit einer außerordentlichen Sicherheit, denn Longinus erkannte jeden Baum und Strauch und Stein wieder, an welchen sie vorüberschritten. Endlich hielt der Hund an und hob wie fragend den Kopf, dann lief er bald geradeaus, bald zur Linken in den Wald, als ob er die Fährte verloren hätte. Der Deutsche stutzte, denn genau an derselben Stelle hatte der Hund gestern dasselbe gethan. Auch der Häuptling stand still und stieß sein Hugh! aus.

„Hier geht die Spur nach zwei Richtungen auseinander", erklärte er nach einer kurzen Betrachtung des Waldbodens, welcher die Eindrücke immerhin leichter erkennen ließ als der vorherige kiesige Weg.

Longinus war sich darüber ebenfalls klar geworden. Die Fährte zeigte sich allerdings nicht breiter, als sie kurz vorher war, die Irokesen schienen mit außerordentlicher Vorsicht und stets in gleicher Zahl nebeneinander gegangen zu sein, so zwar, daß die Hintermänner möglichst in die Spur ihrer Vormänner traten, und als sich die Fährte teilte, hatten sie dieselbe Gangart nach beiden Richtungen eingehalten, offenbar, um etwaige Verfolger zu täuschen und irrezuführen, aber die getrennten Spuren zeigten nicht mehr dieselbe Tiefe der Eindrücke wie zuvor und es war den drei Männern außer allem Zweifel, daß sich hier die Irokesen geteilt und höchst wahrscheinlich auch die beiden Mädchen getrennt hatten, ein Gedanke, welcher Mariens halber den blonden Deutschen auf das unangenehmste berührte.

Man hielt nun eine Art Kriegsrat und kam endlich zu dem Entschlusse, die Fährte nach beiden Seiten hin weiter zu verfolgen; Longinus mit Skandavati und Pilot sollten die Spur am St. Lorenzo wieder aufsuchen und auf ihr weiterforschen, Anatoha wollte sich allein zur Linken in den Wald schlagen. Der zweimal nacheinander ausgestoßene Lockruf des Whipporwill, den sie zeitweilig hören lassen sollten, sollte, wenn der Zufall sie einander in die Nähe führte, das Erkennungssignal sein. So reichten sie sich die Hände und machten sich auf den Weg.

Longinus mit Skandavati und Pilot wanderten den Pfad zurück, welchen sie gekommen waren, und sie hielten sich, an dem Strome angelangt, hart an dessen Ufer und schritten immer den Wellen entgegen. Die Sonne begann sich bereits zum Untergange zu neigen und vergoldete die westlichen Wälder, ohne daß sie einen Anhaltspunkt oder eine Spur gefunden hätten. Vergebens beugten sie sich immer wieder forschend zur Erde, während Pilot mit einer gewissen Gleichgültigkeit den Pfad entlang lief. Das beruhigte Longinus, welcher sich fast vollständig auf den Hund verließ. Mit einem Male hielt das Tier an, knurrte leise und stieß mit der Nase nieder zu dem Boden. Die Gegend war mit Busch- und Strauchwerk bedeckt, welches fast den Durchgang wehrte und sich bis hinab an den Strom zog. Longinus faßte seine Büchse schußgerecht, Skandavati nahm seine Waffe; der Indianer aber beugte sich nieder, um trotz des Hereinbrechens der Abenddämmerung nach einer etwaigen Spur zu suchen. Er konnte nichts entdecken, wohl aber fand der blonde Deutsche etwas, was ihm nicht bedeutungslos schien. An dem verwachsenen Strauchwerk waren hier und da kleine Zweige geknickt, die erst halbwelk herabhingen: ein Beweis, daß die Stelle vor nicht gar langer Zeit passiert war. Freilich konnte auch irgend ein Wild das veranlaßt haben, zumal es unmöglich schien, daß sich hier Menschen hätten hindurcharbeiten können, ohne größere Verwüstungen oder deutlichere Spuren überhaupt zu hinterlassen.

Da schlug Pilot lauter an; das Bellen kam in der Richtung des Stromes her, wohin sich Skandavati bereits vorher gewendet hatte, welcher mit aller Vorsicht in das Buschwerk eindrang. Longinus begab sich dahin, wo er den Hund vermutete und kam, dem Bellen folgend, bis hinab an das Ufer. Hier sprang ihm der Neufundländer entgegen und lief dann abermals vor ihm her, bis er seinen Herrn hart an eine Krümmung des Stromes gebracht hatte, wo, ganz von Buschwerk umwuchert, eine kleine Bucht sich befand. Der weiße Falke arbeitete sich mit Vorsicht durch die Büsche und sah mit einem Male zwei mäßig große Kanoes vor sich. Es war ihm außer Zweifel, daß die Irokesen dieselben hier verborgen und zugleich an dieser Stelle Rast gehalten hatten. Er stieß zweimal nacheinander den Lockruf des Whipporwill aus, und Skandavati antwortete aus geringer Entfernung. Bald darauf zeigte sich die schlanke Gestalt des Indianers zwischen den Büschen; er rief:

„Sie sind hier gewesen, Skandavati hat ihre Spur gefunden.“ Er sah die beiden Kanoes und nickte mit dem Kopfe, als ob er sagen wollte, das habe sich von selbst verstanden. „Was gedenkt der weiße Falke zu thun?“ fragte er.

Es war indes fast völlig dunkel geworden, der Mond stand am Himmel und glitzerte in der ruhigen Flut des Stromes.

„Wir wollen uns ein Nachtlager suchen“, sagte Longinus, „denn heute ist's vorbei mit den weiteren Entdeckungen, auch sind wir auf der Spur. Wenn mein roter Bruder es für gut hält, nehmen wir jeder eines der Kanoes und fahren nach dem andern Ufer, wo wir in Sicherheit rasten werden. Morgen früh setzen wir wieder über, verfolgen die gefundene Fährte und verbergen das eine Kanoe, während wir das andre drüben lassen.“

Der Hurone gab seine Zustimmung, und bald glitten die beiden Kanoes lautlos durch die Flut. Sie legten nach verhältnismäßig kurzer Frist an dem andern Ufer an, banden die Fahrzeuge an einem verborgenen Orte fest und suchten nun zwischen den Klippen am Gestade ein Lager für die Nacht. Endlich hatte Skandavati ein Plätzchen gefunden, wie eine kleine Festung, auf drei Seiten von Felsen eingeschlossen und auf der vierten nach dem Strome zu offen, so daß sie den Fluß und die Stelle, wo die Kanoes lagen, vor sich hatten. Bald loderte hier ein lustiges Feuer auf, und Longinus nahm aus seiner Tasche Mundvorräte und ein Fläschchen mit Feuerwasser (Branntwein), bei dessen Anblick die Augen des Huronen freudig aufleuchteten. Nach genossenem Mahle streckten sich die beiden Männer zur Ruhe nieder, und Pilot lagerte sich, ein getreuer, zuverlässiger Wächter, am Eingang zu der kleinen Felsenfestung.

Anatoha belauscht die Feinde.

Sechstes Kapitel.

Kämpfe und Abenteuer.

Mit der Sicherheit des Hundes, welcher sich auf seinen nie fehlenden Geruchsinn verlassen kann, schritt Anatoha dahin. Sein Weg führte durch den Wald, aber trotzdem die Zweige oft dicht herabhingen über den Pfad, hörte man nicht das geringste Geräusch, kein Knacken und Brechen der Ästchen — der Fuß des Indianers schien kaum den Boden zu berühren. Die Büchse — ein Geschenk Maisonneuves — hing über die Schulter des Häuptlings, Tomahawk und Skalpmesser staken im Gürtel, in einer Tasche trug er Mundvorrat und Munition. Die Augen des Huronen hafteten fortwährend auf dem Boden, damit er die kostbare Spur nicht verliere, und hier und da beugte er sich einmal nieder, wie um sich zu vergewissern, daß er noch auf rechter Fährte sei. Er schien jedesmal von dem Resultate seiner Untersuchung befriedigt zu sein, denn mit erneuter Frische ging er vorwärts. Endlich kam er auf eine kleine Lichtung. Ringsum standen Sprossenfichten, mächtige Weißtannen und nordische Zedern, aber die stattlichen Bäume interessierten den Indianer so wenig, wie das Stachelschweinpärchen, das bei seinem Nahen hurtig zur Seite huschte. Seine Augen hefteten sich mit brennendem Glanze auf den Boden, sein geübter Blick fand hier die Spuren eines nächtlichen Lagers, so sehr man auch dieselben zu verwischen bemüht gewesen war. Er sah um sich her, an einem Strauche, fast ganz versteckt, flimmerte etwas Weißes, er erkannte es als einige Fasern, die offenbar von dem Gewande Mariens herrührten, die vielleicht absichtlich dies kleine, verborgene Zeichen hier angebracht hatte. Er war auf der Spur der Schwester des Häuptlings der Bleichgesichter, und seine eigne Schwester hatte man wohl nach der entgegengesetzten Richtung geschleppt. Einen Augenblick bedauerte er, nicht selbst jene Richtung gewählt zu haben, dann aber wurde er wieder erfüllt von Vertrauen auf den Mut, die Schlauheit und Thatkraft des weißen Falken, der seiner Aufgabe so gut gewachsen war, wie er selbst.

Er durchforschte den Ort auf das Genaueste, ohne mehr entdecken zu können, als er bereits gefunden hatte, und da der Abend bereits hereingebrochen war, beschloß er, Rast zu halten. Er wußte, daß er nicht auf der Lichtung sich lagern dürfe, da er sich im Jagdgebiete der Irokesen befand, und er sah sich nach einem Baume um, welcher geeignet sein konnte, ihm Herberge für die Nacht zu geben. Er erblickte etwas seitab im Walde eine mächtige Buche, deren Zweige fast bis zur Erde reichten, nach dieser wendete er sich hin, schwang sich nach kurzer Besichtigung des Baumes mit der Gewandtheit einer Wildkatze auf denselben, kletterte von Ast zu Ast, bis er, fast in der Mitte des Stammes, einige durcheinander verschlungene Äste fand, welche ihm zum Nachtlager geeignet schienen. Hier hielt er nun sein Mahl von geräuchertem Biberfleisch, und bald darauf schlief er so fest, wie eben nur ein einzelner Indianer, welcher auf dem Kriegspfade geht, zu schlafen vermag.

Mitternacht mochte vorüber sein, als das feine Ohr des Huronen ein knisterndes Geräusch vernahm, das für jeden andern, der nicht gewohnt ist, im Walde zu leben, fast unhörbar gewesen wäre. Leise richtete er sich aus seiner liegenden Stellung empor, ohne daß ein Zweiglein unter seiner Hand gerauscht hätte. Er spähte mit dem scharfen Auge eines Geiers aus nach allen Richtungen und es schien ihm, als ob nahe an der Lichtung zwischen niederem Buschwerk ein schmales Rauchsäulchen in die Höhe stiege. Wo Rauch ist, ist auch Feuer — das war unserm Huronen kein Geheimnis, und ein solches Feuer, dessen glühenden Glanz er jetzt gleichfalls erkennen zu können glaubte, setzte Menschen voraus, die es angezündet hatten. Es ließ ihm keine Ruhe auf seinem sicheren Lager; mit der gleichen Gewandtheit, mit welcher er den Baum erstiegen, glitt er wieder von demselben herab und schlich sich nun von Stamm zu Stamm heran an die Stelle, von wo er den Rauch hatte emporsteigen sehen. Er kam immer näher, schon sah er deutlich das Feuer glänzen und erkannte auch zwei braune Gestalten, welche dabei lagerten. Es waren Irokesen, welche sich hier an dem Feuer eine Mahlzeit bereiteten und ohne Zweifel auf dem Jagdpfade waren; ihre Bogen und Köcher lagen neben ihnen.

Das Plätzchen, an dem sie lagerten, war gut gewählt, und nur ein scharfes Auge, wie das Anatohas, hatte es auszuspähen vermocht. Dichtes Buschwerk umrankte die kleine Lichtung; die Zweige und das Laub des Gesträuches verbargen die Flamme und hinderten das kräftigere Aufsteigen des Rauches. In dem Häuptling loderte der Zorn auf bei dem Anblick der beiden Feinde, und die Gelegenheit, sich zweier Skalpe zu bemächtigen, schien zu günstig, als daß er sie unbenutzt hätte vorübergehen lassen sollen. Er legte die ihn hindernde Büchse ab und warf sich platt auf die Erde nieder. Schlangengleich und aalglatt bewegte er sich fort, ohne das geringste Geräusch zu verursachen und lag bald beinahe unmittelbar hinter dem einen der Irokesen, der keine Ahnung von der fürchterlichen Nähe seines gefährlichen Todfeindes hatte. Fest, wie im eisernen Krampfe lag die Hand des Häuptlings um den Stiel seines Tomahawks, und mit gespanntem Ohr lauschte er dem Gespräch der beiden, um vielleicht etwas von den geraubten Mädchen zu erfahren.

Sie redeten anfangs Gleichgültiges von Jagd und Krankheiten, dann sagte der eine:

„Kiotsaton mag sich freuen, er hat Glanzauge in sein Wigwam geführt, und sie soll seine Squaw werden!“

Anatoha lag regungslos, aber alle seine Muskeln strafften sich.

„Glanzauge ist schön, er wird zu beneiden sein!“ sagte der andre.

„Wird nicht Anatoha, der grimmige Bär, sie ihm wieder entreißen?“

„Er wird nicht das Wigwam Kiotsatons, des großen Häuptlinges, finden.“ —

„Hat er die Blume der Huronen nicht nach Irekoa gebracht?“

Ein morscher Zweig knisterte hinter dem Irokesen, Anatoha hatte bei seinem lebhaften Interesse für das Gespräch der beiden seine Vorsicht eine Sekunde lang vergessen, und der eine derselben wendete sich um. In demselben Moment aber stand die dunkle Gestalt des Huronen zwischen den Irokesen, mit Blitzesschnelle fuhr sein Tomahawk in den Schädel des einen, und fast gleichzeitig griff er dem andern nach der Kehle. Es begann ein heißes und verzweiflungsvolles Ringen hart an dem aufsprühenden Feuer, das die sehnigen Gestalten der beiden Kämpfer grell beleuchtete. Anatoha hatte beide Hände um den Hals seines Gegners gepreßt und vergebens suchte dieser die geradezu eisernen Klammern zu entfernen. Ihm flirrte es vor den Augen, und die tastende Hand suchte nach der Waffe in dem Gürtel. Dem Häuptling entging keine Bewegung des Irokesen; er ließ den Hals desselben los und umklammerte mit demselben ehernen Griff die Arme des Gegners, preßte sie über dessen Brust zusammen und schleuderte ihn mit voller Wucht in das hochauflodernde Feuer. Ein greller Aufschrei folgte, aufs neue sprang der Irokese empor, aber Anatoha hatte Zeit gehabt, sein Messer zu erfassen, das er dem andern bis ans Heft in die Brust stieß. Dieser fiel zurück in das Feuer, ohne noch einmal zu zucken, der Stoß hatte mit außerordentlicher Sicherheit das Herz getroffen. Einen Augenblick betrachtete der Sieger die beiden Toten, welche mit verzerrten Gesichtern und verglasten Augen ihn anzustarren schienen, dann löste er ihnen den Skalp von den Häuptern mit wenigen geschickten Schnitten, und mit je einem Fußtritt schleuderte er die Körper in die Flamme, welche prasselnd an den Gewändern emporlohte. Anatoha befestigte die Skalpe an seinem Gürtel, nahm seine Flinte wieder über die Schulter und kletterte abermals nach seinem Asyl empor, um den Rest der Nacht in ungestörter Ruhe zu verschlafen.

Der Morgen dämmerte durch die Zweige seines Schlafgemaches, als Anatoha herabstieg von der Buche und sich anschickte, seine Fährte weiter zu verfolgen. Das Feuer in dem Busche war niedergebrannt, in der Asche lagen die beiden verstümmelten, unkenntlichen Körper der Irokesen. Der Häuptling sah mit einem gleichgültigen Blicke hin, ihm war es nur darum zu thun, daß keiner von den beiden sich etwa noch gerettet habe. Das Gespräch, welches er am Abend zuvor belauscht, wies ihn nach Irekoa, einem mäßig großen Irokesendorfe, das dem Huronen nicht unbekannt war. Er fand in der That in der Richtung desselben die Spuren, denen er bereits am gestrigen Tage gefolgt war, wenn auch hier die Fährten wieder verschiedentlich auseinandergingen, um Verfolger, welche etwa bis hierher gelangten, irrezuführen.

Er beschloß, gegen Irekoa sich zu wenden und machte sich voll froher Hoffnung, die geraubte Schwester bald wiederzufinden, auf den Weg. Das Irokesendorf war noch eine kleine Tagereise entfernt, und der Pfad dahin nicht ohne Gefahr. Mehr als einmal wich Anatoha von seinem Wege ab, um streifenden Irokesenhorden auszuweichen, um einsam liegende, halb verlassene Dörfer schlich er herum; mehr als einmal hörte er das Bellen der Hunde, die den Fremden witterten, ja um die Mittagszeit war er sogar genötigt, in einem Biberbau eine Zuflucht zu suchen und noch weiter in das Schilf eines Teiches zu flüchten, der mitten im Walde lag. Die Feinde waren ihm hart auf den Fersen und es gehörte die ganze Kaltblütigkeit des Indianers dazu, um nicht durch ein Zeichen der Unruhe sich selbst zu verraten.

Trotz dieser Hindernisse und Gefahren kam er doch gegen Abend vor Irekoa an. Das Irokesendorf lag versteckt in einem grünen Thalkessel, die grauen Rindenhäuser blickten beinahe traulich zwischen den Bäumen hervor, und der Hurone konnte von seinem erhöhten Standpunkt im Walde den ganzen Ort übersehen. Er war still und unbelebt, auf dem großen Platze in der Mitte spielten braune Kinder im Abendsonnenschein und wälzten sich mit den Hunden zugleich im Staube herum. Krieger schienen nur wenige anwesend zu sein, denn selten schritt einer von ihnen durch die Gasse vorüber an den Squaws, welche geschwätzig vor den Häusern beisammenhockten. Anatoha suchte unter den Wigwams das ansehnlichste, in der richtigen Voraussetzung, daß dies dem Häuptling gehöre und Glanzauge bergen dürfte. Er gedachte übrigens den Einbruch der Nacht im Walde abzuwarten und erst mit der Dunkelheit sich nach dem Orte hinabzuschleichen; er hoffte, daß die Männer des Ortes auf dem Kriegspfade sein und deshalb am Abend nicht zurückkehren würden, wodurch sein Vorhaben viel erleichtert worden wäre. Das Glück schien ihm in der That günstig zu sein, denn solange er auch spähte, er merkte nichts von der Rückkunft der Krieger, und als die Nacht sich völlig über das Thal herabgesenkt hatte, verließ er seinen Posten und schlich sich abwärts.

Er betrat den ruhigen Ort; die Kinder hatten längst ihr Spiel aufgegeben, die Squaws hatten sich in die Wigwams zurückgezogen, das ganze Dorf schien ausgestorben zu sein. Die Nacht war dunkel und sternenlos zur großen Freude des Huronen, welcher auf diese Weise unbemerkt bis an das Wigwam des Häuptlinges herankam. Er duckte sich an der Hinterwand des Hauses nieder und begann mit seinem Messer geräuschlos an der Rindendecke zu arbeiten. Er wußte, daß sich bei den Indianerwohnungen hier jener von dem großen Feuerraume getrennte Verschlag befand, in welchem die jungen Mädchen sich aufzuhalten und zu schlafen pflegten, und hoffte mit Sicherheit, hier Glanzauge zu finden, mit welcher er sich leicht durch eine kleine Öffnung in der Wand hätte verständigen und besprechen können.

Es dauerte auch nicht lange, so hatte er ein Loch in die Rinde geschnitten, groß genug, um in den Raum blicken zu können. Derselbe war halbdunkel, denn eine Matte trennte ihn von dem Vorderraum und ließ nur durch einige Ritzen etwas von dem Feuerschein einfallen. Das Auge des Indianers war genug an die Dunkelheit gewohnt, und im Nu hatte er das ganze Gemach durchspäht. Beinahe wäre ihm ein leises Hugh! entschlüpft, denn was er sah, war zwar nicht das Gewünschte, aber immer überraschend genug. Er erblickte auf einer Matte sitzend die Schwester des Häuptlinges der Bleichgesichter. Marie war allein; sie hatte den Kopf auf die Hand gestützt und stierte traurig vor sich nieder. Ihre Gedanken waren im Fort Villemarie bei ihrem Bruder, und sie hätte am liebsten in heiße Thränen ausbrechen mögen, wenn ihr das Weinen nur Trost oder Hilfe gebracht hätte. Ab und zu tauchte vor ihrem Geiste auch das Bild des stattlichen blonden Deutschen Hermann Longinus auf, und auf einige Augenblicke überkam sie wieder das Gefühl des Mutes und des Vertrauens auf ihre Rettung.

Der Häuptling zögerte, ob er sich bemerklich machen sollte, denn Marie konnte durch einen Laut, der ihr im ersten Schreck entschlüpfte, oder durch ein Mißverstehen alles verraten; aber während er eine Minute lang überlegte, vernahm er Lärmen und Rufen und entnahm daraus, daß die Krieger von ihrem Zuge heimkehrten. Das ganze Dorf geriet mit einem Male in Bewegung: die Jugend lief, soweit sie noch nicht schlafen gegangen, den Heimkehrenden mit wildem Heulen entgegen, die Squaws traten heraus vor die Häuser, und Anatoha drückte sich fester in den Schatten der Rindenwand, die glücklicherweise von der Gasse abgewendet lag, so daß er eine Entdeckung kaum zu fürchten hatte. Die Gelegenheit schien ihm indes außerordentlich günstig, um das junge Bleichgesicht, jetzt, da man auf dasselbe nicht achthatte, auf sich aufmerksam zu machen.

Er legte seinen Mund an die Öffnung in der Wand und rief leise: „Villemarie!“ — das junge Mädchen fuhr empor und sah sich überall in dem Raume um. „Erschrick nicht und bleibe ruhig sitzen“, flüsterte die Stimme in huronischer Sprache weiter, „Anatoha ist gekommen und will dich befreien. Halte dich in dieser oder in der nächsten Nacht bereit zur Flucht. Ich werde von derselben Stelle aus dich rufen!“

Das wilde Schreien und Lärmen der Irokesen kam näher, Anatoha verstummte und drückte sich platt auf die Erde, Marie aber zitterte vor freudiger Erregung und faltete die Hände zu stillem Gebet. Der Häuptling trat eben mit einigen seiner Genossen in den vorderen Raum, wo die Feuer flammten, und ließ sich an einem derselben nieder. Es war nicht Kiotsaton, sondern ein noch junger, aber stattlicher Mann. Einige Squaws kamen, um ihn und seine Gäste zu bedienen, und er fragte nach der „weißen Blume“. Das alte Weib, das neben ihm stand, sagte:

„Weiße Blume weint und ist traurig und will nicht essen, nicht trinken.“

Der junge Indianer stand auf vom Feuer und schob die Matte beiseite, welche den Feuerraum von dem andern Gemache trennte. Marie saß wieder mit gesenktem Haupte da, und ihre hellen Locken fielen ihr auf Brust und Nacken. Es lag fast wie ein Zug des Mitleides und der Teilnahme um den Mund des Häuptlinges, da er dem Mädchen leise die braune Hand auf die Schulter legte und sagte:

„Nicht traurig sein, weiße Blume, nicht traurig sein! Mestigolt hat weiße Blume gern, sie soll seine Squaw sein, er wird ihr das schönste Wampum bringen, und ihr Fuß soll gehen auf Otter- und Biberfellen. Ihr gehört der beste Teil vom Mahle, und vor ihr wird Mestigolt die Skalpe seiner Feinde niederlegen. Nicht traurig sein, weiße Blume!“

Er strich mit seinen braunen Fingern leise und zärtlich über ihr Haar, trotzdem sie ausweichend das Haupt zur Seite beugte, und gleich nachdem er sie verlassen, trat die alte häßliche Squaw zu ihr und brachte ihr auf einer Rindenplatte das dampfende Fleisch. Das Auge des Huronen lag schon lange wieder an der Öffnung und nicht das Mindeste war ihm entgangen. Der Mattenvorhang war wieder zugeschoben, in dem kleinen Raume herrschte nur ein gedämpfter Lichtschein, und von den Feuern klang das laute Rufen und Lärmen der Gäste Mestigolts.

Anatoha überlegte, ob er schon diese Nacht handeln solle, und ein Umstand kam seinem Entschlusse zu Hilfe.

Es wurde mit einem Male, gleich als ob man nur die Rückkehr der Männer abgewartet hätte, lebendiger im Dorfe. Er sah, wie sich Gruppen von Kriegern, Squaws und Kindern zusammenrotteten, mit lautem Kreischen und Heulen Feuerbrände in ihren Händen schwangen, wie im wilden Rasen durch die Dorfgasse rannten und selbst aufeinander losschlugen. Jeder Uneingeweihte würde bei einem solchen plötzlich losbrechenden Treiben erschrocken sein und eine Entdeckung gefürchtet haben, dem Huronen aber wuchsen der Mut und das Vertrauen, denn er wußte, daß die Irokesen ein sogenanntes Ononhara oder Traumfest feierten, wie sie auch bei den Huronen üblich waren. Man hielt dies Fest in der Regel dann ab, wenn nach der allgemeinen Meinung ein Ort von bösen Okis heimgesucht wurde, was sich durch häufigere Erkrankungen von Menschen und Vieh kundgab. Die Feier begann in der Nacht und währte bis an den Morgen; bei derselben entfesselte sich alle Wut und Wildheit dieser Stämme, niemand blieb in seinem Wigwam, jeder half nach Kräften den Lärm und das Toben vermehren und benutzte zugleich diese Stunden der Zügellosigkeit, um an einem Gegner oder Beleidiger bequemer Rache nehmen zu können. Gegen Morgen erst liefen alle von Haus zu Haus und verlangten von einander die Erfüllung eines geheimen Wunsches, der ihnen im Traume angeblich mitgeteilt worden war. Man warf sich dann gegenseitig Geschenke zu, gleich als ob man dadurch für die einander zugefügten nächtlichen Thorheiten und Beleidigungen Genugthuung leisten wollte.

Da das Lärmen und Treiben sich lediglich durch die Dorfgassen bewegte, so konnte Anatoha sich einerseits ganz sicher glauben an der dem Walde zugekehrten Rückwand des Hauses und anderseits hoffen, daß es ihm möglich werden könne, bei der allgemeinen Aufregung und Verwirrung das weiße Mädchen zu entführen. Was er erwartete, geschah auch. Kaum hatten das Schreien und Heulen begonnen, als auch Mestigolt mit seinen Gästen sich von dem noch nicht ganz genossenen Mahle erhob. Die Männer rissen Brände aus dem Feuer, die Squaws erfaßten Gefäße mit heißem, dampfendem Wasser, und alle stürzten hinaus.

Der Hurone konnte dies alles nicht mit Sicherheit beobachten, sondern höchstens vermuten; aber Marie erhob sich, schob die Matte zurück und blickte in den vorderen, mit Rauch erfüllten Raum, der völlig leer geworden war. Sie preßte die Hand auf das Herz und atmete tief auf, dann blickte sie um sich, als ob sie den Mann suche, der sich ihr als Retter angeboten, und sagte halblaut in huronischen Lauten: „Sie sind alle fort!"

Anatoha schien nur auf eine solche Mitteilung gewartet zu haben, denn sofort legte er seinen Mund hart an die Öffnung und flüsterte:

„Tritt heraus aus dem Wigwam, schleiche dich heimlich herum nach der Wand, an welcher ich liege, für das andre laß mich sorgen."

Ein leiser Schauer floß durch den Körper des Mädchens, aber nur einen Augenblick war ihr ängstlich zu Mute, dann schritt sie gefaßten Fußes in den vorderen Raum, schloß vorsichtig hinter sich die Matte, ging schnellen Schrittes an den qualmenden Feuern vorüber und erreichte glücklich den Ausgang. Lärmen, Lachen, Toben scholl ihr entgegen, gleich feurigen Rädern glänzten die in den Lüften geschwungenen Brandfackeln, von welchen knisternde Funken stoben, und wieder zögerte sie eine Sekunde lang. Indes — welche Gefahr drohte ihr, wenn man sie auch sah? — Sie konnte ja das Wigwam des Häuptlings verlassen und sich das ihr fremde Fest näher betrachten. Das Haus lag zum Glück beinahe am Ende des Dorfes, und der Wald war nicht weit davon entfernt. Unbemerkt gelangte Marie an die Rückseite des Wigwams, wo Anatoha mit leisem Gruß ihr entgegentrat. Er legte rasch seinen Mantel um die Schultern des Mädchens, damit das weiße Gewand desselben nicht zum Verräter werde, hüllte dasselbe dicht hinein, hob es leicht wie einen Ball auf seine Arme und eilte davon. Zitternd lag Marie an der breiten Brust des Indianers, der sich dem Walde zuwendete.

Von der Höhe blickte er noch einmal zurück. Von dem Dorfe selbst war nichts zu sehen, nur die geschwungenen Feuerbrände glühten unheimlich durch die Nacht.

„Die weiße Taube kann schlafen in den Armen des roten Mannes", sagte der Hurone beinahe zärtlich, denn er fühlte das Herz Mariens an seiner Brust klopfen.

Schlafen in solcher Nacht? Sie hätte trotz der tiefen Dunkelheit nicht vermocht, die Augen zu schließen, geschweige zu schlafen, denn trotzdem sie glücklich aus dem Dorfe selbst entkommen, wußte sie doch, daß die Gefahr noch lange nicht vorüber war. Die Irokesen konnten jeden Augenblick die Flucht entdecken und ihnen nacheilen, und ihre aufgeregte Phantasie malte ihr die entsetzlichsten Greuelszenen vor. Anatoha schritt indes mit seiner Last ziemlich rasch dahin; das Auge des Indianers sah in der Finsternis deutlich genug, um jeden im Wege stehenden Baum vermeiden zu können. Es war ein schweigendes Wandern, nur einmal hatte Marie den Häuptling ersucht, sie neben ihm her gehen zu lassen. Er hatte das verweigert: „Anatoha fühlt nicht die weiße Taube in seinen Armen, deren Fußspur uns dem Feinde verraten könnte!"

Endlich graute der Morgen; in matten Umrissen traten die Bäume heraus aus der Dämmerung, und der Spiegel eines Gewässers lag, von einem blaugrauen Nebelschleier bedeckt, vor den Flüchtlingen. Nun ließ der Indianer erst seine Bürde nieder, und Marie setzte sich auf eines der zerstreut umherliegenden Felsstücke. Anatoha reichte ihr zu essen und aß selbst, dann bat er sie, ruhig sitzen zu bleiben, er wollte sich in der Gegend umsehen und erwägen, ob es nicht möglich wäre, auf dem Flusse weiter zu kommen. Das Mädchen folgte mit ängstlichen Blicken dem Indianer, aber als derselbe zwischen den Bäumen verschwand, und sie sich ganz allein und verlassen sah in dem Walde, da fing sie an heftig zu weinen und barg das Gesicht in beide Hände. Eine Viertelstunde verging, und alles um sie her blieb tiefstill; da wurde sie von einer unerklärlichen Angst erfaßt, sie fürchtete mit einem Male, Anatoha könnte nicht wiederkommen, und mit Hast erhob sie sich von ihrem Sitze, um nach der Richtung zu eilen, welche der Indianer nach ihrer Meinung eingeschlagen hatte, und um diesen zu suchen. So irrte sie zwischen den Bäumen umher, und mit jedem Schritte wuchsen ihre Besorgnis, Ratlosigkeit und Bestürzung.

Da sah sie noch ziemlich entfernt eine braune Gestalt; freudiger fing ihr Herz zu pochen an, es war ohne Zweifel der Hurone, und so eilte sie denn, jeder Vorsicht vergessend, auf ihn zu, immer dabei seinen Namen rufend. Das machte den Indianer aufmerksam, er stand einen Augenblick still und sah ihr entgegen, dann kam er rasch herbeigeeilt, aber o Schrecken! Als er noch ungefähr fünfzig Schritte von ihr entfernt war, erkannte Marie, daß es ein fremder Mann, daß es nach der Malerei an seinem Körper ein Irokese war. Ein Schrei des Entsetzens zitterte schrill von ihren Lippen, wie das gehetzte Tier des Waldes eilte sie den Weg zurück, den sie gekommen, ohne auf etwaige Hindernisse zu achten. Dorniges Gesträuch riß und zerrte an ihrem Gewande, sie stieß sich die Stirn wund an einem Baumstamm, daß ihr das Blut über das Gesicht rann, sie hörte schon hinter sich den keuchenden Atem des Verfolgers, ihre Kräfte drohten sie zu verlassen — da krachte ein Schuß und gleichzeitig brach sie, als ob das Blei sie selbst getroffen hätte, in die Kniee nieder. Sie warf einen Blick voll Angst zurück nach dem Verfolger, und dieser Blick gab ihr mit einem Male Kraft und Mut wieder, denn lang ausgestreckt und regungslos lag der Indianer auf dem Boden, durch den Wald aber kam in größter Eile Anatoha herangelaufen, die Büchse noch in der Hand. Sie eilte auf den Häuptling zu, ihm zu danken, ihn um Verzeihung zu bitten, daß sie einen Augenblick Mißtrauen gegen ihn gehegt hatte, dieser aber schnitt schweigend dem gefallenen Gegner den Skalp ab und heftete ihn an seinen Gürtel.

Er sagte kein Wort des Vorwurfes, stumm hob er Marie auf seine Arme und sprach dann:

„Die weiße Taube ist furchtsam, aber Anatoha verläßt sie nicht. Wir müssen eilends fliehen, denn die Feinde sind uns auf den Fersen, und der Knall des Feuerrohres wird sie schnell herbeilocken."

Er eilte mit dem Mädchen durch den Wald nach dem Ufer des Flusses, und zu ihrer Verwunderung erblickte dasselbe hier ein kleines Kanoe mit Ruder; auch Angelschnuren und Haken lagen auf dem Boden desselben. Konnte der Indianer zaubern? — Verwundert, erfreut schaute das Mädchen bald den Mann, bald das Boot an, aber der Häuptling, welcher ihre Gedanken erriet, deutete stumm zur Seite, wo ein mächtiger hohler Baumstamm lag. Marie erinnerte sich, gehört zu haben, daß die Indianer vielfach ihre Kanoes und Fischgerätschaften in ausgehöhlten Bäumen verbergen, und ihr war alles klar geworden. Es war das Boot eines Irokesen, das der mit allen Gewohnheiten der roten Stämme vertraute Häuptling gefunden hatte. Er ließ Marie in dem kleinen Fahrzeuge nieder und gebot ihr, sich platt in demselben niederzulegen, dann ergriff er das Ruder und lautlos glitt das Kanoe über die glitzernde Fläche. Die Sonne war eben aufgegangen und ihr roter Schein lag auf einer kleinen Insel, welche sich in der Mitte des Flusses befand. Das war das Ziel, welches der Indianer zu erreichen suchte.

Er hatte sich übrigens in seinen Besorgnissen nicht getäuscht, denn während er noch ruderte, zischte ein Pfeil scharf an seinem Ohr vorüber und fiel kurz vor der Spitze des Bootes ins Wasser. Noch zwei gefiederte Genossen folgten dem ersten nach, ohne aber das kleine Fahrzeug zu erreichen, das glücklich in das Strauchwerk einlenkte, welches den Strand der Insel umsäumte. Für den Augenblick war der Indianer und sein Schützling gerettet, aber Anatoha wußte zu gut, daß man sie nicht ungestört in ihrem Versteck lassen würde, und bereitete sich zur Verteidigung seines Asyles vor.

Er bat Marie, ruhig zu bleiben und hieß sie sich hinter einen Felsvorsprung zu lagern, hinter welchem er sich gleichfalls versteckt hielt, so daß er das Ufer des Flusses im Auge behalten konnte. Er sah bald einige dunkle Gestalten drüben zwischen den Bäumen hin- und hereilen und zählte deren fünf. Sie machten heftige Gesten und hoben drohend die Fäuste nach der Insel hinüber: sie hatten ohne Zweifel ihren skalpierten Gefährten gefunden und waren doppelt von Zorn erfaßt, weil der schlaue Feind sogar ihr eignes Kanoe zu seiner Flucht verwendet hatte.

Dem Huronen war es ziemlich klar, daß jene sich gleichfalls ein Kanoe verschaffen und eine Landung versuchen würden. Er wollte sich deshalb etwas umsehen und erforschen, ob er nicht einen Ort entdecken könne, wohin er sich im äußersten Falle mit Marie zurückziehen könnte. Er bat deshalb das Mädchen, vorläufig ohne Sorge hinter dem Felsstück zu bleiben, und übergab ihr ein Beinpfeifchen, auf welchem sie ihm ein Signal geben sollte, sobald sie eine verdächtige Bewegung der Feinde wahrnehmen oder einen

Überfall befürchten sollte. Mit dem Versprechen, ihr möglichst nahe zu bleiben, ging er davon.

Trotzdem Marie die Feinde am Ufer sehen konnte, welche wie in Beratung beisammenstanden, war sie diesmal doch viel ruhiger und von einem außerordentlichen Vertrauen auf Anatoha beseelt. Dieser war indes in das dichtere Buschwerk eingedrungen, und je mehr er Umschau hielt, desto bekannter kam ihm die ganze Insel vor; bald war es ihm klar, daß er hier bereits einmal gewesen war, und gleichzeitig wurde er sich eines Versteckes bewußt, das er damals gefunden hatte. Bald stand er wieder vor demselben. Es war eine Felshöhle mit einer schmalen Spalte als Eingang. Die Höhle war geräumig genug, um fünf bis sechs Personen bequem beherbergen zu können, und wenn sie auch völlig dunkel war, so bot sie doch den Vorteil, daß sie bloß einen Zugang hatte, der selbst von einem einzelnen Manne gut verteidigt werden konnte. Der Ort war übrigens nicht ganz leicht zu finden, da Moos und Strauchwerk den grauen Felsen ganz bedeckten und auch vor der Spalte zum Eingang üppiges Gesträuch wucherte.

Der Häuptling eilte zu Marie zurück, die immer noch an derselben Stelle saß, und teilte ihr mit, welchen Zufluchtsort er gefunden habe. Nachdem eine kurze Beobachtung ihn überzeugt hatte, daß für die nächste Zeit noch nichts von den noch immer beratenden Feinden zu fürchten sei, forderte er das Mädchen auf, ihm zu folgen. Er trug sie nun mit größerer Vorsicht und ohne merkliche Spuren zu hinterlassen, wieder durch das Strauchwerk und setzte sie auf einem kahlen Felsblocke nieder, der ganz nahe bei dem Eingange zur Höhle lag. Er zeigte ihr den schmalen Spalt und sagte:

„Hier hinein wird die weiße Taube gehen, wenn die feindlichen roten Männer ans Ufer kommen sollten; die weiße Taube braucht noch keine Angst zu haben, denn Anatoha wird bei ihr bleiben.“

„Ich habe keine Angst“, entgegnete Marie und versuchte zu lächeln; der Häuptling aber entfernte sich, nachdem er ihr noch einige Verhaltungsmaßregeln gegeben, und ging nach seinem Beobachtungspunkte am Gestade zurück. Er kam eben rechtzeitig, um zu sehen, wie die Irokesen unter lautem Jubelgeschrei ein Kanoe ins Wasser ließen und dasselbe bestiegen. Es waren jetzt ihrer sieben. Fünf von ihnen nahmen in dem kleinen Boote Platz, zwei stürzten sich in die Flut und schwammen unmittelbar neben dem Fahrzeug her. Die zwei Ruder schlugen lautlos in das Wasser, und das Kanoe bewegte sich mit bedeutender Schnelligkeit. Anatoha sah, daß es galt zu handeln. Er legte die Büchse an, der Schuß hallte vom Ufer wider, und der eine der Ruderer fiel über den Rand des Bootes. Eine kleine Verzögerung trat ein, ehe ein zweiter das Ruder erfaßt hatte; der Häuptling lud mit außerordentlicher Schnelligkeit seine Waffe und ein zweiter Schuß traf abermals den Ruderer. Keiner von den Überlebenden schien jetzt Lust zu haben, den gefährlichen Posten anzutreten, bedroht von einem Feinde, der ihnen furchtbar und doch nicht sichtbar, auch für ihre Pfeile unzugänglich war.

Indes war das Boot immer näher herangekommen, und fast unmittelbar vor Anatoha tauchte bereits aus den Wellen ein dunkler Kopf mit glühenden Augen auf, so daß es dieser für geraten fand, nachdem sein Schuß den untertauchenden Irokesen gefehlt hatte, sich eiligst zurückzuziehen. Er drang durch das Gebüsch, und Marie erhob sich bei seinem Nahen von ihrem Sitze. Er nahm das Mädchen rasch wieder auf den Arm und trug es bis hart an die Felsenspalte. Er trat zuerst in den dunklen Raum der Höhle und zog die Jungfrau nach sich, der er auf seinem Mantel ein Lager bereitete. Marie schauderte es, aber sie nahm ihren ganzen Mut zusammen, während der Hurone noch schnell ihre Spuren von dem Felsen zu verwischen bemüht war und sich dann innerhalb der Höhle hart zur Seite des Einganges stellte, um denselben im Notfalle zu verteidigen.

Eine Zeitlang blieb alles ruhig. Da brach einer der Irokesen durch das Gesträuch; er kam bis an die Spalte heran, aber er schien sie nicht zu beachten und schritt vorüber. Bald kam ein zweiter und dritter, die mit außerordentlicher Sorgfalt die Spuren der Flüchtlinge zu verfolgen schienen. Einer derselben stieß ein halblautes „Hugh“ aus und deutete mit dem Finger nach dem Eingange des Versteckes. Nun kam auch der vierte und fünfte der Feinde, und Anatoha sah, wie sie Rat hielten. Das dauerte nicht eben lange, dann schritt der eine langsam gegen die Höhle heran. Er blickte scharf in das Gesträuch, und so vorsichtig Anatoha gegangen war, schien doch jener die Spuren der Flüchtlinge entdeckt zu haben.

Der Felsenspalt war so eng, daß nur ein Mann in denselben einzudringen vermochte, und der Irokese besaß Kühnheit genug, den Versuch zu wagen. Er hatte sich dabei auf die Erde niedergelegt und kroch, auf dem Bauche liegend, mit Vermeidung eines jeden Geräusches, heran. Anatoha konnte in der dunklen Höhle jede Bewegung des Feindes beobachten und faßte den Griff seines Tomahawks fester. Sein Auge war an die Finsternis gewöhnt, und so beschloß er, den Irokesen völlig einzulassen. Bald zeigte sich der dunkle Kopf des Indianers, und die glühenden Augen spähten in die Dunkelheit. Es war demselben offenbar darum zu thun, sich zu überzeugen, ob die Verfolgten sich in der Höhle befänden; er schien das weiße Gewand Mariens gesehen zu haben, denn er stieß das gewohnte „Hugh“ aus und wollte sich wieder zurückziehen. In demselben Augenblicke schleuderte der Häuptling seinen Tomahawk, krachend fuhr dieser in den Schädel des Irokesen, und lautlos blieb der Mann liegen. Der Hurone verlor keinen Augenblick seine Geistesgegenwart; er zog den leblosen Körper herein zur

Höhle und schleuderte ihn, nachdem er seine Waffe an sich genommen, in eine Ecke, dann trat er aufs neue auf seinen Beobachtungsposten.

Die Feinde warteten eine Weile, um den Erfolg ihres Kundschafters zu erfahren; als derselbe indes nicht zurückkehrte, fingen sie an, unruhig zu werden und traten aufs neue zur Beratung zusammen. Sie schienen bald damit zu Ende zu sein, denn sie fingen an, dürres Holz, Reisig und dergleichen zu sammeln und schoben dasselbe, indem sie an die Wand des Felsens sich andrückten, um einem etwaigen Schusse des Häuptlinges zu entgehen, nahe an den Eingang der Höhle.

„Sie wollen uns ausräuchern", murmelte Anatoha und warf einen besorgten Blick auf die in sich zusammengesunkene Jungfrau. Er hatte sich in seiner Befürchtung nicht getäuscht, denn bald loderte es vor der Höhle auf. Die Irokesen hatten absichtlich viel feuchtes Brennmaterial, Blätter, Baumzweige und dergleichen aufgehäuft; das Feuer qualmte und rauchte, und der ungünstige Wind trieb, wie die Feinde das vorausgesehen hatten, den Rauch gegen die Höhle.

Vorsichtig spähte der Hurone hinaus, ob er vielleicht einen der Feinde in das Bereich seiner Flinte bekommen könnte; ein Pfeil, der hart an seiner Stirn vorüberstreifte, belehrte ihn, daß die Irokesen sich ganz in der Nähe hielten und von gesicherten Punkten aus den Eingang der Höhle bewachten. Ein heftiger Ingrimm faßte den Häuptling. Wäre er allein gewesen, er würde ohne jede Rücksicht hinausgeeilt sein, um wenigstens im ehrlichen Kampfe zu unterliegen, aber das weiße Mädchen, das nur ihn allein zum Schützer hatte, wäre damit den wilden Bluthunden preisgegeben gewesen. Zähneknirschend, in ohnmächtiger Wut preßte er seine Faust um den Lauf seiner Flinte zusammen, während der dunkle Qualm immer dichter in die Höhle eindrang. Da bat er Marie, ihm seinen Mantel zu geben. Bereitwillig erhob sich dieselbe, und Anatoha bemühte sich nun, das weite Kleidungsstück vor den Eingang zu hängen, was ihm endlich auch gelang. Damit war die Gefahr des Erstickens zwar hinausgeschoben, aber nicht beseitigt worden. Wie von unsichtbaren Händen geworfen, flog immer neues Brennmaterial auf den Brandhaufen, und lautes Hohngelächter begleitete jedes neue Aufqualmen.

Die Höhle füllte sich immer mehr mit Rauch an, und Marie fühlte, wie es ihr die Brust und Kehle beengte; es war ihr, als ob eiserne Hände sich um ihren Hals legten und ihn immer fester, immer enger zusammenzwängten. Der Hurone schien das zu merken, und er sprach im Tone tiefer Rührung:

„Der rote Häuptling würde sein Blut gern vergießen, könnte er damit die weiße Taube retten. Es gibt nur ein Zweifaches für uns beide: entweder uns in die Hände der Irokesen zu geben, oder — zu sterben."

„Sterben — sterben!“ stöhnte das Mädchen mit verlöschender Stimme, dann war es ihr, als ob nun erst mit einem Male tiefe Nacht über sie hereinbräche, die Höhle schien sich im Kreise zu drehen, dann war es vorbei mit allem Denken und Fühlen, bewußtlos sank sie auf den feuchten, kalten Boden nieder. In demselben Augenblicke hörte der Hurone zweimal nacheinander den Lockruf des Whipporwill, er dachte an Longinus und Skandavati, in freudiger Erregung ließ er den Antwortruf ertönen, und gleich darauf hallte ein Schuß durch den Wald.

Da konnte sich auch der Indianer nicht länger halten, er stürzte hinaus mitten durch die brennende und sengende Lohe und stieß laut den Kriegsruf der Huronen aus. Er sah noch drei der Irokesen durch das Gesträuch flüchten und schoß nach denselben, der vierte aber lag unweit des Feuers hart an der Höhle, und eine Kugel war ihm mitten durch die Stirn gegangen. Nun war es für Anatoha außer Zweifel, wem er und Marie ihre Rettung verdankten, und dort trat auch bereits der blonde Deutsche mit Skandavati aus dem Gebüsch, und Pilot schnoberte vor ihnen her.

Der Hurone nahm sich kaum Zeit, die Freunde zu begrüßen, er riß mit seinen Händen die Feuerbrände auseinander, drang, von dem freudig winselnden Hunde gefolgt, in den mit Rauch erfüllten Raum und trug gleich darauf die bewußtlose Marie heraus, welche er auf das kurze Gras einer kleinen Lichtung niederlegte. Der Neufundländer leckte dem bleichen Mädchen Hände und Gesicht, Longinus aber war an ihrer Seite niedergesunken, wusch ihre Schläfe mit Branntwein und flößte ihr einige Tropfen davon ein. Der Huronenhäuptling stand mit ernstem Gesichte daneben und sagte:

„Der weiße Falke ist sehr zur rechten Zeit gekommen, um seine blasse Schwester zu befreien; sie wird ihm danken, wenn ihr das Licht wieder in die Augen fällt, Anatoha aber wird sich freuen, wenn er seinem weißen Bruder einmal in gleicher Weise wird helfen können.“ Longinus lächelte.

„Mein roter Bruder“, sprach er freundlich, „wünscht mir also, daß die Irokesen auch mich einmal räuchern möchten.“

„Der weiße Falke braucht die jungen Krieger der Irokesen nicht zu fürchten, sein Auge ist hell und sein Feuerrohr ist scharf“, entgegnete der Häuptling in höflichem Tone.

Marie schlug unter den Bemühungen des Deutschen die Augen auf und blickte verwundert um sich. Als sie Hermann Longinus erkannte, ging eine jähe Röte über ihr Gesicht, und sie streckte ihm zum Danke die schmale, weiße Hand entgegen. Der wackere Mann lehnte jeden Dank ab und sagte:

„Wir wollen vor allem eine Mahlzeit einnehmen, denn mein sterblich Teil fühlt sich unbehaglich. Doch — beim heiligen Pafnuzius, wo steckt denn Skandavati?"

Der junge Hurone war in der That verschwunden, Anatoha aber sagte:

„Mein roter Bruder wird nachsehen, wohin sich unsre Feinde gewendet haben, und ob euer Kanoe noch am Ufer liegt."

Du hast recht, Hurone; doch laß uns aufbrechen, um ein besseres Fleckchen für unser Mahl zu suchen, wo uns ein freierer Ausblick gegönnt ist. Skandavati hat einen stattlichen Lachs gefangen, der soll uns wohlthun nach der Arbeit. Kommt, Fräulein!"

Longinus reichte der Jungfrau den Arm, und so schritten sie hin, der Neufundländer voraus, der Häuptling hinter ihnen her. An der Stelle, wo Anatoha und Marie zuvor gelagert waren, hielt der Deutsche an und sagte:

„Ich denke, hier ist gut sein! Hier laßt uns unsre Hütte bauen, denn ich meine, die Irokesen sollen uns für heute wenigstens in Ruhe lassen."

Anatoha breitete wieder seinen Mantel aus, damit Marie sich darauf lagere, und während Longinus Anstalten traf, ein Feuer anzuzünden, trat der Hurone näher an das Ufer, um sich nach seinem eignen Kanoe umzusehen. Es war verschwunden, aber als der Häuptling seinen Blick nach dem Wasserspiegel hinwendete, sah er den Strom herauf ein kleines Boot kommen, in welchem ein einzelner Indianer saß. Er hielt stark auf die Insel zu, und das scharfe Auge Anatohas erkannte Skandavati. Dieser kam rasch näher und sprang endlich, von Wasser triefend, an das Ufer. Die Irokesen hatten bei ihrer Flucht das Kanoe losgeschnitten und dasselbe der Strömung überlassen; da der junge Hurone es treiben sah, stürzte er ohne Bedenken in die Wellen, um es wiederzugewinnen, was ihm auch gelungen war.

Die beiden Indianer traten zu Longinus und Marie, zwischen denen bereits lustig das Feuer flammte.

„Beim heiligen Pafnuzius, Freund Skandavati", rief der Deutsche, „du hast wohl ein Bad zur Abkühlung genommen? Oder haben deine roten Brüder vom Stamme der Irokesen unsern Lachs mitsamt dem Kanoe entführt? — Das wäre ein verteufelt schlechter Spaß. Wo hast du denn den Fisch, wir haben Hunger."

Skandavati verschwand abermals, aber schon nach wenigen Minuten kehrte er wieder und brachte einen stattlichen Fisch, der allerdings reichlich für eine Mahlzeit der kleinen Gesellschaft ausreichte.

„Gott sei Dank, der Lachs ist gerettet und das Kanoe also auch", sagte Longinus. „Hier, nimm einen Schluck Feuerwasser, Skandavati, und trockne deinen Leichnam an der Flamme. Und nun mag mein roter Bruder Anatoha erzählen, was er erlebt hat auf seiner Fahrt. Er ist glücklicher gewesen als wir, denn wir haben die Spur von Glanzauge vollständig verloren. Oder wißt Ihr uns auf dieselbe zu helfen, Fräulein?"

„Man hat uns, bald nachdem man uns raubte, getrennt", sagte sie.

Der Häuptling erzählte seine und Mariens Abenteuer, und sobald er geendet, ergriff der blonde Deutsche das Wort, nachdem er durch einen kräftigen Schluck Feuerwasser sich gestärkt und die Flasche dem Häuptling hingereicht hatte:

„Auch wir haben unser Teil erlebt, beim heiligen Pafnuzius! Wir hatten am ersten Abend glücklich die Spur am Ufer wiedergefunden und zum Überfluß zwei in einer kleinen Bucht versteckte irokesische Kanoes entdeckt, mit denen wir wohlgemut nach dem jenseitigen Strande übersetzten. Dort machten wir uns zwischen Felsen ein Lager, und soweit war alles gut. Wir meinten ruhig und sicher die Nacht verliegen zu können, und ich hatte gerade den merkwürdigsten Traum, den ich jemals in meinem Leben träumte: Der heilige Pafnuzius stand vor mir, halb Rothaut, halb Europäer; er hatte eine ungeheuer große Nase und drohte mir mit dem Finger, indem er mir befahl, seinen Namen nicht so oft und unnötigerweise im Munde zu führen. Ich wollte mich in meiner Verwunderung gebührend entschuldigen, da fing der Heilige mit einem Male seltsam zu brummen und zu knurren an und begann zugleich mich bei den Beinen zu zerren, daß ich ganz erschreckt auffuhr. Ich riß die Augen auf und sah Pilot neben mir, hatte im Nu meine fünf Sinne zusammen und sprang auf die Füße.

„Skandavati brauchte ich nicht erst zu wecken, er flüsterte mir bereits zu: „Es sind rote Männer im Walde!" Dann warf er sich platt zur Erde nieder und kroch aus unsrer kleinen Festung hinaus. Es war mondhell, und wir hatten eine kleine Lichtung vor uns, über welche wir hinweggehen mußten, um nach dem Ufer und zu unsern Booten zu gelangen, und wenn die irokesischen Teufel in der Nähe waren, dann konnte — beim heiligen Pafnuzius — die Geschichte gefährlich werden.

„Da hörte ich ein halblautes Gurgeln. Pilot sprang von mir fort, und ohne weiter zu überlegen, trat ich gleichfalls zwischen den Felsen heraus. Ich bemerkte in ein und demselben Augenblicke, wie in geringer Entfernung zwei rote Krieger aneinander hingen im furchtbarsten Ringkampf und sah zugleich von links und rechts noch einige Gestalten heraneilen. Von den zwei Kämpfern sank jetzt der eine zusammen, und ich wußte nicht, ob es der Irokese oder Skandavati war. Eine Sekunde lang wollte ich nach der Büchse greifen, aber ich sagte mir, daß der Knall noch mehr von den Teufeln herbeilocken könnte, und da ich in demselben Momente Skandavati erkannte, welcher sich auf einen neuen Gegner stürzte, während auch Pilot schon seinen

Mann gefaßt hatte, war ich schnell entschlossen und eilte auf einen dritten zu. Ich hatte das Messer in der Faust und wollte ihn eben niederstoßen, da duckt sich der Schurke, so daß ich mit voller Gewalt in die Luft fahre und beinahe das Gleichgewicht verloren hätte. Er benutzt den Moment, reißt mich zu Boden, und nun haben wir uns einige Augenblicke herumgewälzt, bald er, bald ich unten. Beim heiligen Pafnuzius, die Situation war unbehaglich, und wenn dem roten Teufel noch einer seiner Spießgesellen zu Hilfe kam, so war ich verloren. Da kriege ich mit einem Male Luft, mein Gegner läßt locker, so daß ich ihm mit meinem Messer zwischen Leib und Seele fahren kann, und wie ich wieder auf den Beinen bin, sehe ich, daß Pilot sich schon den Skalp des Irokesen verdient hatte. Habe dem wackeren Neufundländer wieder einmal mein Dasein zu verdanken.

„Nun war das Spiel eigentlich zu Ende. Von den zwei Burschen, die an Skandavati wie die Kletten an einem Tuchrocke hingen, habe ich den einen mit meinem Flintenkolben niedergeschlagen, der andre nahm Reißaus, und das Feld war leer. Unsre Lagerstätte war uns aber verleidet und mit dem Schlafen war's auch vorbei. Da suchten wir denn unsre Kanoes, welche die Schurken glücklicherweise nicht entdeckt hatten, banden sie aneinander und ruderten mit allen Kräften wacker stromaufwärts. Der Mondschein glitzerte ganz unbehaglich helle auf dem Gewässer, so daß uns, so schön das auch für unser Auge sein mochte, doch — beim heiligen Pafnuzius — eine stichdunkle Nacht tausendmal lieber gewesen wäre. Wir hielten uns darum etwas mehr an das Ufer, wo wir einigermaßen Schatten hatten, redeten kein überflüssiges Wörtchen und ließen die Ruder so sacht als möglich ins Wasser fallen. Das ging so ununterbrochen zwei Stunden etwa fort.

„Da kommen wir zu einer Stelle, wo ein mächtiger Baum hart am Ufer gewachsen ist; dem hat das Wasser die Wurzeln etwas unterwaschen, so daß er sich ziemlich weit über den Fluß herübergesenkt hat. Wir kommen so bis auf Schußweite heran, auf einmal knurrt Pilot in recht verständlicher Weise und gleichzeitig ist mir's, als ob sich auf dem dicken Stamme etwas geregt hätte, was unmöglich ein Stück Baum sein konnte. Ich rufe: „Kopf nieder und zurück!“ und Skandavati liegt auch schon fast platt in dem Boote, da zischen einige Pfeile über und neben uns hin, und die Schurken stoßen ein Wutgeheul aus, daß mich's — beim heiligen Pafnuzius — mit einem Male heiß überlief. Das kam aber nicht von dem Geschrei, sondern von dem Blute, das mir aus einer Kopfwunde über die Nase herabrann. Ich hatte nicht viel Zeit, nach der Schramme zu sehen, und habe mir in der Eile einen Baststreifen, der im Boote lag, darum gebunden, und dann legten wir die Ruder ein und fuhren zurück. Das ging stromabwärts und prächtig schnell.

Wie ich mich da umwende — es war indes beinahe Morgen geworden — sehe ich, daß diese Schurken uns nachschwimmen und, was am unangenehmsten war, daß sich unser zweites Boot von dem ersten losgetrennt und ein gut Stück von uns entfernt in der Strömung schwamm. Sie wollten das ohne Zweifel kapern und waren auch schon nahe genug dabei, da hob ich meine Büchse, um dem Unverschämtesten einen kleinen Denkzettel zu geben.

„Da hättet ihr das Schauspiel sehen sollen — beim heiligen Pafnuzius! Es mochten immerhin so zehn oder ein Dutzend Köpfe sein, die aus dem Wasser herausgeragt hatten; wie ich meine Flinte ergriff, waren sie sämtlich verschwunden, als ob sie Beelzebub weggeblasen hätte. Und nun fingen sie ein Spiel an, das unter andern Umständen recht hübsch gewesen wäre. Bald da, bald dort tauchte ein Irokesenschädel auf, um sofort wieder zu verschwinden und um einige Mannslängen näher emporzukommen und wie höhnisch mich anzuglotzen. Ich konnte zu keinem sicheren Schuß kommen und wollte auch nicht unnötigerweise meine Kugel verschießen.

„Ich rief darum Skandavati zu, das Rudern aufzugeben und das Kanoe der Strömung zu überlassen; statt dessen solle er zu Bogen und Pfeil greifen. Der that's denn auch, und so saßen wir oder vielmehr wir kauerten da und warteten, ob sich der Feind eine Blöße geben würde; Pilot knurrte und wedelte mit dem Schweife, er wäre am liebsten in das Wasser gesprungen, aber ich hielt ihn zurück. Nun tauchten fast gleichzeitig hart an unserm verlorenen Boote zwei Köpfe auf, deren Besitzer sich jedenfalls darin festzusetzen gedachten. Ich flüsterte Skandavati zu: „Den Linken!“ und er verstand mich. Wir ließen die andern bei ihrem Vergnügen, durch Auf- und Niedertauchen unsre Aufmerksamkeit ablenken und ermüden zu wollen, und warteten auf unsre Leute. Und wie sie zu beiden Seiten des Bootes wieder zu Höhe kamen, da krachte mein Schuß und Skandavatis Pfeil zischte. Ich hörte den klatschenden Ton, den ich kenne. — Das war nicht das Holz des Kanoes, in welches die Kugel eingeschlagen hatte, und wahrlich — beim heiligen Pafnuzius — die zwei Köpfe tauchten nicht wieder auf.

„Ich lud meine Flinte aufs neue, Pilot bellte, und Skandavati lag mit seinem Bogen schon wieder auf der Lauer. Aber den Irokesen schien die Sache doch bedenklich, einige schwammen zurück, andre suchten nach dem Ufer zu gelangen, hinter ihnen sausten die Pfeile Skandavatis her, und ich werde nicht irren, wenn ich annehme, daß meine zweite Kugel auch nicht daneben gegangen ist. Wir holten uns nun unser zweites Boot, und nachdem wir es etwas fester angebunden, schwammen wir noch ein Stück stromabwärts, bis wir ein geeignetes Plätzchen fanden, das so ganz versteckt lag, rings von Ufergebüsch umgeben, wo wir endlich Rast hielten und unserm sterblichen Teil auch etwas gönnten.

„Unsre Kanoes ließen wir nun zurück, nachdem wir sie möglichst versteckt untergebracht zu haben meinten, und dann brachen wir auf. Daß die Geraubten sich nicht in den irokesischen Grenzdörfern befinden dürften, das schien uns im voraus klar, und so suchten wir denn tiefer in das Gebiet der Feinde einzudringen.

„Wir schlichen uns um manches kleine und totenstille Nest herum, trotzdem die Hunde unsre Nähe wittern mochten, denn die Köter bellten laut genug, und kamen auch vor einen größeren Ort, der von etwas wie einer Befestigung umgeben war. Dieselbe schien noch nicht gar lange angelegt zu sein, und das war uns verdächtig, so daß Skandavati beschloß, auf Kundschaft auszugehen. Ich hielt mich ganz in der Nähe versteckt und bin jetzt noch verwundert, daß mich nicht eine alte schleichende Squaw oder ein halbnackter Irokesenjunge, wie sie zahlreich genug sich in der Nähe herumtrieben, entdeckt hat.

„Ich lag so etwas über eine Stunde auf meinem Posten, da sah ich eine Rothaut in vollem Rennen gegen denselben herankommen, und hinter ihm noch ein ganzes Rudel schreiender und gestikulierender Leute, und im Nu war mir die Situation klar. Die Teufel hatten Skandavati entdeckt, und dieser gab Fersengeld. Beim heiligen Pafnuzius, da habe ich gesehen, was Laufen heißt, und daß ein Paar gute Beine für den Notfall gar nicht zu verachten sind. Mein roter Bruder blieb immer wieder ab und zu stehen und sah sich nach der Meute um, die sich bemühte, ihm nachzukommen. Wenn indes die Hetzjagd, wie es schien, nach mir herankam, dann mußte ich gleichfalls Proben meiner Schnelligkeit geben, und bei dem Gedanken wurde mir angesichts der Gelenkigkeit und Geläufigkeit meines roten Bruders fast bange. Zudem wollte ich, wie ich es — beim heiligen Pafnuzius! — auch in den gefährlichsten Lagen nicht gethan, nicht so ohne weiteres den Irokesen meinen Rücken zeigen, ich hob also meine Büchse, suchte mir den prächtigsten und schnellsten unter den Verfolgern Skandavatis und schickte dem blitzschnell zwischen das rechte und linke Auge eine Kugel, wie sie schöner gar nicht sitzen konnte.

„Die andern prallten zurück, als ob sie den Schlag in ihrem eignen Schädel gefühlt hätten, und unbekümmert um Skandavati, drängten sie sich um den Gefallenen; ich schien den richtigen Mann gefunden zu haben. Wir schlugen uns nun in den Wald und eilten, um unsre Kanoes zu erreichen, da die Sache für uns nicht geheuer werden konnte; so viel war indes sichergestellt, daß sich die Gefangenen nicht in dem Orte befanden.

„Wir kamen glücklich an das Ufer und krochen in das Gebüsch, um unsre Boote flott zu machen — aber, beim heiligen Pafnuzius! — wir mochten spähen, wie wir wollten, die rettenden Fahrzeuge waren verschwunden. Zudem knurrte und brummte Pilot recht verdächtig, als ob uns die Irokesen schon blutlechzend auf dem Genicke säßen, und wohl oder übel mußten wir unsern Weg zu Fuß fortsetzen und jeden Augenblick eines Überfalles gewärtig sein. Wir hielten uns hart an dem mit hohem Gesträuch bewachsenen Ufer und sahen scharf aus, ob nicht der glückliche Zufall uns vielleicht ein Boot verschaffe. Nach einer halben Stunde ungefähr stieß Skandavati ein vernehmliches Hugh aus, und Pilot bellte halblaut.

„Ich folgte der Richtung des Zeigefingers, den mein roter Bruder ausstreckte, und sah durch das Gebüsch auf dem Wasser ein kleines Kanoe und in demselben einen Irokesen, welcher sich mit Angeln beschäftigte. Der Bursch saß — beim heiligen Pafnuzius! — so friedlich und harmlos, daß es mir fast leid that um ihn. Ich flüsterte Skandavati zu: „Wir wollen den jungen Krieger der Irokesen lebendig fangen, vielleicht kann er uns von Glanzauge und von der Schwester meines weißen Häuptlinges berichten!“

„Mein roter Bruder nickte und verschwand von meiner Seite. Ich behielt den Fischer fest im Auge, der keine Ahnung von der Gefahr hatte, und sah nun knapp hinter dem Boote den Kopf Skandavatis auftauchen. Einen Augenblick später hatte er den überraschten Irokesen gepackt und niedergeworfen. Ich sah, wie die Beiden mit einander rangen und rief dem Neufundländer zu: „Allez, Pilot, faß!“ und der Hund schien nur auf die Aufforderung gewartet zu haben. Er sprang in das Wasser und schwamm in rasender Eile nach dem Boote. Einige Minuten später war die ganze Geschichte vorüber. Ich sah, wie mein roter Bruder den Irokesen in die Wellen warf, daß das Wasser hoch aufspritzte und als er mit dem Kanoe gegen das Ufer heranlenkte, um mich aufzunehmen, bemerkte ich an seinem Gürtel den blutigen Skalp. Der Irokese hatte nicht gestehen wollen, was von ihm verlangt wurde, und war so seinem Verhängnis erlegen.

„Nun fuhren wir ohne weitere Gefahr stromaufwärts, übernachteten in einer Schlucht am Ufer und brachen heute morgen auf, um noch eine Strecke zu Wasser zurückzulegen. Dabei hat Skandavati mit dem Fischergerät den Lachs gefangen, den wir eben verzehren. Da hörten wir Schüsse aus der Ferne, und da ich weiß, daß unsre Feinde nicht mit dem Feuergewehr arbeiten, so glaubte ich Freunde im Kampfe oder in Gefahr, und da mich zudem jeder Schuß, den ich nicht selber thue, in eine gewisse Aufregung versetzt, so ruderten wir aus Leibeskräften vorwärts. Zwischen den Klippen und Bäumen der Insel stieg eine dunkelgraue Rauchsäule auf, sie ward unser Wegweiser, und so haben wir die Freude gehabt, euch rechtzeitig aus der unbehaglichen Räucherkammer zu befreien.“

Der weiße Falke hatte seine Erzählung beendet, und die Mahlzeit war ebenfalls vorüber. Da sagte Anatoha:

„Laßt uns nicht länger zögern und müßig liegen. Mein weißer Bruder wird nun mit Skandavati die weiße Taube in das Wigwam des Häuptlings der Blaßgesichter zurückbringen, Anatoha aber wird den Pfad suchen, den man Glanzauge geführt hat.“

Skandavati hatte etwas erwidern wollen, er wäre ganz gewiß lieber mit Anatoha gegangen, um die schönste Blume seines Stammes aufzufinden, aber der ernste, feste Blick des Häuptlinges ließ den bescheidenen und fügsamen Huronen von vornherein verstummen.

Kurze Zeit darauf fuhr das Kanoe, in welchem Marie saß, stromabwärts, und der Neufundländer schwamm nebenher; Anatoha aber sah noch eine kleine Weile den Davonziehenden nach, dann nahm er seine Büchse über die Schulter und bestieg auch sein kleines Fahrzeug.

Auf dem glänzenden Wasser fuhren zwei Kanoes hinab.

Siebentes Kapitel.

Der Friedensschluß.

Ein klarer, frischer Morgen dämmerte über der Ansiedelung Villemarie. Das Frührot glänzte im Osten, der Strom zog wie flüssiges Gold in seinem Bette hin, im Walde und im Fort war noch alles ruhig; die Posten schritten bei den Geschützen auf und ab, und ihre Flintenläufe blitzten.

Da klang mit einem Male durch die Morgenstille ein wildes Geschrei, wie Jubelruf und Siegesjauchzen von dem Strome her, so daß die Leute im Fort, soweit sie den Schlaf schon abgeschüttelt hatten, zusammenliefen und hinaushorchten. Es waren huronische Laute, und Maisonneuve glaubte nicht anders, als seine roten Freunde brächten die beiden geraubten Mädchen zurück. Das Thor des Forts öffnete sich, und wer nur immer konnte, eilte hinaus, der Kommandant und Brebeuf an der Spitze.

Auf dem glänzenden Wasser fuhren zwei Kanoes hinab; die Ruder schlugen wie im Takte in die Flut, und silberne Tropfen perlten nieder, so oft sie gehoben wurden. Es mochten etwa 16 oder 18 Huronen sein im vollen Kriegsschmuck, welche ihre kreischenden, wilden Siegeslieder sangen und nun angesichts des Forts wie zur Begrüßung ihre Flinten abfeuerten. In jedem Kanoe waren auf Stangen einige Skalpe befestigt, und die langen, dunklen Haare derselben flatterten wie schaurige Wimpel in der Morgenluft.

Zwischen den Huronen standen aufrecht drei irokesische Gefangene, welche laut und trotzig in ihrer Sprache sangen, wie Männer, welche sich zwar bewußt sind, daß ihrer Marter und Tod wartet, die aber beides nicht fürchten.

Maisonneuve war enttäuscht, doch wußte er sich zu beherrschen und begrüßte mit Freude die Ankömmlinge. Seine Anrede wurde von dem Führer der Huronen in blühender Sprache beantwortet, und nun begab sich der Zug nach dem Fort. Finster und stumm schritten jetzt die Irokesen einher, wohl verwundert darüber, daß man sie nicht mißhandelte, ihnen nicht nach gewohnter Sitte die Hände zerfleischte, oder sie Spießruten laufen ließ. Auf einen Wink Maisonneuves donnerten die Geschütze des Forts einen Willkommensgruß, worüber die Gäste außerordentlich erfreut waren, während die Irokesen mit unverhohlenem Erstaunen den rollenden Donner hörten.

In Villemarie wurde den Huronen ein Mahl bereitet; sie saßen im Kreise um die lodernden Feuer und rauchten die geliebten Pfeifen; nachdem sie aber gegessen und mit besonderem Behagen von dem Weine, den der gastliche Kommandant ihnen spendete, getrunken hatten, erhob sich ihr Führer und übergab als Gegengeschenk die drei Gefangenen an Maisonneuve. Dieser dankte mit Worten nochmaliger Beglückwünschung und mit Gaben, welche in den Augen der Wilden einen außerordentlichen Wert hatten: Metallspiegel, Elfenbeinfiguren, Messer und Scheren, Schmuck und Glasperlen und dergl. und ein nicht enden wollender Jubel der Huronen zeigte, welche Freude ihnen damit erwiesen war. Die Irokesen saßen noch immer finster und schweigsam, und erst allmählich schien ihnen klar zu werden, daß es sich dabei um ihr Schicksal handle.

Nun trat Maisonneuve auf sie zu und kündete ihnen an, daß sie nun zwar seine Gefangenen seien, daß sie aber weder Marter noch Tod zu fürchten hätten. Da erhob sich einer der Indianer, ein stattlicher Mann, der älteste und kräftigste von den dreien und sagte:

„Der große Häuptling der Bleichgesichter hat freundliche Worte zu den roten Kriegern gesprochen, er hat uns vom Feuer errettet und uns das Leben geschenkt. Ich danke dafür und werde das nicht vergessen. Friede soll werden zwischen den Bleichgesichtern und den Kriegern der Irokesen. Mein Stamm wird dankbar sein, den Tomahawk begraben und die Friedenspfeife mit dir rauchen. Die Erde wird erglänzen von Segen, der Fluß ruhig und glatt sein; es wird Friede und Freundschaft herrschen zwischen uns. Die Schatten sind geschwunden vor meinen Augen, und die Geister meiner erschlagenen Väter und Freunde sind ruhig geworden. Der große Häuptling der Bleichgesichter ist gut, wir sind böse gewesen, aber unser Herz schreit nach Frieden und Freundschaft.“

Nach diesen Worten begann der Irokese mit einem Male zu tanzen; wild drehte er sich im Kreise, streckte weit die Arme empor gegen den Himmel und rollte ekstatisch wild die Augen; dann ergriff er eine in der Nähe des Feuers liegende Axt, schwang sie im wirbelnden Kreise zweimal über seinem Haupte, daß alle Umstehenden scheu zurückwichen und an ihre Waffen faßten, und schleuderte sie endlich im gewaltigen Wurfe in das hochaufglühende Feuer mit den Worten:

„So werfe ich die Blutwaffe von mir, möge die Flamme sie verzehren und vernichten, so wie mein Zorn verzehrt ist! Lebe wohl, Kriegspfad, mein Sinn ist friedlich, ich bin von jetzt ab der Freund des weißen Mannes für alle Zeiten!“

Die beiden andern Irokesen nickten beifällig und zustimmend den Worten zu, und selbst mit den Huronen stellte sich ein freundschaftliches Verhältnis her. Diese verließen übrigens am Nachmittag bereits die Niederlassung, und ihre Kanoes zogen wieder stromaufwärts, während noch lange ihre Lieder klangen.

Maisonneuve suchte von den Gefangenen, welche frei in der Niederlassung herumschweiften, da sie durch ihr indianisches Ehrgefühl von der Flucht abgehalten wurden, etwas über den Aufenthaltsort seiner Schwester sowie Glanzauges zu erfahren; sie wußten von den beiden Mädchen nichts, oder gaben wenigstens mit aller Bestimmtheit an, nichts zu wissen. Am nächsten Tage berief der Kommandant den Irokesen, der vordem das Wort geführt hatte, und trug ihm auf, mit der Botschaft des Friedens zu seinem Stamme zu gehen. Er sollte seinen Landsleuten mitteilen, daß noch zwei Gefangene in Villemarie wären, welche die Freiheit erlangen sollten, wenn die Krieger der Irokesen die Streitaxt begraben und mit den Franzosen und deren Verbündeten, den Huronen, Frieden machen würden.

Der Irokese versicherte Maisonneuve noch einmal seines friedlichen Sinnes und versprach, seinen ganzen Einfluß bei seinem Stamme geltend zu machen, um freundschaftliche Beziehungen herbeizuführen, dann entfernte er sich — —

Es verstrichen fünf Tage.

Am Abend des fünften kam der Bote zurück im Geleite dreier angesehener Männer seines Stammes. Sie hatten ihre Ankunft durch lautes Schreien angekündigt, und vom Fort aus hatte ein dröhnender Kanonenschuß sie begrüßt. Die vier Männer waren in vollem Schmuck, mit den grellsten Farben bemalt, mit breiten Wampumgürteln versehen, und hielten in geradezu stolzer, würdevoller Haltung ihren Einzug in das Fort. Man bewirtete sie aufs beste. Sie waren in das Zimmer Maisonneuves geführt worden, wo sie auf den Matten, welche den Fußboden bedeckten, sich niederließen und die ihnen gereichten Tabakspfeifen in Brand setzten. Dann brachte man Speisen und Getränke, und Maisonneuve sagte:

„Wir begrüßen herzlich unsre roten Freunde und Brüder; sie sind ungefährdet in den Wigwams der weißen Männer und so gut aufgehoben, wie in der Mitte ihrer Städte.“

Der Führer der Gesandtschaft — es war Kiotsaton selbst — sagte darauf in ruhigem Tone:

„Der weiße Häuptling lügt!“

Erstaunt blickte der Franzose den Indianer an, welcher gelassen einige kräftige Züge aus seiner Pfeife that und dann fortfuhr:

„Der weiße Häuptling sagt, Kiotsaton sei so gut aufgehoben, wie in der Mitte seiner Stadt. Das ist nicht wahr, denn dort werde ich nicht so geehrt und esse kein solches Fleisch und trinke kein Feuerwasser. In meinem eignen Wigwam werde ich oft sehr schlecht bedient, ihr erweist mir die größten Aufmerksamkeiten.“

Der Irokese besaß eine ungemein gewandte Weise, sich auszudrücken, und erregte auch später noch die lebhafte Bewunderung der Franzosen.

Am andern Tage traf Anatoha mit einer Anzahl Huronen und mit Pater Jogues in dem Fort ein. Die Kunde von dem in Aussicht stehenden Frieden war ihm durch einen seiner Stammesgenossen, der die gefangenen Irokesen mit nach Villemarie geführt hatte, mitgeteilt worden, und da er hoffte, daß die Feinde nun auch Glanzauge herausgeben würden, so war er hierher gekommen. Er hörte mit Befremden, daß Longinus mit Marie noch nicht eingetroffen sei, und erzählte Maisonneuve, was er von denselben wußte. Dieser wendete sich an Kiotsaton; der Irokese aber beteuerte, seine Hand bei dem Raube der Mädchen nicht im Spiele zu haben, und versicherte zugleich, die Gefangenen würden, sobald man ihren Aufenthalt werde entdeckt haben, wohlbehalten in die Hände der Ihrigen zurückgebracht werden.

Finster hatte der Huronenhäuptling die Beteuerungen des Feindes angehört; in seinen Augen blitzte der alte, nur mühsam verhaltene Groll und er fragte:

„Weiß Kiotsaton wirklich nicht, wo meine Schwester Glanzauge wohnt?“

Der Irokese hielt den scharfen, prüfenden Blick des andern aus und erwiderte mit einem gewissen Stolze:

„Kiotsaton widerruft nicht, was er einmal gesagt. Mein roter Bruder darf glauben, daß mir das Geschick des Sternes der Huronen selbst am Herzen liegt, denn der Häuptling der Irokesen liebt Glanzauge und möchte sie als Squaw in sein Wigwam führen, wenn mein roter Bruder Anatoha den Tomahawk begraben will, also daß die Stämme der Huronen und Irokesen leben wie Lämmer auf der Weide und in denselben Jagdgründen wandeln als Freunde. Gib mir Glanzauge als meine Squaw, und fester kann der Friede nicht besiegelt werden."

Der schlaue Redner war eigentlich der Antwort auf die ihm gestellte Frage ausgewichen, und Anatoha erwiderte:

„Die Huronen werden den Tomahawk begraben, aber Glanzauge wird in das Wigwam des Bruders zurückkehren. Begehrt sie dann Kiotsaton noch einmal als seine Squaw und will meine Schwester ihm freiwillig folgen, so mag es sein, aber ich will sie zuvor sehen und aus ihrem Munde hören, wer sie geraubt und in seinem Wigwam zurückgehalten hat."

Ernst und finster wendete sich der Hurone ab.

Am andern Morgen fand der große Friedensrat statt. Vor dem Fort war ein stattliches Zelt errichtet worden und auf seiner grauen Leinwand brannte der Sonnenstrahl. In dem Zelte saßen Maisonneuve mit mehreren seiner Leute, sowie die Jesuiten Brebeuf und Jogues. In ihrer nächsten Nähe hatten sich die Irokesen niedergelassen auf Stücken von Sprossenfichtenrinde, und ihnen gegenüber zur andern Seite der Franzosen, welche die Mitte einnahmen, befanden sich die Huronen. Die Indianer saßen oder lagerten oder kauerten in den mannigfachsten Stellungen, und es bot ein buntes, eigenartiges Bild. Zwischen den Vertretern der beiden roten Stämme lief an zwei eingerammten Pfählen eine Leine hin, bestimmt, die Wampumgürtel aufzunehmen, welche als Friedenszeichen dargebracht werden sollten.

Nun erhob sich Kiotsaton, reckte seine gewaltige Gestalt empor, sah sich rings um, ergriff einen Wampumgürtel, welchen einer seiner Gefährten ihm überreichte, und sagte:

„Der weiße Häuptling leihe mir sein Ohr, daß meine Worte durch dasselbe eingehen in sein Herz. Ich bin der Mund meines Volkes, und was ich sage, sagen alle Irokesen. Mein Herz ist ohne Falsch und Trug, und mein Gesang ist der Gesang des Friedens. Lange genug haben die Kriegslieder meines Volkes in den Jagdgründen geklungen, und die jungen Krieger sind ausgegangen nach dem Skalp ihrer Feinde; die Kriegslieder sollen verstummen, und sicher ist die Kopfhaut der weißen Männer und die unsrer Brüder; wir haben Haß und Grimm von uns geworfen, und was wir singen, ist Lust und Freude."

Er begann nun einen seltsamen Gesang, wildtönig und jauchzend, und indem er in dem Raume auf- und niederging, bewegte er wie im Takt die Arme und machte Bewegungen gegen den Himmel. Dann wendete er sich wieder zu Maisonneuve:

„Ich danke dem weißen Häuptling zuerst für das Leben meines roten Bruders, welchen er in sein Wigwam und zu seinem Stamme zurückgeschickt hat. Aber der weiße Häuptling hat nicht gut gehandelt; ich wäre sinnlos gewesen, hätte ich also gethan. Mein Herz wäre in Sorgen gewesen, daß ihn ein Unglück treffen könnte, denn der Gefahren auf seinem Wege waren sehr viele."

Kiotsaton begann in außerordentlich bezeichnender, pantomimischer Weise die Schwierigkeiten einer Reise darzustellen. Er ahmte den einsamen Wanderer nach, der, gebückt unter einer Last, auf beschwerlichen Pfaden einherschreitet, steile Berge hinangeht, in tiefe Schluchten klettert, wie er bald ermattet ausruht, bald, wenn sein Fuß über Steine oder Äste strauchelt, zusammenbricht. Dann schien er sich in seinem Kanoe zu befinden, das er vergebens gegen die reißende Strömung zu treiben sucht. Sein Gesicht drückte Angst und Verzweiflung aus, denn immer wieder schienen ihn die schäumenden Wellen zurückzudrängen; aber aufs neue faßt er Mut, und mit der Kraft, die um Tod und Leben ringt, rudert er vorwärts. Nun fragte er weiter:

„Hat der weiße Häuptling nicht bedacht, daß es unrecht ist, einen einzelnen Mann solcher Not auszusetzen? Aber er ist glücklich in sein Wigwam gekommen, und meine roten Brüder haben nicht der Gefahren gedacht, denen er überlassen war, sondern der Güte des weißen Häuptlinges, der ihn zu den Seinen zurückschickte, und zum Zeichen dessen hänge ich diesen Gürtel hier auf."

Er erfaßte einen andern Wampumschmuck.

„Wir sind vorübergegangen an dem Orte, welcher das Blut unsrer erschlagenen Brüder getrunken hat, wir sind schnell vorbeigeeilt und unsre Augen haben sich abgewendet, wir wollten die Stelle nicht sehen, daß uns der Groll nicht wieder in die Augen und in das Herz steige. Aber Wehmut und Trauer und Besorgnis faßten mich, und ich schlug auf die Erde, um die Geister der Erschlagenen zu wecken, und ich legte mein Ohr auf den Boden, um zu lauschen auf die Worte, welche sie sagen würden. Und ich hörte einen meiner Väter, den die Huronen erschlagen hatten, ausrufen: ‚Mein Enkel, mein Enkel, laß ab von deinem Zorn und von deiner Trauer; gedenke nicht unser, denn wir sind gestorben und dein Grimm vermag nicht, uns vom Tode zu erwecken, denke an die Lebenden, die in der Hand der weißen Männer sind, und mache sie frei von Qual und Tod.' So sagte die Stimme meines Vorfahrs, und wir sind weitergeeilt durch die Wälder und über die Ströme, um die Gefangenen zu befreien und unsern Frieden zu machen."

Er hing den zweiten Gürtel an der Leine auf.

Ein dritter, vierter und fünfter Gürtel sollte andeuten, daß die Wasserstraße eröffnet sei zwischen den Franzosen und Irokesen, daß keine feindlichen Kanoes den Jagd- und Handelsverkehr stören, daß die Wasserfälle geebnet und die Flächen der Seen geglättet sein sollen. Der sechste Gürtel eröffnete den Landweg. Mit bewunderungswerter Gewandtheit machte der Indianer Bewegungen, als ob er Bäume fälle, Buschwerk ausreute, Löcher und Abgründe ausfülle; dann bückte er sich nieder, und seine Augen schienen auf dem Boden entlang zu spähen, ob nicht irgendwo ein Hindernis, ein Stein des Anstoßes, eine Baumwurzel zurückgeblieben sei.

„Seht", rief er, „glatt ist der Weg und eben der Pfad; nichts legt sich auf der Straße zwischen uns und euch. Unsre weißen Brüder können den Rauch aufsteigen sehen aus den Wigwams der Irokesen bis hinein in das Herz unsres Landes!"

Der siebente Gürtel lud die Franzosen und Huronen ein, mit ihnen zu schmausen.

„Der große Geist hat unsre Jagdgründe gesegnet, unsre Wässer sind erfüllt von Fischen, in unsern Wäldern gehen die Spuren des Hirsches und des Elentieres, und in unsern Seen hat der Biber seinen Bau. Kommt mit uns und esset von unserm Fisch und Wild, die Wege stehen euch offen, und sicherer seid ihr nicht unter dem Schutze eurer großen Donnerbüchsen, wie in den Wigwams der Irokesen."

Der nächste Gürtel sollte die Wolken am Himmel zerstreuen, auf daß die Sonne mit gleichem Glanze herabscheine auf Rothäute und Bleichgesichter und hineinleuchte in die Herzen, damit man die Aufrichtigkeit der Gesinnungen sehen könne. So folgte noch eine Anzahl Gürtel, und bei jedem derselben verstand es Kiotsaton, dem Friedensgedanken eine neue, oft sinnige Wendung zu geben.

Zuletzt nahm er einen Gürtel von ungewöhnlicher Größe und Schönheit; er sollte Franzosen, Huronen und Irokesen wie zu einem einzigen Mann vereinigen. Der Redner führte einen der Franzosen herbei und lud Anatoha ein, näherzutreten. Finster trat der Huronenhäuptling heran, als aber der Irokese seine Arme in die der beiden andern schlingen wollte zum äußerlichen Zeichen der Verbrüderung, da streckte Anatoha wie abwehrend seine Hand aus und sagte dumpf und ernst:

„Halt, noch nicht! Noch liegen Trauer, Besorgnis und Zorn auf meinem Volke, denn Glanzauge ist geraubt worden und noch nicht wiedergekehrt. Die Zunge des Irokesen ist glatt und geläufig, aber die des Huronen bleibt auch nicht stumm. Ich weiß, daß Glanzauge und die Schwester des Häuptlinges der Bleichgesichter in die Städte der Irokesen gebracht worden sind, denn ich selbst habe das junge Blaßgesicht aus dem Wigwam Mestigolts, eures Häuptlinges, befreit und es dem weißen Falken übergeben, der auf dem Wege nach dieser Ansiedelung Gefahren gefunden haben muß, weil sonst sein Fuß nicht zögern würde, hier aufzutreten. Mögen die Bleichgesichter ihren Frieden machen mit dem Volke der Irokesen, die Huronen werden das Kriegsbeil nicht begraben, solange nicht Glanzauge zurückgekehrt ist in das Wigwam ihres Bruders. Wir werden nicht die Abgesandten stören, die von hier heimkehren nach ihrem Lande. Sie mögen ihrem Stamme verkünden die Worte Anatohas, des Huronenhäuptlinges:

„Wir wollen mit euch die Friedenspfeife rauchen und den Tomahawk verscharren an der Grenze unsrer Jagdgründe, wenn ihr das Mädchen der Huronen zurückgebracht habt; ist Glanzauge im Laufe der nächsten Tage nicht zurückgekommen, so wird Anatoha sie so sicher zu finden wissen, wie sein Beil diesen Pfosten spaltet!"

Der Häuptling schlug mit sausender Wucht den Tomahawk nieder in den einen der eingerammten Pfähle, tief fuhr die blitzende Schärfe in das Holz, zerschnitt die Leine, und die Wampumgürtel fielen zur Erde. Hochaufgerichtet, langsamen Schrittes verließ Anatoha den Versammlungsraum und mit ihm die andern Huronen.

Ein peinlicher Augenblick tiefer Stille folgte dieser Szene. Dann faßte sich Kiotsaton und sagte:

„Mein roter Bruder hat nicht gut gethan, er ist im Zorn gegangen. — Lebt Glanzauge in dem Wigwam eines Irokesen, so wird sie von diesem zurückgegeben werden, sowie die Schwester des weißen Häuptlings heimkehren wird, ehe die nächsten Tage den Abend gesehen haben werden. Der weiße Häuptling aber zürne nicht den roten Männern und lasse den Bund gelten, den wir aufgerichtet haben."

Der Irokese befestigte aufs neue die Schnur mit den Wampumgürteln an dem Pfahle, und nachdem Maisonneuve seine freundschaftlichen Gesinnungen wiederholt und verlangt hatte, daß man der Rückkehr seiner Schwester keine Hindernisse bereite, umarmte Kiotsaton einen der Franzosen, preßte ihn fest an sich, hing den schönsten der Gürtel auf und sagte:

„Wir scheiden und wollen Tanz und Spiel und Lobgesang erheben in unsrer Heimat und uns freuen des Bundes mit den weißen Männern, die stark und weise zugleich sind."

Ein Tanz der Irokesen und Überreichung von Geschenken seitens Maisonneuves schloß diese Friedensfeier ab, und kurze Zeit darauf schritten die Irokesen, darunter die beiden freigelassenen Gefangenen, dem Ufer des Stromes zu. Die Kanonen des Forts donnerten ihnen den Abschiedsgruß nach, den die Davonfahrenden mit lautem Geschrei erwiderten. In dem Kanoe zwischen den Indianern aber saß der Jesuit, Pater Jogues, welcher es sich nicht nehmen lassen wollte, auch den Irokesen das Evangelium des Heils zu verkünden. Er hatte seine verstümmelten Hände gefaltet, seine Augen waren der Sonne entgegengewendet, und während seine Begleiter jauchzten und lärmten, betete er um das Gelingen seiner Mission.

An demselben Tage zogen auch die Huronen fort. Zum Abschiede hatte Maisonneuve zu dem Häuptling gesagt: „Mein roter Bruder hätte nicht die Freundschaft der Irokesen zurückweisen sollen, auf daß Friede geworden wäre in diesen Wäldern."

Der Indianer entgegnete kühl:

„Der weiße Häuptling hätte die Freundschaft nicht annehmen sollen, er kennt die Tücke der Irokesen nicht. Er hat ihnen die Gefangenen herausgegeben, sie haben ihm seine Schwester noch nicht gebracht. Ihre Zunge ist glatt und schleichend, aber ihre Rede ist nicht wahr. Sie hassen die weißen Männer und schmeicheln ihnen, wenn sie etwas erlangen wollen; sie gaben vor, sie scharren den Tomahawk ein, aber sie graben ihn wieder aus, ehe man es merkt, und sie spalten damit dem Freunde, der nichts ahnt, den Schädel. Ich fürchte, der Skalp meines weißen Vaters, der mit ihnen gezogen, wird in wenig Tagen den Gürtel eines ihrer jungen Krieger schmücken. Anatoha läßt sich nicht täuschen. Er wird ausziehen, um das junge Bleichgesicht und den weißen Falken zu finden, und wird gehen und seine Schwester Glanzauge suchen in dem Wigwam des Häuptlings der Irokesen."

Maisonneuve fühlte sich unangenehm berührt von den Worten des Indianers; es überfiel ihn die bange Ahnung, daß derselbe recht haben könne, und heftiger als je faßte ihn die Sorge um seine Schwester. Er beschloß, Anatoha zu begleiten, dieser jedoch wehrte ab:

„Ich werde die weiße Taube finden, seid unbesorgt, und werde sie Euch zurückbringen. Ihr seid notwendiger hier bei den Eurigen, denn merkt auf, was Anatoha Euch verkündet: Der Friede, den Ihr heute geschlossen habt, wird nicht von langer Dauer sein."

Der Hurone warf seine Büchse über die Schulter, winkte seinen Stammesgenossen, und langsam schritten die Indianer dem Strome entgegen, um in derselben Richtung, welche die Irokesen eingeschlagen hatten, fortzufahren. Die Sonne glänzte über Strom und Land, still glitt das Kanoe durch die Wellen, und die Männer, welche in demselben saßen, waren schweigsam und ernst — sie wußten alle, daß die Zeit harten, blutigen Kampfes nun erst an sie herantrete, und daß es ein Kampf war, den nur eine der beiden roten Nationen überleben konnte.

Longinus und Skandavati bergen ihr Kanoe.

Achtes Kapitel.

Der rote Tom.

Marie saß im Sterne des Bootes, Skandavati regierte das Steuer, und Longinus ruderte. Die kleine Gesellschaft war ruhig, und ein jeder hing seinem eignen Sinnen nach. Der junge Hurone dachte an Glanzauge und begleitete im Geiste Anatoha auf seinem Pfade durch die Wälder, die Gedanken des blonden Deutschen dagegen und jene der jungen Französin begegneten sich wohl. Sie saß da, umflutet vom Goldglanz der Sonne, und blickte hinüber nach dem Ufer, wo breite Sumachbüsche sich ausdehnten, deren mächtige Wurzeln das Wasser bespülte, wo in ernster, schweigender Pracht die gewaltigen Stämme der Tannen und Sprossenfichten sich zum blauen Himmel emporreckten, und wo im Hintergrunde seltsam geformte graue Felsen oder grünschimmernde Berge den Horizont begrenzten. Alles war so friedlich und still, und ein Gefühl des Wohlbehagens nach überstandenen Gefahren zog durch die Brust des Mädchens. Dann wendete sie den Blick wieder vor sich nach der Gestalt des jungen Deutschen, der mit kräftigen Armen das Ruder regierte, und dessen blonde, glänzende Haare im Winde wehten. Er war ein Bild der Kraft und Schönheit, und in seinem Schutze glaubte Marie sich sicherer noch, als unter dem des Huronenhäuptlinges Anatoha. Zur selben

Zeit dachte auch Longinus der Jungfrau, und er fühlte einen gewissen Stolz und Freude, in ihrer unmittelbaren Nähe weilen zu dürfen; er wünschte sich geradezu ein Abenteuer, um sie selbst aus einer Gefahr befreien zu können. Er war ein Abenteurer, der ohne Plan und Ziel bisher in die Welt hinein gelebt hatte, und der nichts andres erwartete, als daß nach einem freien, ungebundenen Waldläuferleben ihm einmal eine feindliche Kugel oder ein Irokesenpfeil in Herz oder Hirn fahren, und daß man ihn irgendwo auf einsamer Halde verscharren oder auch den Tieren des Waldes zum Fraß überlassen werde. Das hatte ihn niemals schwer bekümmert, bevor er nach der Niederlassung Villemarie gekommen war. Seit dem Tage aber, da er sich dort durch Maisonneuve oder durch den bittenden Blick Mariens hatte festhalten lassen, war eine Wandlung mit ihm vorgegangen. Das ewig Weibliche zog auch ihn hinan, und mit dem frischen, ritterlichen Sinne, der in jenen Tagen noch nicht ausgestorben war, wollte er seinen Dienst und seine Kraft dem Wesen weihen, das voll Aufopferung und Schwesterliebe aus dem feinen, üppigen Frankreich dem Bruder in die Wildnisse Kanadas gefolgt war, und das ihm um solcher Seelenstärke willen als das Ideal eines Weibes erschien.

Und wie er so mit seinen Ruderschlägen das Boot hingleiten machte durch die Wellen, kam ihm der Gedanke an ein schönes deutsches Lied, das er bei seinem letzten Aufenthalte in der fernen überseeischen Heimat gehört, und halblaut sang er es in seinen Mutterlauten vor sich hin:

„Ein getreues Herze wissen,
Hat des höchsten Schatzes Preis,
Der ist selig zu begrüßen,
Der ein treues Herze weiß.
Mir ist wohl bei höchstem Schmerze,
Denn ich weiß ein treues Herze!"

Marie horchte den fremden Lauten, die aus dem Munde des jungen Jägers so seltsam weich und melancholisch klangen, und da er abbrach, fragte sie:

„Was singt Ihr da für ein sonderbar Lied, Longinus?"

„Weiß selbst nicht, wie mir's just jetzt durch den Sinn geht; ich hab's daheim noch gehört, und sein Verfasser war ein junger Poet, Paulus Fleming geheißen, ein gar gelehrter und weitgereister Mann, der mit Russen und Persern im Verkehr stand."

„Wollt Ihr mir das übersetzen in meine Sprache?"

Longinus ließ die Ruder aus, so daß das Kanoe mit der Strömung weiterglitt, und drehte sich herum, so daß er das Angesicht der Jungfrau zuwendete. Die Frage, beziehentlich Bitte, schien ihn einigermaßen verlegen zu machen, denn er sagte:

„Ich weiß nicht, ob mir's gelingen wird, dasselbe zu sagen, wie Paulus Fleming, denn um das so ganz innig und sinnig in Eurer Sprache wiederzugeben, dazu muß man selbst Poet sein, und der bin ich nun nicht. Aber weil Ihr's wünscht, will ich's versuchen."

Er übersetzte die Strophe, soweit ihm dies möglich war, und das Mädchen sagte nur halblaut:

„Das ist schön, ja, das ist schön!"

Dann senkte sie den Kopf und blickte in die glänzenden Wellen, während Longinus aufrecht in der Mitte des Bootes stand und nach ihr hinschaute. Da rief der Indianer mit einem Male sein bezeichnendes Hugh! und sagte:

„Sieht der weiße Falke die zwei dunklen Punkte, welche uns dort entgegenkommen? Wofür hält mein Blaßgesichtbruder dieselben?"

Der blonde Deutsche spähte scharf stromabwärts, dann sprach er:

„Sind Kanoes, beim heiligen Pafnuzius! — Steure Backbord, Freund Rothaut, denn Vorsicht ist die Mutter der Weisheit; hoffentlich hat man uns noch nicht gesehen!"

Er griff wieder zu den Rudern, und indem er ein Wort der Beruhigung und Ermutigung an das Mädchen richtete, trieb er das Boot rasch gegen das Ufer, fuhr unter den sich über das Wasser beugenden Sumachbüschen fort, bis er eine bequeme Stelle zum Landen gefunden, wo zugleich der felsige Boden keine Spur des anstoßenden Bootes zurückließ, und bat Marie auszusteigen. Dann folgte er selbst mit dem Indianer nach; beide Männer hoben das Kanoe aus dem Wasser und trugen es mit größter Leichtigkeit; Pilot, welcher einige Male das Wasser von sich abgeschüttelt, schritt hinter ihnen her und hielt sich hart an das etwas besorgte Mädchen.

Das anfangs flache und mit Gesträuch bewachsene Ufer stieg ziemlich rasch zu einer Böschung an, welche mit riesigen, dunklen Kieferstämmen bewachsen war. Hier stiegen die drei Menschen hinan, und fast alle drei stießen einen leisen Ruf der Verwunderung aus, als sie zwischen den Bäumen ein kleines, aus rohen Stämmen ungefüge gearbeitetes Blockhaus erblickten, das wie eine kleine Festung auf der Höhe errichtet war und trotzig herabschaute.

„Hier gilt es rekognoszieren", sagte Longinus; „laß das Boot nieder, Skandavati, und bleibe hier bei dem Fräulein. Ich will mir indes die Behausung näher beschauen. Das scheint mir kein Wigwam einer Rothaut, sondern eher von einem Manne meines Schlages errichtet zu sein."

Er winkte dem Hunde, welcher folgen wollte, zu bleiben, faßte schußgerecht seine Büchse und stieg langsam und vorsichtig die Böschung hinan. Er kam auf eine kleine Terrasse, und hier stürzte ihm plötzlich mit lautem Bellen ein mächtiger Wolfshund entgegen, die Nackenhaare borstig emporgesträubt und die Augen glühend. Der feste Blick des Jägers bannte das grimmige Tier an seine Stelle; er hörte von unten herauf das Knurren Pilots und rief:

„Holla, wer immer hier zu Hause ist! Ich komme als Freund und wünsche, daß dieser Köter zurückgerufen werde, weil ich ihm sonst einige Lot Blei zwischen die Rippen jage!"

Alles blieb unverändert still, nur der Hund erhob aufs neue sein wütendes Gebell und machte Anstalt, den blonden Deutschen anzugreifen. Schon wollte dieser ihn niederschießen, als er sich besann, daß das Krachen des Schusses ihm und seinen Begleitern erst recht die Feinde auf den Hals locken könne. Er faßte darum, ohne das Tier aus den Augen zu lassen, mit der Rechten nach einem Steine, der in der Nähe lag und warf denselben mit Blitzesschnelle und Gewandtheit nach dem Kopfe des Hundes, der mit einem wilden, heulenden Wutschrei zusammenbrach. Longinus schleuderte mit einigen derben Fußstößen den zuckenden Körper auf der Seite der Böschung, die dem Flusse abgekehrt war, hinab und trat in das Blockhaus, dessen massive Thür nur angelehnt war. In wenigen Sekunden hatte er sich überzeugt, daß der Bewohner der Behausung abwesend sei, und eilte nun, um Marie und Skandavati zu benachrichtigen. Die Männer trugen das Kanoe bis hart an den Abhang des Hügels und verbargen es unter dem wuchernden Gestrüpp, dann schritten die drei Personen, gefolgt von Pilot, dem einfachen Bauwerk, das sich hier mitten in der Wildnis erhob, zu.

Das Innere des würfelförmigen Gebäudes entsprach an Einfachheit völlig dem Äußern. Ein kunstloser, aus rohen Steinen aufgeschichteter Herd stand in der einen Ecke; er war bedeckt mit Asche, und darüber herab hing an massiven Ketten ein berußter Kessel. An der einen Seitenwand stand ein niedriges Lager mit einem prächtigen Bärenfell, dabei ein roher Tisch. An den Wänden waren Querbalken angebracht, auf welchen die verschiedensten Geräte lagen, wie sie ein einsamer Jägersmann eben brauchte. Bastschnuren, Eisenteile, Messer und Beile, Werkzeuge verschiedener Art, zwei Pfeifen, ein gefüllter Tabaksbeutel aus irgend einem Tierfell, ein schöner Wampumgürtel, ein Paar Mokassins, Kleidungsstücke, welche genugsam auf die Hautfarbe des Besitzers schließen ließen, und endlich auch Mundvorräte.

„Beim heiligen Pafnuzius, der Bursche ist gut versorgt", sagte Longinus, — „und kann allenfalls eine kleine Belagerung aushalten; bin neugierig zu erfahren, wen das Schicksal eigentlich in diesen verwünschten Irokesenwinkel hergeweht hat. Doch laßt Euch nieder, Fräulein, auf dem Bärenlager — eine bessere Stätte für die Nacht hätten wir für Euch nicht entdecken können — ich will ein Feuer auf dem Herde anzünden und uns ein Mahl bereiten; ich denke, der Waldläufer nimmt es uns nicht übel, wenn wir seine Gastfreundschaft in vollem Maße genießen und in seine Speisevorräte eingreifen; du Skandavati, halte indes Umschau, daß wir nicht überrumpelt werden, und Pilot mag auch mit zusehen, ob in der Nachbarschaft alles in Ordnung ist."

Der junge Hurone folgte der empfangenen Weisung und verließ mit dem Neufundländer den Raum, während der Deutsche Feuer zu schlagen begann, so daß bald eine lustige Flamme auf dem Herde emporloderte, in welcher ein an einem primitiven Bratspieß steckendes Stück Wildbret vergnüglich schmorte. Marie saß bei der Öffnung in der Seitenwand des Hauses, welche die Stelle des Fensters vertrat, und blickte hinaus auf das schöne, fast idyllische Bild. Die Sonne war im Untergehen und vergoldete den Wald und die Berge jenseit des Stromes und spiegelte sich glitzernd in dem kleinen Wasserstreifen, den man von hier aus erblicken konnte. Der Platz für das Blockhaus war sehr gut gewählt, denn sowohl von hier, wie von der natürlichen Terrasse vor demselben aus hatte man einen ziemlich weiten und freien Ausblick, und die hohe, gedeckte Lage machte auch eine erfolgreiche Verteidigung des Platzes selbst für wenige Leute möglich.

„Seht Fräulein“, sagte Longinus, welcher bisher schweigend an dem Herde gestanden hatte und nun zu Marie herantrat, „seht, das war eigentlich bisher alles, was ich mir wünschte, eine Hütte im grünen Wald und Jagdgetier in ausreichender Menge. Frei wie ein König mag man sich hier fühlen, hat niemand Steuer und Zoll zu zahlen, braucht vor keinem Menschen sich zu bücken und kann sich denken: Der ganze herrliche grüne Wald und der ganze glänzende Strom ist mein.“

„Ihr bereut es wohl, Euer freies Leben einige Zeitlang uns geopfert zu haben?“ fragte das Mädchen.

„Beim heiligen Pafnuzius, nein“ — sagte der Jäger mit dem Tone schlichter Offenheit — „ich gehe von Euch nicht mehr fort, es wäre denn, Ihr jagtet mich hinaus aus Villemarie, wieder nach der Wildnis.“

„Das wird nicht geschehen, Longinus, niemals“ — sagte das Mädchen mit Wärme; „wir sind Euch zu so großem Dank verpflichtet und wollten uns freuen, wenn wir ihn jemals ganz abtragen könnten.“

Marie reichte dem Jäger die Hand, welche dieser nur mit leisem Druck zu berühren wagte; dann, wie in Verwirrung gebracht, brach er das Gespräch ab und trat wieder zu dem Herde. Nach wenigen Augenblicken brachte er den dampfenden Braten auf einer Rindenschüssel, wie er sie auf einem Balken gefunden, und indem er mit einer einfachen Holzgabel das Fleisch festhielt, schnitt er mit seinem Taschenmesser das saftigste Stück ab und legte es dem Mädchen vor.

„Nehmt fürlieb, Fräulein, mit der Weidmannskost, ich wollte, ich könnte Euch die Leckerbissen von Paris vorsetzen!“ sagte er treuherzig.

„Ich zweifle, ob sie mir so munden würden, wie Euer Hirschbraten, denn ich habe Hunger, guter Longinus“, sprach sie mit verschämtem Lächeln — „doch warum eßt Ihr nicht?“

„Nach Euch, Fräulein!“ entgegnete er, aber sie nötigte ihn, gleichzeitig mit ihr zuzulangen, und ließ auch nicht ab, bis er sich neben sie auf das glatte, dichte Bärenfell setzte. Es war geradezu komisch anzusehen, wie der blonde Deutsche, den nichts so leicht in Verlegenheit zu bringen vermochte, sich in einer gemessenen, scheuen Entfernung von der Jungfrau niederließ und mit einer gewissen Schüchternheit sich an dem Mahle beteiligte. Er erhob sich bald und sagte:

„Ich will Skandavati von seiner Wacht ablösen, die Rothaut wird auch Hunger haben; bald bin ich wieder bei Euch!“

Er schritt hinaus, und nach kurzer Zeit erschien der junge Hurone und machte sich über den Rest des Mahles her, den er mit dem Neufundländer teilte, der jedenfalls mit Genehmigung seines Herrn mit in das Blockhaus eingetreten war. Indes dunkelte der Abend völlig herein, und er breitete seinen Nebelmantel aus über den dampfenden Fluß und über die Wälderkronen, in tiefem Schweigen lag die ganze Natur, und das Innere des Hauses war matt erhellt von dem rotglühenden Scheine des Herdfeuers, das die weiße Mädchengestalt und den roten, schlanken Indianer mit Flackerlicht beleuchtete.

Longinus kam wieder und berichtete, daß alles ringsum ruhig und wohl keine Gefahr zu fürchten sei; er bat Marie, sich die Ruhe des Schlafes zu gönnen, er wolle abwechselnd mit Skandavati vor dem Blockhause wachen. Der Neufundländer leckte mit seiner weichen, breiten Zunge die Hand des Mädchens, als wolle auch er sie seines Schutzes versichern, der Deutsche warf noch eine Hand voll dürrer Reiser in die Glut, dann verließen die beiden Männer das Blockhaus.

Die ewigen Sterne zogen herauf über dem schweigenden Walde und glitzerten und blinzelten hernieder vom dunklen Himmel, und der Deutsche, die Füße gegen den Leib seines Hundes, den Rücken gegen die Wand des Hauses gestemmt, träumte mit offenen Augen von der lieblichen Schwester des Kommandanten von Villemarie. Es mochten einige Stunden vergangen sein, und bei dem Schweigen ringsumher war Longinus eingeschlafen. Das Knurren Pilots weckte ihn auf, und sein erster Griff war nach der Büchse, die neben ihm lag.

„Ruhig, alter vierfüßiger Genosse!“ murmelte er, und das verständige Tier schwieg, während sein Herr sich langsam erhob und sich in den Schatten des Blockhauses zurückzog. Der Mond schien mit seltener Klarheit über dem Walde, und scharfen Auges spähte der junge Jäger hinab, ob er zwischen den Stämmen etwas Verdächtiges wahrnehme. Skandavati war auf der andern Seite des Hauses, und Longinus hatte die feste Überzeugung, daß derselbe nicht schlafe. Mit gespannter Erwartung, aber ruhigen Blutes, wie das Leben im Walde es ihm gegeben, wartete er der Dinge, die da kommen sollten.

Im Walde schlug ein Hund mit knurrendem, heiserem Bellen an, die Augen des Neufundländers leuchteten, aber er regte sich nicht. Nun sah der

Deutsche eine Gestalt die Anhöhe heraufsteigen. Das Mondlicht lag hell um dieselbe und zeigte deutlich den kräftigen, hohen Wuchs und das Gesicht des Mannes. Es war keine Rothaut und offenbar der Eigentümer des Blockhauses; sein Gewand war das jener Leute, die man nachmals Trapper zu nennen pflegte. An den Füßen trug er gewaltige Mokassins, an welche sich hohe Ledergamaschen anschlossen; den Oberleib bedeckte ein Wams aus Büffelfell, um die Lenden eingeengt durch einen Gürtel, an welchem Kugelbeutel und Pulverhorn hingen, und auf dem mächtigen Kopfe mit den struppigen Haaren lag eine riesige Otterfellmütze. Das düstere, von Falten durchfurchte Gesicht, in welchem eine übermäßig große Nase unter den finsteren Augen saß, war umrahmt von einem wirren, fast weißen Barte, und über der Schulter trug er eine schwerfällige Büchse; zu seiner Seite schritt ein großer Wolfshund. Das alles konnte Longinus deutlich genug wahrnehmen, als der Mann bis auf etwa sechzig Schritt an ihn herangekommen war. Nun bellte der Hund abermals laut und heiser, und der Trapper schien die Gestalt im Schatten seines Hauses zu bemerken, denn er hielt plötzlich den Schritt an und hatte blitzschnell sein Feuerrohr von der Schulter gerissen und schußgerecht in der Hand.

„Holla, was gibt's dort?“ schrie er mit rauher Stimme in hartem Französisch — „heraus ans Licht oder ich schieße!“ — Longinus trat in den hellen Mondschein und entgegnete in gleicher Sprache:

„Setzt Euer Rohr ab, Mann! Hätte ich böse Absichten, so hätte ich Euch längst eine Kugel in den Schädel gejagt, bequem genug wäret Ihr mir in die Büchse gelaufen. Ich suche Eure Gastfreundschaft für mich und zwei meiner Freunde.“

Der Trapper ließ die gehobene Büchse sinken und gebot seinem Hunde ruhig zu sein.

„Ihr habt eine merkwürdige Art, die Gastfreundschaft zu suchen, Mann“ — sagte er — „ich habe nicht Lust, sie zu gewähren; schert Euch weiter, ich kann keine Gäste brauchen auf meinem Besitztum.“

„Zum Henker auch, seid nicht so unhöflich! Für heute nacht werdet Ihr Euch die Gäste müssen gefallen lassen, wenn Ihr nicht wollt, daß wir Euch selbst aus Eurem Eigentum hinaussperren, Freund!“

„Der Teufel ist Euer Freund! Ich bin niemandes Freund, ich brauche niemand und verlange keine Freundschaft weder von Rothäuten noch von Bleichgesichtern. Fort sage ich, oder mein Rohr soll ein Wort mit Euch reden!“

„Gemach, Mann, wir stehen hier bereits zwei gegen einen“ — sagte Longinus, neben welchen eben jetzt die schlanke Gestalt des Indianers trat — es sollte mir sehr leid thun, wenn ich Euch zum Dank für das, was wir bereits in Eurer Behausung genossen, eine Kugel durch den Schädel jagen

Erste Begegnung Hermann Langers mit dem „roten Tom“.

müßte. Wir sind Berufsgenossen, Ihr seid Wildjäger, wie ich, laßt uns also friedlich verhandeln, zumal es sich um ein schwaches Weib handelt, das Euren Schutz in Anspruch nimmt."

Der alte Trapper brummte etwas Unverständliches vor sich hin und kam mit gesenkter Büchse einige Schritte näher. Die beiden Hunde fuhren nun gegen einander los, aber das befehlende Wort ihrer Herren rief sie gehorsam zurück.

„Wer seid Ihr denn eigentlich?" fragte der Alte.

„Ich bin ein Waldläufer, wie Ihr; hier steht mein roter Bruder Skandavati vom Stamme der Huronen, und auf Euerm Bärenfell schläft ein junges, schönes Weib, die Schwester des Kommandanten von Villemarie, die wir den räuberischen Irokesenschurken abgejagt haben. Nun wißt Ihr unsre ganze Geschichte, Mann, und nun seid vernünftig und laßt es nicht zum Äußersten kommen!"

„Fürchte Euch alle zwei nicht, trotz Euerm Prahlen", entgegnete der Trapper, „will mir's aber für diese Nacht gefallen lassen um des Weibes willen, denn man soll nicht sagen, der rote Tom habe ein Frauenzimmer aus seiner Hütte in die Nacht hinausgejagt."

Er trat nun ganz nahe heran, und Longinus streckte ihm die Hand entgegen.

„Ihr seid also der rote Tom, von dem man im ganzen kanadischen Land erzählt, der kühnste Jäger, der jemals durch diese Wälder gegangen, und vor dem Blaßgesichter und Rothäute gleichen Respekt haben? Gebt mir Eure Hand und laßt sie Euch kräftig drücken!"

„Laßt das sein, Mann! Liebe das nicht, wenn mir so hinter den Ohren gekratzt wird, wollte lieber, Ihr hättet etwas zu essen für mich übriggelassen, denn Eure Mahlzeit habt Ihr ja doch von meinen Vorräten gehalten!"

„Nehmt's nicht übel, Freund; Ihr hattet ein so einladend Ende eines Hirschrückens auf Euerm Speicher, daß wir der Versuchung nicht widerstehen konnten — auch gehen Euch die Lebensmittel noch nicht so bald aus."

„Müßte aber trotz meiner Vorräte heute hungern, denn ich mag das Weib da drinnen nicht stören, wenn ich nicht glücklicherweise einen Silberfuchs vor das Rohr bekommen, ein kapitales Stück. Könnt noch einmal meine Gäste sein, wenn Euch der Duivel schon hierher geweht hat. Zünde derweil ein Feuer an, Rothaut, ich will das Tier holen!"

Er ging, die Büchse im Arm und gefolgt von seinem Hunde, wieder den Hügel hinab, an dessen Fuße er offenbar seine Beute niedergelegt hatte, denn ehe noch das Feuer vor der Hütte emporloderte, war er wieder zurück und warf einen prächtigen Silberfuchs vor sich auf den Boden. Longinus war Kenner genug, um den Wert des unverschrten Pelzes — das Tier war in den Kopf geschossen — schätzen zu können, und er sprach dem Waldläufer seine Anerkennung aus, die dieser stumm entgegennahm, während er weidgerecht mit raschen Schnitten seine Beute zerlegte. Plötzlich erhob er sich aus seiner knieenden Stellung und stieß einen lockenden Pfiff aus. Der Wolfshund, der an dem blutigen Fleisch herumschnoberte, und von dem Neufundländer noch immer finster beobachtet wurde, drängte sich näher an seinen Herrn, der aber stieß ihn zurück und sagte:

„Dich meine ich nicht! Beim Duivel, wo steckt Loup? Hat Euch mein Wolfshund nicht die Zähne gewiesen, als Ihr hier herauf kamt?"

„Das hat er redlich gethan, kann's bezeugen" — sagte Longinus; „wir haben einander gegenübergestanden wie zwei gute, ehrliche Gegner, es galt Notwehr und ich hab ihn erschlagen — nehmt's nicht übel, Mann!"

Der Trapper fuhr wie von einer Schlange gestochen, auf. „Mein Hund, mein bester Hund von Euch erschlagen? Das kostet Euch Leib und Leben!"

Er hatte blitzschnell den Hirschhorngriff seines Messers gefaßt, und der Stahl blinkte im Mondlicht; hart am Feuer waren die beiden Hunde fest in einander verbissen, Longinus aber sprang zurück und hatte im Nu die Büchse im Anschlag:

„Beim heiligen Pafnuzius! Ihr seid hitzig, Mann!"

Bei dem ersten Worte des Deutschen ließ der Alte das Messer fallen und schrie:

„Nieder mit dem Rohr und steht mir Rede: Wie kommt Ihr zu dem heiligen Pafnuzius? Woher habt Ihr das Wort? Hab einen gekannt, der's auch im Munde trug — war der beste Mann, der jemals Seewasser schlucken mußte!"

Longinus hatte die beiden blutenden Hunde auseinandergerissen und rief gleichzeitig in höchster Erregung:

„Wie hieß der Mann, um des Himmels willen?"

„Hieß Langer — —"

„Hermann Langer, Kapitän der Korvette „Hansa" aus Lübeck" — unterbrach ihn Longinus.

„Beim Duivel, ja" — schrie der Alte mit Heftigkeit auf und preßte schon den Arm des jungen Jägers in seinen Händen — „woher wißt Ihr's denn, und wer seid Ihr denn?"

„Ich heiße auch Hermann Langer und der Kapitän war mein Vater."

„Euer Vater?" Der alte Trapper jauchzte geradezu auf, dann umschlang er den blonden Deutschen und drückte den Verwunderten an seine Brust, und während der verdutzte Indianer und der nicht minder verdutzte Pilot sich die Szene nicht zu erklären vermochten, rief der Alte im platten Niederdeutsch:

„Das konnte beim Duivel schief enden! Ich hätte dem Sohn meines Kapitäns das Messer zwischen die Rippen jagen können, ich alter Seehund, und hab's nicht an den Augen gesehen und an den Haaren, daß Ihr sein Blut sein müßt. Nehmt mir meine Heftigkeit nicht übel, ein alter Waldteufel wird mit der Zeit gar unhöflich, doch setzt Euch, setzt Euch! — Freund Rothaut" — sagte er im Dialekt der Huronen zu Skandavati — „besorgt Ihr indes diesen Fuchsbraten, ich kann's wahrhaftig nicht, mir ist die Freude in alle Glieder geschlagen."

Er zog Longinus nieder in das Moos und ließ seine Hände nicht mehr los und sagte:

„Erzählt mir beim Duivel, wie Ihr in die kanadischen Wälder kommt, wo ich wie durch ein Wunder Euch finden muß?"

„Ja sagt mir doch zuvor" — sprach Longinus, der mit Mühe zum Worte kommen konnte — „sagt mir doch um des Himmels willen und beim heiligen Pafnuzius, der nun doch einmal seinen Segen gestiftet hat, wer seid Ihr eigentlich, und wie kennt Ihr meinen Vater?"

„Ja so, das wißt Ihr nicht? Könnt's ja auch nicht wissen, beim Duivel. War Eures Vaters Bootsmann, Thomas Bremser, habe manch eine Fahrt mit ihm zusammen gemacht, und Euer Vater hat mir zweimal das Leben gerettet — vergesse ihm das nicht, solange Leib und Seele mir zusammenhängen, und möcht's an Euch vergelten. Seine letzte Fahrt habe ich nicht mitgemacht, lag damals krank, als er in See stach, und habe geflucht, wie die verkommenste Landratte, daß ich zurückbleiben mußte, aber Euer Vater konnte nicht länger warten. Wie ich aber notdürftig wieder auf den Beinen stand, ging ich an Bord eines Walfischfahrers, der nach der Neuen Welt herüber wollte, und da ich den Kurs der „Hansa" kannte, hoffte ich sie zu finden. Hab' sie aber nicht mehr finden können, hab nur erfahren, daß sie samt ihrem Kapitän versunken sei. Das ging mir ans Leben. Hab' nicht Weib, nicht Kind, nicht Vater, nicht Mutter gehabt daheim in Deutschland, hab' nur an meinem Kapitän gehangen — der war tot, was wollt ich nun weiter? Habe alle Menschen von da an gehaßt, obwohl sie nicht schuld waren am Untergang der „Hansa", und als wir in Quebec beilegten, verließ ich das Deck meines Fahrzeuges und ging in die Hinterwälder und wurde Jäger. Habe Kanada durchstrichen von einem Ende zum andern, mein Kopf ist vor der Zeit weiß geworden und mein Gesicht von Frost und Hitze rotbraun. Die Rothäute haben mich den roten Tom genannt, oder die „große Büchse", von dem gewaltigen Rohr, das Ihr da seht. Habe mir dann das Blockhaus hier gebaut, denn ein Fleck Erde muß der Mensch doch haben, wo er seinen Kopf hinlegt, hätt's aber nicht gedacht, daß ich hier auf derselbigen Stelle den Sohn meines guten Kapitäns finden sollte. Aber wie kommt Ihr daher, Herzensjunge?"

Longinus erzählte, und immer aufs neue drückte ihm der Trapper die Hände, dann rief er:

„Seht, Ihr müßtet eigentlich bei mir bleiben im grünen Walde; wollte Euch halten wie meinen Sohn, und sollte Euch beim Duivel nicht schlecht gehn; aber seh's ein, daß Ihr Verpflichtungen habt in Villemarie. Habe zwar noch nicht das junge Bleichgesicht gesehen, das da drin auf meinem Bärenfell schläft, aber schätze, daß sie's Euch angethan hat — stille, stille, ein alter Waldläufer hat auch seinen Verstand!“

Sie hatten den Braten verzehrt, und einträchtig teilten sich die beiden Hunde in den Rest. Die Morgendämmerung war angebrochen, von Osten her schimmerte es hell durch die Baumkronen, und der rote Tom sagte:

„Wollt wohl beizeiten aufbrechen? Trage Euch meine Begleitung an, wenn Euch daran gelegen ist, möchte wenigstens noch ein paar Stunden mit Euch beisammen sein; schätze, daß wir morgen Villemarie erreichen können, denn Ihr seid etwas in die Irre geraten, und seid nicht, wie Ihr glaubt, auf dem Ottawa geblieben, sondern auf einem seiner Ausläufer, der in einen Binnensee mündet.“

Longinus nahm die angebotene Begleitung mit warmer Herzlichkeit an und wollte eben, um Marie zu wecken, an die Wand des Blockhauses klopfen, als sich die Thür desselben öffnete und die junge Französin heraustrat. Der alte Trapper zog mit einem gewissen Respekt seine Otterfellmütze und murmelte zwischen den Zähnen: „Ein hübsches Frauenzimmer, beim Duivel!“ Longinus aber machte einen Schritt ihr entgegen, um sie zu begrüßen. Marie sah außerordentlich bleich aus, ihr Gang war unsicher und ihre Stimme bebte, da sie sprach:

„Longinus, ich fühle mich krank, wir müssen heute rasten, ich kann nicht weiter!“

In demselben Augenblicke schwankte sie halb besinnungslos und wäre niedergesunken, wenn sie der junge Deutsche nicht in seinen Armen aufgefangen und langsam in das Moos niedergelegt hätte.

Der alte Trapper trat näher und kraute sich hinter den Ohren, es war ihm eine neue, noch nie erlebte Situation, und er murmelte: „Schlimm, beim Duivel, schlimm! Was machen wir?“ „Bringe Wasser, Skandavati“, rief Longinus, dann begann er mit dem letzten Rest seines Branntweines der Bewußtlosen die Schläfe zu reiben, und ehe noch der Hurone zurückkehrte, schlug sie die müden Augen auf und blickte starr um sich, sie schien jetzt erst den roten Tom zu bemerken, denn ihr Blick blieb wie fragend auf ihm haften.

„Ein guter Freund von uns!“ sagte der junge Deutsche, gleichwie um sie zu beruhigen, dann fragte er:

„Fühlt Ihr Euch wohler, Fräulein?“

„Ein wenig, aber mein Kopf glüht, meine Füße sind schwer und mich fröstelt“, sagte sie, indem sie sich bemühte, sich mit Hilfe des jungen Jägers zu erheben. „Das ist Fieber!“ — murmelte der alte Trapper — „hat sich zu sehr angestrengt und aufgeregt, das junge Blut, aber wollen's schon wieder austreiben. Legt Euch auf das Lager drinnen, und dann laßt einmal den roten Tom sorgen; bin in der Wildnis ein halber Medizinmann geworden.“

Die Stimme des Jägers war so mild geworden, als ihm das nur möglich war, und er entfaltete gleichzeitig eine seltsame Rührigkeit. Zuerst öffnete er eine Höhlung im Boden, welche sorgfältig zugedeckt gewesen war, und nahm eine Anzahl Felle der verschiedensten Art heraus; damit deckte er das Mädchen zu, welches alles mit halbgeschlossenen Augen geschehen ließ, und gleich darauf zündete er ein lustiges Feuer auf dem Herde an, schüttete Wasser in den berußten Kessel und suchte nun getrocknete Kräuter hervor, aus welchen er einen seltsamen, braunen Trank braute. Nach einer halben Stunde war er damit fertig, und nun reichte er seine „Medizin“ der Kranken, welche sie begierig trank, trotzdem der Trapper versicherte, daß sie allerdings nicht gerade wohlschmeckend zu nennen sei.

Schweißtropfen perlten bald darauf auf der Stirn des Mädchens, ihre Augen schlossen sich, und der rote Tom winkte Longinus, mit ihm hinauszutreten. Vor der Thür schritt der Hurone auf und ab, die beiden Hunde sonnten sich friedlich nebeneinander auf der Terrasse.

„Ein böses Fieber“, sagte Skandavati — „junge Squaw kann nicht vor drei oder vier Tagen nach dem Wigwam der Bleichgesichter gehen!“ —

„Die Rothaut hat recht“ — sprach der rote Tom — „'s ist beim Duivel ein Glück, daß Ihr mein Nest gefunden habt; in der Wildnis wäre das junge Blut dran zu Grunde gegangen; — macht kein so betrübt Gesicht, Herzensjunge, sie geht Euch nicht verloren — will mir meinen Skalp von dem feigsten Irokesen abziehen lassen, wenn's anders wird also Kopf in die Höhe und kaltes Blut!“

Die Versicherung des Trappers ermutigte Longinus, welcher schon die ernstlichsten Besorgnisse hegte, und so lagerte er sich wieder neben die beiden andern in das Moos und war bald aufs neue im Gespräch mit dem Alten, der nicht aufhören konnte, von seinem Kapitän zu erzählen und seinem jungen Gaste in die Augen zu sehen. Endlich erhob er sich und trat auf die Terrasse, um hinauszublicken nach dem Flusse. Mit einem Male fuhr er zurück und rief halblaut: „Ein Kanoe mit Irokesen hält gerade auf meine Bucht herüber!“

Longinus griff nach seiner Büchse, der rote Tom aber sagte:

„Halt, die Hand vom Rohre, das kann nichts nützen — das junge Frauenzimmer würde beim Krachen des ersten Schusses erwachen, und die Aufregung könnte ihr schaden. Ich denke mit den Burschen auch auf friedlichem Wege fertig zu werden; schlagt Ihr Euch seitwärts in den Wald und laßt Euch nicht erblicken!“

Der Deutsche und der Hurone entfernten sich, der Trapper aber nahm seine Waffe in den Arm und schritt eiligst hinab nach dem Landungsplatze, wo wenige Minuten später der Schnabel des indianischen Bootes mit scharfem Knirschen auf den felsigen Ufergrund aufstieß. Die Irokesen sprangen aus dem Kanoe, und ihr Häuptling rief:

„Mein Bruder, die große Büchse, ist daheim; er gestatte uns auf seinem Grunde ein Jagdfeuer anzuzünden, damit meine jungen Krieger sich ein Mahl bereiten.“

„Mein Bruder Mestigolt ist willkommen“, sagte der Trapper; „gehen die Krieger der Irokesen auf dem Kriegspfade?“

„Noch ist der Tomahawk nicht begraben worden zwischen den weißen Männern, die an dem Strome sich die Stadt gebaut haben, ihren Verbündeten, den Huronen, und zwischen uns“, entgegnete der Häuptling; „wir sind auf der Spur einer Squaw der Bleichgesichter, die aus dem Wigwam Mestigolts entführt worden ist, und die er als Geisel genommen, um die Blaßgesichter zum Frieden zu zwingen.“

„Und wohin führt Eure Spur?“ fragte der Alte, ohne jedes Zeichen der Unruhe.

„Wir haben sie verloren, aber wir werden sie wiederfinden“, sagte der Irokese mit der kalten, vornehmen Ruhe seines Stammes; dann ließ er sich in das Moos nieder, während seine Gefährten beschäftigt waren, das Feuer anzuzünden und Holz dazu herbeizutragen. Der rote Tom ließ keinen der Indianer dabei aus den Augen und hoffte im stillen, daß Longinus und Skandavati sich weit genug entfernt hätten, um nicht entdeckt zu werden.

Bald schmausten die Indianer und zündeten sich das geliebte Kalumet an und wurden nach ihrer Weise lustig und lärmend. Der Trapper warf besorgte Blicke nach dem Blockhause, denn er fürchtete, daß Marie erwachen, und daß diese im ersten Schrecken eine Unvorsichtigkeit begehen, oder daß die unangenehme Überraschung ihr schaden könnte — anderseits aber konnte er, ohne Verdacht zu erregen, dem Treiben nicht Einhalt thun. Es war ihm ein äußerst unbehagliches Gefühl, und zehnmal lieber hätte er den Wilden als Gegner gegenübergestanden, als in der beständigen Sorge unter ihnen sitzen zu müssen, aber er konnte die Dinge nicht ändern. Jetzt wäre es ihm angenehm gewesen, wenn er die zwei befreundeten Männer für alle Fälle sich recht nahe gewußt hätte. Die Indianer hatten ihn zu ihrem Mahle geladen, er schmauste mit aus purer Höflichkeit, um sie nicht zu verletzen, aber so ohne Appetit hatte der alte Waldläufer in seinem Leben nicht gegessen. Ein abermaliges brüllendes Lachen ertönte, in einem und demselben Augenblicke aber wandten sich die Augen des Häuptlinges wie jene des Trappers nach dem Blockhause, an dessen Fensterausschnitt sich eine Sekunde lang eine weiße Gestalt gezeigt hatte, während ein feines Ohr gleichzeitig einen halb unterdrückten Aufschrei wahrnehmen konnte. Mestigolt war vorgesprungen, Tom hatte nach seiner Büchse gegriffen, welche neben ihm lag, und erhob sich gleichfalls; der Wolfshund trat neben ihn.

„Die große Büchse hat Besuch in dem Wigwam; ich habe die Augen einer Squaw gesehen“, sagte der Irokese mit großer Ruhe; „will mein weißer Bruder mir sagen, ob das die Schwester des Häuptlings der Bleichgesichter ist, welche ich suche?“ —

„Mein Bruder Mestigolt ist sehr neugierig“, entgegnete der alte Jäger mit dem Ausdruck einer Art Galgenhumors; „was kann es ihm nützen, das zu wissen?“

„Wenn sie es ist, dann ist sie meine Beute, und die große Büchse wird sie mir übergeben“, sprach der Indianer in einem beinahe herausfordernden Tone, welcher ganz geeignet war, den alten Trapper zu reizen.

„Wenn ein junges, krankes Weib, das verfolgt wird, in dem Wigwam Mestigolts Zuflucht und Schutz sucht, wird er sie ihren Feinden ausliefern?“ fragte dieser. Der Indianer schwieg wenige Sekunden, dann entgegnete er:

„Ich würde es thun, wenn sie dem andern gehört, der mit Gefahr des Lebens sie gewonnen hat.“

„Mein roter Bruder vergißt, daß ein Raub kein Eigentumsrecht gibt, und daß das weiße Mädchen in das Haus ihrer Familie gehört. Wir Blaßgesichter haben andre Meinungen über das Recht des Besitzes als die roten Kinder des großen Geistes. Möge der Häuptling der Irokesen die junge Squaw ruhig ihres Weges gehen lassen, der rote Tom wird sie niemals in seine Hand geben!“

Der alte Jäger hatte mit fester Ruhe gesprochen und stand auf seine Büchse gelehnt, in entschlossener Haltung vor dem Irokesen. Dieser vermochte seine Erregung nicht zu verbergen, und seine Hand lag an dem Stiele seines Tomahawks. Seine Gefährten lagerten noch um das Feuer, aber sie folgten mit aller Aufmerksamkeit den Bewegungen ihres Häuptlinges, welcher kaum merkbar mit dem Haupte deutete, während er sagte:

„Die große Büchse will mir nicht herausgeben, was mein ist; Mestigolt ist nicht gewohnt, daß ihm sein Eigentum vorenthalten werde; er wird das junge Bleichgesicht mit Gewalt aus deinem Wigwam holen!“

Die Indianer waren aufgesprungen und eilten wie auf Kommando blitzschnell die Böschung hinan, indes der Trapper, ohne seine Geistesgegenwart zu verlieren, seine Waffe an die Schulter riß und schrie:

„Rühre dich nicht, Rothaut und rufe deine Leute zurück, sonst fährt dir meine Kugel in den Schädel!“

Der Indianer besaß Kühnheit genug, die Drohung nicht zu fürchten, mit einem katzenartigen Sprung suchte er, den Tomahawk in der Faust, seinen Gegner zu unterlaufen. Der aber war im Kampf mit den Wilden hinlänglich erfahren und beobachtete jedes Zucken der Augen des Häuptlinges. Wie jener blitzschnell zum Sprunge sich duckte, um sich an des Alten Kehle zu schnellen, war ihm dieser bereits zuvorgekommen. Mit beispielloser Gewandtheit hatte er seine Büchse, die noch eben im Anschlag lag, umgekehrt und schmetterte den Kolben auf den Schädel des Indianers nieder, der lautlos zusammenbrach. Nun wendete er sich den andern zu, welche schon beinahe die Böschung erklettert hatten, und von allen Seiten gegen das Blockhaus vordrangen. Seine Kugel warf den schnellsten und kühnsten derselben nieder, dann eilte er, im Laufe wieder ladend, den Hügel hinan; aber ehe er noch bei seiner Hütte ankam, sah er bereits Longinus und Skandavati, welche wie aus dem Boden herausgewachsen schienen, und bei deren Anblick die Indianer stutzten.

„Drauf, Herzensjunge!“ schrie der Trapper, und fast gleichzeitig fiel der Schuß, und abermals brach einer der Irokesen zusammen, und gleich darauf ein andrer, den die Kugel Toms niederstreckte. Die Wilden gerieten in Bestürzung, und ohne weiter an Verteidigung zu denken, suchten sie ihr Heil in der Flucht, aber noch zwei erlagen, der eine unter einem Kolbenschlag des Trappers, dem er in seiner Angst gerade in den Weg lief, der andre durch den Tomahawk Skandavatis, der mit hellem Vergnügen ihm die Kopfhaut nahm, die er an seinen Gürtel hing. Ein einziger der Irokesen entkam, ein Umstand, welcher dem alten Waldläufer eigentlich sehr unangenehm war.

Longinus hatte sich nicht weiter um die Flüchtlinge gekümmert, er dachte nur an die Jungfrau, die krank in dem Blockhause lag, und welcher jede Aufregung schweren Schaden bringen konnte. Ohne zu überlegen, und in der Angst seines Herzens trat er in den Raum ein, der Marie barg, und war nicht wenig erstaunt, als ihm das Mädchen entgegentrat mit geröteten Wangen und festen Schrittes und sagte:

„Gelobt sei Gott! Wir sind gerettet. Aber laßt uns fort von dieser Stätte des Unheils und des Blutes!“

„Wie fühlt Ihr Euch, Fräulein? Ist Euch wohler?“ fragte er besorgt,

„Mir ist um vieles leichter, ich meine, die Aufregung und die Gefahr haben mich stark gemacht, und die Sehnsucht dazu, die mich drängt, endlich heim zu meinem Bruder zu kommen.“

In diesem Augenblicke trat der Trapper ein; er hörte, wie Marie zum Aufbruche drängte, schüttelte ernst das Haupt und sagte:

„Das geht doch nicht an; Ihr überschätzt Eure Kräfte; die Angst macht Euch für den Augenblick stark, aber der Rückschlag würde nicht ausbleiben. Heute ist keine Rede vom Aufbrechen, morgen wollen wir vielleicht davon reden. Laßt nur den alten Tom sorgen, der Euch heute noch einen seiner Medizintränke brauen wird, und Ihr sollt gesund und munter werden, wie der Fisch im Ottawa, wenn Ihr folgen wollt. Braucht keine Angst zu haben vor den Irokesen; beim Duivel, wenn uns auch der eine durch die Lappen gegangen ist und uns möglicherweise eine Bande seiner Sippschaft auf den Hals hetzt, so kommt dieselbe heute und morgen noch nicht, und wenn sie kommen, dann wird der rote Tom auch noch Mittel und Wege zu finden wissen. Solange noch eine Muskel spannt in dem Arme da, seid Ihr sicher, und ich schätze, der da — er zeigte auf Longinus — läßt Euch auch kein Härchen krümmen, solange er noch einen Atemzug im Leibe hat."

Marie reichte errötend den beiden Weißen sowie Skandavati die Hand und sagte:

„Ich habe volles Vertrauen zu Eurem Mute und Eurer Kraft und will mich gern fügen, zumal ich selbst fürchte, daß meine Schwäche nicht ganz vorüber sei; aber mein Bruder ist in Angst und Sorge, und das ist's, was mich am meisten aufregt; wüßte er mich unter solchem Schutze, er würde ruhig sein."

„Seid getrost" — entgegnete Longinus — „Euer Bruder ist ein Kriegsmann und hat ein starkes und mutiges Herz; er wird sich wohl sorgen um Euch, aber nicht verzagen, denn er weiß, daß Leute mit Kraft und Entschlossenheit ausgezogen sind, um Euch zu suchen, und solange diese nicht mit leeren Händen zurückkommen, wird er die Hoffnung und das Vertrauen nicht sinken lassen. Doch halt, es gibt noch ein Mittel, um Euch und ihn zu beruhigen. Beim heiligen Pafnuzius, das ist Arbeit für dich, Freund Skandavati. Getraust du dich, den Weg nach Villemarie zu finden, und an den Kommandanten Botschaft zu bringen, daß wir hier sind, und daß er außer Sorge sein soll?"

Der Indianer richtete sich stolz auf.

„Skandavati wird den Häuptling der Blaßgesichter finden, was kann da von „getrauen" die Rede sein? Die Krieger der Huronen kennen die Wege zu Wasser und zu Lande. Skandavati wird ihm Botschaft bringen von der jungen Bleichgesichtsschwester!"

„Aber, sage ihm nicht, daß ich krank bin, Skandavati; sage, ich sei ermüdet oder — sage, was du willst, nur nicht, daß ich krank sei, hörst du, Skandavati?"

„Ich werde thun, was du verlangst!" entgegnete der junge Krieger in seiner kurzen, einsilbigen Art, und wenige Zeit darauf bestieg er das kleine Kanoe, in welches der Trapper ihm die nötigen Lebensmittel besorgt hatte, und mit kräftigem Arm ruderte er in die Strömung hinaus.

Die Fliehenden sehen, wie es mit der Burg des Trappers zu Ende geht (S. 97).

Neuntes Kapitel.

In Feindeshand.

Zwei Tage und zwei Nächte vergingen, und zur größten Verwunderung Toms blieb alles ruhig um das Blockhaus her, und keine Spur eines Irokesen zeigte sich. Die beiden Männer ahnten freilich nichts von den Friedensunterhandlungen, die indes im Gange waren, und glaubten irgend eine Tücke der Feinde fürchten zu müssen. Das Befinden Mariens hatte sich auffallend gebessert, und so ward denn beschlossen, am nächsten Morgen aufzubrechen. Am Abend saßen die beiden Jäger nebeneinander vor dem Blockhause und verzehrten den Rest ihres Mahles, während sich die Hunde friedlich in die noch gut befleischten Knochen teilten; Marie schlief bereits auf ihrem Lager und alles ringsumher war tiefstille. Da sagte der alte Trapper:

„Hätt's nicht gedacht — aber beim Duivel, 's gilt Abschied nehmen von der Baracke da. Als ich sie zusammenzimmerte, vermeinte ich mir eine Festung für Lebenszeit zu bauen, aber der Himmel hat's anders beschlossen. Die Rothäute könnten meinen Bau niederbrennen, ohne daß ich's ihnen verwehren würde, denn was nützt alles Verheimlichen und Herumreden — ich kann einmal nicht mehr sein, wo du nicht bist, Herzensjunge. Hier im Walde bei mir willst du nicht aushalten, und ich weiß wohl warum! 's wär' freilich schön, und wir zwei wollten uns auch vor einer Hand voll Rothäuten nicht fürchten und ihnen unsre Burg streitig machen, aber der blonde Frauenzimmerkopf da drinnen ist stärker als ein ganz Dutzend Irokesen. Da du nun einmal nicht bei mir bleiben kannst, so gehe ich mit dir! Sie werden wohl einen Schützen mehr in Villemarie brauchen können, und ab und zu wird man ja auch durch den grünen Wald streifen dürfen, und an deiner Seite wird sich alles aushalten lassen. Also abgemacht, wir gehen mitsammen."

Mit dem Gefühle der Rührung legte Longinus seine Hand in die des Alten und schüttelte sie kräftig, der aber fuhr fort:

„Ehe wir aber aufbrechen, gibt's noch zu thun. Die roten Hunde sollen nicht ihre Hand an meinen Bau legen, wir selbst zünden morgen vor unsrer Abfahrt das Blockhaus an und lassen ihnen die verkohlten Sparren. Dabei bleibt's, und nun mache, daß du schläfst, mein Junge, ich will derweil die Augen offenhalten, damit wir nicht in der letzten Nacht noch lästigen Besuch erhalten; nach Mitternacht magst du mich dann auf eine Stunde ablösen!"

Der Trapper pfiff seinem Hunde, nahm die Büchse über die Schulter und begann seine Wanderung auf der Terrasse, Longinus aber schlief bald an der Seite des allezeit wachsamen Pilot ein. — —

Der Morgen graute, als sich die beiden Männer daran machten, Lebensmittel, Werkzeuge und vor allem die kostbarsten Felle aus dem Blockhause hinab nach dem Kanoe Toms zu tragen, das dieser in sicherem Versteck verborgen gehabt hatte. Longinus führte Marie nach dem Ufer, half ihr in das Boot, in welchem ein weicher Sitz für sie aus dem Pelzwerk hergerichtet war, und hüllte sie zum Schutze gegen die Morgenkühle warm ein. Bald darauf kam der Trapper, rief sein „Fertig!", und die Ruder schlugen in die Wellen, aus denen die Köpfe der beiden hinter dem Fahrzeuge schwimmenden Hunde auftauchten.

Tom blickte sich von Zeit zu Zeit beobachtend um, bis er in der Richtung seines Blockhauses einen dünnen Rauch aufsteigen sah.

„Jetzt geht's mit meiner Burg zu Ende", sagte er fast wehmütig zu Longinus, der sich gleichfalls umwandte.

Der Rauch wurde dichter und dunkler, lichte Röte schoß dazwischen empor, sprühende Funken schwirrten in den Lüften, und ab und zu zischte es wie ein greller Strahl auf.

„Beim Duivel, das wird lustig", rief der alte Trapper, „da geht mit meinem Blockhause auch noch ein Stück Wald in die Höhe. Das hab' ich nicht gewollt. O meine stattlichen Koniferen und Hickorybäume, hätt's nicht gedacht, daß ich selbst einmal euch ans Leben gehen sollte — da geht wieder einer in die Höhe — Herzensjunge, greif aus mit dem Ruder, daß wir vorwärts kommen; es will mir in die Seele schneiden, wenn ich das noch lange ansehen muß!“

Mit vergrößerter Eile bewegte sich das Boot dahin. Schöne Wälder breiteten sich an beiden Ufern aus. Sie hatten im allgemeinen die Physiognomie des süddeutschen Waldes; zwischen Ahorn und Ulme erhoben sich die kräftigen Stämme der Eichen, hier und da zeigte sich mit seinem zierlichen Laubgipfel der Zuckerahorn oder eine der verschiedenen Hickoryarten, dann wieder ganz nahe an den Strom herangerückt längere Strecken von Weiden oder hochstämmigen Pappeln, Bäume, die dem amerikanischen Ansiedler ein Zeichen sind, daß der tückische Flußgott sein Eigentum bedroht: die Physiognomie des Waldes ist ihm der sicherste Leitstern.

Es wurde nicht viel gesprochen in dem Boote, um so kräftiger aber zwängten sich die Ruder in die Wellen, und Tom glaubte versichern zu können, daß man nach seiner Schätzung mit dem sinkenden Tage Villemarie zu erreichen vermöchte. Freudiger pochte Mariens Herz bei dieser Kunde, und gern begnügte sie sich damit, ihr Mahl in dem Boote selbst einzunehmen.

Die Sonne hatte die Mittagshöhe überschritten und lag mit heißem Scheine auf der spiegelnden Flut und auf den grünen Wäldern; unheimlich still war es rings umher, die Töne des Waldlebens, das Klopfen des Spechtes, das weiche Rufen der Spottdrossel klang nur verhalten herüber, ein Fisch hob ab und zu den silberglänzenden Leib aus den Wellen und fiel klatschend zurück in das Wasser, das weite Kreise um die Stelle dehnte — es ward den drei Leuten in dem Boote zu Mute, als wären sie in der fernen, trauten Heimat, und nicht im kanadischen Westen, mitten unter Gefahren. Da bat Marie mit ihrer freundlichen, eindringlichen Stimme: „Singt noch einmal das Lied vom getreuen Herzen, Longinus, in der Sprache Eurer Mutter!“

Und der blonde Deutsche sang in tiefen, weichen Tönen halblaut wie vor sich hin:

„Ein getreues Herze wissen
Hat des höchsten Schatzes Preis,
Der ist selig zu begrüßen,
Der ein treues Herze weiß!“

Der alte Trapper stand im Stern des Bootes, und seine ehrlichen Augen leuchteten seltsam milde und freundlich: auch ihm gingen alte, liebe, deutsche Erinnerungen durch den Sinn und wohlig ward ihm ums Herz; solche Laute hatte er lange Jahre nicht gehört, und er reichte dem jungen Freunde die Hand:

„Das ist wie Duft aus dem deutschen Tannenwald, und es kribbelt — beim Duivel — einen alten Waldbären wie mich gar kurios ums Herz, wenn wieder einmal ein Lied aus der Heimat dran klopft. Werden sie wohl niemals wiedersehen, Hermann, Herzensjunge, aber wollen sie drum auch nicht vergessen. Den Sang magst du mir noch manch einmal singen, und ich wollt', ich könnt' ihn hören, wenn's mit mir zu Ende gehen wird; wollte gern dann glauben, sie scharrten mich ein in Deutschlands Erde. — Doch, beim Duivel, ich glaube, 's macht mich weich wie ein alt Weib — pfui Tom, weg damit und Kopf in die Höhe! — Lug aus, Hermann, es scheint mir nicht ganz klar vor dem Wind, hier kommt uns ein Langboot entgegen, das wohl mit Rothäuten besetzt sein könnte. Laß uns beilegen, vielleicht fährt das Gezücht vorüber!"

Gehorsam folgte das Boot dem Steuer und binnen kurzem war das Ufer erreicht und das Fahrzeug im Gebüsch verborgen. „Die kommen uns, beim heiligen Pafnuzius, sehr ungelegen, wenn es Irokesen sind", sagte Longinus und untersuchte seine Schußwaffe, während der Trapper, verborgen in einem Sumachstrauche, scharf nach dem näher kommenden Kanoe spähte. Nach einer Weile rief er Longinus zu:

„Sind Huronen, hat keine Gefahr weiter, mein Junge; wollen sie anrufen und fragen, wie lange wir noch nach dem Fort zu fahren haben!"

Er trat auf einen Erdhügel hart am Ufer und machte den Indianern Zeichen, welche von jenen auch verstanden wurden. Sie lenkten das große Kanoe, in welchem ungefähr ein Dutzend Männer saßen, gegen das Ufer, und Longinus, welcher nun nähertrat, erkannte Anatoha und Skandavati unter ihnen. Freudig rief er den Häuptling an, und auch Pilot eilte den Bekannten, mit dem Schweife wedelnd, entgegen und begrüßte sie mit kurzem, lustigem Bellen. Am meisten aufgeregt war Marie. Eben erst in Sorge vor neuem Überfall und neuer Gefahr, sah sie sich nun den Männern gegenüber, welche ihr Boten ihres Bruders schienen, und so eilte sie vor allem Skandavati entgegen und ergriff in ihrer Erregung die braunen Hände des jungen Wilden.

„Was macht mein Bruder? Hast du ihn gesehen, mit ihm gesprochen? Wie geht es Margarete? Ist Glanzauge den Räubern wieder abgejagt?" — So fragte sie hastig, mit glänzenden Augen und geröteten Wangen.

„Der große Häuptling der Bleichgesichter ist verborgen geblieben vor dem Angesicht Skandavatis. Ich habe auf meinem Wege nach Villemarie die Krieger meines Stammes gefunden und ihnen erzählt, wohin mein Weg mich führe. Und Anatoha hat mir Wunderliches erzählt von einem Frieden, den der Häuptling der Bleichgesichter abgeschlossen hat mit den Irokesen, so daß die Straße frei ist für die weiße Taube, und ihre Begleiter und sie ohne Gefahr hinziehen mögen nach dem Wigwam des weißen Sachem (Häuptling). Die Huronen aber haben noch nicht das Kriegsbeil begraben, sondern Anatoha hat es hineingehauen in den Wampumpfahl, weil Glanzauge noch von den Irokesen zurückgehalten wird. Aber wir werden die Blume der Huronen finden, und Skandavati wird sie befreien", setzte der junge Indianer mit hochgehobenem Haupte hinzu.

„Aber warum hast du nicht meinen Bruder aufgesucht und ihm gesagt, wo ich weile, und daß er ohne Sorge um mich sein soll?" fragte vorwurfsvoll das Mädchen.

„Der Häuptling der Blaßgesichter ist auf dem großen Flusse hinuntergefahren nach Quebec, um den andern Blaßgesichtern die Kunde von dem Frieden zu bringen, aber Anatoha hat ihm erzählt, wie er die weiße Taube gefunden und daß sie nicht mehr fern sein könne, und sein Herz hat sich beruhigt, weil er hofft, die Schwester in seinem Wigwam zu finden, wenn er heimkehrt aus der Stadt der Bleichgesichter."

Marie beruhigte sich bei den Mitteilungen des Indianers, und bei dem Gedanken an den Frieden mit den Irokesen überkam sie das Gefühl einer freudigen Zuversicht, daß nun eigentlich alle Angst und Gefahr vorüber, und daß nur noch einige Stunden zwischen dem Wiedersehen der Lieben in Villemarie lägen. Indes erfuhren Tom und Longinus, daß sie doch noch weiter entfernt von dem Fort seien, als sie geglaubt hatten, und daß sie dasselbe vor Einbruch der Nacht nicht mehr erreichen würden. Da die Sonne schon tief gegen Westen stand, beschlossen sie, gemeinsam mit den Huronen Nachtrast zu halten, und Marie fügte sich drein, trotzdem sie lieber die ganze Nacht hindurch gefahren wäre, um zu den Ihrigen zu gelangen.

Die Sonne tauchte hinter die westlichen Wälder hinab, und der Himmel flammte gegen Niedergang in brennender Glut. Die Indianer trugen Holz zusammen zu dem Lagerfeuer, Longinus aber bereitete aus den Fellen, welche er aus dem Boote Toms herbeischaffte, ein Lager unter einem stattlichen Eichbaume für Marie. Da schlug Pilot an, der ein Wild entdeckt zu haben schien, und einige von den Männern griffen zu den Waffen. Der Hund lief laut bellend um den Stamm einer Ulme, und einer der Huronen bemerkte denn auch zwischen den Zweigen des mächtigen Baumes einen Waschbär, der sich hier, den mit schwarzen Ringen auffällig gezeichneten Schweif und den feinen, spitzen Kopf tief einziehend, an einen alten Ast schmiegte, wohl in der Hoffnung, daß die unten Stehenden ihn nicht vom Holze unterscheiden würden. Als er aber den ersten Schrotschuß spürte, wechselte er sein Manöver und wußte sich immer so gegen die Jäger zu stellen, daß ihn der Ast wie ein Schild deckte. Endlich traf ihn die Kugel eines Huronen und er bot einen willkommenen Braten für die Abendmahlzeit.

Das Feuer war indes entzündet worden, und um dasselbe saßen die braunen Indianer und die beiden Weißen, während Marie, einige Schritte davon entfernt, gleich einer Königin thronte; zu ihren Füßen lag der Neufundländer und ließ seine Blicke hin- und hergehen zwischen ihr und seinem Herrn. Es war ein wirksames Nachtbild, das vor den Augen der jungen Französin stand. Der Flammenglanz beschien die alten, rissigen Baumstämme mit seinem roten Scheine, spielte mit zuckenden Lichtern auf den phantastisch herausgeputzten Indianern, deren Kopffedern sich im leichten Winde wiegten, und fiel voll auf das Gesicht des blonden Deutschen, das der Jungfrau zugewendet war. Die Männer unterhielten sich dabei im Flüstertone, als dürften sie die junge, schöne Königin nicht in ihrem Denken und Sinnen stören. Ein einsamer Vogel ließ nicht fernher seinen Sang vernehmen — nur wenige Töne, mit denen er entweder die Freude an seinem Dasein oder die Sehnsucht nach seinem Weibchen verriet, aber in diesen Tönen lag ein unendlicher Wohllaut, bald der Flöte, bald melodischen Saitenklängen ähnlich; es war der Mezzofanti der Vogelwelt, die schlanke, hellgraue Spottdrossel mit schwarz und weißen Schwingen und hellen, klugen Augen, die, im Gezweig der Sumachsträuche verborgen, neugierig auf die bunte Gruppe sah, während hoch über dem Walde in verschwommenen Konturen langsam ein Geier durch die Lüfte zog.

Longinus brachte ihr von dem Mahle und sprach einige freundliche Worte, sie genoß von dem Fleische des erlegten Bären und lehnte sich dann aufs neue zurück an den Stamm des Eichbaumes: die Indianer hatten das beliebte Kalumet entzündet und erzählten Jagd- und Kriegsgeschichten, während der Feuerschein rot auf den blitzenden Tomahawks glänzte, und die Skalpe mit den wallenden, dunklen Haarlocken an ihren Gürteln unheimlich schwankten.

Dem Mädchen kam das alles wie ein Traum vor, sie schloß die Augen und hörte noch eine Weile das leise Murmeln der Männer und glaubte noch eine Zeitlang die glänzende Flamme zu sehen — dann atmete sie tief und ruhig und bemerkte nicht, wie das Feuer allmählich niederbrannte, und wie die Männer alle, weiße und braune, sich rings im Kreise um sie her lagerten, als wollten sie eine Mauer und Schutzwehr bilden für das junge Bleichgesicht. —

Ein wilder, entsetzlicher Aufschrei ließ sie erwachen. Halbdunkel war es im Walde, als sie die Augen öffnete, die Hunde bellten wie toll, Männergestalten sprangen und schlugen durcheinander, und die Stimme des jungen Deutschen schrie: „Schließt einen Kreis um das Fräulein — schlagt euch durch nach dem Wasser!“

Und wieder dröhnten die Hiebe, dazwischen krachte ein Schuß — es war ein entsetzliches nächtliches Fechten. Marie fühlte sich von kräftigen Armen emporgehoben und erkannte den alten Trapper, der ihr zuflüsterte:

„Nur Mut und den Kopf oben behalten!“

Tom sprang mit seiner Last in gewaltigen Sätzen dem Ufer zu und erreichte das eine Fahrzeug, in welches er das Mädchen niederließ.

„Legt Euch platt auf den Boden, Fräulein!“ sagte er zu der halb Bewußtlosen, dann lud er sein Rohr und nahm es in Anschlag. Im Walde lärmte noch immer der Kampf; die Männer schrieen, die Hunde bellten wild, und wie ein Knäuel drängten sich die Feinde durcheinander dem Gestade zu. Hart am Ufer tobte der Streit am wildesten. Der Trapper erkannte Anatohas hohe Gestalt und sah, wie der Häuptling mit dem Mute der Verzweiflung um sich schlug; über seinem Haupte blitzte einen Moment ein geschwungener Tomahawk, aber der Schlag fiel nicht nieder, denn vom Wasser her krachte der Schuß Toms, und der Irokese stürzte wie vom Blitz getroffen zusammen. Die unvermutete Detonation machte die Irokesen einen Augenblick stutzig, sie fürchteten vielleicht einen neuen, unerwarteten Gegner, und diesen Moment benutzten die Huronen, um ihr Boot zu erreichen. — Die Ruder schlugen in das Wasser, pfeilschnell fuhren die Kanoes dahin und um die Köpfe der Ruderer zischten unheimlich die Pfeile. Ein wildes Hohngelächter klang vom Ufer her den Flüchtlingen nach, so daß Tom, von Ingrimm erfaßt, abermals nach seiner Büchse griff. Mit einem Male suchten seine Augen nach Longinus, er sah den blonden Kopf nirgends zwischen den dunkelhaarigen Häuptern der Irokesen, und siedendheiß lief es ihm durch Hirn und Adern. Einen Augenblick versagte ihm vor Schrecken die Sprache, dann aber rief er mit dröhnender Stimme: „Longinus! — Hermann!“

Die Antwort war ein erneutes brüllendes Hohnlachen der Irokesen vom Gestade her, ein heiseres Hundegebell, das mit einem schrillen Heulen abbrach, und der Trapper wußte oder ahnte, was geschehen war. Der blonde Deutsche war in der Gewalt der Feinde geblieben. Wie das geschehen, das war ihm unklar: Er hatte Hermann, kurz bevor die Huronen nach dem Kanoe drängten, noch inmitten des Kampfgewühles gesehen und mit Bestimmtheit angenommen, daß er unter den geborgenen Flüchtigen sei. Nun war es anders, Longinus war entweder erschlagen oder — was noch schlimmer war, gefangen. In der ersten Aufregung war Tom nahe daran, umzulenken, sich allein in den Knäuel der Irokesen zu stürzen und den jungen Freund herauszuhauen, aber er erkannte, wie vergeblich dies wäre, und wie er nur sein eignes Leben aufs Spiel setzen würde, und so ließ er entmutigt, wortlos das Haupt sinken.

Da faßte eine zitternde, weiße Hand seinen Arm, und zusammenzuckend unter der leisen Berührung, sah der Trapper in ein totenblasses Mädchengesicht, aus welchem große, ängstliche Augen ihm entgegenstarrten.

„Ist er tot?“ fragten die zuckenden Lippen Mariens, und der alte Waldläufer schauerte vor dem hohlen Tone der sonst so metallischen Stimme. Er atmete tief, dann sprach er so ruhig als möglich:

„Ich hoffe es nicht, aber sie werden ihn mit sich fortschleppen nach einer ihrer Städte — — —“

„Und was wird sein Schicksal sein?“ fragte sie wieder und schien mit ihren unruhigen Augen in der Brust des alten Jägers lesen zu wollen, gleich als ob das Schicksal des Gefangenen darinnen aufgezeichnet stünde.

„Mut, liebes Fräulein, Mut! Noch lebt der alte Gott und der alte Tom, und wenn ein Mensch für den andern sein Leben gibt, so thue ich's für den Jungen meines Kapitäns. — Sie werden ihm — beim Duivel — nicht gleich an die Gurgel gehen, ich kenne die Schurken und 's wird sich wohl noch Rat schaffen lassen.“

Dem wackeren Trapper war's bei seinem Troste allerdings nicht so recht wohl zu Mute, und er machte sich blutwenig Hoffnung, aber dem blassen Mädchen gegenüber sprach er so fest und entschieden, daß sie gern nicht an das Schlimmste glaubte und sich wieder still auf den Boden des Kanoes niederließ.

Ohne Klang und Sang fuhren die Kanoes den Strom entlang. Einige der Huronen verbanden sich ihre blutenden Wunden, Anatoha stand düster und schweigsam in der Mitte der Seinen. Es war eine traurige Fahrt inmitten des goldenen Sonnenscheines, der mit dem Frühmorgen sich über Wald und Strom legte. Unermüdet regten sich die Ruder, und Toms grauer Wolfshund, der seinem Herrn nachgeschwommen, bat winselnd um Aufnahme in das Fahrzeug. Tom erfaßte ihn bei dem zottigen Felle und zog ihn herein: der Hund blutete.

„Armer Troll!“ — sagte der Trapper, indem er ihm liebkosend den Kopf streichelte — „es war eine faule Campagne, aber du hast dich ehrenvoll gehalten; wo hast du denn deinen Kampfgenossen Pilot gelassen?“

Der Hund winselte trüb und traurig, als ob er die Worte verstanden hätte und seinen vierfüßigen Gefährten beklagen wollte.

„Wenn noch ein Funken Leben in Pilot ist, kommt er wieder und wird uns auf die Spur unsres Freundes leiten, und kommt er nicht, dann wird's Troll thun“, sprach der Alte.

Gegen Abend kam endlich Villemarie in Sicht. Mit hochgeröteten Wangen erhob sich Marie und blickte dem langersehnten Asyle entgegen. Und da sie näher kamen, winkte sie mit ihrem Taschentuche, als ob man das Zeichen sehen und sie erkennen müßte. Die Huronen aber erhoben ein lautes Geschrei, um sich als Freunde zu bekunden, und bald verkündete ein Kanonenschuß, daß man sie verstanden habe und sie begrüße. Und siehe da — vom

Fort her kam bereits eine kleine Schar, an ihrer Spitze der ritterliche Führer Maisonneuve, und bald lagen sich die Geschwister in den Armen.

Der Bruder hielt eine Weile das Gesicht der Schwester in beiden Händen, und mit Wehmut sah er die blassen Wangen, die tiefliegenden Augen; mit inniger Zärtlichkeit strich er ihr über das blonde Haar und sagte:

„Arme, arme Marie, was mußt du alles erduldet haben! Aber nun sollst du dich auch pflegen, daß du wieder frisch und munter werdest."

Aus der Mitte einiger huronischer Frauen und Mädchen war auch Margarete herzugetreten und umfaßte stürmisch die Freundin.

„Glanzauge ist noch nicht zurückgekehrt", flüsterte sie traurig nach der ersten Begrüßung.

„Und Longinus ist ebenfalls den Feinden in die Hand gefallen", erwiderte Marie, und ihre Augen füllten sich mit glänzenden Thränen.

Indes hatte Maisonneuve die seltsame Gestalt des Trappers bemerkt, und fragend blieb sein Auge auf derselben haften.

Der Alte nahm deshalb ohne Umstände das Wort: „Verzeiht, Herr, wenn sich ein fremdes Gesicht in Eure Gesellschaft drängt. Bin ein alter Waldläufer und habe in Hermann, will sagen, in Longinus, den Sohn meines guten ehemaligen Herrn gefunden. Da wollt' ich nicht mehr von dem Jungen lassen und gedachte ihn zu begleiten und Euch zu fragen, ob Ihr eine Büchse — 's ist keine schlechte — mehr brauchen könnt in Villemarie."

„Herzlich willkommen, wackerer Geselle — aber, wo steckt Longinus?" fragte Maisonneuve. In dem Gesichte des alten Waldmannes zuckte es seltsam, er würgte, als ob er einen schweren Bissen hinunterschlucken müsse:

„Herr, ich bin ein alter Hund, ich habe ihn im Stiche gelassen, als wir uns heute Nacht mit den Irokesen balgten, aber — beim Duivel — ich hab's zu spät gemerkt und ich bringe ihn wieder, so wahr ich der rote Tom heiße."

Mit Erstaunen und unverhohlenem Schmerze hörte Maisonneuve zu:

„Wie" — rief er — „so halten die Irokesen den Frieden, den sie, vor wenigen Stunden kann man wohl sagen, geschlossen haben?"

„Hab's Euch gesagt", murrte jetzt Anatoha, „Ihr hättet die Gefangenen verbrennen sollen, statt sie freizulassen, sie werden an dem weißen Falken nicht die Großmut üben, wie Ihr an ihnen."

„Herr", begann Tom aufs neue, „gönnt mir heute ein Nachtlager in Villemarie, und morgen mit dem Tagesgrauen will ich aufbrechen und unsern Freund suchen; ich bringe ihn wieder, wenn es irgend möglich ist."

Maisonneuve reichte dem Trapper die Hand und dann brach man auf nach dem Fort. Die westliche Sonne glänzte freundlich über der Niederlassung und auf dem Kreuze auf der Berghöhe, welches nach jener Überschwemmung aufgestellt worden war; mit seltsamen Gefühlen sah Marie nach demselben empor, dort oben hatte die Schule ihrer Leiden angefangen.

Die Soldaten des Forts begrüßten die Schwester ihres Kommandanten aufs herzlichste, und auch sie waren empört, da sie von dem Friedensbruche der Irokesen vernahmen. Mancher biß die Zähne zusammen bei der Kunde von Longinus' Gefangennahme, denn er war ein guter, treuer Kamerad gewesen.

Die Nacht senkte sich mit ihren Nebeln nieder auf Strom und Wald, im Gemache Maisonneuves glimmten die Lichter, und das blonde Mädchen erzählte von ihrer Gefangenschaft und ihren Abenteuern. Tom hatte mit zu Tische gesessen, aber ihn litt es nicht in dem Gemache; er trat hinaus in die Sternennacht und ließ den kühlen Wind in seinen Haaren wühlen und dachte an den Herzensjungen Hermann. Er sah im Geiste die entsetzlichsten Bilder: den Marterpfahl in einem Irokesendorfe, daran gebunden seinen jungen Freund und rings umher die wilden, entsetzlichen Scharen. Und der Holzstoß flammte, auf welchem man den weißen Falken zu verbrennen gedachte; — die Zähne des alten, unerschrockenen Waldläufers schlugen fieberhaft zusammen, da horchte er mit einem Male hoch auf: was war das für ein seltsamer Laut mitten in der stillen Nacht? — Ein langgedehntes, dumpfes Heulen erklang wie unmittelbar vor dem Thore; Tom hörte die Schildwache hinabrufen von dem Walle, eine Sekunde war es still und dann wieder derselbe Ton, der bis zur Seele drang.

„Aufmachen, das Thor aufmachen!" schrie der Trapper mit einem Male — „das ist Pilot!"

Und schon stand er an dem Eingang und schob den schweren Balkenriegel beiseite. Er hatte sich nicht getäuscht — es war der Neufundländer. Aber wie sah das arme Tier aus! Von geronnenem Blute klebten ihm die Haare zusammen, er ging auf drei Beinen, das vierte schlotterte im Gelenke, die eine Augenhöhle war leer, aber der Hund wedelte mit dem Schweife, als er Tom erkannte, und leckte ihm die Hand. Der alte Waldmensch war keine weiche und sentimentale Natur, aber es kam ihm heiß in die Augen, wenn er daran dachte, wie das treue Tier im verzweifelnden Kampfe seinen Herrn verteidigt, und da es denselben nicht zu retten vermochte, trotz seiner Wunden und seiner Qualen mit letzter Kraft forteilte, um den Freunden Kunde zu bringen und sie zur Rettung aufzubieten.

Der Trapper streichelte leise dem Hunde den Kopf und sagte:

„Sei ruhig, guter Pilot — du sollst ihn wieder haben, sollst ihn wieder haben, und wenn ich — beim Duivel — ihnen meinen alten, grauen Kopf zum Skalpieren hinhalten müßte."

Der Hund winselte, als ob er die Worte verstehe, und leckte aufs neue Toms Hand; allmählich aber kamen die Leute aus der Niederlassung zusammen, und auch Maisonneuve und seine Schwester fanden sich ein. Marie konnte sich nicht enthalten, sie beugte sich nieder, legte ihren Arm um den Hals des treuen Tieres, und ihre Thränen rollten nieder auf das sternlose Auge. Man wusch dem Neufundländer die Wunden sorgsam aus, verband ihm das gebrochene Bein und sorgte für ein reichliches Futter, welches Pilot mit Gier und Hast hinunterschluckte. Dann aber zerrte er mit Ungestüm an dem Rocke des Trappers und zog ihn hin gegen das Thor.

„Du hast keine Ruhe, guter Pilot“, sagte der Alte; „'s ist ein gutes Zeichen, dann ist dein Herr auch am Leben. Mir geht's wie dem Tiere da, Herr — es will mir kein Schlaf in die Augen kommen, und ich muß immer an den armen blonden Jungen denken. Wenn's der Hund mit seinem zerschlagenen Bein aushalten kann, dann kann's — beim Duivel — der rote Tom gleichfalls. Ich breche zur Stunde auf, um Longinus zu suchen.“

Der alte Trapper holte, unbekümmert um die — seitens Mariens wohl kaum ernst gemeinten — Einreden seine Büchse, ließ sich die Feldflasche mit Branntwein füllen, und nach kurzem Händedruck schritt er mit dem hinkenden Pilot hinaus in die Nacht. Zur gleichen Zeit aber streifte auch Anatoha schon wieder einsam durch die Wälder, um die Spur Glanzauges zu suchen.

Glanzauge im Waldversteck (S. 119).

Zehntes Kapitel.

Jogues' Tod und Glanzauges Flucht.

Pater Isaak Jogues war nach dem Friedensschlusse in Begleitung der Irokesen von Villemarie abgereist und wurde während der Fahrt von den Wilden freundlich und zuvorkommend behandelt. Man hielt mehrmals in Dörfern Rast, und die Leute liefen zusammen, um den fremden, weißen Mann in dem langen Talare zu sehen, der nach ihrer Auffassung ein großer Medizinmann und Zauberer war. Da kam mit einem Male die Kunde, in einer der irokesischen Städte sei eine böse Krankheit ausgebrochen, und das menschenfreundliche Herz des Jesuiten verlangte, dahin geführt zu werden, um vielleicht helfen, gewiß aber Seelen für den Himmel werben zu können. Kiotsaton schien anfangs nicht bereit, ihm zu willfahren, endlich gab er nach, und in seinem und noch einiger andrer Geleit brach man auf und gelangte nach einigen anstrengenden Tagemärschen nach dem bestimmten Orte, Kiotar. — Es war eine ziemlich große und feste Stadt mit Ringpalissaden, die Einwohner eilten den Ankömmlingen entgegen und begrüßten besonders den Häuptling mit wildem Durcheinanderschreien, mit welchem man wohl ihm die Größe und Bedeutung der Krankheit klar zu machen suchte. Kiotsaton stellte ihnen Jogues vor, und ein dichter Kreis von Leuten sammelte sich um diesen und begleitete ihn nach dem Hause, welches ihm als Wohnung dienen sollte. Es lag fast am Ende des Ortes, und die Familie, welcher es gehört hatte, war völlig ausgestorben.

Unerschrocken nahm der Jesuit von dem bedenklichen Asyl Besitz und begann sich in demselben einzurichten, während die ganze Nacht über die Irokesen um die Rindenhütte schwärmten, um den Mann zu sehen und zu hören, der ihnen von dem Häuptling als Medizinmann gerühmt worden war.

Am meisten waren indes die gewerbsmäßigen Zauberer in Aufregung, welche von dem neuen Ankömmling eine Beeinträchtigung fürchteten und alle Anstrengungen machten, um sich ihr Ansehen zu bewahren. Zwei Stunden vor Jogues erst war ein sehr berühmter Zauberer aus Onondaha, der großen Irokesenstadt, eingetroffen und hatte auch sofort mit seinem Hokuspokus begonnen. Er war klein und hatte einen mächtigen Höcker, ein Umstand, der ihm von vornherein ein außergewöhnliches Ansehen verlieh, da ein Buckeliger bei diesem schlankgebauten Volke eine außerordentliche Seltenheit ist. Sein Gesicht war boshaft, und in den Augen lag etwas wild Lauerndes und Stechendes; sein Gewand bestand aus schäbigen und vielfach zerrissenen Otterfellen.

Er hatte sich gleich nach seiner Ankunft mit einigen Irokesen in eine für seine Zwecke ganz besonders hergerichtete Rindenhöhle zurückgezogen. In die Mitte derselben waren einige glühend gemachte Steine gelegt worden, auf dieselben warf er ein getrocknetes Kraut, welches einen unangenehm riechenden und fast erstickenden Rauch hervorbrachte, in welchem er eine halbe Stunde lang sitzen blieb. Die Außenstehenden hörten ihn mit lauter Stimme singen; er pries sich selbst als einen Oki, welcher bisher mit andern Geistern unter der Erde gewohnt und nun, um der Menschheit zu helfen, selbst Menschengestalt angenommen habe. Die Menge, durch seinen Gesang begeistert, tanzte mit von dem Rauch umnebelten Sinnen unter wildem Johlen um die Hütte.

In Kiotar war bereits ein erbgesessener Zauberer, alt und fast erblindet, der sich bisher der größten Ehrfurcht erfreut hatte. Auch er hatte versucht, die Seuche zu vertreiben. Sieben Tage lang hatte er sich in eine Höhle zurückgezogen und hatte gefastet; am sechsten Tage waren ihm die Geister erschienen und hatten ihm unter verschiedenen Offenbarungen erklärt, daß die Krankheit abgewendet werden könne, wenn man Strohfiguren gleich Vogelscheuchen auf die Dächer der Häuser setze. Es dauerte kaum vierundzwanzig Stunden, als man bereits auf sämtlichen Häusern von Kiotar solche in Lumpen und alte Felle gehüllte Puppen bemerkte, denen die Indianer zur Aufmunterung lange Reden hielten, und denen sie aus ihren Kalumets dicke Rauchwolken entgegenbliesen. Der Erfolg wurde allerdings noch immer vergeblich abgewartet.

Mit finsterem Grollen hatte der einheimische Zauberer von der Ankunft seines buckeligen Kollegen gehört, er war aber aufs höchste überrascht, als derselbe ihn noch am Abend seiner Ankunft in seiner Höhle aufsuchte. Anfangs empfing der Halbblinde seinen Gast mit scheelem Blick, der Buckelige dagegen war voll zudringlicher Herzlichkeit, und bald saßen beide an dem Feuer, während sich draußen vor der Thür die Menge anstaute und sich über die seltsame Beratung verwunderte und freute.

„Möge mein Bruder nicht glauben" — sagte der Fremde — „daß ich gekommen bin, ihm sein Geschäft zu beeinträchtigen oder ihm zu schaden in den Augen der Squaws und der Krieger unsres Stammes."

„Das ist mein Bruder nicht im stande; Karmoret ist ein großer Zauberer und seine Hände sind mächtig über die Okis", sagte der andre mit unnachahmlicher, abweisender Würde.

„Ich weiß, daß ich gering bin vor den Augen meines Bruders; deshalb komme ich nach seinem Wigwam, um ihm zu sagen, daß ich mit allen seinen Anordnungen einverstanden bin und nur meine schwache Kraft mit der seinigen verbinden möchte."

Der greise Zauberer hob stolz den Nacken empor.

„Kommt mein Bruder allein, um mir das zu sagen?" fragte er.

„Nein", entgegnete der andre, „noch etwas führt mich hierher, was uns beide verbinden könnte, wenn wir nicht schon eins wären. Ein Bleichgesicht ist angekommen in den Wohnungen der roten Kinder."

„Ich weiß es", sagte der Alte gelassen.

Der Buckelige stutzte bei dem Gleichmut; dann fuhr er fort:

„Das Blaßgesicht ist ein Zauberer, den Kiotsaton selbst mit hierhergebracht; er wird uns schaden in den Augen unsrer Brüder und Schwestern, er wird uns verleumden, und wir werden Ansehen und Ehre, Gut und Erwerb verlieren. Will mein weiser Bruder Karmoret sich verdrängen lassen von dem fremden Hunde, der nicht wert ist, daß er sein Angesicht schaue?"

Der blinde Mann hob das Antlitz vom Feuer empor.

„Nein; wir werden das fremde Bleichgesicht vernichten, auf daß es nicht Verwirrung bringe in die Herzen der roten Kinder. Wir werden morgen ein großes Medizinfest abhalten und werden das Blaßgesicht den Okis opfern. Ist mein Bruder bereit, zu helfen?"

Der Buckelige mit den boshaften Augen war bereit, und näher rückten die beiden Powows aneinander, um ihren Plan zu besprechen und einträchtig das geliebte Kalumet zu rauchen. — Die Menge draußen aber wartete geduldig, bis die Beratung ihr Ende erreicht, dann lärmte sie aufs neue und begleitete singend und tanzend den fremden Zauberer nach seinem Wigwam.

Der Jesuit hatte keine Ahnung von dem Plane, der gegen ihn geschmiedet war; ruhig packte er die kleine Kiste aus, welche er mit sich geführt hatte, und welche eine Bibel, einige gottesdienstliche Geräte, Medikamente und Heiligenbilder enthielt, und begann noch während der Nacht einen kleinen Altar zu errichten, um am nächsten Morgen gleich seine Missionsthätigkeit anfangen zu können. Er hörte durch die Stille der Nacht noch das wilde Singen der Irokesen, und nachdem er bei dem roten, flackernden Feuerscheine sein Brevier gebetet, legte er sich zur Ruhe.

Der nächste Morgen brach grau und trübe an; ein feiner, kalter Sprühregen sickerte nieder, trotz desselben war es in den Gassen und auf dem großen Marktplatze von Kiotar schon zeitig lebendig. Die Kunde, daß ein Medizinfest gefeiert werden sollte, hatte sich schon am Abend zuvor verbreitet, und weil man gleichzeitig erfahren hatte, daß beide Zauberer — ein seltener Fall! — Hand in Hand gehen wollten, so hegte man von demselben große Erwartungen.

Die beiden Powows erschienen endlich gemeinsam, begrüßt von lauten und lärmenden Zurufen. Einer der ältesten und angesehensten Männer der Gemeinde trug einen Kessel voll Zauberwassers vor ihnen her, und der blinde Alte tauchte mehrmals einen grünen Zweig in dasselbe und besprengte die Anwesenden, während sein buckeliger Gefährte sie ab und zu mit einem Truthahnflügel anfächelte, um die bösen Okis abzuwehren. Denn darüber war man einig, daß die Seuche durch solche Geister veranlaßt sei, die vom Huronensee herübergekommen wären, und diese Okis galt es zu versöhnen oder zu erschrecken. Es begann nun ein wildes Festmahl. Lange Reihen von Feuern brannten auf dem freien Platze in Mitte der Stadt, und Fleisch war in ungeheuren Quantitäten gekocht und gebraten worden. Und nun aß — oder besser — fraß man zu Ehren der Okis mit der Gier des Tieres so lange, bis alles aufgezehrt war; es durfte auch nicht das mindeste übrig bleiben. Nun begann ein seltsamer Tanz um das Feuer; Männer und Weiber mit brennenden Fackeln im Munde sprangen um und durch die lodernden Gluten, andre mit scheußlichen Larven, und wieder andre, welche sich buckelig stellten, drehten sich im wirbelnden Kreise um die Tänzer, und alle schrieen und lärmten. Der blinde Zauberer warf Tabakskraut ins Feuer, daß ein dicker Qualm davon emporstieg, und der andre kletterte auf das Dach eines der ansehnlichsten Häuser und schrie die unsichtbaren Okis mit wilder Stimme an:

„Wenn ihr Fleisch wollt, geht zu unsern Feinden, geht zu den Huronen!“

Die wilde Menge aber, um den Schrecken mit der Überredung zu vereinen, tobte in und vor dem Hause und schlug mit Stöcken wie wütend gegen die Rindenwände.

Das lärmende Schauspiel hatte auch den Jesuiten aus seinem Hause gelockt, aber das Herz that ihm weh, als er das wüste, sinnlose Treiben sah, und da er sich dessen wohl bewußt war, daß es heute vergebens wäre, sich dem entfesselten Strome mit dem sanften Worte seiner Rede entgegenzustellen, suchte er auszuweichen und wollte die Stadt auf einige Stunden verlassen. Hinter dem Rücken der Menge schritt er langsam hin und kam an der Hinterwand des Hauses Kiotsatons vorüber. Durch eine Öffnung in der Rindenbedeckung sahen ein Paar scharfe, helle Augen, und verwundert, überrascht blieb der Missionär stehen, als er näher kam.

„Glanzauge!“ rief er halblaut im huronischen Idiom.

„Ja, mein weißer Vater, es ist Glanzauge!“

Der Jesuit trat näher heran.

„Dein Bruder Anatoha sucht dich unablässig, Tag und Nacht! Aber Kiotsaton wird dich freigeben, denn ein Friede soll werden zwischen Huronen und Irokesen, wie er bereits zu stande gekommen zwischen den Irokesen und den Bleichgesichtern.“

„Kiotsaton wird mich niemals freilassen; er will mich zwingen, seine Squaw zu werden, und ich mag nicht in seinem Wigwam wohnen. So werde ich gefangen gehalten, und an dem Verschlage draußen ist der Holzriegel vorgeschoben, daß ich nicht fliehen kann. Vermag mein weißer Vater nichts zu thun zu meiner Rettung?“

„Du sollst frei werden; ich werde noch heute mit Kiotsaton reden — —“

„Nein, o nein, mein weißer Vater darf sich nicht an den Sachem wenden, sondern möge mir nur Gelegenheit verschaffen, zu fliehen — — doch fort, dort kommt Kiotsaton, er darf nicht sehen, daß wir zusammen gesprochen — fort, fort!“ — Das Gesicht der jungen Indianerin verschwand in der Lücke, und langsam ging der Missionar weiter nach dem Walde. Der Häuptling schien ihn ganz und gar nicht zu beachten und trat in sein Wigwam ein.

Nahe am Walde standen noch einige Rindenhütten. Dem Jesuiten war es, als höre er aus einer derselben ein Ächzen und Stöhnen. Er trat ein und sah zwei Kranke, welche sich auf ihren Lagern wälzten, ein altes Weib und einen Knaben. Mit gläsernen Augen starrte ihn die Squaw an, kreischte wild auf, so daß auch das Kind emporschreckte, dann streckte sie sich ächzend und röchelnd wieder aus. Jogues trat näher an sie heran und erkannte, daß ihr der Tod auf dem Herzen saß, er richtete einige Fragen an sie, aber er erhielt keine Antwort; da faßte ihn die Angst um die Seele, welche verloren gehen konnte, er spähte in dem Raume umher nach Wasser, und da er in einem Rindengefäß solches gefunden, tauchte er den Finger rasch ein und berührte damit die Stirn der Sterbenden. Diese zuckte noch einmal zusammen, dann sank sie wieder zurück und streckte sich lang aus — das Lebenslicht war erloschen.

Der Knabe aber erhob sich auf seinem Lager und stierte mit glühenden, weit hervorgetretenen Augen nach dem Missionar, und da dieser auf ihn zueilte, um auch an ihm den Taufakt zu vollziehen, da schrie er in der Angst seiner Seele laut auf, so daß Jogues selbst erschrocken seinen Schritt anhielt. In demselben Augenblick aber hörte er hinter sich eine fürchterliche Stimme:

„Hund von einem Bleichgesicht! Was hast du hier heimlich zu suchen in dem Wigwam des roten Mannes? — —“ Der finsterblickende Irokese trat näher an das Lager des Weibes, und da er sie starr und leblos sah, schrie er:

„Du hast sie getötet, du willst mir meinen Knaben auch noch töten, du bist der böse Oki, der die Seuche bringt — hinaus, hinaus!“

Das Entsetzen bebte in der Stimme des Mannes, und Jogues wagte nicht, zu bleiben.

Kaum hatte er jedoch die Hütte verlassen, als auch der Wilde hinausstürzte und wie rasend durch die Gassen rannte mit dem fortwährenden Rufe: „Der böse Oki, der böse Oki!“

So kam er auf den Marktplatz, wo die Menge noch immer zur Feier des Medizinfestes lärmte. Hier war indes die Stimmung des Volkes bereits durch die beiden Zauberer ausgenützt worden. Zur Zeit, als Kiotsaton sich entfernte, um nach seinem Wigwam zu gehen und Glanzauge aufs neue zu bestürmen, seine Squaw zu werden, hatte der buckelige Powow sich auf eine kleine Erhöhung gestellt und durch Winken mit der Hand Schweigen geboten, dann begann er mit seiner durch Rauch und Qualm heiser gewordenen Stimme zu schreien:

„Meine Brüder haben das Festmahl gegessen und Rauchopfer den Okis dargebracht. Die Okis werden ablassen von ihrem Zorne und werden sich nicht weiter setzen auf die Wigwams der Irokesenkrieger. Nur eines noch erregt ihren Zorn. In unsrer Stadt weilt seit gestern ein Blaßgesicht in dem Gewande eines Zauberers und Medizinmannes. Er glaubt nicht an den Manitu und nicht an die Okis — wie wird er euch helfen können?! Er erzürnt die Geister mit seinem Anblick und mit seinen Worten, und sie werden die roten Kinder strafen, um des Bleichgesichtes halber. Das Wigwam, in welches er eintritt, wird aussterben — —“

„Der böse Oki, der böse Oki!“

So schrie es jetzt mit einem Male mit gellender Stimme dazwischen, und durch die Menge drängte sich der Indianer aus der Hütte an dem Walde und verkündete beinahe atemlos und mit fliegender Hast, was geschehen war, wie er den weißen Mann in seinem Wigwam gefunden, wie sein Weib zur selben Stunde gestorben sei und sein Knabe in den letzten Zügen liege.

Eine ungeheure Aufregung bemächtigte sich der wilden Schar. Wie ein Teufel sprang der buckelige Zauberer von Gruppe zu Gruppe, überall hetzend und eifernd, und bald brauste der Ruf hundertstimmig durch die Luft: „Schlagt ihn tot, verbrennt ihn, auf daß wieder Friede und Gesundheit bei uns einkehren."

Mit entsetzlichem Toben drängte die Menge nach der Hütte, welche Jogues als Wohnung angewiesen war; die Wilden brachen mit Ungestüm heran, aber einen Augenblick hielten sie wie überrascht und erschrocken inne. Sie sahen den Altar, welchen der Jesuit errichtet hatte, der Kelch und die Hostienplatte glänzten, und die beiden Heiligenbilder sahen die wilden Stürmer mit ernsten, milden Augen an. Scheu deuteten die zuerst Eingedrungenen nach den ihnen fremden Gegenständen, aber der buckelige Zauberer sprang ihnen voran; er erfaßte mit wilden Händen die Bilder und riß sie in Fetzen, schleuderte Kelch und Platte zur Erde, und da sein wüstes Gefolge sah, daß kein Zauber in diesen Sachen verborgen sei, der strafend gegen sie vorbreche, da wurden sie kühner und zerstörten unter grauenhaftem Brüllen, was sie nur vorfanden und als Eigentum des Missionars ansahen.

Jogues war indes bis an den Wald gegangen; er hörte das Geschrei des fliehenden Indianers und beschloß anfangs, sich nicht um dasselbe zu bekümmern, sondern sich ganz der Freude hinzugeben, daß er nach seiner Meinung eine Seele für den Himmel gerettet habe. Bald nahmen indes seine Gedanken eine andre Richtung, und er begann zu erwägen, ob nicht der flüchtige Irokese ihm bei seinen Stammesgenossen durch seine entstellte Erzählung schaden und ihm dadurch von vornherein seine Missionsthätigkeit erschweren oder wohl gar unmöglich machen könnte. Er wußte aus Erfahrung, wie leicht die Gemüter der Wilden zu lenken waren, und wie sie dem ersten und stärkeren Impuls willenlos sich hinzugeben gewohnt waren, und so beschloß er sofort, nach der Stadt zurückzukehren und durch mannhaftes Auftreten einen etwaigen ungünstigen Einfluß auszugleichen.

Hastigen Schrittes eilte er dem Marktplatze entgegen, indes vernahm er von andrer Seite her das wilde, entsetzliche Schreien der Bande, und aus der Richtung, woher der Lärm klang, wurde es ihm klar, daß man in seine Wohnung und in sein Heiligtum eingedrungen sei. Im vollen Laufe suchte er seine gefährdete Hütte zu erreichen, atemlos langte er vor derselben an, der Wind wehte ihm die Fetzen der zerrissenen Heiligenbilder entgegen, und Hostien, die er mit sich führte, rollten ihm vor den Fuß.

Da faßte ihn eine heilige Entrüstung. Mit ungewöhnlicher Gewalt stieß der schwache Mann mit seinen verstümmelten Händen die Menge auseinander und stand, ehe die Überraschten noch recht wußten, was eigentlich geschah, vor seinem geschändeten Altare und riß mit Riesenkraft dem buckeligen Zauberer die Bibel aus der Hand, die dieser eben im Begriffe war in Fetzen zu reißen.

Selbst der Powow sprang bei dem Anblick des todblassen Mannes in dem langen, flatternden, schwarzen Gewande einen Schritt zurück.

Aber die Überraschung währte nur einen Moment. Im nächsten Augenblick hatte sich der Zauberer wieder gefaßt und schrie den Versammelten zu, sich nicht verblüffen zu lassen. Vergebens suchte Jogues zu reden, seine Stimme wurde übertönt von dem allgemeinen Lärmen und Toben, und mit geballten Fäusten und gehobenen Waffen drangen die wilden Gestalten gegen den blassen Mann vor, der furchtlos, abwehrend ihnen die Hände entgegenstreckte.

Und doch wäre er verloren gewesen, wenn nicht im entscheidenden Augenblick Kiotsaton sich Bahn durch die Menge gebrochen und sich neben ihn gestellt hätte. Das plötzliche Erscheinen des Häuptlinges ließ die Menge auf einen Augenblick verstummen, und dieser begann nun mit Eifer und unter lebhaften Gebärden zu sprechen. Er ermahnte, den weißen Mann in Frieden zu lassen, da man ja mit den Bleichgesichtern das Kalumet geraucht habe und am Beratungsfeuer zusammengesessen sei. Das Volk murrte, und die beiden Zauberer sprachen heftig dagegen. Aber das Ansehen des Häuptlings war so groß, daß man doch keinen Gewaltschritt unternahm trotz der wildesten Erbitterung, und daß man, wenngleich grollend, eine Gasse bildete, durch welche Kiotsaton hindurchschritt, hochaufgerichtet und den Missionar an der Hand.

Die Menge verlief sich indes noch nicht, sondern es gärte und murrte auch nach der Entfernung des Häuptlings weiter. Es waren Parteien unter den einzelnen Clans entstanden; die einen, vom Clan der Schildkröte, standen zu Kiotsaton und wünschten, daß der Friede mit den Bleichgesichtern aufrecht erhalten werde, andre dagegen, wie der Clan des Bären, verlangten die Tötung des Jesuiten.

Dieser schritt indes mit seinem Begleiter nach dessen Wigwam, denn Kiotsaton gedachte selbst ihm vorläufig bis zur Beruhigung der Gemüter ein Unterkommen zu gewähren. Jogues setzte sich an dem Feuer nieder und senkte das Haupt in die Hand. Er war nicht entmutigt, aber er war betrübt, daß man sein heiliges Amt so ungemein erschwere. Von den Speisen, welche ihm der Häuptling vorsetzen ließ, genoß er nur wenig, und unruhig schritt er bald in dem Raume auf und nieder. Trotz seiner eignen wenig behaglichen Lage dachte er an Glanzauge, mit welcher er ja in einem Wigwam weilte, und sein allzeit reger Geist sann, wie er dem Mädchen helfen könnte.

Der Häuptling saß in düsterer Stimmung an dem Feuer, äußerlich wenigstens so gleichgültig, wie es die Rothäute zu sein pflegen, wenn sie in ihrer Hütte sich dem Nichtsthun hingeben, und blies mächtige Wolken Rauches aus seiner Pfeife. Da blieb der Jesuit vor ihm stehen und fragte in unbefangen ruhiger Weise:

„Hat mein Bruder Kiotsaton gar nichts erfahren über den Aufenthalt der Huronenblume Glanzauge?"

Der Blick des Häuptlinges ruhte finster und durchdringend auf dem Gesicht des Jesuiten, in welchem sich keine Miene bewegte.

„Warum denkt mein weißer Vater gerade jetzt an Glanzauge?" fragte er.

„Weil ich sehe, daß in dem Wigwam meines Bruders die Squaw fehlt, und weil ich glaube, daß die Taube der Huronen gut zusammenwohnen würde mit dem Adler der Irokesen, und weil mit dieser Verbindung das Kriegsbeil begraben wäre zwischen den roten Stämmen und die roten Kinder Gottes sich nicht mehr selbst zerfleischen würden im Bruderkampfe", sagte der schlaue Jesuit, der jede Miene des Häuptlinges beobachtete.

Dieser schien einen Moment zu überlegen, ob er von der Anwesenheit des Mädchens in seinem Wigwam sprechen solle, dann aber sagte er kühl und wie ablehnend:

„Mein weißer Vater mag recht haben!" — Und wieder hüllte er sich in mächtige Rauchwolken. Der Missionar erkannte, daß er zunächst noch nicht für die Gefangene wirken könne, und um jeden Argwohn zu beseitigen, redete er noch eine Weile gleichgültig über das Mädchen und ging dann zu einem andern Gesprächsstoff über.

Es wurde Abend, und der Häuptling entfernte sich, nachdem er noch zuvor ein altes, häßliches Weib herbeigerufen, welches sich hart vor dem Eingange in den Raum, welcher Glanzauge barg, niederkauerte. Jogues fühlte, daß Kiotsaton doch Verdacht geschöpft hatte, und beschloß nun, so vorsichtig als möglich zu handeln. Zugleich anerkannte er im stillen die Klugheit des Mädchens, welches sein Gespräch mit dem Häuptling jedenfalls gehört, aber auch nicht durch das leiseste Zeichen ihre Anwesenheit verraten hatte.

Draußen ward es dunkler, das Feuer flackerte rot und beleuchtete unheimlich die Kriegs- und Siegestrophäen an den Wänden, und Jogues hatte sich wieder niedergelassen und betete sein Brevier, immer beobachtet von dem häßlichen, schmutzigen Indianerweibe, das seitwärts von ihm auf dem Boden kauerte und einen Knochen abnagte.

Da trat ein Indianer ein, seiner Tättowierung nach vom Clan des Wolfes. Er sah sich vorsichtig in dem Raume um, dann schritt er auf Jogues zu, beugte sich vor diesem nach Art seines Volkes und bat ihn nun im Namen eines seiner Freunde, bei einem Abendschmause zu erscheinen.

Der Missionar sah nicht das unheimliche Leuchten in dem Auge des Wilden, er hörte nur die Worte, und diese klangen ihm so versöhnlich, daß sein Herz sich freute an solchem Entgegenkommen. Er wußte zudem, daß es eine schwere Beleidigung gewesen wäre, wenn er die Einladung ausgeschlagen hätte. So erhob er sich denn, bereit, dem jungen, finsteren Begleiter zu folgen.

Sie schritten durch die unheimlich dunklen Gassen der Irokesenstadt und hielten endlich vor einer Hütte an.

Jogues öffnete die Thür und beugte das Haupt vor, um einzutreten. Da sauste ein Beilschlag nieder und traf ihm die Stirn, und da er zurückwich, traf ihn von dem noch außenstehenden Indianer ein zweiter Streich in den Hinterkopf, und lautlos sank der Missionar seinen Feinden vor die Füße. Der Indianer, welcher den ersten Streich geführt, war derselbe, dessen Weib er getauft hatte, und dieser vollendete sein grausames Werk, indem er seinem Opfer das Haupt abhieb.

Mit wildem Triumphheulen eilte er nun, den blutenden Kopf an den Haaren schleppend, durch die Gassen, immer mehr sammelten sich um ihn, und nach einer kurzen Weile blickte das bleiche Totengesicht mit den dunklen Haaren von der Spitze einer der Palissaden hinaus in die sternlose Nacht. — —

So starb Isaak Jogues (am 18. Oktober 1645) als einer der reinsten und wackersten Verkündiger des Evangeliums, welche den westlichen Kontinent betreten haben. Obwohl von schwachem Körper, besaß er eine außerordentliche Seelenstärke, die sich vielfach bewährte. Er hatte seit seiner Jugend keinen andern Wunsch gekannt, als Jesuit und Missionar zu werden. Seine Liebe sagte sich von allem Irdischen los und galt einzig seinem schweren Berufe; so führte er voll inbrünstiger Begeisterung ein Leben, welches auch dem Stärksten und Kühnsten Schweres auferlegte, aber sein starker Wille machte ihn diesem Leben gewachsen. Seine Berufsgenossen rühmten vor allem seine Demut, die oft den Punkt der Selbstverachtung erreichte — eine Tugend, welche ihn in ihren Augen überaus hochstellte. Niemals nahm er auf sich selbst Rücksicht, sondern er wollte einzig den Willen Gottes thun, wie er durch den Mund seiner Vorgesetzten ihm verkündet wurde. Er freute sich gleichsam jeder Erniedrigung, er sehnte sich nach dem Tode für den Glauben, und sein Leben war fast ein fortwährendes Martyrium. —

Kiotsaton hatte bei der Rückkehr in seine Hütte mit Befremden gehört, daß man den Missionar zu einem Schmause eingeladen, und daß dieser der Einladung Folge geleistet habe. Mit finsterem Blicke kehrte er dem alten Weibe, das ihm die Mitteilung machte, den Rücken zu und trat in den Raum ein, in welchem sich Glanzauge befand. Das Huronenmädchen saß an einem kleinen Feuer und schaute trübe in die flackernde Glut; das Abendmahl, welches man ihr gebracht, stand unberührt neben ihr. Sie hob den Kopf nicht, als der Irokese eintrat und nun ihr gegenüber stehen blieb. Eine Minute lang herrschte Schweigen, dann sagte Kiotsaton mit halblauter, verschleierter Stimme, der man eine gewisse innere Bewegung anhören konnte:

„Hat sich Glanzauge noch immer nicht entschlossen, meine Squaw zu werden?“

Das Mädchen hob die großen, glänzenden Augen, welche ihr den Namen verschafft, und es flimmerte in denselben von unverkennbarem Haß:

„Der Häuptling der Irokesen weiß, daß ich mich niemals dazu entschließen werde, weil ich ihn hasse und verabscheue.“

Der Indianer biß sich im Unmut mit den weißen Zähnen auf die Lippen; seine Stimme klang drohend:

„Möge mich die braune Taube mit ihrem Widerstande nicht zum äußersten treiben; möge sie niemals vergessen, daß sie in meiner Hand ist!“

„Ich habe das nie vergessen; der Sachem der Irokesen kann mich martern und töten, aber er wird mich nie zwingen, sein Weib zu werden.“

Sie sprach ruhig und fest und hatte bereits wieder die glänzenden Augen gesenkt.

„Weiß die Blume der Huronen, was Marter ist? Weiß sie auch, was sich Entsetzliches und Neues auffinden läßt, um einen Feind zu quälen?“

Das Mädchen blieb ruhig in ihrer bisherigen Stellung und sah in das matter glimmende Feuer.

„Ich weiß nur, daß die Irokesen Bluthunde sind, und daß ich von dem Stamme der Huronen und aus dem Hause Anatohas bin, der von seiner Schwester mit Recht erwartet, daß sie mit lächelndem Antlitz jede Marter erträgt.“

Ein zischender Laut, wie ihn die gereizte Schlange ausstößt, kam von den Lippen des Häuptlinges, und im Zornesaufwallen wollte er heftig entgegnen, als im Vorderraume ein Geräusch vernehmbar wurde, und eine Stimme rief hastig: „Der weiße Mann ist erschlagen worden!“

Kiotsaton fuhr auf, als ob er selbst einen Schlag auf das Haupt erhalten hätte, auch Glanzauge war erschrocken zusammengezuckt. Wie hatte das Mädchen gesagt? — Die Irokesen sind Bluthunde! — Es faßte eine Art Scham den Häuptling darüber, daß Jogues trotz des Friedens mit den Bleichgesichtern und trotz seines Schutzes von seinen Stammesgenossen erschlagen worden war. Krampfhaft hatte er eine Sekunde lang die Fäuste geballt, dann wandte er sich, ohne Glanzauge eines Blickes zu würdigen, nach dem Ausgange. Das Huronenmädchen hörte den hastigen Schritt des Davoneilenden, dann lugte sie vorsichtig hinaus in den Vorderraum. Er war leer — ihre beständige Hüterin, jene häßliche, alte Squaw, war jedenfalls bei der eben eingetroffenen Kunde auch davongeeilt, und wie ein Schauer überrieselte es Glanzauge. Das war der Augenblick zur Flucht, und der tote christliche Missionar hatte ihr zu derselben verholfen.

Im Nu war sie durch den vorderen Raum hingeeilt und stand am Ausgang der Hütte. Um sie her war alles still, nur von ferne her klang Jauchzen, Lärmen und Schreien. Sie spähte vorsichtig umher, aber alles war dunkel — eine Nacht, wie zur Flucht gemacht, wenn man Weg und Steg genau kannte. Das war allerdings nicht der Fall bei ihr, aber sie besaß Mut und Entschlossenheit, um ihrer Freiheit willen allem zu trotzen. Eins war ihr klar, daß man ihre Flucht sehr bald entdecken und ihr nachsetzen würde, und sie war deshalb klug genug, nicht blindlings zu flüchten. Sie wußte hart an dem Dorfe einen hohlen Baum, welchen sie entdeckt hatte, als man sie hierher führte; diesen suchte sie zu erreichen. Mit dem natürlichen Instinkt der Indianer fand sie auch trotz der Nacht die Richtung. Auf ihrem eiligen Pfade stieß sie mit dem Fuße an einen harten Gegenstand, sie beugte sich nieder und fand zu ihrer Freude ein Beil, das sie sofort an sich nahm; sie fühlte sich fortan im Besitze dieser Waffe sicherer, und ohne daß sie den heftigsten Widerstand geleistet, sollte man nicht Hand an sie legen.

Sie kletterte empor an dem rissigen Stamme des Baumes und ließ sich in die Höhlung desselben hinab. Sie hatte Raum genug in derselben und fühlte sich nun wenigstens etwas sicherer. Ihre tastende Hand fand ein Astloch, an welches sie das Auge legte, freilich ohne in der Dunkelheit auch nur das Mindeste sehen zu können. Sie hörte nur immer noch das ferne, verhaltene Lärmen von der Stadt her.

Nach Verlauf von ungefähr einer Stunde vernahm sie Stimmen, welche näher kamen, bald glänzte es von Fackeln im Walde — es war kein Zweifel, man suchte sie. Trotzdem sie sich gut verborgen wähnte, hielt sie den Atem an und fürchtete, selbst ihr heißer Herzschlag könne sie den Verfolgern verraten. Sie leuchteten nach dem Fußboden, um ihre Spur zu entdecken, aber der letzte Teil ihres Weges war steinig gewesen, so daß es den Irokesen unmöglich war, irgend eine Andeutung von dem Wege der Flüchtigen zu finden. Als die Indianer vorüber waren, kroch sie aus ihrem Versteck mühsam hervor und schlug nun die entgegengesetzte Richtung ein. Ihr an Dunkelheit gewöhntes, scharfes Auge erleichterte ihr die Flucht in dieser Nacht, in welcher es einem Weißen kaum möglich gewesen wäre, vorwärts zu kommen. Endlich dämmerte der Morgen, trübe und grau, und rascher eilte sie nun waldeinwärts.

Aber ihre Feinde schienen mit dem erwachenden Tage doch ihre Spur gefunden zu haben, ihr feines Ohr vernahm das ferne Rufen der Irokesen und hörte es von allen Seiten her immer näher kommen. Da begann ihr die Hoffnung auf Rettung zu schwinden, und den Stiel ihres Beiles fester umklammernd, gedachte sie sich bis zum äußersten zu verteidigen. Aber das Bewußtsein, in dem ungleichen Kampfe unterliegen zu müssen, drängte sie noch einmal, die Flucht zu versuchen. Es war bereits voller Tag geworden, und die Sonne hatte sich herausgewunden aus dem trüben Wolkenmantel, als sie sich in das tiefste Dickicht des Waldes hineindrängte. Da ward sie plötzlich von neuer Hoffnung und wiedererwachender Lebenslust ergriffen: sie sah, daß Biber hier einen Bach aufgedämmt und auf diese Weise einen Teich gebildet hatten, welcher mit angenagten Stämmen, abgestorbenen, umgestürzten Bäumen, Unkraut und verworrenem dichten Gebüsch angefüllt war.

Ohne weiter zu überlegen, stürzte sie sich hinein in den Tümpel, und schwimmend und watend gelang es ihr, ein Versteck zu finden, wo ihr Körper vom Wasser und ihr Kopf durch die Massen toter und lebendiger Vegetation verborgen wurden.

Ihre Verfolger kamen bis an den Rand des Gewässers. Dasselbe war so dicht mit dem verworrenen Gestrüpp bedeckt, daß es unmöglich schien, in dasselbe einzudringen. Sie liefen schreiend und sich zurufend auf und nieder an dem Gestade, aber fast wunderbarerweise machte kein einziger den Versuch, in das Versteck selbst einzudringen. Nach einer langen, bangen Stunde, welche der Verborgenen einer Ewigkeit gleich dünkte, gaben die Irokesen das Suchen auf und entfernten sich allmählich.

Nach einiger Zeit kroch Glanzauge aus ihrem Zufluchtsorte hervor, zitternd vor Nässe und vor Aufregung, und nahm ihre Flucht wieder auf durch das Dickicht. Dornen und Gebüsche rissen mächtige Fetzen in ihre Gewandung und verletzten ihr Arme, Beine und Gesicht — aber sie achtete es nicht. Empfindlicher jedoch machte sich der Hunger geltend, und sie ging daran, Wurzeln und Baumrinden zu sammeln, um das brennende Bedürfnis zu stillen.

Als der Abend hereinbrach, suchte sie ein Dickicht von Sprossenfichten und Zedern auf, um in demselben ihre Nachtruhe zu halten. Moskitos und kleine, schwarze Stechmücken bohrten sich mit ihren Rüsseln in ihr Fleisch und verursachten ihr heftige Schmerzen. Teils um sie zu verscheuchen, teils auch um sich zu erwärmen, suchte sie ein Feuer anzumachen. Mit ihrem Belle verfertigte sie eines jener hölzernen Werkzeuge, mit denen die Indianer durch Reibung ein Feuer zu entzünden pflegen. Aber die Angst, daß der aufsteigende Rauch sie ihren Feinden verraten könne, bewog sie, sobald sie sich nur ein wenig erwärmt hatte, das Feuer wieder mit Wasser auszugießen.

Sie schlief wenig während der Nacht, und jedes noch so leise Geräusch ließ sie heftig emporschrecken. Mit Sehnsucht sah sie der Morgendämmerung entgegen, um aufs neue ihren Weg fortzusetzen.

Der Morgen ward wieder hell und schön. Sie stillte ihren Hunger wie am vorhergehenden Tage und suchte dann irgend einen Fluß zu erreichen, nach dessen Laufe sie sich über die Richtung orientieren konnte, welche sie einzuschlagen hatte, um zu den Ihrigen oder auch nach Villemarie zu kommen. Nach mehrstündiger vorsichtiger Wanderung sah sie endlich zu ihrer Freude einen glänzenden Wasserstreifen und erkannte zugleich, daß sie bisher die richtige Bahn gegangen war.

Sie wanderte nun immer stromabwärts weiter, mehrmals vor den den Strom passierenden Irokesen sich in das Ufergesträuch zurückziehend. Am Abend verbarg sie sich neuerdings im Dickicht, um sich ein Feuer anzuzünden. Als sie zu diesem Behufe sich dürre Reiser sammeln wollte, fand sie mit einem Male im dichtesten Gestrüpp ein kleines Kanoe, bedeckt mit Ästen und Blättern. Da durchzuckte sie ein jäher Freudenstrahl, und sie dachte nicht weiter daran, zu rasten und Nachtlager zu halten. Sie zog das Boot hervor, schleifte es ans Gestade und stieß es in das Wasser. Mit ihrem Beile verfertigte sie sich ein Ruder, und bald schwamm sie in der Mitte des Flusses. Hunger und Müdigkeit waren wie mit einem Schlage vergessen. Der Mond ging auf und beleuchtete die glitzernden Wellen, und Glanzauge summte in ihrer Herzensfreude ein huronisches Lied vor sich hin. An einer Insel, über welcher selbst während der Nacht stille Wasservögel kreisten, legte sie an und nahm eine Zahl gelblichweißer Eier aus den zahllosen Nestern, die an den Klippen hingen. Damit stillte sie ihren Hunger und setzte dann ihren Weg weiter fort.

Als der Morgen kam, sah sie, daß der Fluß, auf welchem sie sich befand, in einen größeren Strom einmündete, welchen sie für den Ottawa hielt und dessen Lauf sie nun folgte. Gegen Mittag erblickte sie in der Ferne ein Kanoe von beträchtlicher Größe. In der Furcht, daß es Irokesen tragen könne, lenkte sie nach dem Ufer, zog ihr kleines Boot ans Gestade, versteckte dasselbe so gut wie möglich und verbarg sich selbst. In ihrer Angst verließ sie ihren Schlupfwinkel nicht früher, bis aufs neue der Abend hereingebrochen war.

Und sie fuhr abermals die Nacht hindurch, aber sie war so ermüdet, daß ihr während des Ruderns die Augen zusanken; das Ruder entfiel der schlaffen Hand, und die Strömung trieb das Boot langsam weiter. Himmel, Erde und Wasser war still, der schweigende Mond sah das kleine Fahrzeug mit dem schlummernden Mädchen dahingleiten und er verfolgte es mit neugierigem Blicke mehrere Stunden lang. Er sah endlich, wie es die Strömung gegen Morgen bei einer Biegung des Stromes gegen das Gestade trieb. Es kam in das Ufergestrüpp und wurde hier schaukelnd festgehalten, und verwundert blickte Glanzauge auf, als sie fröstelnd im Morgenwind erwachte. Sie suchte nach dem Ruder, um wieder in die Mitte des Gewässers zu gelangen, aber das war verschwunden, und die junge Indianerin mußte das Ufer zu gewinnen suchen. Rasch entschlossen sprang sie in das Wasser, und watend und schwimmend zog sie das Boot hinter sich her. Triefend stieg sie an das Land und wollte darangehen, sich ein neues Ruder anzufertigen, als sie einen Indianer bemerkte, der vorsichtig durch den Wald schritt, das Auge zu Boden gerichtet, wie wenn er irgend einer Fährte folgte.

Da leuchtete ihr Auge mit einem Male heller auf, sie ließ das Beil, das sie in der Hand hielt, fallen, und wie ein Jubelruf rang sich aus ihrer tiefsten Brust der eine Name:

„Anatoha!“

Der Indianer blickte empor, und mit einem Freudenschrei war auch er herbeigeeilt und schloß die Langvermißte und Langgesuchte in seine Arme. Voll tiefer Wehmut betrachtete er die Schwester, welche mit abgezehrtem Gesicht und tiefliegenden Augen in ihren von Wasser triefenden Gewändern vor ihm stand, und in größter Eile trug er Reiser zusammen und schürte ein Feuer, damit sie sich wärmen und trocknen könne. Aus seiner Tasche nahm er getrocknetes Wildbret und bereitete es mit der Sorgfalt einer Mutter zu, die ein liebes Kind wiedergefunden hat.

Und während sie am Feuer ruhte und erzählte, schnitzte er ein Ruder, und nach kurzer Frist saßen die Geschwister wieder in dem Kanoe, und Anatoha trieb es mit kräftigen Ruderschlägen den Strom hinab gegen Villemarie.

Der rote Tom rettet den weißen Falken.

Elftes Kapitel.

Gefahren und Rettungen.

Die Erzählung Glanzauges von dem Tode des Missionars Jogues erregte peinliches Aufsehen: Das war offener Friedensbruch seitens der Irokesen, und Maisonneuve erkannte, daß eigentlich Anatoha recht gehabt, als er vor einem Pakt mit den bisherigen Feinden warnte. Am meisten war Brebeuf erschüttert über den Tod des Genossen, aber, daß er als Märtyrer für die heilige Sache des Glaubens gestorben war, war ihm ein großer Trost, und wenn es keine unheilige Regung gewesen wäre, hätte er den Gefährten sogar beneiden können, daß er bereits vor ihm die Krone der Seligen sich erkämpft hatte. Unter der Besatzung Villemaries herrschte Erbitterung über die irokesische Treulosigkeit, und wenn es dem Wunsche der Mannschaft entsprechend gegangen wäre, würde man zu offenem Kampfe aufgebrochen sein, zumal man jetzt auch um das Schicksal des wackeren Longinus und des kaum gewonnenen Tom bangte.

Marie hatte mit der Herzlichkeit einer Schwester das Indianermädchen begrüßt und tauschte mit der Schicksalsgenossin eingehend Erfahrungen und Erlebnisse aus. Sie verhehlte dieser nicht, wie sehr sie sich um den blonden Deutschen ängstige, und mit dem Gefühl des Weibes erkannte Glanzauge, daß das Interesse ihrer weißen Freundin für Longinus ein mehr als freundschaftliches sei. Marie befand sich in beständiger Unruhe und Aufregung, sie verhehlte dieselbe auch ihrem Bruder nicht und bestürmte ihn mit Bitten, eine Expedition zur Rettung des Deutschen zu unternehmen.

Wehmütig schüttelte Maisonneuve das Haupt und erklärte von seinem Standpunkte als Soldat einen solchen Zug für ein Ding der Unmöglichkeit. Das hieße nutzlos die Leute opfern, da man das Fort nicht ganz von Verteidigern entblößen könne, und eine kleine Schar, welche in die Wälder eindränge, dem sicheren Untergange geweiht wäre.

Da trat ein Ereignis ein, welches mit einem Male die Lage der Dinge änderte. An einem Abende kam ein kleines Segelschiff den Lorenz herauf und landete bei Villemarie. Männer in französischer Tracht und wohlbewaffnet stiegen ans Land und marschierten in geschlossener Reihe nach dem Fort. Mit Verwunderung sahen es die Wachen, und mit noch größerer Maisonneuve selbst. Er ließ die Thore öffnen, um persönlich den Anrückenden entgegenzugehen. An deren Spitze marschierte ein junger, schwarzbärtiger Mann, welcher, sobald er Maisonneuves ansichtig wurde, grüßend den Degen senkte und ihm entgegeneilte:

„Paul, alte, treue Seele, kennst du mich wirklich nicht?“ rief er ihm zu.

Der Kommandant von Villemarie sah dem Fremden schärfer ins Auge, und mit einem Freudenrufe trat er ihm näher:

„Dupont, du? — Wie führt der Himmel dich hierher?“ sagte er lebhaft, indem er dem andern beide Hände hinstreckte.

„Sieh, Freund“, sprach der so Angeredete, „du kennst mich ja als lustigen Abenteurer, dem schon mehr als einmal das Vaterland zu enge geworden ist. Da drängte es mich denn hinaus aus den alten europäischen Verhältnissen, herüber nach der sogenannten neuen Welt. Ich habe nebenbei auch etwas wie Sehnsucht empfunden nach dir und — ehrlich gestanden — nach deiner Schwester. Es geht ihr doch gut — ja? — Nun, das freut mich aufrichtig, und weil ich mir sagte, daß ihr eine Handvoll tüchtiger Leute hier noch brauchen könntet in euren Paukereien mit den Rothäuten, so bringe ich dir hier dreißig Kerle, jeder ein Held vom Scheitel bis zur Sohle, die theils die Lust an Abenteuern, theils der Drang, die roten Heiden bekehren zu helfen, bewogen hat, mir zu folgen. — Aufgepaßt, ihr Burschen, hier steht Herr Paul de Maisonneuve, von jetzt ab euer Oberkommandant!“

Die Männer, durchaus stramme Gestalten mit gebräunten, bärtigen Gesichtern und blitzenden Augen, machten ihre Honneurs, und während der Zug in militärischer Haltung sich dem Fort näherte, donnerten auf einen Wink des Kommandanten die Kanonen ihren Gruß, und Dupont plauderte nach Manier beredter Franzosen unaufhörlich weiter:

„Ihr habt doch Platz in eurer hölzernen Festung? Das Ding ist übrigens gut angelegt und macht dir alle Ehre, Paul. Auch ein schönes Fleckchen Erde hast du dir ausgesucht zu deiner Gründung; das kann mir wahrlich besser gefallen, als das elende Nest Quebec mit seinem hochnäsigen Kommandeur. Wie stark ist denn deine Besatzung? — Vierzig Mann sagst du — ist immerhin anständig, aber da sehe ich ja auch Rothäute. Sind das Gefangene oder hast du auch solches Volk in Lohn und Brot?“

„Das sind Huronen, unsre Freunde“, entgegnete Maisonneuve „und der dort neben dem blinkenden Kanonenlauf, der mit verschränkten Armen wie ein Erzbild steht, ist Anatoha, ihr Häuptling, ein mutiger, entschlossener und ehrlicher Mann.“

„Schön, da will ich ihm auch meine Freundschaft antragen, obwohl ich mir die Schwärmerei für seine Leibfarbe erst werde angewöhnen müssen. Was macht denn die Mission? — Dort oben habt ihr ja ein Kreuz errichtet, das ist wohl etwas wie ein Gnadenort?“

Maisonneuve erzählte, welchem Umstande die Errichtung des Kreuzes seine Entstehung verdankte, und berichtete gleichzeitig in Kürze von der Entführung Mariens, von ihrer Rettung und von dem, was Longinus dabei gethan.

„Scheint ein ganzer Bursche zu sein, dieser Longinus. Aber meinst du nicht, Paul, daß man ihn bereits in irgend einem Irokesendorfe geröstet und zum Abendbrot verzehrt haben wird? Und habt ihr denn gar nichts gethan, um ihn wieder freizumachen?“

Maisonneuve setzte ihm auseinander, weshalb dies bisher unmöglich gewesen, und in den Augen Duponts leuchtete es auf.

„Das ist ja die herrlichste Gelegenheit für mich, mit euren Wäldern und deren Bewohnern Bekanntschaft zu machen. Höre Paul, wir unternehmen eine Streife, und es müßte mit dem Leibhaftigen zugehen, wenn wir nicht deinen Deutschen heraushieben, oder wenn er bereits gebraten sein sollte, nicht gründlich Wiedervergeltung üben könnten.“

„Die Sache läßt sich jetzt überlegen“, erwiderte der andre, und die offenbare Kampfeslust des Soldaten, der lange genug müßig gelegen, blitzte ihm aus den Augen.

Man war indes in dem Fort angelangt, und die Soldaten Maisonneuves standen in Reih und Glied, um die Ankommenden zu begrüßen, und bald saß Dupont mit Maisonneuve und den beiden Damen zu Tische. Das Gespräch drehte sich zunächst um die Verhältnisse in der französischen Heimat, und der Franzose war ein sehr gewandter und humoristischer Erzähler, so daß Scherz und Lachen laut wurden, wie man an dieser Stelle es wohl kaum noch vernommen. Marie war es, welche zuerst wieder ernstere Töne anschlug und die Rede auf Longinus lenkte. Der Wein hatte die Gemüter der Herren erregt, und Maisonneuve selbst war es, der nun rief:

„Bei den Lilien Frankreichs, Schwester — wir wollen ausziehen gegen die Irokesen und unsern Freund retten oder rächen!“

Man hielt nun eine Art Kriegsrat. Dupont weigerte sich entschieden, die Verteidigung des Forts zu übernehmen, denn er sei gekommen, um mit zu streiten, nicht aber, um auf der Bärenhaut zu liegen. Er verlangte mit aller Bestimmtheit, mit ausziehen zu dürfen, und so ward man endlich schlüssig, daß zwanzig Mann, und zwar zehn von der alten Besatzung und zehn von den Neuangekommenen, unter Befehl eines älteren, erfahrenen Kriegers zurückbleiben, die andern fünfzig aber unter Führung Maisonneuves und Duponts ausziehen sollten.

Die Nachricht wurde der Mannschaft mitgeteilt und mit stürmischem Jubel von derselben aufgenommen; nur schien kein einziger Neigung zu haben, in dem Fort zurückzubleiben, sondern jeder brannte vor Begier, einmal eine größere Streife machen und sich mit dem treulosen Feinde im offenen Kampfe messen zu können. Um jeden Unwillen zu vermeiden, ging man daran, die zwanzig Mann der Besatzung auszulosen, ein Geschäft, das ziemlich bald beendet war. Trübe, aber resigniert zogen die Betroffenen zurück, während die andern eine außerordentliche Rührigkeit entfalteten, ihre Waffen putzten, ihre Kleider ausbesserten, Mundvorräte besorgten und dgl.

Am nächsten Morgen in aller Frühe brach die Schar auf. Es hatten sich unter Anatohas Führung noch etwa zwanzig gut bewaffnete Huronen angeschlossen, so daß es immerhin siebzig Männer waren, welche in fröhlichster Stimmung sich aufmachten und zunächst auf dem Schiffe, mit welchem Dupont angekommen war, auf dem Strome aufwärts fuhren. Vom Fort her donnerten die Kanonen, und lichte Frauengestalten winkten mit wehenden Tüchern den Abschied. Die Männer sangen ein altfranzösisches Lied, bunte Wimpel flatterten vom Mast in der frischen Morgenluft, welche die Segel ihres Schiffes schwellte, und Dupont fühlte sich nach seiner Aussage so wohl in der neuen Welt, wie er sich in der alten seit langem nicht mehr gefühlt hatte. — — —

Sehen wir uns indes nach unserm Freunde Longinus um. Bei jenem Kampfe, welcher so verhängnisvoll für ihn enden sollte, hatte er an der Seite Anatohas aufs tapferste gestritten. Wohl blutete er bereits an dem linken Arme, aber seine Kraft schien sich mit der Wunde nur zu verdoppeln, und er sah, wie die Irokesen um ihn zurückwichen. Ihm war es vor allem um die Rettung Mariens zu thun, und es war ihm ein beglückendes Bewußtsein, als ein Blick nach dem Strande ihn belehrte, daß die Jungfrau unter dem Schutze Toms geborgen sei. Da krachte vom Ufer her der Schuß und riß einen der wütenden braunen Teufel an seiner Seite nieder, fast gleichzeitig aber fühlte er, wie ihm etwas über den Kopf sauste, und wie es sich in demselben Momente fest und straff um seine Kehle zusammenzog. Er faßte mit beiden Händen nach dem Halse und fühlte hier eine Bastschlinge. Umsonst suchte er von derselben sich frei zu machen, sie schloß sich immer enger zu, er empfand einen stechenden Schmerz im Kopfe, die Augen schienen ihm aus den Höhlen zu treten, vor seinen Ohren sauste es wie die Brandung des Meeres, dazwischen hinein hörte er wie in einem dumpfen Traume noch einmal das Heulen der Indianer — dann war es totenstille!

Als er erwachte, lag er mit gebundenen Händen und Füßen an einem Baumstamme und sah vor sich das Lager der Irokesen. Die wilden Krieger saßen um das flackernde Feuer und freuten sich am Mahle; einer von ihnen hielt seine Büchse zwischen den Knieen. — Longinus mußte sich erst besinnen, wie er in diese Situation gekommen war, denn im ersten Momente schien sie ihm ein böser, böser Traum. Er sah sich um nach Pilot, aber sein Auge vermochte den treuen Neufundländer nirgends zu entdecken. Es war ihm erinnerlich, wie das Tier, zur Wut entflammt, an seiner Seite gekämpft hatte, wie man auf dasselbe mit den Waffen eingeschlagen und wie es stöhnend zusammengebrochen war — es war wohl tot auf dem Kampfplatze liegen geblieben neben manch einem wackeren Streitgenossen. Aber Tom, Marie, Anatoha — sie mußten wohl gerettet sein, er würde sie ja sonst sehen; der Gedanke gibt ihm einigen Trost und einige Beruhigung, er hat auch die Überzeugung, daß man ihn nicht ganz im Stiche lassen wird.

Was haben wohl die Feinde mit ihm vor? — Sie scheinen sich zunächst ganz und gar nicht um ihn zu kümmern, denn es ist kein Kriegsrat, bei dem sie zusammensitzen, es ist ein lärmender Schmaus. Er selbst hat auch das Gefühl des Hungers und beneidet beinahe die Wilden um ihr Mahl. Seine Wunde an dem Arme brennt, die Baststricke schneiden in seine Hand- und Fußgelenke, am Halse fühlt er noch immer heftige Schmerzen von der würgenden Schnur, die um denselben gelegen.

Da man ihn nicht zu beachten scheint, so will er die Aufmerksamkeit der Bande auf sich lenken; er ruft deshalb in der ihm bekannten Irokesensprache:

„Heda! Wollen die Krieger der Irokesen ihren Gefangenen verhungern und verdursten lassen?“

Die Gesichter der roten Männer wendeten sich ihm wie auf Kommando zu; dann erhob sich einer derselben und brachte an einer Holzgabel ein Stück gebratenes Fleisch und in einem Blechgefäße Wasser; er legte beides neben den Gefangenen und lockerte ihm die Bande an Händen und Füßen, damit er essen könne.

„Der weiße Falke möge sich stärken, er wird seine Kräfte brauchen.“

Verwundert sah Longinus dem Beginnen des Mannes zu; dann sprach er:

„Mein Arm ist verwundet, wollen die roten Krieger erlauben, daß ich mir das Blut von demselben abwasche?“

Anstatt der Antwort winkte der Irokese einem seiner Genossen, indem er dabei auf den wunden Arm zeigte. Der schien ihn verstanden zu haben; er brachte abermals Wasser, trennte mit einem geschickten Schnitte seines Messers den Ärmel des Rockes auf, wusch Longinus die nicht bedeutende Wunde aus, verband dieselbe und ging dann zu den Übrigen zurück.

„Hat der weiße Falke sonst noch einen Wunsch?“ fragte der zurückbleibende Irokese.

„O ja, meine Büchse wiederzuerhalten und frei fortgehen zu können, denn beim heiligen Pafnuzius, eure Arm- und Fußbänder bin ich nicht gewöhnt.“

Der Wilde lächelte seltsam, aber ohne ein Wort weiter zu sagen, entfernte er sich und setzte sich wieder zu seinen Genossen. Ingrimmig sah ihm Longinus nach, und während er sich daran machte, das ihm gebotene Mahl zu verzehren, sann er nach, was man wohl mit ihm beabsichtigen könne. Er konnte zu keinem Resultate kommen, aber so weit er den boshaften und heimtückischen Charakter der Irokesen kannte, war es ihm klar, daß ihm nicht das angenehmste Schicksal drohe. Eines aber stand ihm über alles fest: Man mochte über ihn was immer verhängen, man sollte doch nicht sagen, er habe auch nur eine Minute seinen männlichen Mut verloren.

Nachdem die Schar noch ungefähr eine Stunde geruht hatte, brach sie auf. Das Feuer war verkohlt, das Mahl, wie es schien, bis auf den letzten Rest verzehrt. Nun sah Longinus erst, daß diese irokesischen Krieger durchweg überaus kräftige und stattliche Gestalten waren, daß die meisten von ihnen frische Skalpe an ihren Gürteln trugen, ein Beweis, daß mancher der befreundeten Huronen bei dem letzten Gefechte erlegen war. Derjenige, welcher ihm die Speise gebracht — er schien eine Art Häuptling zu sein — trat nun wieder zu ihm heran, schnitt mit einem Rucke die Bande durch, welche seine Füße fesselten, und forderte ihn auf, sich zu erheben. Es ging schwerer, als Longinus gedacht hatte, denn die Beine waren ihm steif geworden infolge des durch die Bande erschwerten Blutumlaufes, und nur mit einer gewissen Anstrengung vermochte er sich vorwärts zu bewegen. Die Irokesen nahmen ihn in die Mitte und der Zug ging schweigsam durch den Wald. Die Indianer schienen sorgsam alle Steige zu vermeiden, wo man leichterweise ihre Spuren entdecken konnte, der Weg führte oft über Felsen und Gerölle, und Longinus, dessen Füße noch immer von den straffgezogenen Fesseln schmerzten, vermochte nur mühsam Schritt zu halten, aber er zwang sich, aufrecht und kräftig zu gehen, um den Irokesen auch nicht die mindeste Schwäche zu verraten.

Nur einmal des Tages wurde Rast gehalten, um die Mittagszeit, und nach flüchtig eingenommenem Mahle ging der Marsch weiter, vorüber an stillen Indianerdörfern, über sonnenheiße Steppen und durch die Schatten des Urwaldes.

Ein Zug der Irokesen war ihnen begegnet, die Führer hatten einige Worte gewechselt, und Longinus schien herauszuhören, wie der fremde Häuptling auf einen Frieden hinwies mit den weißen Männern. Er glaubte zu sehen, wie der andre, in dessen Gewalt er war, anfangs stutzte, dann aber wohl die Erklärung abgab, der gefangene weiße Mann sei mit den Waffen in der Hand ergriffen worden. — Die beiden Züge trennten sich, und erst am Abend ward wieder angehalten. Wieder glimmten die Feuer durch die Nacht, Wachen waren ausgestellt, und Longinus, welcher auf die Möglichkeit einer Flucht gerechnet hatte, sah sich in seiner Hoffnung getäuscht und von allen Seiten durch die Nacht her glühende Augen auf sich gerichtet.

Mit dem grauenden Morgen ging der Marsch wieder weiter und währte mit geringer Unterbrechung bis gegen Abend. Da sah Longinus mitten im Walde ein größeres Indianerdorf, von dürftigen Palissadenbefestigungen umgeben. Das war das Ziel des Marsches. Der Zug bog ein in die Gasse, lärmend kamen Weiber und Kinder den Ankommenden entgegen, verhöhnten den Gefangenen und riefen ihm Schimpfnamen zu. Der Deutsche war bleich vor Ermattung, aber nun stieg ihm die Zornesröte glühend ins Gesicht, und die gefesselten Hände ballten sich in stummer Wut.

Man führte Longinus in das Haus des Häuptlings. Die Weiber desselben rissen ihn an den blonden Haaren und bissen in seine Hände, bis ein heftiges Wort des Irokesen sie zurückschreckte. In einem Winkel des Raumes ward dem Gefangenen sein Platz angewiesen, und er begrüßte die Ruhestätte fast wie eine Wohlthat. Zwei Feuer brannten in der Hütte und verbreiteten einen entsetzlichen Rauch, welcher sich beißend scharf auf die Augen legte. Ein alter, halbblinder Mann saß an dem einen Feuer und rauchte das Kalumet; die Squaws bereiteten das Abendmahl.

Allmählich füllte sich der Raum mit Irokesen, welche sich in liegender oder kauernder Stellung um die Feuer scharten und offenbar eine Art Beratung abzuhalten gedachten. Anfangs schmausten sie still und schweigend, verdrossen brachte ein häßliches, runzliges Indianerweib dem Gefangenen auf einem Rindenstücke Fleisch und Maisbrot, und niemand schien sich nun weiter um ihn zu kümmern. Nach dem Mahle zündeten sich die Indianer die Pfeifen an, und nun ward es lauter. Man beriet offenbar über das Schicksal des jungen Deutschen. Einer der Irokesen, ein älterer und wie es schien angesehener Mann, berichtete zunächst über den Frieden, welcher in Villemarie mit den weißen Männern geschlossen worden war, und erzählte dann von dem Tode des Paters Jogues, wodurch der ohnehin übereilt geschlossene Friede gebrochen sei; man brauche darum gegen den Gefangenen keine Rücksicht zu üben. Longinus vernahm Wort für Wort, was gesprochen wurde, all seine Müdigkeit schien verschwunden.

Ein junger Indianer verlangte in stürmischen Worten seinen Tod und schilderte ihn als den gefährlichsten Feind der irokesischen Krieger — die jüngeren unter den Anwesenden stimmten ihm lärmend bei, die älteren mahnten zu ruhiger Besprechung. Da nahm ein seltsam herausgeputzter Mann, mit hoher, spitzer Mütze auf dem Kopfe, das Wort, er schien der Powow (Zauberer) des Ortes zu sein. Er wies auf die gefährliche und mörderische Krankheit hin, welche in einigen Städten bereits ausgebrochen war, und schilderte sie als eine Folge des Zornes der Götter über den Pakt, welchen die roten Krieger mit den Bleichgesichtern geschlossen hatten; man sei verpflichtet, die weißen Männer, welche man in die Gewalt bekomme, den Okis zu opfern, wie man in Kiotar gethan habe, wo seit der Ermordung des weißen Zauberers, welcher den Tod in die Wigwams getragen, kein Sterbefall mehr vorgekommen sei. Er ermahnte die roten Männer auf das Eindringlichste, keine Schonung zu üben, sondern ein Freudenfest zu begehen darüber, daß der große Geist einen der gefährlichsten Feinde in die Hand seiner roten Kinder geliefert habe.

Die Worte des angesehenen Mannes verfehlten nicht, Eindruck auf die Versammelten zu machen, sie brüllten ihm Beifall zu, und die warnenden Worte einiger Besonnenen verhallten ungehört. Man hielt Rat, welchen Todes der weiße Mann sterben sollte. Ihn auf dem Scheiterhaufen unter Qualen lebendig zu verbrennen — das gewöhnliche Los Gefangener — wurde beantragt und gefordert, aber das genügte in diesem Falle der Bosheit der roten Teufel nicht. Die jungen Krieger der Irokesen sollten noch ein besonderes Vergnügen, die Zuschauer ein ergötzlicheres und länger währendes Schauspiel haben: der Gefangene sollte zuvor eine Zeitlang als Zielscheibe für die nach ihm geschleuderten Messer und Tomahawks dienen, zehnfach angesichts des lodernden Scheiterhaufens die Todesangst ausstehen und erst, wenn die wilde Meute sich genug an dem grausamen Spiel des Messerwerfens ergötzt und ermüdet habe, dem Feuer zum Opfer fallen. Am nächsten Tage sollten die Vorbereitungen zu dem Schauspiel getroffen und die Leute aus der Umgebung, Freunde und Verwandte dazu eingeladen werden.

Longinus hatte kein Wort der entsetzlichen Besprechung verloren; so mutvoll er war, es überlief ihn doch ein eisiger Schauer bei dem Gedanken an solchen Tod. Im ehrlichen Kampfe zu fallen und im grünen Urwald begraben zu werden, das war es, was er von jeher gewünscht und gehofft hatte, und nun sollte es so ganz anders kommen! Er sah sich im Geiste bereits an dem Marterpfahle und hörte die wilden, entmenschten Banden ihn umtoben, aber er war auch fest entschlossen, nicht das leiseste Zeichen von Schwäche oder Mutlosigkeit den Gegnern zu zeigen. Er hatte oft genug von dem eisernen Stoizismus der Indianer gehört, welche die entsetzlichsten Qualen mit größter Ruhe ertrugen — sie sollten sehen, daß der weiße Falke sich darin nicht übertreffen lasse.

Die Feuer brannten nieder, lärmend verliefen sich die Irokesen einer nach dem andern, nachdem fast jeder noch mit höhnender Gebärde dem Gefangenen zugewinkt oder zugerufen, und mit festem Schritt trat der Häuptling nun auf ihn zu, begleitet von dem Zauberer.

„Der weiße Falke hat gehört, was über ihn beschlossen wurde?"

Longinus antwortete mit einem verächtlichen, kalten „Ja."

„Fürchtet sich das Bleichgesicht nicht vor dem Tode?" fragte der Irokese weiter.

Der Weiße sah dem Indianer fast drohend ins Gesicht:

„Mögen die roten Hunde so zu sterben verstehen, wie der weiße Mann sterben wird!"

Die Wilden sprachen nichts mehr, aber sie fesselten dem Gefangenen aufs neue die Füße; mit einem verächtlichen Lächeln auf den Lippen ließ es Longinus geschehen. Der Häuptling bemerkte das, und er sagte mit einer gewissen Verstimmung:

„Wenn mir der weiße Falke verspricht, keinen Versuch zur Flucht zu machen, so will ich ihm seine Fesseln lösen, auf daß er besser ruhen kann."

„Der Sachem der Irokesen ist voll Großmut" — erwiderte der junge Jäger — „aber ich kann sie nicht annehmen, denn ich werde alle Mittel, die sich mir bieten, zu meiner Befreiung anwenden, nicht aus Todesfurcht, aber aus Begier, nun erst mein Rohr an Irokesenschädeln zu erproben."

Der Häuptling stieß ihn zornig mit dem Fuße, dann wendete er sich mit dem Powow ab. — Longinus schien allein zu sein in dem weiten Raume. Die Feuer waren niedergebrannt, und die letzten glühenden Reiser kohlten und rauchten. Der junge Deutsche schloß die Augen und wollte schlafen, er vermochte es nicht, bunte Bilder zogen an seiner Seele vorüber. Er gedachte seiner Jugend im alten patrizischen Lübeck, er erinnerte sich der hohen Gestalt seines Vaters, er streifte durch Kanadas grüne Wälder, er lagerte traulich im Moose neben dem wackeren Tom, den getreuen Pilot zu seinen Füßen, und aus dem Gewirre all der schattenhaften Gestalten trat schärfer und lieblicher als alles andre das freundliche Bild Mariens auf, und da erst faßte es ihn wie in wilder Wehmut an — nun erst fühlte er, wie es ihm schwer ward, in den Tod zu gehen.

Er begann an seinen Fesseln zu zerren und zu reißen, aber nur empfindlicher und tiefer schnitten die Bande in Arme und Füße, und erschöpft sank er nach vergeblicher Anstrengung zurück. In dem Irokesendorfe war es still geworden, nur ab und zu klang das heisere Bellen eines Hundes; trotz Schmerzen und Aufregung suchte der Schlaf endlich auch die Augen des Gefangenen, aber im Traume zogen immer noch dieselben Bilder an ihm vorüber, versöhnlich, freundlich und wie von ihm Abschied nehmend.

Er erwachte erst am Morgen, und mit erschreckender Gewißheit trat jetzt der Gedanke an ihn heran, daß er nur noch vierundzwanzig Stunden, nur einen Tag und eine Nacht noch zu leben habe. In dem Hause des Häuptlings ging es lebhaft zu; Männer kamen und gingen, und alle sahen finster und drohend nach dem Gefangenen, dessen Fußfesseln am Morgen wieder gelöst worden waren. Weiter kümmerte man sich um ihn nicht, nur daß man ihm verhältnismäßig reichlich zu essen brachte. Der Tag verging, und die Nacht brach ein — die letzte Nacht! Man legte ihm aufs neue die Fesseln an, und der Häuptling nebst einigen andern Irokesen schliefen in demselben Raume hart an dem Ausgange, so daß der Gefangene bei einer etwaigen Flucht hätte über die Leiber der Schlafenden wegsteigen müssen.

Longinus hatte sich völlig in sein Schicksal ergeben, alle Rettungswege schienen ihm abgeschnitten, und wenn er auch an seinen treuen Neufundländer und an Tom dachte — es war Thorheit, anzunehmen, daß diese ihn befreien könnten.

Er erwachte zeitig am Morgen, seine Wächter schliefen noch. Bald entstand auf den Gassen Lärm und Bewegung, der Häuptling, davon erweckt, sprang auf, rieb sich die Augen und ermunterte die andern. Alle erhoben sich und traten hinaus, der Deutsche war wieder allein. Jeden Augenblick wartete er, daß man kommen und ihn abholen würde — es geschah nicht. Die Stunden rückten vor, langsam und doch schnell für den Gefangenen, der sein Leben nur noch nach Stunden rechnete.

Endlich kam der Häuptling und löste ihm wieder die Bande an den Füßen, indem er ihm zugleich mitteilte, daß sein Tod bis zum nächsten Tage verschoben worden sei. Die Kunde war dem jungen Deutschen fast unangenehm — wenn es einmal gestorben sein mußte, dann war es besser, es war bald vorüber. In gleichgültiger Ruhe lag er in seiner Ecke, aß des Mittags wenig von dem Mahle, das man ihm vorsetzte, und grollte dem Geschicke, das diese lange, entsetzliche Todeserwartung über ihn verhängte, die ihm fürchterlicher war als der Tod selbst, und der gegenüber er seinen ganzen moralischen Mut brauchte, um sich aufrecht zu erhalten.

Aus dem lebhafteren Treiben, das vor dem Hause vorüberwogte, dem Larmen und Rufen, den häufigen Besuchen, die in das Wigwam des Häupt-

9*

lings kamen, um diesen zu begrüßen und den todgeweihten Gefangenen zu sehen, erkannte Longinus, daß bereits viel Volk aus den benachbarten Irokesenorten zusammengeströmt sein müsse, um seinem Ende wie einem Feste beizuwohnen. Mancher der Besucher begegnete ihm mit Hohn und Drohung, mancher indes auch mit einer Gebärde des Mitleids, das wohl mehr seiner Jugend, als seinem Schicksale galt. Dieses Anglotzen war ihm peinlich, und so drehte er sich vollständig in die Ecke des Raumes und kümmerte sich um die Fußstöße und Schläge, die ihm zu teil wurden, so wenig, wie um die rohen Hohnreden. Nur einmal, als ein junger Krieger ihn heftig an den Haaren zerrte, fuhr er empor, sprang auf seine Füße und sah dem Irokesen so drohend ins Gesicht, daß dieser trotz der gefesselten Hände des weißen Mannes erschrocken vor ihm zurückwich.

Am Abend ward er nicht wieder an den Füßen gefesselt, aber noch schärfer bewacht, als tags zuvor. Die Indianer hätten auch diesmal keine Furcht zu haben gebraucht, denn der Gefangene schlief mit einer Ruhe, die selbst den Wächtern, welche diesmal die ganze Nacht hindurch an dem Feuer in dem Raume saßen und mit einer Art Würfelspiel sich unterhielten, Achtung abnötigte.

An dem nächsten Morgen nun war es schwerer, blutiger Ernst. Man brachte dem Gefangenen noch einmal zu essen, reichlicher und besser als bisher, und Longinus genoß von dieser Henkermahlzeit nicht eben viel. Man hatte ihm dabei auch die Fesseln an den Händen gelöst, und mit einem wahren Behagen bewegte er die Arme und rieb die wunden Knöchel. Eine Sekunde lang dachte er sogar daran, einem der Irokesen den Tomahawk aus dem Gürtel zu reißen und die nächsten besten niederzuhauen. Aber er sah, mit wie mißtrauischen Blicken man jede seiner Bewegungen beobachtete, und er erkannte das Nutzlose einer solchen That.

Es sammelten sich indes immer mehr Indianer in dem Raume, so daß derselbe kaum mehr auszureichen schien für alle, welche hineindrängten. Alle waren festlich geputzt und angemalt, manche trugen Bogen und Köcher, andre nur die blinkenden Messer und den Tomahawk im Gürtel. Nun erklangen dumpfe Töne, wie wenn mit einem schweren Kolben auf ein großes Blech geschlagen wird — sie schienen das Zeichen zum Beginn des Schauspieles zu geben und sie klangen Longinus wie die Töne einer zersprungenen Totenglocke. Der Häuptling forderte ihn auf, sich zu erheben und zu zeigen, ob ein Bleichgesicht zu sterben verstehe. Eine jähe Röte schoß dem Gefangenen über das blasse Antlitz, rasch war er aufgestanden, hatte sich die blonden Locken zurückgestrichen und schritt nun hochaufgerichtet und mit geradezu herausforderndem Blick durch die langen Reihen der Wilden, die sich zu beiden Seiten seines Weges aufgestellt hatten. Auch vor ihm und hinter ihm schritten Bewaffnete.

Der Zug ging durch die lärmenden, bewegten Gassen nach einem freien Platze, der am Ende des Ortes gelegen und von Wald, Gebüsch und Felsenklippen umgeben war. In der Mitte desselben loderte bereits ein Holzstoß, und häßliche Weiber unterhielten den qualmenden Brand. Longinus wandte den Blick nicht ab, als er daran vorüberschritt, doch schauerte er unmerklich zusammen. Ein wenig weiter nach dem Walde zu stand der Marterpfahl, und ein grinsender Irokese stand daneben mit den Baststricken in der Hand, um ihn daran festzubinden. Unmittelbar dahinter befand sich eine Bretterwand, bestimmt, die nach dem Angebundenen geschleuderten Waffen aufzufangen.

Festen Schrittes ging der junge Deutsche auf das entsetzliche Gerüst zu, und noch einmal erhob er seine Augen, um ringsum zu spähen. Kopf an Kopf stand die Menge, aller Augen waren auf ihn gerichtet, und niemand konnte deshalb bemerken, was Longinus merkte und was ihn plötzlich so erregte, daß er all seiner Kaltblütigkeit bedurfte, um nicht durch ein jähes Zusammenschrecken oder Ausrufen die allgemeine Aufmerksamkeit auf jene dichtbewaldete Anhöhe seitwärts der Marterstätte zu richten. Dort stand halbversteckt in den Büschen ein stattlicher Hund, und daneben lugte aus dem grünen Gesträuch das Gesicht eines Mannes. Es war Longinus außer Zweifel, daß es Pilot und der rote Tom waren, er richtete noch einmal das Auge flüchtig nach der Stelle, aber beide Erscheinungen waren wie in den Boden gesunken.

Da zog mit einem Male neue Lebenshoffnung durch die Seele des jungen Deutschen, beinahe lächelnd, als ob es ein Spiel gelte, trat er an den Marterpfahl heran. Der Irokese wollte ihn binden, Longinus aber wendete sich an den Häuptling und sagte:

„Es ist allgemeiner Brauch, daß einem Sterbenden eine letzte Bitte gewährt werde, ich hoffe, der Sachem der Irokesen wird denselben auch einem Bleichgesicht gegenüber achten."

„Was verlangt der weiße Falke von den roten Kriegern?" fragte der Häuptling.

„Bindet mich nicht an den Pfahl, sondern laßt mich frei stehen; ich kann euch nicht entfliehen, und du weißt, daß es mir nicht an Mut fehlt, euren Qualen zu trotzen. Ich bin der Fesseln nicht gewöhnt, gönnt mir wenigstens den Trost, der euch von eurem Vergnügen nichts raubt, daß ich mit ungefesselten Händen hier stehen und euch beweisen kann, daß ein Weißer nicht bloß eurem Spott, sondern auch euern Messern und Pfeilen Stand hält."

Der Irokese trat zu einigen andern, und sie sprachen leise. Dann kehrte er zu dem Gefangenen zurück und sagte:

„Der weiße Falke ist ein großer Krieger, die Irokesen haben Achtung auch vor dem Feinde, wenn er dieselbe verdient, deine Bitte soll dir gewährt sein."

Der Wilde, welcher die Stricke hielt, entfernte sich, von allen Seiten aber drängte das Volk heran, und Longinus trat zu dem Marterpfahl. Er stellte sich aufrecht und lehnte sich mit dem Rücken an das Holz in einer geradezu herausfordernden Stellung. Nur einmal noch blitzte sein Auge auf — er sah unweit von sich einen Indianer, welcher seine eigne geliebte Büchse in den Händen hielt und den Lauf derselben im Sonnenlichte funkeln ließ, zum großen Neide der andern. — Das war gewiß jener, welcher ihm im Kampfe den Strick um den Hals geworfen, und dem darum die Waffe als Siegesbeute zugefallen war. Mit einem raschen Sprunge und Griffe hätte Longinus sie erreichen können, indes das hätte ihm nichts nützen können. Er wandte das Auge darum wieder ab und richtete es geradeaus auf die glühenden, erregten Gesichter, welche er hier vor sich erblickte. Es waren zumeist jüngere Krieger, die vor Begierde brannten, ihre Kunstfertigkeit im Schleudern ihrer scharfen, blitzenden Waffen zu erproben. Über die bewegten Häupter der Menge empor rauchte der Scheiterhaufen mit roter, im hellen Sonnenschein verglühender Flamme.

Nun trat der Häuptling vor und wuchtete den Tomahawk in seiner Hand, um ihn nach dem Gefangenen zu schleudern. Er hob den Arm, zielte einige Sekunden lang, alles sah atemlos nach dem hochaufgerichteten Manne an dem Marterpfahl — da krachte ein Büchsenschuß, und wie von einem Keulenschlage getroffen, brach der Sachem der Irokesen zusammen, der Tomahawk entglitt seiner Hand. In demselben Momente hatte ein mächtiger Neufundländer einen zweiten der Indianer niedergerissen, ein dritter sank unter einem wuchtigen Kolbenschlag, den ihm der wildbärtige Mann versetzte, der jetzt zu dem Gefangenen hin sich Bahn schlug, ein vierter fiel von dem Faustschlage des jungen Deutschen selbst, der, die Situation rasch erfassend, dem Irokesen seine treue Büchse entrissen und den Mann niedergeworfen hatte, und von dem Walde her schlugen Kugeln und Pfeile sausend in die dichtgedrängte Menge. Das alles geschah blitzschnell, und die Verwirrung und das Entsetzen unter den Irokesen waren ungeheuer. Die Kinder schrieen, die Weiber kreischten, alles drängte zur Flucht, die Männer, welche Widerstand leisten wollten, wurden in dem allgemeinen Getümmel mit fortgerissen, und im Nu war der Platz um das Feuer und um den Marterpfahl menschenleer. Auch der Gefangene war entschwunden. Der rote Tom hatte ihn mit sich fortgerissen nach dem Walde, und in langen, weit ausgreifenden Sätzen folgte ihnen der Hund, dem freilich dieses Jagen Schmerzen zu verursachen schien, denn er zuckte bei jedem Sprunge mit seinem verwundeten Beine jäh zusammen.

Im Walde hielt Tom seinen Lauf an und drückte Longinus an seine Brust.

„Hermann, Herzensjunge, so habe ich dich denn wieder — aber beim Duivel, es war hohe Zeit, wenn dich diese Schurken nicht rösten sollten!“

Longinus drückte dem wackeren Trapper mit wärmstem Danke die Hand und streichelte den treuen Pilot, dann erst sah er noch etwa zehn bis zwölf dunkle Gestalten zwischen den Bäumen.

„Das sind Huronen, wackre Burschen", erzählte Tom, „die ich mir zur Unterstützung mitgenommen habe, aber vorwärts, hier ist nicht Zeit zu langen Mitteilungen, sie werden uns bald genug auf den Fersen sein!"

Die kleine Schar setzte sich, nachdem Longinus die befreundeten Indianer begrüßt hatte, in Bewegung, und Tom teilte seinem jungen Freunde während des Marsches mit, wie er ihn gefunden. Er erzählte von dem wackeren Pilot, der, selbst verwundet, sich doch keine Ruhe gegönnt, sondern immer vor ihm hergehinkt sei. Das Tier schien die Spur auf das Genaueste zu kennen, denn, die Nase beständig zur Erde gesenkt, eilte es, ohne jemals in Zweifel zu kommen, vorwärts. Es war dem Trapper sicher und gewiß, daß er Longinus finden werde, aber ob er allein im stande sein würde, ihn zu befreien, das war eine andre Frage und machte ihm Sorge. Da traf er im Walde das Dutzend Huronen, und diese bot er auf, ihm zu folgen. Die Leute, welche ohnehin auf dem Kriegspfade gingen, schlossen sich ihm an, und Pilot blieb der getreue und verläßliche Führer. Man war die ganze Nacht hindurch marschiert und hatte am Morgen die Anhöhe erreicht, von welcher aus man den Ort überschauen konnte. Hier hatte Tom den Scheiterhaufen und den Marterpfahl gesehen, und ihm ahnte nichts Gutes, zumal auch der Neufundländer eine große Unruhe und Aufregung verriet. Seine Ahnung hatte ihn nicht getäuscht, denn sehr bald sah er, wie man seinen Hermann des Weges daher führte. In diesem Augenblicke, wo er herunterspähte und den Rettungsplan entwarf, hatte auch Longinus aufgeschaut und ihn und Pilot bemerkt.

„Nun haben wir dich glücklich herausgehauen, Herzensjunge, aber ganz außer Gefahr sind wir noch nicht. Indes sei außer Sorge — wir haben unsern Plan. Nicht weit von hier befindet sich eine Art natürlicher Festung, ein kleiner Raum, von Felsen rings umschlossen, den haben wir heute Nacht durch Zufall entdeckt, dort wollen wir Rast halten. Dort sind wir im stande, uns nötigenfalls zwei bis drei Tage mit Erfolg zu verteidigen, zumal wir für Mundvorrat gesorgt und bereits einiges Wild dort niedergelegt haben. Zwei von den Huronen schleichen sich weiter, während wir die Aufmerksamkeit der verfolgenden Feinde auf uns lenken, sie mögen sehen, daß sie uns Hilfe und Entsatz bringen."

Longinus dankte wiederholt dem Freunde für seine entschlossene und thatkräftige Hilfe, aber auch zu seinem Hunde hatte er sich niedergebeugt, und seinen Arm um den Nacken des treuen Tieres legend, hatte er in aufwallender Rührung den Neufundländer geküßt; Pilot aber leckte seinem Herrn die Hände.

Der Marsch glich völlig einer Flucht, denn es war zu erwarten, daß die Irokesen, welche so zahlreich sich zu dem Todesfest des jungen Bleichgesichtes eingefunden hatten, sich zur Verfolgung aufmachen würden. Die Spur der Fliehenden ließ sich gleichfalls nicht verbergen, und der Vorsprung war nur ein sehr geringer.

Glücklicherweise aber erreichte man gegen Mittag das sichere Versteck, und nachdem die beiden Botschafter sich nach zwei entgegengesetzten Seiten davon gemacht, hielten die übrigen zehn Huronen und die beiden Weißen nebst dem Neufundländer ihren Einzug in die kleine Felsenfestung.

Es war in der That ein Punkt, welcher selbst einem kleinen Häuflein eine erfolgreiche Verteidigung gestattete. Senkrecht stiegen die Felsen auf und bildeten ein fast vollständig geschlossenes Viereck, zu welchem nur eine mäßig breite Spalte den Eingang freiließ. Das Ganze war ein Spiel der Natur und sah doch aus, wie die Ruinen eines von Menschenhand angelegten Kastells. Aus den Felswänden waren hier und da dunkle Tannen herausgewachsen, welche teils über den eingeschlossenen Raum herüber-, teils über denselben hinaushingen.

Die Spuren von dem letzten Aufenthalt Toms und seiner Gefährten waren noch zu sehen in dem Aschenrest, der von dem nächtlichen Feuer herrührte; in einer Ecke, zugedeckt mit Baumzweigen und Gestrüpp, lag ein stattlicher Hirsch, die Jagdbeute eines der Irokesen.

„Du siehst, mein Herzensjunge, daß man sich zur Not hier häuslich einrichten kann und daß für den allenfalls nötigen Proviant gesorgt ist. Nun wollen wir ruhig ein Feuer anzünden und unser Mahl halten; mag der Rauch uns immerhin die Teufel auf den Hals laden. Unsre zwei Boten bringen uns schon Entsatz, und es müßte, beim Duivel, ganz schlecht von mir berechnet sein, wenn die Irokesen nicht in die Falle gingen. Aber vorerst, Freunde, laßt uns den Eingang zu unsrer Burg ein wenig verrammeln!“

So sagte der alte Jäger und wälzte gleichzeitig einen gewaltigen Stein nach der Spalte. Die Huronen folgten seinem Beispiel, und bald war der Eingang hinlänglich verbarrikadiert. Zwei Mann wurden als Wachtposten ausgestellt; sie kletterten mit Katzengewandtheit an den rissigen Felsen empor, sich hier und da an das herauswachsende Gestrüpp klammernd, und lagen bald auf der Höhe, gedeckt durch die Baumstämme und Gesträuche. Von unten aber stieg der Rauch des Feuers empor, und die zehn andern Genossen lagerten um dasselbe, der Dinge gewärtig, die da kommen mußten.

Die Irokesen ließen nicht lange auf sich warten. Noch ehe der Braten fertig zum Genusse war, gab der eine der Wächter ein Zeichen von der Ankunft der Feinde. Es war die höchste Zeit, daß man das schützende Asyl erreicht hatte. Der Hurone sprach halblaut vom Felsen herab:

„Es sind viele, der ganze Wald ist angefüllt von ihnen, sie werden uns zu schaffen machen!“

„Pah“, entgegnete Tom, das Schloß seiner Büchse untersuchend, „wir sitzen hier gut, sie sollen uns, beim Duivel, nicht beikommen!“

Die Irokesen hatten jedenfalls bereits den aufsteigenden Rauch bemerkt, denn sie stießen ein lautes, zorniges Heulen aus, und bald hörten die Eingeschlossenen sie von allen Seiten um das Felsenbollwerk lärmen.

„Rennt euch nur die Schädel ein, ihr Teufel“, rief Tom, indem er an die verbarrikadierte Spalte trat und hinausspähte. Dann hob er sein Rohr und legte es in einer kleinen Öffnung auf. Gleich darauf krachte der Schuß, und das Echo vervielfältigte ihn, draußen aber schrieen die Wilden noch wütender und bekundeten, daß die Kugel des Trappers ihr Ziel nicht verfehlt habe; zornig bellte der Neufundländer zur Erwiderung.

„So, nun wissen sie mit Bestimmtheit, daß wir hier sind, und nun kann's losgehen. Hermann, mein Herzensjunge, komm her zu mir, wir wollen uns den Eingang freihalten und dazu, denk' ich, reichen, beim Duivel, unsre beiden Büchsen aus. Ihr aber, Freunde, postiert euch auf den vier Seiten der Felsen, so daß nach jeder Richtung hin wenigstens ein Flintenlauf kommt!“

Fünf der Huronen hatten Büchsen, die andern fünf Bogen und Pfeile. Die Indianer kletterten gehorsam an den Felsen empor und lagerten sich in der angegebenen Weise. Man hatte sie von unten bereits bemerkt, und ein Hagel von Pfeilen sauste empor nach ihrer Felsenwarte, ohne Schaden zu thun; ein Teil der Geschosse prallte von der Mauer zurück, ein andrer haftete an den Stämmen und Ästen der Tannen, ein dritter sauste hoch über die Köpfe der ganz auf dem Bauche Liegenden hin. Fünf Schüsse krachten fast gleichzeitig als Antwort, und zwei andre folgten von der Felsspalte her. Lautes Heulen, Aufschreien, Rufen folgte, und die Irokesen zogen sich tiefer in den Wald zurück, offenbar um Kriegsrat zu halten.

Tom bemerkte es und rief den Huronen zu:

„Laßt uns jetzt unsern Braten genießen, denn der erste Sturm ist abgeschlagen. Zwei von euch müssen freilich zur Beobachtung oben bleiben, sie sollen aber, beim Duivel, in der Mahlzeit nicht zu kurz kommen!“

Die zehn Männer lagerten sich um das Feuer und gaben sich ganz und gar der Befriedigung ihres Hungers hin. Nach einer halben Stunde ungefähr wurden die beiden Posten abgelöst und labten sich nun gleichfalls an dem frischen, saftigen Braten. Es verging noch eine Viertelstunde, draußen regte sich nichts, und die Stille fing dem Trapper an unheimlich zu werden.

„Ich wollte, sie schrieen, daß diese Felsenwände wackelten“, sagte er, „aber wenn sie so duckmäuserisch thun, dann führen sie irgend einen dummen

Gedanken im Schilde; heda, ihr beiden da oben, könnt ihr nicht sehen, was eigentlich vorgeht?"

„Sie fällen einen ziemlich starken Baum", entgegnete einer der Huronen — „jetzt stürzt er, sie sind alle um denselben versammelt, ich kann nicht erkennen, was sie treiben!"

„Hm, hm" — brummte der Alte — „will mir gar nicht gefallen, muß mir die Geschichte selbst einmal ansehen!"

Er stand auf und kletterte mit größter Ruhe und Sicherheit an dem Felsen empor. Oben kauerte er sich nieder und spähte hinaus in den Wald.

„Es hat seine Richtigkeit; jetzt hauen sie die oberen Äste von dem Baume ab, die unteren lassen sie dran; sie spitzen den Stamm zu — hm, wenn mich da nicht alles täuscht, so machen sie einen Mauerbrecher und suchen direkt auf unser Eingangsthor loszugehen. Was sie nur noch daran herumarbeiten? — Beim Duivel, die Burschen sind schlau — jetzt gilt's — alle Mann auf ihren Posten!"

Er glitt mit außerordentlicher Geschwindigkeit herab und trat mit Longinus an den Eingang. Die Huronen erstiegen wieder die Felsen.

„Drei Büchsen nach der vorderen Seite!" kommandierte Tom — „zielt gut und vergeudet keine unnötige Kugel! — Achtung, sie rücken an."

Es war ein sonderbarer Angriff, wie er jetzt von den Irokesen geplant war, und die Art und Weise hatte etwas geradezu Unheimliches. Von allen Seiten rückten die braunen Gestalten truppweise heran, sich so viel als möglich durch die Baumstämme deckend, gegen die mit Steinen verrammelte Felsenspalte bewegte sich, wie von Geisterhänden geführt, ein mächtiger, vorn zugespitzter Balken. Man sah nicht, wer und wie viele Leute denselben regierten, denn gegen das untere Ende desselben zu befand sich ein Schild seltsamer Art, ein umfangreiches, dichtes Geflecht aus Ästen und Buschwerk, das stark und zugleich elastisch genug war, um einer Kugel den Durchgang zu wehren, und welches vollständig zur Deckung der dahinter Stehenden ausreichte.

„Müssen abwarten, mit welcher Kraft sie uns auf den Leib rücken", brummte der Trapper — „stemme dich einmal mit gegen den oberen Stein, der Stoß wird gleich kommen!"

Tom hatte recht, denn keine Minute später rannte die Spitze des Balkens gegen den Block, welcher den Eingang versperrte. Er wankte gewaltig, und die beiden Männer prallten beinahe von der Erschütterung zurück. Noch war bisher kein Schuß gefallen und kein Ruf gehört worden. Als ob mit dem Angriff des Mauerbrechers aber das Signal gegeben worden wäre, brach nun von allen Seiten her ein wildes, entsetzliches Heulen los, der allgemeine Sturm begann. Die Irokesen suchten offenbar von außen her an den unweit der Felswände stehenden Bäumen heraufzuklimmen und von deren Ästen aus sich auf den Wall herüberzuschwingen. Die braunroten Gestalten schienen aus dem Boden herauszuwachsen, ihre Zahl von Minute zu Minute sich zu mehren. Nun zischten die Pfeile der Verteidiger, die ersten Schüsse hallten, aber die Feinde ließen sich nicht abschrecken, und ununterbrochen rannte gleichzeitig der Mauerbrecher gegen den Eingang. „Hier ist nichts mehr zu halten, Herzensjunge, zurück!“ — In demselben Momente rollten und polterten auch schon die Steine, welche den Spalt versperrt hatten, durcheinander, und ein Heulen der Irokesen verriet den Triumph, den sie über den vermeintlichen Erfolg empfanden.

„Nur ruhig Blut“, rief Tom, „wer zuletzt lacht, lacht am besten. Laß sie nur herankommen. Wir zwei und Pilot halten schon den Eingang!“

Indes war einer der Huronen bereits verwundet worden, ein andrer hatte sich selbst geopfert, um die Festung zu retten; er hatte einen der Irokesen, der glücklich den Felsen erklettert hatte, umfaßt und drängte im wilden Ringen den Feind zurück. Sie kamen engverschlungen an den Rand und stürzten beide kopfüber hinab.

Nun langten die Stürmer, welche den Balken regierten, vor dem Eingang an. Sie sprangen plötzlich hinter ihrer Schutzwand hervor, um sich gegen den Spalt zu werfen. Da fielen gleichzeitig die Schüsse der drei über der Felsenpforte postierten Huronen, und unmittelbar danach rissen die Kugeln Toms und Longinus' zwei der Gegner nieder. Der Neufundländer drang mit einem gewaltigen Satze vor und packte einen der Irokesen an der Kehle, und die beiden Weißen arbeiteten mit ihren Kolben auf den Köpfen der überraschten Angreifer. Zugleich aber waren noch zwei der Huronen von dem Felsen herabgeglitten, um sich an dem Handgemenge mit den Tomahawks zu beteiligen. Aber auch die Irokesen drängten jetzt von allen Seiten gegen den Eingang heran, und es wütete um die enge Felsenspalte ein furchtbarer, blutiger Kampf. Noch zwei der Huronen eilten zur Unterstützung herbei, und die sechs Männer waren vollkommen ausreichend, um den engen Eingang zu verteidigen.

Dadurch aber, daß die Irokesen alle gegen die eine Stelle den Angriff richteten und den Zutritt zu dem Felsenversteck an derselben erzwingen zu müssen glaubten, hatten die auf den Felsen selbst stehenden Huronen Luft erhalten, und bald krachten ihre Schüsse, ohne ihr Ziel auch nur einmal zu verfehlen, in die dichtgedrängte Schar der Feinde. Mit welchem Ungestüm auch diese angriffen, es gelang ihnen nicht, die Verteidiger des Felsenspaltes zu bewältigen, da diese hinter den Felsen und hinter dem Geröll der vor dem Eingang aufgedämmt gewesenen Steine eine sehr gute Deckung fanden, hinter welcher ihnen nicht einmal beizukommen war.

So gaben die Irokesen endlich den Angriff auf und zogen sich, verfolgt von den ihnen nachgesandten Schüssen, in größter Eile in den Wald zurück. Die Belagerung schienen sie indes nicht aufgeben zu wollen, denn sie lagerten sich ringsum außerhalb der Schußweite und begannen Lagerfeuer zu entzünden.

„Sie scheinen uns vorläufig in Frieden zu lassen“, sagte Tom, „'s war, beim Duivel, ein harter Sturm, und wir können von Glück sagen. Laßt uns erst die Bresche ausbessern und dann rasten!“

Der Balken wurde hinausgeschoben, und nach kurzem war der Steinwall wieder hergestellt. Man zündete wieder das Feuer an und lagerte sich um dasselbe. Die Verwundeten — es waren drei Huronen — legten sich Verbände an, verloren hatte man nur einen Mann, denselben, der sich vom Felsen hinabgestürzt hatte.

„Bin doch neugierig, was diese Hundesöhne jetzt gegen uns loslassen werden“, sagte Longinus.

„Sie werden versuchen, uns auszuhungern, was ihnen indes kaum gelingen dürfte“, entgegnete der alte Trapper.

Es blieb alles still im nahen Walde, die auf der Lauer liegenden Posten vermochten keine Bewegung zu entdecken, nur der Wind erhob sich in den Nachmittagsstunden und sauste durch die Bäume, daß die mächtigen Stämme ächzten und stöhnten.

„Da stecken wir ja eigentlich bei solchem Sturme recht gut in unsrer Klause und lösen, damit es die da oben nicht allzu sehr satt bekommen, alle halben Stunden unsre Posten ab. Glaube nicht, daß wir für heute noch irgend was zu befürchten haben!“

Der ehrliche Trapper sollte sich getäuscht haben, denn mit einem Male rief der eine Hurone von dem Felsen herab:

„Sie stecken den Wald in Brand!“

Wie von einer Natter gestochen, sprang Tom empor und kletterte den Felsen hinan:

„Beim Duivel, Kinder, sie wollen uns räuchern. Das Ding kann verteufelt böse ausfallen; die Baumstämme sind dürr und harzig, und der Sturm thut das Seine und weht uns den ganzen Rauch in die Burg. Freunde, das geht uns an den Kragen!“

Die Aufregung unter den Männern war eine allgemeine; jeder wollte sich selbst von der traurigen Thatsache überzeugen, und einer nach dem andern sah, daß hier keine Täuschung waltete. Schon leckte die Flamme mächtig an einigen stattlichen Fichten empor, und der Sturm fachte das Feuer, daß es verhältnismäßig schnell um sich griff. Durch das Pfeifen des Windes und das Prasseln der Flamme klang das teuflische Hohngelächter der Irokesen. Schon begann der Rauch einzudringen in die Klause, das entsetzliche Prasseln kam näher und näher.

„Nun heißt es, Kriegsrat halten, Freunde“ — sagte der Trapper — „aber lange Zeit ist uns nicht dazu gegönnt; wir haben nur zwei Wege; entweder uns hier in diesen vier Wänden vom Rauche ersticken zu lassen, oder im ehrlichen Kampfe den Untergang zu suchen. Ich bin für das zweite. — Wenn jemand einen besseren Rat weiß, der rücke heraus damit!“

Alle schwiegen, und unheimlich knackte und prasselte es näher und näher, und dichter wälzte sich der schwarze Qualm heran.

Longinus hatte das Antlitz erhoben und starrte nach der roten Lohe, welche man bereits emporschlagen sah, da rief er plötzlich in aufwallender Freude:

„Es regnet, mir ist soeben ein Tropfen auf die Wange gefallen!“

Das klang wie eine Botschaft des Himmels, alle streckten die Hände aus und hielten die Gesichter nach oben, um sich gleichfalls der fröhlichen Kunde zu vergewissern, und bald rief einer und noch einer: „Es regnet!“

„Kinder, freut euch nicht zu früh — es muß mehr als tropfenweise niedergehen, um einen Waldbrand zu löschen, wir sind noch lange nicht gerettet, aber beim Duivel, ein Jahr meines Lebens gäbe ich drum, wenn diesmal die brüllenden Schurken draußen um die Freude, uns schmoren zu können, betrogen würden“, sagte Tom.

„Der Wind läßt nach“, meinte Longinus, „ich glaube, es geht bereits mehr nieder.“

„Hast wirklich recht, Herzensjunge“, schrie der Alte, „der Wind scheint aufzuhören und das ist ein gutes Zeichen. Wahrhaftig, Gott verläßt die Deutschen nicht, selbst in den kanadischen Hinterwäldern. Gesegnet sei jeder Tropfen, der da niedergeht!“

Die Irokesen schienen indes auch den Regen zu verspüren, denn ihr höhnendes Lärmen verstummte, und man hörte nichts mehr als das Knacken der brennenden Bäume und bald das Zischen infolge der immer dichter auf die glühenden Äste niederschlagenden Regentropfen. Ehe noch der Abend einbrach, hatte sich der Himmel mit dicken, schweren Wolken völlig umzogen, und es strömte aus denselben endlos nieder. Von den angesengten Bäumen stieg kaum noch ein wenig Rauch empor, aber die Gefahr für die Belagerten war vollständig beseitigt.

„Auf ein warmes Abendbrot müssen wir heute verzichten“, meinte Longinus, „aber unsre guten Freunde da draußen müssen auch kalt speisen und auf nassem Lager liegen.“

„Ein halbes Jahr lang wollte ich in einem so feuchten Bette wie heute liegen, und nichts als Wurzeln und Kräuter essen, seitdem ich das Wunder erlebt habe“, entgegnete Tom, „denn ein Wunder wahrlich ist's, daß unser Herrgott es so mitten aus blauem Himmel regnen läßt, nur um diesen

Teufeln ihr Feuerwerk zu verderben. Es ist auch, beim Duivel, schade um den schönen Wald. Nun bleibt ihnen als einziges Mittel nur das Aushungern, und ich glaube, das schlägt bei uns nicht an. Fürs erste haben wir uns heute Mittag sattgegessen und fürs zweite war's gut, daß wir noch ein Hirschviertel in Vorrat gebraten haben. Morgen aber, Kinder — ich habe selten Ahnungen, aber wenn ich sie einmal habe, dann hat's was zu bedeuten — morgen kriegen wir Hilfe, oder ich will freiwillig meinen Skalp unter das Messer eines irokesischen Teufels legen. Wer Lust zum Schlafen hat bei diesem Regen, der schlafe, ich will mich auf die Warte legen und zusehen, soweit es möglich ist, was unsre Nachbarn draußen eigentlich treiben!"

Er umwickelte sorgfältig das Schloß seiner Büchse, die er unter dem Rocke bisher verborgen gehalten, und kletterte an dem Felsen hinauf. Longinus aber und mehrere der Huronen legten sich auf die Reiser in der Ecke der kleinen Felsenfeste. Der blonde Deutsche bettete seinen Kopf auf den Leib des getreuen Neufundländers und versuchte trotz des Regens zu schlafen. Es gelang nicht, trotzdem gegen Mitternacht der Regen nachließ und endlich völlig aufhörte. Es wand sich sogar der Mond heraus aus der zerrissenen Wolkenhülle und schaute neugierig mit seinem blassen Gesichte herunter auf die seltsame Szene, auf die verdrossenen, im nassen Walde lagernden Irokesen, auf die halbverbrannten Bäume und auf die zwar durchnäßten, aber doch von frischem Mute erfüllten Belagerten. — —

Es sah der Mond aber noch gar manches, wovon diese beiden Lager keine Kenntnis hatten, und was doch in denselben die größte Erregung hervorgerufen hätte. Er sah, wie etwas mehr als drei Wegstunden von diesem Schauplatz entfernt eine Schar von ungefähr siebzig Männern sich einen Pfad suchte durch den tropfenden Wald. Sein Silberlicht flimmerte auf den blanken Flintenläufen und auf der bunten französischen Tracht, welche die meisten der Männer trugen, mit einem gewissen Wohlgefallen, denn solcher Anblick hatte an solchem Orte der gute Mond noch nie gehabt. Er leuchtete unsern Bekannten hell ins Gesicht, Maisonneuve, Anatoha und Dupont, welche an der Spitze der andern gingen und einem jener Huronen folgten, die als Botschafter von Tom ausgesandt worden waren.

„Ehe der Morgen kommt, werden wir die Freunde finden!" sagte der Führer, und so geräuschlos als nur möglich bewegte sich der Zug weiter. Der vorausschreitende Hurone ging mit außerordentlicher Sicherheit einher, er kannte den Weg jedenfalls auf das Genaueste.

Die Luft ging kühl und verkündete den nahenden Morgen, und Dupont war bereits ungeduldig; er hätte sich gern eingehender mit Anatoha unterhalten, aber er bedurfte eines Dolmetsch, und das war ihm unbehaglich. Endlich kam man an eine Lichtung. Anatoha gebot Halt, der Hurone, welcher als Führer diente, that gleichzeitig dasselbe, und die Mannschaft erhielt die Weisung, sich möglichst hinter dem Gebüsch zu verbergen und besonders die blitzenden Waffen zu verstecken.

„Sind wir endlich am Ziel? — Warum dies Zaudern — frisch zum Angriff!“ sagte Dupont.

„Ruhig Freund!“ gebot Maisonneuve mit ernster Stimme, und alles war augenblicklich still. Keiner der Männer regte sich mehr, über die Lichtung hin aber bewegten sich schlangengleich, jede Deckung des Gebüsches benutzend, zwei dunkle Leiber, Anatoha und der Führer. Sie schlichen bis hart an den Waldrand, und ihr scharfes Auge erspähte die Feinde, welche ziemlich sorglos schliefen und nur wenige Beobachtungsposten rings um die kleine Felsenfeste aufgestellt hatten. Geräuschlos glitten die beiden Späher wieder zurück und berichteten, was sie gesehen. Es war indes bereits heller geworden und damit ein unvermuteter Überfall außerordentlich erschwert. Es wurde nun der Plan gemacht, daß eine Abteilung der Truppen unter Führung Maisonneuves und Duponts die Lichtung vorsichtig umgehen und den Feind von der andern Seite fassen sollte, während Anatoha mit den übrigen direkt über die Lichtung hin zum Angriff gehen würde; dieser zweite Teil sollte erst angreifen, wenn der erste schon den Kampf begonnen haben würde.

In aller Stille rückten etwa vierzig Mann durch den hier ziemlich dichten Wald, während die übrigen niedergeduckt im Buschwerk auf die ersten Schüsse harrten, die Waffe schußbereit in der Hand. Da entlud sich durch die Unvorsichtigkeit eines der Zurückbleibenden dessen Flinte, der Schuß hallte weithin, rief das Echo wach und mußte auch notwendig die Irokesen wecken. Anatoha erfaßte mit rascher Geistesgegenwart die Situation und rief sein „Vorwärts!“ Die dreißig Männer eilten im Sturmschritt über die Lichtung, ihnen zischten bereits die Irokesenpfeile entgegen, aber nun krachten die schweren Büchsen, und die Kugeln rissen einige der Feinde nieder. Die Irokesen waren doppelt im Vorteil, einmal ihrer Überzahl halber, und weil sie hinter den Bäumen Deckung suchen konnten und fanden. Zum Glück bestanden aber auch die Angreifer fast durchaus aus Leuten, welche den Waldkrieg kannten, aus Huronen und älteren erprobten Ansiedlern. Die verbrannten Bäume boten allerdings nur geringen Schutz, und als die Irokesen die verhältnismäßig kleine Zahl der Angreifer übersahen, ließen sie sich auf ein wildes Handgemenge ein, das für die Huronen einen schlimmen Ausgang zu nehmen drohte. Um Anatoha sich scharend, standen dieselben dicht aneinander gedrängt und schlugen teils mit den Büchsenkolben, teils mit den Tomahawks um sich. Der Häuptling, welcher mit Löwenmut kämpfte und voll Streitbegier zu weit vordrang, war nahe daran, der Übermacht, die ihn von den Seinen zu trennen suchte, zu erliegen — da kam Hilfe. Pilot war es, der Neu=

fundländer, welcher mit wütenden Bissen zwischen die Irokesen eindrang, und als sich diese gegen das Tier wenden wollten, da krachte ein Schuß — ein riesiger Indianer brach, mitten zwischen die Augen geschossen, zusammen, und noch ein Schuß und nun eine ganze Salve, und während von der einen Seite her Longinus, Tom und die andern Belagerten einen stürmischen Angriff unternahmen, brachen von der andern Seite Maisonneuve und Dupont mit ihrer Schar in die überraschten Irokesen ein, die sich nun mit einem Male von allen Seiten eingeschlossen sahen.

Nun begann ein grauenvolles Morden. Wie Gottes Würgengel schritten die beiden französischen Edelleute mit geschwungenen Degen einher, die beiden Deutschen arbeiteten mit wuchtigen Kolbenschlägen, Anatoha mit sausendem Tomahawk und Pilot mit den gewaltigen Zähnen — ehe noch das Gestirn des Tages leuchtend emporstieg über dem brandverstümmelten Walde, dessen Moos von warmem Bluttau rauchte, war der Kampf entschieden.

Freudig umarmte Maisonneuve den blonden Deutschen, kräftig schüttelte er Tom die Hände und stellte Dupont vor. Der Franzose maß Longinus vom Kopfe bis zum Fuß, dann streckte er ihm die Rechte hin und sagte: „Auf gute Kameradschaft!“

„Danke Herr, soll mir lieb sein!“ entgegnete dieser, den Druck der Hand erwidernd, obwohl er für den Augenblick wenigstens nicht allzu große Sympathien für Dupont empfinden konnte. Das ganze, vornehm herablassende Wesen des Franzosen wirkte kältend auf ihn ein, und im Gesicht des jungen Mannes lag um Auge und Mund ein Zug, welchen Longinus zwar nicht zu deuten vermochte, welcher ihm jedoch auch nicht behagte.

Man ging daran, die Toten zu begraben. Eine mächtige Grube nahm die getöteten Irokesen auf, eine zweite, kleinere, die erschlagenen Huronen, eine dritte die gefallenen Franzosen. Um das letzte Grab, in das fünf Menschen gesenkt wurden, sammelten sich die Bleichgesichter. Maisonneuve kreuzte die Hände über dem Griff seines Degens und betete das Vaterunser, dann ward die Erde zugeschüttet, Steine wurden herbeigeschafft, eine gewaltige Pyramide aus denselben getürmt und auf deren Höhe ein einfaches Kreuz errichtet. Zuvor aber trug man die Verwundeten zusammen und verband ihnen, gleichviel ob sie Freund oder Feind waren, die Wunden. Mit finsteren, glühenden Blicken starrten die Irokesen bei dieser ungewohnten Behandlungsweise drein, innerlich wohl voll scheuer Erwartung, für welchen Zweck eigentlich man ihr Leben zu erhalten suche.

In der Nähe des Kampfplatzes schlug man ein Lager auf, um hier Rast zu halten. Dieselbe wurde in keiner Weise gestört, und neu gestärkt brach das kleine Heer am nächsten Morgen auf, die Verwundeten auf Tragbahren aus Baumästen und die Gefangenen in der Mitte.

Die Irokesen überfallen Villemarie.

Zwölftes Kapitel.

Abermals Frieden.

Nach dem Abmarsche der Krieger aus Villemarie war es in der Niederlassung noch stiller als gewöhnlich geworden. Der alte Dubier, welcher in Abwesenheit Maisonneuves das Kommando führte, war ein mutvoller, aber ungemein pflichtängstlicher Mann, der besonders über den weiblichen Bewohnern des Forts wachte und durchaus nicht gestatten wollte, daß dieselben einen weiteren Spaziergang außerhalb der Rundwälle unternahmen. Und als sie nun eines herrlichen Abends nicht mit Bitten nachließen, da entschloß er sich selbst, sie zu begleiten. Bevor indes die drei Jungfrauen, Marie, Margarete und Glanzauge, aus der schützenden Befestigung hinaustraten, hatte Dubier fast die ganze Besatzung auf die Wälle kommandiert, und nun mit leichterem Herzen hinter seinen Schutzbefohlenen einhergehend, spähte er scharf nach allen Richtungen aus. Sich weiter als etwa 200 Schritt vom Fort zu entfernen, gestattete er nicht, und so bestand die Promenade lediglich in einem Rundgang um die Niederlassung.

Es war auch das schön. Über die Felder ringsum wehte ein leichter Windhauch und bewegte wellenförmig die nickenden Halme, aus dem Walde herüber kam der würzige Duft, und die beiden Französinnen pflückten Blumen und wanden sie dem braunen, schlanken Indianermädchen in das dunkle, glänzende Haar. Dabei plauderten sie teils mit Dubier, teils redeten sie untereinander von den überstandenen Gefahren und Abenteuern, von ihren Besorgnissen um die Verwandten und Freunde, welche zum ernsten Streite ausgezogen waren — aber die leichtlebigen, munteren Wesen ließen sich auch ab und zu im fröhlichen Scherze gehen, und lustig klang das silberhelle Lachen dem graubärtigen Franzosen in die Ohren, welcher hinter ihnen herschritt, um mit der Sorgfalt eines Vaters und der Treue eines Hundes über ihnen zu wachen.

Es war zu bedauern, daß Pilot, der Neufundländer, nicht von der Partie sein konnte, er würde bemerkt oder doch gewittert haben, was dem wackeren, alten Dubier trotz seiner Wachsamkeit entging. Zwischen den Halmen eines Feldes, das etwa 50 Schritte weiter vom Wege lag, lugte ein dunkelhaariger Kopf mit glühenden Augen hervor, und diese Augen waren vor allem mit leuchtender Begier nach Glanzauge gerichtet, die leichtfüßig vor den beiden Französinnen einherhüpfte. Der Kopf gehörte einem baumlangen Irokesen und keinem geringeren als dem Häuptling Kiotsaton.

Der hatte nach der Flucht des Huronenmädchens keine Ruhe in seinem Wigwam; er fühlte nun erst, wie leidenschaftlich er dasselbe liebte, und er beschloß, sei es mit Gewalt oder List, sich abermals desselben zu bemächtigen. Er sammelte die Männer von Kiotar um sich und brach auf gegen Villemarie. In dem Walde, keine Stunde von dem Fort entfernt, lagerten die braunen Krieger und vermieden es sorgfältig, ein Feuer anzuzünden, damit der emporsteigende Rauch sie nicht verrate. Der Häuptling selbst hatte sich auf Kundschaft begeben und war, immer auf der Erde hinkriechend, ziemlich nahe an das Fort herangelangt. Er bemerkte die zahlreichen Wachen auf dem Walle und fürchtete anfänglich, die Besatzung könne doch eine Ahnung von der Nähe des Feindes haben, als er aber die drei Jungfrauen im Schutze des breitschulterigen, wohlbewaffneten Dubier herankommen sah, wurde es dem schlauen Wilden klar, weshalb man solche Vorkehrungen getroffen hatte.

Hätte er nur noch einen Gefährten zur Seite gehabt, er würde unbedenklich einen Überfall gewagt und das Huronenmädchen entführt haben; allein mochte er dies nicht wagen, da er einmal den Widerstand Glanzauges selbst und die Büchse ihres Begleiters fürchten mußte. Er beschloß deshalb abzuwarten und blieb regungslos auf seinem Posten liegen. Nach Verlauf einer Stunde ungefähr mußten die Lustwandelnden wieder in das Fort zurückgekehrt sein, denn ein Teil der Wachen trat von dem Walle ab. Die merkwürdige Stille um die Ansiedelung, der Umstand, daß der sonst so eifrige Maisonneuve sich nicht blicken ließ, um die Posten zu inspizieren, brachten Kiotsaton zuerst auf den Gedanken, der Häuptling der Bleichgesichter müsse entweder krank oder abwesend sein. Gegen die erste Annahme sprach das lustige Lachen Mariens, das er bis in sein Versteck hinüber gehört hatte, und für die zweite der Umstand, daß Maisonneuve nicht selbst die Mädchen auf dem Spaziergange begleitete, was er bei seiner Anwesenheit im Fort doch wohl gethan hätte.

Alles in allem genommen, schien nach den Berechnungen des Häuptlings ein Überfall auf das Fort nicht erfolglos. Der Friede mit den Bleichgesichtern war durch die Ermordung des Missionars ohnehin gebrochen, und der Friedensbruch seitens der Irokesen mußte durch Glanzauges Mitteilung auch in der Ansiedelung bekannt sein. Während Kiotsaton noch bei sich überlegte, schlich er bereits wieder zurück zu seinen Gefährten, die er seiner wartend im Walde fand.

Er hielt mit denselben — es mochten gegen dreißig wohlbewaffnete Männer sein — einen Kriegsrat, währenddessen allgemach über dem Walde der Abend hereindämmerte. Das Endresultat der Beratung war, daß man den Überfall wagen wollte. Man wartete den vollen Einbruch der Nacht ab, und erst gegen die Mitte derselben brach man in tiefster Stille auf. Sobald sie am Ausgang des Waldes angekommen waren, warfen sich alle zur Erde nieder und bewegten sich kriechend vorwärts. Es war ihnen störend, daß das Mondlicht breit und voll über das Fort hinflutete, und sie suchten deshalb die Seite zu gewinnen, wo sie im Schatten der Umwallung sich fortbewegen konnten. Auch hier schlich sich Kiotsaton den Seinen voran und spähte fortwährend mit scharfem Auge nach den Posten. Er sah einige derselben auf und ab schreiten und erkannte die im Mondlicht blinkenden Schußwaffen.

An einer dicht im Schatten gelegenen Stelle schien ihm der Zwischenraum zwischen zwei Posten merkwürdig groß zu sein, und das scharfe Auge des Wilden glaubte hier die geeignete Stelle zum Angriff gefunden zu haben. Leise und mit außerordentlicher Geschwindigkeit kroch er zu den Seinen zurück, die in demselben Felde lagen, welches an dem Spätnachmittage ihm selbst Deckung geboten hatte. Auf seinen Wink bewegte es sich wie dreißig unheimlich große, dunkle Schlangen gegen das Fort heran, und als ob der Mond mit der feindlichen Schar im Bunde wäre, verbarg sich derselbe jetzt hinter einer grauen, dämmerigen Wolke. Rascher bewegten sich, der Gunst des Augenblickes sich bewußt, die dunklen Schatten vorwärts und kamen durch den trockenen Umzäunungsgraben bis hart an den Wall.

Die ersten begannen an der von dem Häuptling bezeichneten Stelle emporzuklettern. — Da saß ein junger, hübscher Franzose, der, vom Zauber der hellen, schönen Mondnacht umfangen, seiner Soldatenpflicht weniger eingedenk war. Er schlief nicht, aber er träumte mit offenen Augen und starrte in die Höhe nach Mond und Sternen. Daheim in Frankreich, in der lieblichen Provence, am Ufer eines kleinen Flusses, stand ein schlichtes

Haus, drin wohnten zwei stille alte Leute mit grauen Haaren und so lieben, lieben Augen. Das waren sein Vater und seine Mutter, und er war ihr einziges Kind. Mit ihrem Segen war er der Expedition Maisonneuves gefolgt, denn die Jesuiten vom Kolleg St. Ignace hatten es als gottgefälliges Werk geschildert, das ihm und den Seinen eine Stufe baue in den Himmel, wenn er der Bekehrung und Bekämpfung der Heiden sein Leben widme. Er hatte Heimweh. Jetzt schien in seinem Frankreich die Sonne, und ihr Strahl legte sich milde auf das graue Dach und an die spiegelnden Fensterscheiben des kleinen Heimathauses. Die Mutter stand in der Küche, und der Vater hantierte mit Hobel und Säge in der Werkstatt. Vor dem Fenster sang der Fink auf dem Apfelbaume, und die Tauben gurrten, und über den Steg kam mit gesenktem Haupt, die braunen lockigen Haare im Winde wehend, ein Mädchen, das ihm so lieb war — lieber, wie ihm eine Schwester hätte sein können.

Da trat der Mond wieder hervor hinter der bergenden Wolke, und in demselben Augenblicke schrak der junge Kriegsmann zusammen. Ein dunkelhaariger Kopf lugte über die Palissaden, und daneben ein zweiter und dritter — das war keine Sinnestäuschung, das war entsetzliche Wahrheit. Der Franzose stieß einen markerschütternden Schrei aus und schlug gleichzeitig mit dem Kolben seiner Waffe schmetternd auf einen der Schädel nieder. Während er sich dem zweiten Feinde zuwandte, hatten ein dritter und vierter bereits die Befestigung erstiegen. Aber auch die andern Wachen eilten herbei, Schüsse krachten durch die Nacht, wie aus der Erde herausgewachsen, stand der allzeit wachsame und riesenstarke Dubier mitten in dem Handgemenge, erfaßte den nächsten besten der Irokesen und schleuderte ihn wie einen Ball auf die Köpfe der andern Angreifer. Heulen, Schreien, Kampfruf klangen durcheinander. Die Zahl der Indianer schien sich zu verdreifachen, an allen Punkten der Befestigung schienen sie emporzuklimmen, und es gelang wirklich einigen von ihnen, darunter Kiotsaton, in die Ansiedelung selbst einzudringen.

Dubier schien indes die Augen überall zu haben. Er merkte sofort dies Vordringen des Feindes und fühlte instinktiv, daß er um jeden Preis, selbst um den seines Lebens, den weiblichen Teil der Bevölkerung Villemaries zu schützen habe. Mit einem gewaltigen Sprunge setzte er über die Palissaden hinab in den Hofraum mitten unter die Feinde und schlug sich mit dem massiven Büchsenkolben weite Bahn, so daß die erschreckten und erstaunten Feinde zurückwichen. Die Übermacht würde indes dem einzelnen, der, wie weiland Horatius Cocles den Weg über die Tiberbrücke, so den Zugang zu der Wohnung des Kommandanten verteidigte, bedenklich geworden sein, wenn ihm nicht Unterstützung gekommen wäre von einer Seite, woher er sie am mindesten erwartet hätte.

Der Kampfeslärm, das Krachen der Schüsse hatte auch Marie und ihre Freundinnen aufgeweckt. Erschrocken fuhren sie empor, indes Marie hatte sowie Glanzauge durch die Abenteuer, welche sie bereits erlebt, eine gewisse Kaltblütigkeit erlangt, und rasch entschlossen ergriff sie, nachdem sie flüchtig ein Gewand übergeworfen, eine der an der Wand hängenden Waffen ihres Bruders. Ihr Mut und ihre Entschlossenheit begeisterte die andern, sie bewaffneten sich gleichfalls und waren wenigstens bereit, den Zugang zu ihrer Wohnung zu verteidigen. Marie eilte an das Fenster. Im Mondenschimmer spielte sich da unten eine heiße Kampfesszene ab, deren bedrängter, aber mutvoller Held der wackere Dubier war. Ohne weiter zu überlegen, erhob Marie ihre Büchse und schoß hinab; ihre beiden Gefährtinnen folgten ihrem Beispiel. Zwei der Schüsse schienen nicht wirkungslos gewesen zu sein, die Feinde gerieten in Bestürzung, es kamen noch einige der Franzosen herbei, und bald waren die Irokesen bewältigt.

Dubier hatte sich auf Kiotsaton geworfen und ihn mit gewaltigen Armen im Ringkampf umfaßt. Es waren zwei Gegner, an Kraft, an Ingrimm, an Gewandtheit einander ebenbürtig, aber das Schicksal entschied diesmal zu gunsten des Bleichgesichtes; seine Gefährten hatten den Häuptling teils im Stiche gelassen, teils waren sie erschlagen oder gefangen — der Kampf auf den Palissaden konnte als beendigt angesehen werden. So kam es, daß einige Franzosen ihrem augenblicklichen Anführer zu Hilfe kamen und ihm beistanden, den auf das Äußerste sich sträubenden Kiotsaton niederzuwerfen. Zähneknirschend mußte der Irokese es sich gefallen lassen, daß man ihm, wie manch anderm seiner Gefährten Hände und Füße fesselte und ihn in ein dunkles Gefängnis warf, in welchem er des Urteiles harren sollte, das Maisonneuve bei seiner Rückkehr über ihn sprechen würde.

Die aufgehende Morgensonne beleuchtete den mit zwei Toten und sechs Verwundeten erkauften Sieg der französischen Waffen, und das erste, was Dubier that, war, daß er Marie seinen herzlichen Dank ausdrückte für ihr thatkräftiges und entschlossenes Eingreifen in diesem Kampfe. Sie schien sich selbst ihres Erfolges zu freuen und sagte mit einem Lächeln um die feinen Lippen:

„Es freut mich, mein Kommandant, daß Ihr mir diese Anerkennung zu teil werden laßt, um des Blutes der Maisonneuves willen, das in meinen Adern rollt."

Einen Tag später rückte Maisonneuve mit seinen Leuten und mit den Gefangenen in Villemarie ein. Weithin hallende Kanonenschüsse begrüßten die Sieger, und Marie eilte ihnen entgegen, um den Willkomm zu bieten. Eine feine Röte streifte die Wangen, als sie Longinus sah und diesem die Hand entgegenstreckte. Dupont war die innere Bewegung der Jungfrau nicht entgangen, und mit argwöhnischem Auge beobachtete er das Verhalten des blonden Deutschen.

Indes war hier nicht lange Zeit zu solchen Betrachtungen und Erwägungen, man erzählte, was man gegenseitig erlebt, und ein bewegtes Treiben wogte durch die ganze Ansiedelung. Maisonneuve veranstaltete den Seinen ein kleines Fest, und, um einige Fäßchen guten Weines gelagert, feierten die Soldaten den Doppelsieg. Der alte Trapper Tom saß mitten unter ihnen, und seit langen Jahren wohl war der wackere Bursche nicht so aufgeräumt und lustig gewesen, wie an diesem Tage. Den Blick fast unverwandt nach dem Sohne seines ehemaligen Kapitäns gewandt, erzählte er, was ihm eben in der Erinnerung emportauchte, und er wußte das alles in einen so gesunden und wirksamen Humor einzukleiden, daß das laute Lachen um ihn her keinen Augenblick verstummte.

Nun schritt Maisonneuve durch die fröhlichen Reihen, Margarete am Arm, und hinter ihm schritt Dupont, welcher Marien führte und eifrig in sie hineinsprechend ihre Aufmerksamkeit für sich allein fesseln wollte — was ihm allerdings nicht gelang. Laute, jubelnde Zurufe begrüßten die Ankommenden, „ein Hoch unserm Kommandanten!“ klang es aus rauhen, aber aufrichtigen Kehlen, und Maisonneuve dankte mit freundlichen Worten. Indem er dann mit galanter Entschuldigung den Arm seiner Dame losließ, ergriff er einen auf einem Fasse stehenden Becher, füllte denselben und trat an den wackeren Dubier heran. Dann rief er mit lauter Stimme: „Ich trinke das Wohl des tapfersten Verteidigers von Villemarie und seiner Genossen!“

Und während jubelnd und lärmend die andern einfielen, reichte der Kommandant dem grauhaarigen Manne, dem das Zujauchzen galt, die Hand und sagte:

„Mit Gold kann ich dir nicht lohnen, mein treuer Dubier, aber meine Freundschaft biete ich dir an fürs ganze Leben, und damit dir wenigstens äußerlich eine Auszeichnung zu teil werde, ernenne ich dich zu meinem Leutnant und stelle dich als solchen den Mannschaften vor.“

Wie auf Kommando hatten sich die Soldaten sowohl, wie die anwesenden Huronen erhoben und bezeigten in militärischer Weise dem Neuernannten ihre Achtung; dieser aber hielt die Mütze in der rauhen, kampferprobten Hand, und Thränen standen ihm in den ehrlichen, grauen Augen. Es war ein erhebendes und ergreifendes Bild!

Indes hatte auch Marie sich von dem Arme Duponts losgemacht und war zu Longinus herangetreten. Auch sie erfaßte einen der Becher und, ihn dem jungen Deutschen kredenzend, sprach sie mit wohlthuendster Innigkeit:

„Und ich trinke auf das Wohl meines Retters und darauf, daß wir immer gute Freunde bleiben!“

Longinus sah einigermaßen verwirrt die junge Dame an, dann aber leerte er den Becher in einem Zuge, als ob es gelte, alle Seligkeit der Erde aus demselben zu trinken, und setzte das Gefäß nieder:

„Das sei der letzte Tropfen, welchen ich heute getrunken. Er galt Eurem Wohle und Eurem Glück! Möchte es mir vergönnt sein, Euch einst beweisen zu dürfen, wie ernst ich es damit meine und mit welchem Preise ich bereit wäre, dasselbe zu erkaufen!“

Mit seinen blauen Augen sah er ihr lange und warm ins Gesicht, sie hielt den Blick aus, und nur eine leichte Röte glänzte auf ihren Wangen. Als sie ihm nun die Hand reichte, beugte er sich nieder auf dieselbe und berührte sie eine Sekunde lang mit seinen Lippen — eine Höflichkeit, die der junge Deutsche in seinem ganzen Leben wohl noch niemand erzeigt hatte — dann verneigte er sich stumm und ging davon. Marie aber trat zurück zu Dupont, der kein Auge von den beiden verwendet und dem kein Moment der ganzen Szene entgangen war. Er hatte mit glühenden Augen und zusammengekniffenen Lippen dagestanden, aber er wußte sich hinlänglich zu beherrschen und begann, so gleichgültig er es vermochte, sein vorhin abgebrochenes Gespräch, das sich um Angelegenheiten der französischen Heimat drehte, aufs neue, ohne trotz seines Aufwandes von Geist seine Zuhörerin eigentlich fesseln zu können.

Mit dem Einbruch des Abends ging auch das fröhliche Fest zu Ende, still ward es wieder in der Niederlassung und um dieselbe, die ewigen Sterne zogen am Himmel herauf, und man hörte nur den Schritt der Wachen. An derselben Stelle, wo kurz vor dem irokesischen Überfall der junge Franzose gesessen und geträumt hatte, welcher nun, nicht unbedenklich verwundet, drunten im Lazarett lag, saß Longinus und blickte wie jener hinaus in die Sternennacht. Ihm war zu Mute, als hätte der heutige Tag ihm eine ganz besondere Weihe gebracht, und als müsse er infolgedessen sich zurückziehen und allein sein. Und mitten in seinem Sinnen ging ihm Paul Flemings herrliches Lied durch die Seele, und ohne selbst sich dessen bewußt zu werden, summte er leise vor sich hin:

Ein getreues Herze wissen,
Hat des höchsten Schatzes Preis,
Der ist selig zu begrüßen,
Der ein treues Herze weiß.

„Ihr träumt wohl, Herr Longinus? — Ach, alle Deutschen träumen“, sagte da mit einem Male eine Stimme neben ihm mit deutlich durchschimmerndem spöttischen Klang. Es war Dupont, welcher neben ihm stand und ihn mit geradezu herausforderndem Lächeln ansah.

Longinus erhob sich nicht vor dem französischen Edelmann und entgegnete ziemlich scharf:

„Die Deutschen verstehen auch zu handeln, wenn's gilt. Ich hoffe, Ihr werdet mich für keinen Träumer mehr halten, wenn wir erst eine Weile zusammen gewesen sind."

„Parbleu, schaut mich nicht so grimmig an; ich hätte gar nicht gedacht, daß in Euren Augen ein solcher Blick sein könnte, nachdem ich sie heute Nachmittag erst so weich und milde leuchten sah."

Als ob eine Natter ihn gestochen, wie wenn eine rauhe, verletzende Hand an sein Allerheiligstes gegriffen hätte, so sprang der Deutsche nun empor:

„Ihr habt nichts gesehen, mein Herr Dupont, und ich verbiete Euch, mich oder meine Blicke überhaupt beobachten zu wollen!"

„Mäßigt den Ton, mein Herr, Ihr sprecht zu einem Edelmanne, zu dem Freunde Eures Kommandanten — die allzu große Hitze könnte Euch schaden."

Aus den großen, blauen Augen des Deutschen blitzte es scharf nach dem Franzosen hinüber, so daß derselbe einen Schritt zurücktrat; dann aber sprach Longinus mit besonnener Ruhe und in würdigster Betonung:

„Merkt Euch ein für allemal, Herr Dupont: Im freien Amerika gibt es keine Edelleute; Euer Adelspatent gilt mir nicht mehr als der Grasbüschel, welchen ich als Pfropfen in meine Flinte lade; hier hat man nur Achtung vor Kraft und Mut, und in diesem Sinne ist Anatoha, der Hurone, und der alte wackere Dubier in meinen Augen ein Edelmann wie Paul von Maisonneuve selbst. Ihr sprecht ferner von meinem Kommandanten, ich kenne keinen solchen, Herr von Dupont, ich bin mein eigner, freier Herr und stehe in niemandes Sold, weder in dem des Herrn von Maisonneuve, den auch ich mit Stolz Freund nenne, noch in jenem des Königs von Frankreich. Ihr seid noch sehr neu in kanadischen Verhältnissen und deshalb lasset mich Euch einen Rat geben. Ihr mögt in Frankreich gewohnt sein, erst zu sprechen und dann zu denken, Ihr werdet gut thun, das in Kanada umgekehrt zu thun."

Der Franzose wollte sich, vor Zorn keines Wortes mächtig, auf den Deutschen stürzen, da stand neben diesem mit einem Male der Neufundländer und fletschte die weißen Zähne, daß Dupont erschrocken zurückfuhr. Gleichzeitig schienen ihm auch die Besonnenheit und Klugheit zurückzukehren, denn einlenkend sagte er:

„Ich habe Euch nicht beleidigen wollen, Herr Longinus, und deshalb nehme ich Euch Eure heftigen Worte in keiner Weise übel. Ich hoffe, wir lernen uns mit der Zeit besser verstehen!"

Er wandte sich um und murmelte im Weitergehen ein ingrimmiges „deutscher Bär!" zwischen den Zähnen, während Longinus ihm noch eine Weile nachblickte. Die ganze, schöne Festtagsstimmung in ihm war wie herausgewischt, der junge, ehrliche Mann, welcher gewohnt war, das Herz auf den

Lippen zu tragen, fühlte, daß er hier einen Feind habe, der ihm unangenehmer werden könne, als ein halbes Irokesendorf. Longinus war indes nicht der Mann, welcher sich fürchtete, und er äußerte sich in diesem Sinne auch dem alten Trapper gegenüber, mit welchem er gemeinschaftlich ein Gemach bewohnte, und welchem er sofort von dieser Begegnung Mitteilung machte.

Tom saß an dem rohgezimmerten Tische und rauchte aus einer kurzen Pfeife. Er schüttelte während der Erzählung mehrmals den Kopf und brummte „hm, hm!“

„Hätte ich eigentlich von dem Franzosen nicht geglaubt“, sagte er dann, „hat sich bei der Campagne ganz trefflich geschlagen, beim Duivel; ich will dir aber sagen, mein Junge, was hinter der ganzen Geschichte steckt. Er hat das kleine Fräulein, des Kommandanten Schwester, gern und du auch — brauchst nicht rot zu werden, ’s ist keine Schande — und da sie am Ende doch nur einer einmal heiraten kann, so ist einer zu viel, es fragt sich nur welcher. Und das, beim Duivel, kann niemand entscheiden, als das Fräulein selbst, und wenn ich heute Nachmittag recht gesehen habe, so ist mir das so ziemlich im klaren und dem Franzosen auch. Na, laß gut sein, mein Junge, wir wollen dem Burschen schon auf die Finger sehen, und so ein alter Seehund und Waldläufer hat ein recht gutes Auge.“

Longinus hatte tief aufgeatmet, dann senkte er den Kopf, streichelte Pilot und fragte mit seltsam gepreßter Stimme:

„Und du glaubst, Tom, daß sie mich wählen könnte, daß sie mich überhaupt lieb haben könnte?“

„Glaube ich, mein Junge, und warum nicht? — Bist ein schöner, stattlicher Bursche mit einem Paar ehrlichen, deutschen Augen, wie sie in ganz Kanada nicht zum zweitenmal und in ganz Frankreich ebensalls sich nicht finden, hast das Herz auf dem rechten Flecke, fehlst mit deiner Büchse keinen Schuß, hast ihr eigentlich Leben und Freiheit gerettet, da ist’s nun doch selbstverständlich, daß man — ich will sagen, sie — dich lieb haben muß.“

„Aber bedenke, sie ist von altem Adel — —“

„Was, Adel? — Hat der Junge, wie er mir erzählt, eben erst dem Windhund von Franzosen einen Vortrag gehalten, wie wenig man hier zu Lande vom Adel hält, und will nun — beim Duivel — und wenn’s wär, daß Maisonneuve sich auf seine Ahnen hinausspielte, was ich noch ganz und gar nicht glaube, dann Junge, rücke du auch mit deinen Ahnen heraus. Dein Vater, Großvater, Ur- und Urgroßvater waren Lübeckische Schiffskapitäne, Männer, die ihren Respekt genossen und wie freie Könige an Deck ihrer Dreimaster waren; sie haben für die Welt jedenfalls mehr gethan, als die Duponts, von denen ich mein Lebtag nichts gehört, während der Name Hermann Langer — deine Vorfahren haben alle so geheißen, wie du und dein Vater — auf allen Meeren einen guten Klang hat. Hierher, Junge, komm und stoß an: Das Geschlecht der Hermann Langer soll leben! Aber eins versprich mir: Wenn du verheiratet sein wirst, dein ältester Junge muß wieder Schiffskapitän werden, und wenn ich das noch erlebte, dann würde ich gerne sterben und deinem seligen Vater mal in einer stillen Stunde im Himmel drüben erzählen, wie das alles so schön gekommen ist."

Sie saßen bis tief in die Nacht hinein beisammen, die beiden Deutschen, und zwischen ihnen lag der Neufundländer und blinzelte bald nach seinem Herrn auf, bald nach dem wackeren alten Freunde.

Zur selben Zeit saßen Maisonneuve und Dupont nebst den beiden Damen in dem Gemache des Kommandanten beim Abendbrot, und auch hier klangen die Becher fröhlich aneinander. Dupont wußte das Gespräch auf den blonden Deutschen zu bringen, ohne vorläufig des Zusammentreffens mit demselben zu erwähnen.

„Es ist schade, daß der Mann nicht ein Edelmann ist und dementsprechend eine bessere Bildung genossen hat, als er thatsächlich zu besitzen scheint", sagte er.

Die Wangen Mariens glühten, da sie entgegnete:

„Ich wüßte kaum, wer mehr Edelmann wäre, als Hermann Longinus; sein fester und ehrlicher Sinn, sein Mut und seine Ritterlichkeit verleihen ihm ein Adelsdiplom, wie es ehrenvoller kein König ausstellen kann."

Verwundert blickte Maisonneuve nach seiner Schwester, so hatte er noch niemals sie sprechen hören, Dupont aber biß sich auf die Lippen; dann nahm er das Wort:

„Der blonde Deutsche würde sich freuen, wenn er wüßte, welcher Gunst er sich erfreut, einer Gunst, die ihn selbst zu den kühnsten Hoffnungen berechtigt."

Die Röte im Gesicht Mariens wich einer scharfen Blässe; von diesem Moment an war Dupont ihr zuwider, und im kühlsten Tone entgegnete sie:

„Sprechen wir von einem andern Thema!"

Der junge Franzose fühlte, daß er zu weit gegangen war, und er suchte einzulenken. Von einem Stoffe schweifte er zu dem andern, alles in seiner witzigen, redefertigen Weise behandelnd, aber die einmal eingetretene Mißstimmung wollte sich nicht mehr entfernen lassen. Auch Maisonneuve schien angesteckt von der Schweigsamkeit seiner Schwester, und so war es Dupont, welcher allein die Kosten der Unterhaltung trug, eigentlich angenehm, als man sich trennte. Von da ab stand in ihm die Überzeugung fest, daß Marie von Maisonneuve den blonden Deutschen liebe, und seither haßte er denselben aus dem gleichen Grunde.

Am nächsten Tage sollte über die gefangenen Irokesen, zumal über den Häuptling Gericht gehalten werden. Während des Vormittags trat die

Besatzung des Forts unter die Waffen und schloß einen Kreis, in dessen Mitte Maisonneuve, Dupont, Brebeuf, Longinus, Dubier, Anatoha und Tom sich niederließen. Nun ward Kiotsaton herbeigeführt. Er hatte die Hände über das Kreuz gefesselt, aber er schritt stolz, mit hochgetragenem Haupte einher und würdigte niemand eines Blickes.

Maisonneuve befahl, seine Bande zu lösen, und der Häuptling dankte dafür mit einer stolzen Bewegung des Kopfes. Der Kommandant des Forts begann mit ruhiger Stimme in seiner etwas unbeholfenen Sprachweise:

„Als ich den Sachem der Irokesen zuletzt an diesem Orte sah, haben wir miteinander die Friedenspfeife geraucht, und der Tomahawk zwischen ihm und den Bleichgesichtern ist begraben worden. Er und seine Krieger können aber nicht Wort halten; sie haben den friedlichen weißen Mann, der mit nach ihren Städten zog und ihnen das ewige Glück und Heil verkünden wollte, erschlagen in Kiotar, und der Häuptling hat das nicht gehindert noch gestraft. Halten die roten Krieger auf solche Weise Frieden und Verträge? — Was hat mein Bruder vom Stamme der Irokesen zu erwidern?"

Der Häuptling hatte ruhig, und ohne eine Miene zu verziehen, zugehört, nun ergriff er das Wort:

„Der Häuptling der Bleichgesichter ist klug und verständig; meine Worte werden in sein Ohr und zu seinem Herzen den Weg finden. Der weiße Mann, der mit uns gegangen ist, war ein Medizinmann und Zauberer, und er verlangte nach Kiotar gebracht zu werden, wo die bösen Okis unsre jungen Krieger und unsre Weiber und Kinder hinfraßen. Ich habe dem weißen Manne vertraut und hätte mein eignes Leben hingegeben, bevor ich auf seinem Scheitel hätte auch nur ein Haar verletzen lassen. Aber anstatt unsre Kranken zu heilen und die bösen Okis hinwegzutreiben von unsern Wigwams, hat er selbst den Tod in unsre Hütten gebracht. Das Weib und das Kind unsres Stammesgenossen Puyagin sind gestorben, sobald sie sein Angesicht gesehen haben, Puyagin selbst hat ihn gefunden in seiner Hütte bei den Toten, und sein Wort — und Puyagin hat nie gelogen — hat den Zorn meines Volkes entflammt. Ich habe den weißen Mann retten wollen und habe ihn in mein eignes Haus geführt, er aber hat es ohne mein Wissen und Willen verlassen, und Puyagin hat ihn erschlagen. Wir haben den einen weißen Mann getötet, ihr aber habt seitdem hundert meiner Brüder vernichtet, wie ich von meinen Kriegern gehört habe, die mit mir gefangen lagen in dieser Nacht. Möge der große Häuptling der Bleichgesichter gerecht abwägen und richten, wir haben nichts weiter zu sagen, wir sind in seiner Hand."

Hierauf entgegnete Maisonneuve:

„Die Rede des Sachem der Irokesen ist nicht ganz gerade. Er hat nicht Kunde gehabt von dem Zuge, welchen ich mit meinen Kriegern, um die Treulosigkeit seines Volkes zu strafen, unternommen habe, und doch hat er den Plan gefaßt, diese Niederlassung zu überfallen. Mein roter Bruder hat ferner bei jenem Friedensschlusse versichert, nichts zu wissen von Glanzauge, der Schwester Anatohas, des Huronenhäuptlings, und doch hat er sie als Gefangene gehalten in seinem Wigwam, bis sie in einer gefährlichen und mühevollen Flucht sich rettete. War das aufrichtig und ehrlich? — Was hat mein roter Bruder darauf zu erwidern? —“

Diesmal hatte der Irokese einige Unruhe verraten, aber die Regung war rasch vorüber, und er sagte:

„Wenn die Krieger der Irokesen unter meiner Leitung einen Überfall der Ansiedelung unternahmen, so geschah es, weil wir wußten, daß das Kriegsbeil wieder ausgegraben sein mußte von euch, sobald Glanzauge von ihrem Aufenthalt in dem Wigwam Kiotsatons und von dem Tode des weißen Medizinmannes erzählt haben würde. Der weiße Häuptling ist ein zu großer Krieger, als daß er nicht selbst wissen sollte, daß dem Feinde zuvorkommen ein halber Sieg ist. Meine Berechnung hat nicht getäuscht, die weißen Krieger sind ausgezogen mit den Waffen gegen die roten Kinder des großen Geistes, noch bevor meine jungen Krieger den Tomahawk erhoben haben gegen die Häupter der Bleichgesichter in dieser Niederlassung. Uns kann ein Vorwurf nicht treffen, den wir euch zurückgeben können. Endlich hält der weiße Sachem mir vor, daß ich die Anwesenheit Glanzauges in meinem Wigwam verleugnet und das Mädchen der Huronen gefangen gehalten habe. Ich bin zu stolz, dies in Abrede zu stellen. Aber es war nicht Hinterlist und Bosheit, welche mich dazu verleiteten, es geschah, weil ich das Huronenmädchen lieb habe, weil ich wollte, daß sie meine Squaw werde und mir dann helfe, ihren Stamm zum Frieden zu bewegen, denn nicht nach blutigem Streit steht der Sinn meiner Krieger. — Der Häuptling der Bleichgesichter weiß nun alles, was ich ihm mitzuteilen habe, er handle nach seiner Weisheit!“

Kiotsaton hatte mit außerordentlicher Ruhe und einer gewissen Würde gesprochen, und er sah nun Maisonneuve fest ins Auge. Dieser sagte:

„In dem Kampfe der weißen Männer mit den roten ist die Hand Gottes mit uns gewesen, der Sachem der roten Krieger selbst ist in unsre Gewalt gekommen, aber er fürchte nicht, daß wir dieselbe mißbrauchen werden. Wir wollen nicht den Krieg, sondern den Frieden und würden niemals die Waffen ausgegraben haben, wenn das Volk der Irokesen nicht treulos gewesen wäre. Wir wollen vergessen, was geschehen ist zwischen uns und euch und bieten euch aufs neue die Hand zum Frieden. Mögen unsre roten Brüder, die Huronen, gleichfalls geneigt sein, den Tomahawk zu begraben, auf daß Ruhe und Eintracht herrschen an den Strömen und in den Jagdgründen von Kanada."

Kiotsaton und die andern Irokesen, sowie die anwesenden Huronen bezeigten durch lebhafte Gebärden ihren Beifall zu diesen Worten, und der Häuptling sprach:

„Der Sachem der Bleichgesichter hat mit dem Herzen auf den Lippen gesprochen; möge nun das Haupt der roten Krieger vom Stamme der Huronen reden!"

Maisonneuve blickte nach Anatoha hin, dieser trat näher heran, mit dem gewohnten düsterernsten Blick des dunklen Auges und warf mit einer raschen Bewegung das Haupt zurück, daß die schwarzen, strähnigen Haare ihm wild über den Nacken rollten. Mit seiner schwertönigen Stimme sagte er, während die Versammlung in peinlicher Stille den Worten des hochgeachteten Häuptlings lauschte:

„Die Krieger meines Stammes haben den Kampf nicht hereingerufen in diese Wälder; sie haben friedlich ihre Saaten bestellt und sind zur Jagd gezogen und haben um die Feuerstätte ihres Wigwams gelagert bei dem Rauche des Kalumets. Mein Volk scheut nicht den Kampf, wenn man ihm denselben aufdrängt, aber es liebt den Frieden. Ich werde bereit sein, die Friedenspfeife zu rauchen mit dem Häuptling der Irokesen, wenn sein Volk wahrhaft und ohne Hinterlist den Tomahawk begraben will; möge Manitu Zeuge sein, daß ich es ehrlich meine!"

Ein lauter Beifallsruf folgte den Worten des Sprechers, und nun sprach Kiotsaton:

„Möge es mir vergönnt sein, noch einmal die Lippen zu öffnen zur Rede! Mein Herz freut sich der Versicherung, die mein roter Bruder, der Häuptling der Huronen, gegeben hat. Auch ich frage: Warum sollen sich die Kinder des großen Geistes untereinander zerfleischen? Raum für uns alle ist in den Wäldern, weit und breit genug sind unsre Ströme für die Kanoes der Irokesen und der Huronen, und das Jagdgetier und der Fisch sei allen gemeinsam. Ich danke dir, weiser und großer Sachem der Bleichgesichter, daß du deine Gewalt gebrauchst mit Klugheit, und daß du deine Hand ausstreckst zum Frieden. Ich segne die Stunde, da ich hier festgehalten ward, und sie soll uns allen zum Segen und Gedeihen werden!"

Und wiederum brauste der Beifallssturm auf, und Huronen und Irokesen fingen bereits an, sich gegenseitig zu umarmen. — —

Die gefangenen Irokesen wurden in Freiheit gesetzt und gingen, während ihr Häuptling mit einigen der Angesehensten im Fort zurückblieb, als Boten aus nach allen Richtungen, um die maßgebendsten Häuptlinge ihres Stammes zur Friedensberatung nach Villemarie zu entbieten; ein Gleiches thaten die Huronen, und die Verbrüderung sollte unter großen Festlichkeiten stattfinden.

In den nächsten Wochen herrschte in und um Villemarie ein ungemein reges Leben und Treiben. Von verschiedenen Seiten kamen Gesandte der beiden bisher feindseligen Indianerstämme und schlugen ihr Lager auf vor den Palissaden des Forts, und es war besonders des Abends ein interessantes Bild, wenn Feuer an Feuer glühte, bei deren Schein dunkle Gestalten sich durcheinander bewegten, während die schweigenden, bewaldeten Berge den imposanten Hintergrund bildeten.

Es kam endlich der für die Unterhandlungen bestimmte Tag heran. Beim Sonnenaufgang begrüßten weithallende Kanonenschüsse seinen Anfang, und in dem großen Zelte und um dasselbe, das auf dem weiten freien Platze vor dem Fort sich befand, drängten Indianer und Weiße. Französische Soldaten standen indes auf ihren Posten im Fort selbst, und die Kanoniere hielten für alle Fälle ihre Lunten bereit. Um die achte Stunde erschien Maisonneuve mit seinen besonderen Freunden und ließ sich an dem Beratungsfeuer nieder, welches bereits entzündet war. Zu beiden Seiten desselben kauerten und saßen einander gegenüber die Abgesandten der Huronen und Irokesen, vorerst noch in tiefem Schweigen.

Maisonneuve ergriff nun das Wort zu einer kurzen Begrüßung und forderte nochmals auf, mit ehrlichem Herzen und redlichem Munde in die Beratung einzutreten. Hierauf zündete er die Friedenspfeife an, that einige Züge aus derselben, reichte sie hierauf Anatoha, und nun ging sie von einem zu dem andern der Huronen, kam dann zu den Irokesen, und als auch Dupont, Longinus, Tom und Brebeuf der Formalität Genüge gethan, kehrte sie in die Hand Maisonneuves zurück.

Die Verhandlungen selbst boten größere Schwierigkeiten, als man gemeint hatte. Ein Teil der Huronen — die sogenannte Bärennation — welcher entfernter von den Irokesen wohnte und unter den Feindseligkeiten derselben bisher nicht viel zu leiden hatte, war eigentlich gegen den Frieden, ebenso ein Teil der Irokesen, und die beiderseitigen Häuptlinge und deren Anhang, sowie Maisonneuve und Brebeuf, boten alles auf, den aus mancher Äußerung lebhafter hervortretenden Groll der Parteien zu beschwichtigen. Durch allzulange Zeit schon hatte sich die gegenseitige Erbitterung in die Herzen eingefressen, so daß eigentlich das wechselseitige feste Vertrauen fehlte, welches doch allein die Grundlage solcher Verhandlungen sein konnte. Es war gut, daß die Weißen vermittelnd und verbindend zwischen den beiden roten Stämmen standen, und so legten sich endlich die Wellen der erregten Rede, alles kam allmählich in ruhigen Fluß, und als die Sonne im Mittag stand, konnte der Friede als gesichert gelten.

Unter Führung Brebeufs begab man sich nun zuerst nach der Kapelle, wo der Missionar einen Gottesdienst abhielt, an dessen Beendigung er das „Te deum laudamus — Herr Gott, dich loben wir“ anstimmte, während die Kanonen des Forts festlich dazwischen tönten. Als der Priester die Monstranz erhob, um den Segen zu erteilen, sanken alle, die christlichen Glaubens waren, und unter ihnen auch eine Anzahl Huronen, ehrfurchtsvoll auf ihre Kniee nieder, während die übrigen Indianer, die sich teils in die kleine Gotteshalle mit hereingedrängt hatten, teils vor dem Eingang neugiervoll standen, in stummer Scheu die dunkelhaarigen Häupter bewegten.

Der Mittag und Nachmittag wurde hingebracht in Schmauserei und Tanz, und mit der naiv-herzlichen Lustigkeit der Kinder gaben sich die Indianer dem Vergnügen hin. Glanzauge verkehrte viel mit den Angehörigen ihres Stammes und war von einer Fröhlichkeit, die ihre hellen, großen Augen noch mehr erglänzen ließen. Mit glühendem Verlangen hafteten die Blicke Kiotsatons an ihrer schlanken, frischen Gestalt, und er erhob sich, um Anatoha, den bisherigen Gegner, aufzusuchen. Er fand ihn zurückgezogen von dem Lärm und Treiben, im Schatten eines Baumes, an den Stamm desselben gelehnt, gestützt selbst jetzt auf seine Büchse und immer noch mit dem ernsten Ausdruck im Antlitz. Der Irokese trat vollständig an ihn heran und sagte:

„Mein Bruder Anatoha liebt nicht die Feste seiner Brüder; er ist ein Freund der Einsamkeit und der tiefen Gedanken, welche die Einsamkeit gibt. Möge es mir erlaubt sein, ihn zu stören.“

Anatoha neigte zustimmend das Haupt und lehnte die Waffe, die er in der Hand gehalten, an den Baum. So standen sie nebeneinander, die beiden Häuptlinge, beide geachtet bei ihrem Stamme, gefürchtet von ihren Feinden, an äußerer Erscheinung einander fast ähnlich, nur daß in dem Gesichte des Huronen ein Zug tiefer Ehrlichkeit einerseits, bewußter Vornehmheit anderseits stand, während sich in jenem des Irokesen listige Verschmitztheit mit einer gewissen Sinnlichkeit paarte.

Der Irokese fuhr fort:

„In wenig Worten will ich vor das Ohr meines Bruders bringen, was mein Herz bewegt. Mein Bruder Anatoha weiß, wie lieb mir Glanzauge, die Blume der Huronen, ist, und wie ich keinen sehnlicheren Wunsch kenne als den, sie als Weib in mein Wigwam zu führen. Mein Bruder weiß, daß ich der angesehenste und tapferste Krieger meines Volkes bin, und daß seine Schwester geachtet sein wird als die erste unter den Frauen der Irokesen. Siehe, der Wampumschmuck ist in meinem Hause aufgespeichert für sie allein, dir aber will ich die besten meiner Waffen, die schönsten der

Felle geben, die ich besitze, willst du Glanzauge in meine Hand und an mein Herz legen."

Kiotsaton schwieg, und der Hurone sah ihn mit seinen großen ernsten Augen durchdringend an, dann erwiderte er:

„Ich weiß, daß mein Bruder gewaltig ist vor den Kriegern seines Stammes im Streit und klug vor allen am Beratungsfeuer, ich weiß, daß Glanzauge in seinem Wigwam reich und stolz wohnen könnte, und ich weiß, daß der Friedensbund zwischen Irokesen und Huronen fester würde, wenn die Tochter meines Stammes in der Mitte des deinigen wohnen würde. Ich kenne auch wohl die Bräuche unsres Volkes, das die jungen Squaws verkauft an den Mann, der sie begehrt, aber ich will nicht, daß Glanzauge weine in den Wigwams der Irokesen. Ich werde mit meiner Schwester reden und werde nicht sprechen für dich noch gegen dich, und sie mag frei entscheiden vor deinem Angesichte selbst. Harre hier, und ich führe sie her, die Taube der Huronen, und sie soll sagen, ob sie dir folgen will, nun, da der Friede die roten Stämme vereint in den Wäldern Kanadas. Und ist sie bereit, dann mag sie mit dir gehen morgen, wenn die Sonne aufgeht."

Anatoha ergriff seine Büchse und schritt langsam in das lustige Festgewühl, während der andre mit verschränkten Armen ihm nachblickte und dann unruhig unter dem Baume auf- und niederging. Die Lieder seines Volkes klangen an seine Ohren, aber er hörte sie nicht, er träumte mit offenem Auge von der Schwester seines bisherigen Todfeindes. Er blieb wieder stehen und sah ihm abermals nach, und ein Gefühl erfaßte ihn, von welchem er sich keine Rechenschaft hätte geben können. Er haßte den Huronen aus tiefster Seele, und mit Wollust hätte er mit der Schärfe des Tomahawks ihm den Schädel spalten mögen, aber wenn Glanzauge seine Squaw ward, dann wollte er ihn liebhaben gleich einem Bruder; sein heißes, leidenschaftliches Herz hing eben mit allen Fasern an dem braunen Mädchen. Nun sah er, wie Anatoha zu ihr hintrat und sie an der Hand faßte; er neigte den Kopf vor, als ob er hören könnte, was die beiden sprachen. Einen Moment schienen die Blicke Glanzauges herüberzufliegen nach der Stelle, wo der einsame Mann stand, und es war diesem, als sehe er, wie sie verneinend das Haupt schüttelte.

Nach einer kleinen Weile kehrte Anatoha zu Kiotsaton zurück und führte Glanzauge an der Hand näher. Er sprach:

„Ich habe meiner Schwester gesagt alle die Worte, welche mein roter Bruder an mich gerichtet hat, und habe nichts hinzugethan und nichts hinweggenommen; möge Glanzauge nun selbst ihre Antwort dem Sachem der Irokesen geben."

Er trat nach diesen Worten zurück und hielt sich in einiger Entfernung von dem Paare, das unter dem Baume stand. Er konnte nicht die Worte Glanzauges hören, aber er las aus ihrem Gesichte die Entscheidung, wie er sie erwartet hatte und wie sie ihm lieb war. Das Huronenmädchen aber hatte zu dem Häuptling gesprochen:

„Ich weiß, daß der Sachem der Irokesen mich lieb hat, er hat es oft genug mir gesagt, da ich gefangen in seinem Wigwam lag, aber meine Antwort ist noch dieselbe geblieben, wie sie in jenen Tagen war. Möge mir mein roter Bruder Kiotsaton nicht zürnen, aber ich kann nicht anders. Ich würde mich immer fremd fühlen in den Wigwams der Irokesen und würde vor Sehnsucht nach meinem Volke hinwelken. Der Sachem ist ein großer, gefürchteter Krieger, er kann in seinem Stamme die beste Squaw finden, die mit Stolz ihm in sein Haus folgt, die mit Liebe ihn pflegt, wenn er würde heimkehren von der Jagd oder vom Kriegspfade, ich aber werde nur einem Manne meines Volkes als Weib angehören. Möge nie mehr das Kriegsbeil ausgegraben werden zwischen Irokesen und Huronen, und möge Kiotsaton mir ein Freund bleiben, wie ich ohne Groll an ihn denken und gern vergessen will, daß ich einst seine Gefangene gewesen bin.“

Der Häuptling stand mit gesenktem Haupte, faßte ihre Hand an und sagte mit gepreßter Stimme:

„Vermag die Taube der Huronen in die Zukunft zu schauen, und fürchtet sie nicht, daß ihre Worte einst ihrem ganzen Volke zum Fluche werden können?“

„Manitu allein weiß, was meinem Volke beschieden ist; heute ist der Tomahawk begraben worden, und die roten Krieger meines Stammes werden ihn nicht ausscharren; geschieht dies aber eines Tages von den Irokesen, dann wird mein Volk den Streit nicht fürchten, und ich werde mit ihm leben und sterben. — Ich bin die Schwester Anatohas!“

Sie neigte sich leicht vor ihm, dann eilte sie ihrem Bruder zu, und beide verschwanden bald in dem allgemeinen Treiben. Lange noch stand Kiotsaton auf demselben Flecke, anfangs mit einer gewissen Wehmut, später mit unverhohlenem Ingrimm vor sich hinstarrend.

Heller glühten die Feuer auf, als die Nacht sich um die Höhen zog, und zu den Sternen klang noch immer Singen, Jauchzen und Lärmen empor, nur der Sachem der Irokesen blieb ernst und schweigsam.

Die Versammlung am Missionshause von Sainte Marie.

Dreizehntes Kapitel.

Das Wehrgeld.

Durch längere Zeit erfuhr der Friede keine Störung. Ruhig glitten die Kanoes der Irokesen und Huronen aneinander vorüber auf den großen Strömen, beide Nationen traten in regen Verkehr mit den Franzosen, und besonders schwunghaft ward jetzt der Pelzhandel betrieben, so daß die zwischen Quebec und Montreal verkehrenden Schiffe reicher als sonst beladen waren. Zwischen diesen beiden französischen Niederlassungen bahnte sich übrigens ein freundlicheres Verhältnis an, seit der in Quebec residierende Generalgouverneur Montmagny abgesetzt worden war; man hatte seitens der französischen Regierung diese Stelle Maisonneuve angetragen, der aber fühlte sich in dem Fort, das er gegründet, erweitert und immer mehr befestigt hatte, und das ihm wahrlich an das Herz gewachsen war, ungemein wohl und lehnte ab. An seiner Stelle wurde einer seiner Freunde d'Aillebouft ernannt. Der Zuzug aus Frankreich mehrte sich; es kamen Männer und Weiber, und auch die Gründung Maisonneuves erhielt eine Vermehrung der Einwohner. Der Jesuitenorden hatte gleichzeitig eine neue Zahl seiner Mitglieder nach der Neuen Welt gesendet, um mit größter Energie das Werk der Heidenbekehrung zu betreiben, und nach allen Orten hin zogen diese Glaubensboten, voll geradezu fanatischen Eifers, der Sache ihrer Kirche zu dienen.

Bald wurden eine Anzahl huronischer Städte mit den Namen von katholischen Heiligen umgetauft, und mitten in den kanadischen Wäldern gab es nun ein St. Ignaz, St. Louis, St. Michael, St. Jean Baptiste u. s. w. In einigen dieser Städte waren die Christen bald zahlreicher wie die Heiden, wie beispielsweise in der Stadt Anatohas, Teanaustayee, oder, wie die Jesuiten sie genannt, St. Joseph. In allen diesen Orten befanden sich Kirchen, die meisten von ihnen hatten Glocken, welche in der Regel an irgend einem Baume aufgehängt waren und jeden Morgen die Bekehrten zum Gottesdienst riefen. Dann kamen dieselben von allen Seiten aus ihren Rindenwohnungen herbei, und besonders Sonntags nahmen Messen, Gebete, Beichten, Predigten, Hersagen von Rosenkränzen kein Ende.

Die Huronen, welche zu dem neuen Glauben sich bekannten, entsagten von derselben Zeit ab den Mahlzeiten, Tänzen und Spielen, wie sie bei ihrem Volke im allgemeinen üblich waren und zumeist im Zusammenhange mit religiösen Vorkommnissen gefeiert wurden. Da indes eine immer nicht unbeträchtliche Zahl alle Bekehrungsversuche mit Entschiedenheit zurückwies, so bildeten sich in den huronischen Gemeinden zwei Parteien, von welchen die heidnische der christlichen mit Schroffheit gegenüberstand; daß die Missionare bei ersterer geradezu verhaßt waren, ist begreiflich, obwohl sie durch diesen Haß in ihrer Wirksamkeit sich nicht abschrecken ließen.

Das eigentliche Zentrum der ganzen Huronenmission war jedoch St. Marie.

Wenn man den kleinen Fluß Wye hinauffuhr, welcher in die Bai von Glocester, einen Teil der großen Georgbai im Huronensee, einmündet, so hatte man etwa eine halbe Meile lang zur Rechten und Linken nur düstere, schweigende Urwälder; dann aber änderte sich wie mit einem Schlage der Charakter der Landschaft; weit ausgedehnte, wogende Maisfelder strecken sich am Ufer hin und ziehen sich in die Ebene hinein bis an den Saum der zurücktretenden Wälder. Etwas zur Rechten breitet sich der kleine See aus, aus welchem der Wyefluß entspringt, zur Linken aber, wenige hundert Schritte vom Ufer entfernt, erhoben sich Mauern und Palissaden, über sie schauten die Dächer einiger größeren Gebäude hinweg.

Das war das Fort Sainte Marie, und noch heute, nach mehr als 200 Jahren, lassen sich in dem Walde, der seitdem über die Trümmer des Ortes emporgewachsen ist, die Spuren und Überreste der einstigen Befestigungen verfolgen.

Diese Fortifikationen hatten etwa die Form eines Parallelogramms von ca. 185 Fuß Länge und 90 Fuß Breite und zogen sich in gleicher

Richtung mit dem Flusse hin. Die diesem und dem See zugewendeten Seiten hatten als Verteidigungswerke lediglich einen Graben und eine Palissade, an deren Enden sich Bastionen erhoben, die mit dem Zeichen des Kreuzes geschmückt waren. Innerhalb dieser Befestigungen stand die Kirche, das Refektorium der Missionare, ein Hospital, einige andre Holzbauten und in der Nähe der Kirche, aber außerhalb der Palissaden, ein kleiner Kirchhof. Jenseit eines Kanales, welcher in den Fluß mündete, befand sich auf einer dreieckigen, noch immer erkennbaren Fläche ein großes Holzhaus, wohl zum Schutze und zur Aufnahme indianischer Besucher bestimmt, welche überaus zahlreich nach Sainte Marie kamen.

Die sämtlichen Gebäude des Ortes waren außerordentlich roh — nackte Rinden- und Bretterwände, Fensteröffnungen ohne Glas, mächtige Schornsteine aus unbehauenem Stein. Am meisten war die Kirche geschmückt, welche als Sehenswürdigkeit weit und breit in den Indianerstädten und Dörfern ausgeschrieen ward. Man staunte in der That darüber, wie so viel Arbeit in so kurzer Zeit ausgeführt werden konnte, indes der Mission standen Leute hinlänglich zur Verfügung. Soldaten aus Quebec und Montreal waren anfänglich zum Schutze der Jesuiten hierher stationiert worden, und sie halfen am Baue; außerdem war jeder Bewohner Kanadas gern gesehen, welcher sich der neuen Kolonie anschließen wollte, und jeder erhielt von der Mission seinen Lebensunterhalt und das Recht, von den Indianern Pelze zu erhandeln und dieselben zu festgesetzten Preisen an die französische Handelskompanie in Quebec zu verkaufen.

So hatte sich hier um die Jesuiten eine Anzahl begeisterter und selbstloser Männer zusammengefunden, welche, von dem fanatischen Eifer der Missionare angesteckt und fortgerissen, nicht genug der Mühsale und Beschwerden finden konnten, und selbst auf den materiellen Gewinn des Pelzhandels zu gunsten der Mission verzichteten. Dabei betrieb man den Ackerbau in ungemein rationeller Weise und erzeugte besonders bedeutende Quantitäten von Mais. Aus einem Bericht des Superiors der Niederlassung erfahren wir, daß die Jesuiten Geflügel, Schweine und selbst Rinder besaßen.

Diese ihnen zur Verfügung stehenden Mittel benutzten sie in kluger und redlicher Weise. An allen Sonn- und Festtagen strömten die Neubekehrten in Massen aus den umliegenden Orten herbei und wurden auf das Gastlichste bewirtet, nachdem sie dem mit allem Pomp gefeierten Gottesdienste beigewohnt hatten. In der letzten Zeit hatten freilich auch noch andre Veranlassungen solche Gäste herbeigeführt.

Im Gebiete der Huronen war eine drückende Hungersnot ausgebrochen, wie immer mit Seuchen im Gefolge. In ganzen Schwärmen kamen Bekehrte wie Heiden nach der gastlichen Ansiedelung, und dreitausend, später sogar sechstausend fanden hier Aufnahme. Die Heiden durften indes nicht über Nacht innerhalb der Befestigung bleiben, ein Umstand, der manchen bewog, aus rein weltlichem Interesse zum Christentume überzutreten, so daß die Missionare eigentlich etwas vorschnell sich über das ungemeine Anwachsen der christlichen Kirche freuten. Von hier aus gingen die glaubenseifrigen Männer nach allen Richtungen aus in die Wälder, das Licht der Christuslehre den Heiden zu bringen, und so wenig vielleicht mitunter die Mittel zu billigen sind, deren sie bei Bekehrungen sich bedienten, so wenig Gewicht sie auch auf die innere Überzeugung ihrer Proselyten legten, so zwingt doch der Opfermut, die außerordentliche Entsagungsfreudigkeit, die Willensstärke und vielfach das Martyrium dieser Männer uns Achtung ab. Im Sommer und Winter folgte der Priester den wandernden Horden über Ströme und Seeen, durch Steppen und Wälder: im Sommer handhabte er das Ruder den ganzen Tag oder arbeitete sich durch wegelose Dickichte, unter der Last eines Kanoes oder seines Gepäckes keuchend, des Nachts war die rauhe Erde oder ein kahler Fels, an den die rastlosen Wellen des Huronensees schäumten, sein Lager, während Hungersnot, Schneestürme, Kälte, berstende Eisdecken, Schmutz, Drohung und Verfolgung das Los seiner aufopfernden Winterfahrten war.

Hierher hatte sich Brebeuf begeben, um so besser im Mittelpunkte der ganzen Missionsthätigkeit zu stehen. Hervorragend stand er da unter seinen Brüdern, körperlich wie geistig. Sein Bart war bereits ergraut, aber sein Blick war hell und sein Nacken aufrecht und gehoben. Wenn er unberührt von seiner Umgebung dasaß, so geschah es, weil ein alles überwältigender Gedanke alle Impulse seiner Natur und alle seine Geistesfähigkeiten in sich aufgesogen hatte. Die Begeisterung, welche bei vielen launenhaft und zeitweise herrscht, bildete den Strom seines Lebens und war so feierlich und tief, wie die Flut des Geschickes. Die heilige Dreieinigkeit, die Jungfrau, die Heiligen, Himmel und Hölle, Engel und Teufel — sie allein waren für ihn wirklich, alle andern Dinge waren nichtig.*)

Außer ihm lebten hier der wackere Ragueneau, der von den Feuerbränden und Messern der Wilden entstellte Bressani, Chabanel, einst ein berühmter Professor der Redekunst in Frankreich, jetzt ein Missionar, der sich durch einen selbst auferlegten Eid zu einem Leben verpflichtet hatte, vor welchem seine Natur zurückschrak, der fanatische Chaumonat, dessen Charakter seine bäuerliche Herkunft verriet, denn der ungeheuerlichste Auswuchs des Aberglaubens, welcher je unter dem Schatten Roms entstanden, war nicht zu ungeheuerlich für seine alles verschlingende Gläubigkeit, Wunder und

*) Siehe: „Die Jesuiten in Nordamerika“ von F. Parkmann. S. 321.

Geheimnisse bildeten sein tägliches Brot, und, wie auch sein Glauben sein mochte, stündlich war er bereit, für denselben zu sterben; Garnier, welcher bartlos war, mit dem zarten Gesichte einer Frau, eine feinere Natur, dessen Religion im Gemüte und in Gefühlen wurzelte; seine durch die Glut des Glaubens erhitzte Einbildungskraft ließ aber die idealen Formen seiner Anbetung zu sichtbarer Wirklichkeit werden.

Am schwierigsten war es, Häuptlinge und Medizinmänner oder Zauberer bekehren zu wollen. Diese glaubten durch die Verehrung, welche die Proselyten den Missionaren bezeigten, ihr Ansehen erschüttert und wirkten denselben, soviel sie nur vermochten, entgegen. Anatoha allein, der angesehenste Mann der Huronen, that dies nicht direkt, indirekt aber gleichfalls dadurch, daß er trotz seiner stets freundlichen Gesinnungen für die Franzosen sich doch auf das Entschiedenste weigerte, sich taufen zu lassen. Er setzte seinen Stolz darein, jenen Gott weiter zu verehren, den seine Urväter verehrt hatten, die dabei glücklich gewesen waren. Auch Glanzauge, welche in dem Bruder das Ideal eines ehrenhaften Mannes und großen Kriegers sah, war nicht zu bewegen zur Annahme des Christentumes.

Die gefährlichsten Feinde der Mission blieben jedoch die Powows, welche durch Verleumdungen der böswilligsten Art den Jesuiten entgegenzuwirken bemüht waren. So hatten sie namentlich eine ersonnen, welche selbst unter Bekehrten große Verbreitung fand und eine bedeutende, schädigende Wirkung hervorbrachte. Sie streuten aus, daß ein getauftes Huronenmädchen, welches vor kurzem gestorben und auf dem Kirchhof von Sainte Marie begraben worden war, wieder auferstanden und einen traurigen und geradezu entsetzlichen Bericht über den Himmel der Franzosen erstattet habe. Sie erzählte nach diesen rasch sich verbreitenden Angaben, daß sie gleich nach ihrem Eintritte in den Raum des Himmels ergriffen worden sei, daß man sie an den Marterpfahl gekettet und mit entsetzlicher Grausamkeit gemißhandelt habe; ganz so sei man mit allen andern Huronen verfahren, und das habe die Erholung und Freude der Bleichgesichter und besonders der Jesuiten gebildet. Nachdem es ungemein viel ausgestanden, habe ein unbekannter Freund dem Mädchen den Pfad gezeigt, der es zur Erde zurückführte; es eilte schnell heim, um seine Landsleute vor den Missionaren zu warnen. Diese ertrügen nur deshalb auf Erden so viele Gefahren und Entbehrungen, gerade wie eine Kriegsgesellschaft in des Feindes Land mit großer eigner Gefahr einfällt, um Gefangene zum Verbrennen mit heimzubringen.

Die Jesuiten suchten diesem unheilvollen Gerüchte auf alle Weise entgegenzutreten, ja sie gingen daran, die Leiche auszugraben und sie dem Volke zu zeigen, damit ein jeder sich überzeuge, daß die Tote nicht zurückgekommen sein könne. Es faßte indes die Missionare kein geringer Schrecken, als sie das Grab leer fanden, und wenn sie gleich wußten, auf welche Weise die Verstorbene verschwunden sein mußte, so gab doch diese Wahrnehmung ihren Feinden die größte Waffe in die Hand, und die Erregung stieg auf das Äußerste. — Kurz zuvor aber war auch der Friede zwischen Huronen und Irokesen aufs neue gebrochen worden.

Die Abgesandten der Irokesen, welche in Villemarie den Frieden geschlossen hatten, handelten wenigstens für den Augenblick mit Aufrichtigkeit. Aber das Bündnis hatte doch einen doppelten Fehler. Einmal waren beide indianische Stämme von Haus aus unbeständig, launisch, zügellos, und der Haß zwischen ihnen war ein altvererbter und schwerlich auf die Dauer vollständig zurückzudrängender, und anderseits hatten die Irokesen, obwohl sie das Gegenteil behauptet, doch nicht die Gesamtheit ihres in fünf Nationen zerfallenden Volkes, sondern eigentlich nur eine von ihnen, die Mohawks, vertreten. Wenngleich diese nun die zahlreichste und angesehenste war, so blieben die andern Nationen doch den Huronen feindlich gesinnt, und im Grunde hielt es nicht schwer, auch die kriegerischen Mohawks wieder zum Friedensbruche zu bringen. Es bedurfte nur eines Funkens, um die Glut, welche unter der Friedensasche fortglimmte, wieder zu heller Flamme emporschlagen zu lassen.

Um einer Jagdbeute willen war ein Hurone mit einem Irokesen der vier Nationen in Streit geraten, und der Hurone hatte in der Aufregung und im momentanen Aufwallen des alten Hasses den andern erschlagen. Das hatte zur Folge, daß eine Bande Irokesen ein Huronendorf überfiel, niederbrannte und mit alter, entsetzlicher Grausamkeit gegen die Bewohner wütete. Und als hätte man seitens der Irokesen nur auf einen Anfang gewartet, so brachen nun von allen Seiten die Krieger dieses Volkes, die Mohawks voran, in das Gebiet der Huronen ein, auf welchen ohnehin die Hand des Himmels lag, und die durch Hungersnot, Seuchen und die innere religiöse Zwietracht zerrissen waren. Vergebens suchten die Franzosen zu vermitteln; einer der Jesuiten, welcher als Abgesandter zu den Mohawks geschickt worden war, fand die Clans derselben zwar unter sich uneins, aber doch bereit zum Kampfe, und als er für die Huronen eintrat, ward er trotz des Widerspruches einzelner erschlagen.

Eine gewaltige Aufregung ging durch ganz Kanada; überall ward gerüstet, und erbitterter als je standen sich die Parteien gegenüber.

Damals entstand jenes Gerücht in Sainte Marie von der aus dem Himmel zurückgekehrten Toten, und trotz der für die Huronen im allgemeinen ungünstigen Situation, schürten die Zauberer und heidnischen Häuptlinge in ihrer maßlosen Verblendung den Haß gegen die Missionare und die Bleichgesichter überhaupt, und so kam es, daß ein junger Franzose, Douart mit

Namen, als er sich an einem Abende in geringer Entfernung vom Jesuitenhause befand, von zwei Indianern erschlagen wurde. Es entstand infolgedessen eine gewaltige Bewegung, und es schien, als ob es zwischen den Bekehrten und den Franzosen einerseits, den Heiden anderseits zu blutigem Zusammenstoß kommen würde. Aber da beiden Parteien ein gemeinsamer, gefährlicher Feind drohte, so behielten die Klügeren und Besonneneren die Oberhand. Dazu kam, daß zum eventuellen Schutze der Niederlassung am Tage nach der Blutthat ein kleines Kommando französischer Soldaten eintraf, bei welchem sich auch Longinus und Tom als Freiwillige befanden. Das stimmte den Ton der Heiden ganz bedeutend herab, und ihre Führer knüpften selbst Unterhandlungen an.

Die Kunde von diesen Vorgängen war zu Anatoha gedrungen, und dieser eilte im ersten Schrecken selbst herbei, um in dieser gefahrvollen Zeit die Angelegenheit zu ordnen und sich und seinem Volke den einzigen Bundesgenossen, die Bleichgesichter, zu erhalten. Die Jesuiten bestanden darauf, daß ihnen eine Genugthuung geleistet werde, und zwar verlangten sie klugerweise nicht etwa die Auslieferung und Bestrafung der Mörder, sondern wußten sich dem indianischen Gebrauche zu fügen, gemäß welchem die ganze Nation durch Geschenke das Verbrechen sühnen sollte. Die Zahl derselben, ihr Wert und die Art der Überreichung war durch alte Gebräuche festgesetzt; einige Bekehrte, welche als Ratgeber dienten, rieten den Vätern bei jedem Schritte, der in einem Falle von solcher Wichtigkeit sich ziemte.

Die von Anatoha ganz und gar beeinflußten, ja eingeschüchterten Häuptlinge ersuchten zunächst die Jesuiten, in einer großen Versammlung der Nation mit ihnen zusammenzukommen. Das geschah denn auch, und hier erhob sich ein von den andern gewählter alter heidnischer Häuptling und redete nun den Oberen der Jesuiten, der als Häuptling der Franzosen hier galt, folgendermaßen an:*)

„Mein Bruder, schaue auf die hier versammelten Stämme unsres Bundes! Wir sind nur eine Hand voll; ihr seid die Stütze und das Bollwerk dieser Nation. Ein Donnerkeil ist vom Himmel herabgefahren und hat einen gähnenden Schlund in die Erde gerissen. Wir werden hineinstürzen, wenn ihr uns nicht zurückhaltet. Habt Mitleid mit uns. Wir sind hier versammelt, nicht so sehr, um zu sprechen, als über unsern und euern Verlust zu weinen. Unser Land ist nur ein Gerippe ohne Fleisch, Adern, Sehnen oder Blutgefäße, und seine Knochen hängen nur durch einen Faden zusammen. Dieser Faden ist zerrissen durch den Streich, welcher auf den Kopf eures von uns beweinten Neffen (Verwandten) gefallen ist. Es war ein Dämon der

*) Siehe Parkmann, „die Jesuiten in Nordamerika“; S. 310 ff.

Hölle, welcher das Beil in des Mörders Hand legte. Warst du es, Sonne, deren Strahlen uns bescheinen, die ihn zu jener That verführt hat? Warum hast du nicht dein Licht verdunkelt, auf daß er über sein Verbrechen vor Entsetzen erstarrte? — Warst du sein Helfershelfer? Nein; denn er wandelte in Finsternis und sah nicht, wohin er schlug. Jener elende Mörder, er dachte, er habe auf den Kopf eines jungen Franzosen gezielt, doch der Schlag traf sein Land und brachte diesem eine tödliche Wunde bei. Die Erde öffnet sich, um das Blut des unschuldigen Opfers aufzunehmen, und wir werden von dem Schlund verschlungen werden, denn wir alle sind schuldig. Die Irokesen frohlocken über seinen Tod und feiern ihn wie einen Triumph, denn sie sehen, daß unsre Waffen gegeneinander gerichtet sind und wissen recht wohl, daß unsre Nation dem Mitleid nahe ist.

„Bruder, habe Mitleid mit dieser Nation! Du allein kannst ihr das Leben wiedergeben. Du mußt die zerstreuten Knochen sammeln und diesen Schlund schließen, der uns entgegengähnt, um uns zu verschlingen. Habe Mitleid mit deinem Lande. Ich nenne es das deinige, da du Herr in demselben bist, und wir kamen hierher wie Verbrecher, um unser Urteil zu empfangen, wenn du uns nicht begnadigen willst. Habe Mitleid mit denen, die sich selbst verdammen und dich um Vergebung bitten. O du bist es gewesen, welcher der Nation Stärke gegeben hat dadurch, daß du unter ihr wohnst, und wenn du uns verlässest, werden wir einem aus dem Boden gerissenen Strohhalm gleichen, um das Spiel des Windes zu sein. Dieses Land ist ein auf den Wellen treibendes Eiland, das der erste Sturm überfluten und versenken wird. Befestige es wieder an seine Grundlagen, und die Nachwelt wird nie vergessen, dich zu preisen. Als wir erst von diesem Mord hörten, konnten wir nur Thränen vergießen, jetzt aber sind wir bereit, deine Befehle zu empfangen und deinen Forderungen zu genügen. Sprich also und verlange jede Genugthuung, denn unser Leben und unsre Besitztümer gehören dir; und selbst wenn wir unsre Kinder berauben sollten, um dich zufriedenzustellen, so werden wir ihnen sagen, daß sie sich nicht über dich zu beklagen haben, sondern über den, dessen Verbrechen uns alle schuldig gemacht hat. Unser Zorn ist gegen jenen gerichtet, aber für dich fühlen wir nichts als Liebe. Er vernichtete unser Leben, du aber wirst es uns wiedergeben, wenn du nur sprechen oder uns sagen willst, was du von uns gethan wissen willst."

So sprach der Redner, und nun ergriff Ragueneau, der älteste der Jesuiten, das Wort und entgegnete in milder Weise, daß die Franzosen bereit wären zu vergeben und zu vergessen, da ihre roten Brüder sich geneigt zeigten zu Sühne und Buße. Hierauf übergab er dem indianischen Redner ein Bündel kleiner Stäbe, welche die Zahl der zur Sühne des Mordes geforderten Geschenke angaben.

Diese Stäbe wurden unter die verschiedenen, an der Beratung teilnehmenden Stämme verteilt, damit ein jeder von ihnen seinen Beitrag zur Entschädigung leiste. Hierauf gingen die Versammelten auseinander, ein jeder ging mit seinem Anteil von Stäben nach seinem Dorfe, um dort die entsprechende Anzahl von Geschenken zu sammeln. Dieselben wurden lediglich durch freiwillige Gaben aufgebracht, da aber alle den Ehrgeiz hatten, ihren Gemeinsinn zu zeigen, so waren die Zuschüsse reichlich. Niemand dachte dabei daran, die Mörder zu belästigen; sie waren genug bestraft, daß sie sich der Opfer schämten, welche ihretwegen von den Gemeinden aufgebracht werden mußten.

Endlich lagen die Geschenke sämtlich bereit, und nun wurde ein Tag festgesetzt, an welchem dieselben feierlich überreicht werden sollten. Von allen Seiten hatte sich das Volk dazu eingefunden, und auf freiem Felde neben dem Missionshause von Sainte Marie sollte die Versammlung abgehalten werden. Schon am Abend zuvor kamen die Häuptlinge zu ernster Beratung zusammen und wählten vier aus ihrer Mitte, zwei Christen und zwei Heiden, darunter Anatoha, um dem Rektor der Jesuiten ihre Ansprache zu überbringen. Sie kamen sämtlich bereits mit Geschenken beladen, aber dieselben hatten nur einleitende, vorbereitende Bedeutung. Eines sollte die Thür öffnen, ein andres die Erlaubnis zum Eintritt auswirken.

Nun traten sie hin vor Pater Ragueneau, und Anatoha nahm das Wort zu einer kurzen und in ihrer Art gediegenen Rede, bei welcher jeder Satz mit einem Geschenk bekräftigt wurde. Das erste sollte die Thränen abwischen, die um den Toten geweint waren, das zweite die Stimme wiederherstellen, welcher der Grimm geschadet haben konnte, das dritte die Aufregung des Geistes besänftigen und das vierte den gerechten Zorn des Herzens beschwichtigen.

Es war durchaus nur Wampumschmuck, Muscheln und Dinge, die an sich von geringer Bedeutung, doch in den Augen des Indianers hohen Wert haben. Es folgten nun neun weitere Geschenke: vier für die Pfosten des Grabmales oder der Bahre des Gemordeten; vier für die Querhölzer, welche die Pfosten verbanden, und eins für ein Kissen, um sein totes Haupt darauf zu legen. Diesen reihten sich acht andre an, welche den acht größten Knochen des Körpers des Toten und weitere acht, welche den Clans der Huronen entsprachen. Der Jesuitensuperior, welcher mit den Bräuchen der Indianer wohlvertraut war, unterließ nicht, der Deputation ein Gegengeschenk von dreitausend Wampumperlen zu machen, das die Erde erweichen sollte — wie er erläuternd hinzufügte — wenn sie, von seinen Vorwürfen über die Größe des Verbrechens überwältigt, hinfielen.

Am nächsten Tage nun fand die große Feierlichkeit selbst statt. Es war auf dem erwähnten Platze ein Gerüst aufgeschlagen worden; daran hatten die Huronen die fünfzig vorgeschriebenen Geschenke aufgehängt und andre fünfzig aus freien Stücken noch hinzugefügt. Den Jesuiten stand das Recht zu, alle genau zu untersuchen, die ihnen nicht entsprechenden Gaben zurückzuweisen und andre zu verlangen. Ringsum saß in tiefem, erwartungsvollem Schweigen die Menge der nackten Gestalten, und der in der Mitte befindliche Redner hielt seine Ansprache, in welcher er in der gewohnten naiven und doch poetischen Art die Bedeutung der einzelnen Geschenke erläuterte. Dann kamen die geringeren Gaben, eine jede mit einer Erklärung. Erstlich war es jetzt, da am vorigen Abend in den Geschenken ein Grab für den toten Mann bereitet war, notwendig, ihn für seine Reise nach dem Jenseits zu kleiden und auszustatten, und zu diesem Zweck wurden drei Geschenke gegeben. Es waren Wampum, Biberfelle und Ähnliches; sie stellten einen Hut, einen Rock, ein Hemd, Beinkleider, Schuhe, Strümpfe, Waffen dar. Nun kamen Gaben, bestimmt, die Wunden des Erschlagenen zu schließen. Dann folgten weitere drei: die erste schloß den Schlund in der Erde, welche aus Entsetzen über das Verbrechen geborsten war, die zweite stampfte den Boden fest, damit er sich nicht wieder öffnen könne — und hierbei erhob sich die ganze Versammlung und tanzte, wie es der Brauch verlangte. Die letzte legte einen großen Stein auf den geschlossenen Abgrund, um ihn doppelt sicher zu schließen.

Alsdann folgte eine Reihe von Geschenken, sieben an Zahl, um die Stimmen aller Missionare wiederherzustellen — um die in ihren Diensten stehenden Männer zu bewegen, den Mord zu vergessen — um Maisonneuve zu besänftigen, wenn er davon hören sollte — um das Feuer in St. Marie anzustecken — um das Thor zu öffnen — um das Fahrzeug flott zu machen, in welchem die huronischen Besucher über den Fluß fuhren — und um dem Jungen, welcher das Boot in Obhut hatte, das Ruder zurückzugeben.

Ganz zuletzt wurden noch drei Geschenke gegeben, um alle übrigen zu bestätigen und die Jesuiten zu beschwören, ewige Liebe zu den Huronen zu hegen.

Die Priester ihrerseits gaben Geschenke als Beweis ihres Wohlwollens, und fröhlich ging hierauf die Versammlung auseinander. Der Einfluß der Mission war durch diese ganze Angelegenheit bedeutend erstarkt, und die Zukunft wäre voll froher Hoffnung gewesen, wenn nicht die Kriegswolke allzu drohend am Himmel gestanden hätte.

Die Irokesen verlassen die brennende Stadt.

Vierzehntes Kapitel.

Der Überfall von St. Joseph.

Es war ein herrlicher Sommermorgen aufgegangen über der Huronenstadt St. Joseph. Dieselbe war ungefähr 112 km entfernt von St. Marie, lag im Südosten des Huronenlandes, in einer freundlichen Thalung und wurde als die stärkste Festung des ganzen Gebietes geschätzt. Stattliche Palissaden umgaben dieselbe von allen Seiten, und über die Palissaden herein blickten dunkelbewaldete niedrige Bergzüge. Die Morgensonne flimmerte traulich über den gewölbten Decken der aneinander gedrängten Häuser, und die mit grellen Farben bemalten Totems (Wappenschilder) glänzten. Die Stadt war gewöhnlich außerordentlich belebt, war der Mittelpunkt manches huronischen Festes, und viele Irokesen hatten hier am Marterpfahl gestanden und waren unter entsetzlichen Foltern verbrannt worden.

Heute war es ungewöhnlich still in den Gassen; hier und da lag ein schmutziger Hund vor einem Hause und blinzelte schläfrig in die Sonne, nackte Kinder kollerten durcheinander in dem Staube der Straße und quiekten und lärmten, größere Knaben spielten mit Kirschkernwürfeln auf einer Holzplatte, junge Mädchen standen im Schatten einer Buche und schäkerten und lachten, und hie und da sah man eine runzlige alte Squaw mit müdem, abgelebtem Gesichte vor einem Wigwam, welche Korn stampfte in einem großen, hölzernen Mörser. Das sah alles so friedlich aus, als ob es keine Irokesen oder keinen Krieg mit ihnen gebe. Selten nur erblickte man einen Krieger in den Gassen, waffenlos und mit verdrossenen Mienen. Die Männer waren fast alle ausgezogen. Einige von ihnen huldigten der Jagd, um für die notwendigen Lebensbedürfnisse zu sorgen, andre streiften auf eigne Faust auf dem Kriegspfade, und die meisten, Anatoha an der Spitze, waren nach den französischen Ansiedelungen hinabgefahren, um Pelze zu verhandeln und sich dafür, was sie eben im Haushalte brauchten, Beile, Messer, Kessel, vielleicht auch etwas Feuerwasser, einzutauschen.

Vor dem Eingang eines der angesehensten Häuser saß ein Mädchen, beschäftigt, ein Kleidungsstück anzufertigen. Rasch bewegte sich die kleine, braune Hand, und die Augen waren niedergesenkt auf die Arbeit. Nicht weit von ihr, in dem Bereich der Sonne, lag ein stattlicher Wolfshund, den Kopf zwischen die Vorderpfoten niedergedrückt, und blinzelte ab und zu herüber, als ob er ein freundliches Wort erwarte. Endlich hob die Fleißige den Kopf und schaute mit hellen, großen Augen die Straße entlang — es ist kein Zweifel mehr, es ist Glanzauge. Einsam sitzt sie hier im Schatten des brüderlichen Wigwams, während ihre Freundinnen beim Brunnen lustig plaudern, so daß ihr ausgelassenes Lachen bis an ihr Ohr schlägt; aber es lockt sie nicht, aufzustehen, sie träumt weiter, wie sie bisher geträumt, und ihre Gedanken ziehen durch vergangene Tage. Die traulichen Stunden in Villemarie grüßen sie; sie denkt an die freundliche Marie mit den lichten Wangen, an den stattlichen Maisonneuve, an den wackeren Longinus, den biederen Tom, alles Freudvolle und Leidvolle geht schattenhaft an ihr vorüber, ohne daß sie eigentlich Sehnsucht nach den Wohnungen der Bleichgesichter empfunden hätte. Sie fühlt sich wohl in den Wigwams ihres Volkes, wo die Achtung, die man ihrem Bruder zollt, auch auf sie übergeht, wo sie als Kind, wie dort die nackten Kleinen, im Staub der Gasse spielte, wo sie einstens als ehrbare Squaw wohnen und für den kriegerischen Gatten die Geschäfte des Hauses besorgen wird. Wer aber wird das sein? — Ein Lächeln fliegt wie Sonnenschein über das hübsche, braune Gesicht und vielleicht, ganz in der Tiefe des Herzens taucht das Bild eines jungen, stattlichen Huronen auf, der ihr manche Aufmerksamkeit schon erwiesen hat, und der ihr lieb, wirklich recht lieb ist.

Jetzt kam die Gasse daher ein hoher Mann, im abgeschabten, schwarzen Gewande, die Stirn gebräunt, aber kein Angehöriger des roten Stammes, sondern ein Bleichgesicht. Es war der Vertreter der Jesuitenmission, Anton Daniel. Glanzauge grüßte, und der Priester blieb stehen und sah sie mit seinen ernsten Augen an.

„Geht dein Bruder Anatoha auf dem Kriegspfade?“ fragte er. Sie erwiderte, daß er mit den Händlern gegen Villemarie gefahren sei.

„Dein Bruder ist ein großer Krieger und ein weiser Sachem, warum ist er in dem einen nicht klug, seine Seele sich zu retten und den Himmel zu gewinnen? Warum verwehrt er auch dir, zu dem Glauben überzutreten, welcher allein ewiges Leben bietet?“

„Mein Bruder hat mir nichts verwehrt“, sagte das Mädchen sanft, aber entschieden, „aber ich achte ihn, und was er thut, thue auch ich, weil es recht ist, was er thut. Wird er zu Euch gehen und zu Euren Füßen sitzen, wenn Ihr redet, so wird auch Glanzauge kommen und Euren Worten lauschen; solange er aber an dem Gotte der roten Kinder festhält, wird auch Glanzauge nicht anders glauben.“

„Und willst du nicht wenigstens einmal mit nach der Kirche gehen und sehen und hören, wie die Auserwählten deines Volkes zu unserm Gotte beten und getröstet und ermutigt vom Altare gehen, wo der Herr der Welt sie würdigt, mit ihm vereint zu werden?“

Glanzauge schüttelte verneinend das Haupt.

„Wenn Anatoha gehen wird“, sagte sie milde, aber fest. Der Jesuit wendete sich langsam ab und schritt weiter durch die Gasse bis an das Ende derselben, wo die einfache Kirche stand. Er vermochte die Halsstarrigkeit des Mädchens nicht zu begreifen, zu deren Herzen und Gemüt er schon mehrere Male ebenso vergeblich wie zu dem Anatohas gesprochen hatte. Bald klang das Glöcklein durch die Gassen, und von allen Seiten kamen nun die Bekehrten herbei, um nach dem kleinen Gotteshause zu eilen. Es wurde noch stiller in der Stadt, selbst die Kinder schwiegen, und das Mädchen glaubte undeutlich und verhallend die frommen Gesänge der Christen zu hören. Das Wasser plätscherte in dem nahen Brunnen, die Huronenmädchen aber, welche um denselben standen, waren verschwunden, nur das dumpfe Aufstoßen der Kolben in den Holzmörsern unterbrach die Stille.

Da kam ein junger Krieger des Weges; sein Leib glänzte wie frisch geölt, das lange, gesalbte Haar fiel strahlend auf den braunen Nacken, in dem Gürtel blitzte Messer und Tomahawk. Es war eine schlanke, sehnige Gestalt, die im Gefühle der Kraft mit elastischem Schritt und gehobenem Haupte gegen das Mädchen herankam. Glanzauge hatte ihn wohl bemerkt, und das Herz schien ihr ein wenig schneller zu schlagen; aber sie sah nicht auf, und die arbeitende Hand rastete keine Sekunde. Der junge Hurone war Skandavati, derselbe, welcher nach dem Raube Glanzauges sich an Longinus angeschlossen hatte, um sie suchen zu helfen. Er war der Sohn eines Häuptlings und genoß selbst schon das Ansehen eines solchen bei seinen Stammesgenossen, denn Mut und Stärke, List und Wagehalsigkeit zeichneten ihn aus.

Er hatte erst vor kurzem mit zwei Gefährten eine überaus kühne That ausgeführt. Die drei Huronen hatten die Wälder durchstreift und waren so gegen Mitternacht zu der zwanzig Tagereisen von St. Joseph entfernten großen Stadt der Senecas, einer Irokesennation, gekommen. Sie schlichen sich mit größter Kühnheit in dieselbe ein, fanden aber die Thüren der Häuser verschlossen. Da schnitten sie in die Wand eines der größten eine Öffnung, krochen durch dieselbe hinein, fachten sogar das erlöschende Feuer wieder an und überfielen nun beim Scheine desselben die zahlreichen Bewohner, erschlugen sie und schmückten sich mit den rauchenden Skalpen. Trotz des Lärmes und der Aufregung, welche nun entstanden, und trotzdem auf das Geschrei der Opfer von allen Seiten die Irokesen herbeieilten, gelang es doch den Huronen, glücklich zu entkommen und ihre Stadt wieder zu erreichen.

Skandavati näherte sich Glanzauge und blieb endlich kurz vor ihr stehen. Sie erwiderte seinen Gruß, ohne die Augen zu erheben. Er schien auf ihre Arbeit niederzusehen, und es trat nach der gegenseitigen Begrüßung eine Pause ein, welche das Mädchen unterbrach:

„Mein Bruder Skandavati geht nicht auf dem Jagd- und Kriegspfade mit den Kriegern unsres Stammes?“

Es lag kein Vorwurf in dem Tone der Frage, der junge Hurone mußte aber doch einen solchen herausgefunden haben, denn er sagte:

„Möge mich die Taube der Huronen nicht für feige und träge halten, weil ich zu Hause bin unter den Weibern und Kindern und Greisen. Mein Wigwam ist gefüllt mit Jagdbeute, und an seinen Wänden hängen die Skalpe meiner Feinde.“

„Wir wissen es alle, daß Skandavati ein mutiger Krieger und ein großer Jäger ist“, sprach das Mädchen und sah ihn mit den hellen, großen Augen an.

„Aber mein Bruder ist geschmückt und gesalbt“, fuhr sie fort, „als ob er Großes vorhabe. Willst du mir erzählen, wohin dich dein Weg führt, und auf welche Thaten dein Herz sinnt?“ Sie deutete mit einer einladenden Handbewegung auf die Strohmatte, auf welcher sie selbst saß, und der junge Krieger ließ sich neben ihr nieder. Sein Atem schien rascher zu gehen, und seine Rechte spielte krampfhaft an dem Griff seines Tomahawks.

„Es freut mich, daß Glanzauge von meinem Verdienste spricht, und daß sie sieht, wie ich mich geschmückt habe, und ich will ihr gern erzählen, worauf ich sinne. Siehe, du Taube unsres Volkes, die Männer unsres Stammes feiern mich und singen Ehrenlieder, ich aber bin krank im Herzen und kann mich nicht mit ihnen freuen, wenn sie beim fröhlichen Mahle sitzen oder um das Kriegsfeuer tanzen. Mein Wigwam ist einsam, und niemand ist da, wenn ich heimkehre aus dem Kriege oder von dem Jagdzuge, der mir entgegenkommt und mich begrüßt, der mir den Staub abwäscht von dem Nacken und das Blut aus den Wunden, die das Beil der Irokesen geschlagen. Wie muß die Kraft des Kriegers wachsen, wenn er weiß, daß daheim eine Squaw um ihn sorgt und auf ihn wartet und stolz ist auf seine Thaten und auf die Skalpe, die er an seinem Gürtel mitbringt. Darum bin ich diesmal zurückgeblieben, als die Krieger unsres Stammes auszogen, und habe mein Haar gesalbt und meinen Leib geschmückt und bin ausgegangen, eine Squaw zu suchen. Und ich sehe dich sitzen vor dem Wigwam deines Bruders, des großen Häuptlings, und habe das als ein Zeichen betrachtet vom großen Geiste, daß ich herantreten soll zu dir und dich fragen: Willst du meine Squaw sein? Ich habe Mais die Fülle, die Melonenkürbisse wachsen an meinem Hause, mein sind die Tiere des Waldes und die Fische des Wassers — du sollst keine Not leiden. Die schönsten Wampumgürtel will ich dir darreichen, daß du glänzen sollst unter den Weibern unsres Volkes, wie der Mond unter den Sternen, und du sollst mir, wenn ich von Jagd und Krieg heimkehre, mit süßem Munde „shay!" (Willkommen) entgegenrufen, und mein Wigwam wird schöner sein, als der Himmel, den der Powow der Blaßgesichter den Christen verheißt. Sage, willst du meine Squaw werden?"

Glanzauge hatte ihre Arbeit sinken lassen, und sie richtete ihre Blicke nun ruhig auf den jungen Huronen, der noch immer mit dem Griff seiner Waffe spielte.

„Ja, Skandavati, ich will deine Squaw werden und will in deinem Wigwam wohnen!" sagte sie und reichte ihm die Hand, die er in seine beiden faßte.

„Glanzauge soll niemals die Stunde bereuen, in welcher sie das Wort gesprochen, und bei dem Haar deines Hauptes und den Gebeinen meiner Vorfahren, du sollst die Squaw eines Häuptlings werden, der keinem nachsteht an Tapferkeit und Gewalt außer dem großen Sachem Anatoha."

Die beiden jungen Leute blieben noch eine Weile nebeneinander sitzen, mit warmer Phantasie es ausmalend, in welcher Weise sie den Hausstand gründen und führen wollten, was Anatoha dazu sagen, wie Marie von Maisonneuve die Kunde davon aufnehmen würde und manches andre.

Da entstand mit einem Male nahe der Kirche eine seltsame Bewegung.

Der Gottesdienst konnte noch nicht zu Ende sein, auch wäre in diesem Falle die Hast unerklärlich gewesen, mit welcher die Leute, besonders Weiber und Kinder, nun heraneilten. Skandavati war aufgesprungen, und an sein erschrecktes Ohr schlug jetzt deutlich der schrille Wehruf: „Die Irokesen, die Irokesen!" Er riß den Tomahawk aus dem Gürtel, in seinen Augen blitzte wildfreudige Kampfeslust auf, und nachdem er dem erschrockenen Mädchen noch zugerufen: „Bleibe in dem Wigwam! Lebe wohl!" war er eilig davongeeilt, um seinen bedrohten Brüdern Hilfe zu bringen. Er wendete sich gegen die Kirche, wo die Männer sich um den Jesuiten Daniel sammelten, welcher mit hastigen Worten zum Kampfe anfeuerte und denen, welche fallen würden, die Seligkeit des Himmels versprach. Als Skandavati ankam, begrüßte ihn freudiges Zurufen, und um ihn, als um ihren natürlichen Führer, scharten sich die Männer und stürzten nun der Stelle entgegen, von woher der Feind vordrang. Noch war derselbe nicht in der Stadt, und die Kunde von seinem Nahen war durch ein flüchtiges Weib gebracht worden, welches Holz im Walde sammeln wollte.

Während nun an den Palissaden ein überaus blutiger Kampf begann, eilte der Missionar von Haus zu Haus, überall ermahnend, Buße zu thun, sich taufen zu lassen, damit die Seelen gerettet würden vor der Hölle, welche sie zu verschlingen drohte. Die Weiber und Kinder drängten sich überall schreiend und weinend um ihn, und er tauchte sein Taschentuch in eine Schale mit Wasser, schüttelte es über sie aus und taufte sie durch Besprengen. Glanzauge stand noch immer vor dem Hause Anatohas; sie hielt in der krampfhaft geschlossenen Rechten eine Axt, bereit, gegen jeden Angriff sich zu verteidigen, als aber der Priester sie aufforderte, in diesem gefahrdrohenden Augenblicke die Taufe anzunehmen, streckte sie abwehrend und mit wild blitzenden Augen ihm die Hände entgegen, so daß er mit einem Wort des Bedauerns über solche Herzenshärtigkeit sich von ihr abwendete und der Kirche zueilte.

Der Kampfeslärm war deutlich zu vernehmen, und das wilde, alles übertönende Schreien der Irokesen bekundete laut genug, daß die Verteidiger sich nicht lange mehr würden halten können. In der kleinen Kirche lag eine dichtgedrängte Schar Weiber, Kinder und alter, wehrloser Männer auf den Knieen, von denen die einen um die Taufe baten, andre ihre Kleinen hinhielten, damit sie dieselbe empfingen, während andre um die Vergebung ihrer Sünden flehten, und wieder andre trostlos vor Verzweiflung und Schrecken jammerten. Pater Daniel befand sich in einer ungeheuren Aufregung, nicht weil er sein nahes Ende voraussah, sondern weil er fürchtete, daß auch nur eine Seele durch seine Nachlässigkeit dem Himmel verloren gehen könne.

Es war keine Zeit mehr, jeden einzeln zu taufen, denn näher klang bereits das entsetzenvolle Heulen und verkündete, daß die Palissade vom Feinde genommen sei. Der Jesuit schüttelte immer noch die Wassertropfen aus seinem Tuche über die Versammelten aus, während er dabei ausrief: „Brüder und Schwestern, heute öffnet sich uns der Himmel, heute noch gehen wir in denselben ein!“

Da rief von außen eine gewaltige Stimme: „Fliehet, fliehet!“ und alles kam in hastige Bewegung. Der Missionar selbst forderte die Ängstlichen und Verwirrten zur Flucht auf und trieb endlich seine zögernde Herde vor sich her, die denn auch nach der entgegengesetzten Seite der Palissaden eilte, um dort möglicherweise zu entkommen. Daniel selbst blieb zurück, ihn hielt das Bewußtsein seiner Pflicht, denn noch mancher konnte seiner Hilfe bedürftig sein, und noch manche Seele konnte für den Himmel gerettet werden.

Der Kampf war indessen ein fürchterlicher gewesen. Die Irokesen waren in übergroßer Zahl herangekommen und stürmten an den Palissaden empor. Der Verteidiger waren verhältnismäßig wenige, und sie drängten sich alle um Skandavati, als ob sie von ihm allein Hilfe und Rettung erwarteten. Pfeile zischten hinüber und herüber, Axt- und Tomahawkschläge sausten schmetternd auf die dunkelhaarigen Schädel nieder, hie und da umschlangen sich zwei Gegner im wilden Ringkampf oder hatten sich mit den Zähnen ineinander verbissen, daß das Blut aus tiefen Wunden rann. Trotz verzweiflungsvoller Gegenwehr erstürmten die Irokesen die Palissaden, und damit war das Schicksal der Stadt entschieden. Im vergeblichen Kampfe zogen sich die Verteidiger zurück, mehr fliehend als widerstrebend und kamen bis zur Kirche. Hier stellte sich der Jesuit den Irokesen entgegen. Die Sonne leuchtete auf den glänzenden priesterlichen Gewändern, so daß es wie ein Glorienschein von dem weißen Manne ausging, der drohend und abwehrend den Feinden die Arme entgegenstreckte. Diese hielten plötzlich an wie vor einer überirdischen Erscheinung, und einzelne von ihnen wichen zurück und schienen Neigung zur Flucht zu haben, die fliehenden Huronen aber benutzten den Augenblick und eilten die Straße entlang. Die Überraschung der Irokesen währte nicht lange, sie endete sofort, als Pater Daniel den Mund aufthat und zu sprechen anfing. Fast in demselben Augenblicke richteten sich fünfzig und mehr gespannte Bogen gegen ihn, ein Schauer von Pfeilen regnete über ihn herein, die scharfen Spitzen bohrten sich in Haut und Fleisch; den Namen des heiligen Sebastian, der in ähnlicher Weise den Tod fand, und den Namen Christi murmelnd, sank der Missionar blutüberströmt zusammen. Mit wildem Triumphgeschrei stürzte sich die entmenschte Horde über seinen Leib, riß ihm die blinkenden Gewänder ab, mit Messern und Beilen zerhackte man den Körper, und mit dem Blute wuschen sich die Mörder Hände und Gesicht, weil sie demselben eine gewisse Zauberkraft beimaßen. Anton Daniel war achtundvierzig Jahre alt, da er starb und war seit seinem zwanzigsten Jahre Jesuit. Wenige Tage nach seinem Tode will Pater Chaumonot in Sainte Marie bei der Beratung der Väter ihn haben sitzen sehen wie in vergangenen Zeiten, aber mit verklärtem und leuchtendem Angesicht. Die Genossen glaubten dem schwärmerischen Eiferer, und ohne Zweifel war er am meisten von dem überzeugt, was seine Einbildungskraft ihm vorgespiegelt; alle aber lebten auf in dem Gedanken, daß aus dem Märtyrer ein Heiliger geworden, der im Himmel ihr Fürsprecher sein werde.

Die Ermordung des „weißen Vaters" Pater Daniel.

Der Tod des Priesters war indes manchem Huronen zum Heil geworden und hatte die Flucht mancheines begünstigt. Auch Skandavati war mit der Menge fortgerissen worden und hatte die Nutzlosigkeit des Widerstandes erkannt; zudem blutete er aus zwei wenngleich nicht bedeutenden Wunden. Glanzauge stand noch immer vor dem Wigwam ihres Bruders und starrte mit glühendem Auge auf die Flüchtlinge, welche an ihr vorbeieilten. Einige suchten sie mit fortzuziehen, aber das Mädchen leistete heftigen Widerstand, so daß man sie ihrem Schicksale überlassen mußte. Nun sah sie Skandavati und sah, wie die Blutspur seinen Weg bezeichnete; sie eilte ihm entgegen, denn sie hatte das Gefühl, als gehöre sie ihm allein jetzt an in Not und Tod, im Leben und Sterben.

„Es ist alles verloren!“ rief er mit einer gewissen Bitterkeit — „komm, laß uns fliehen!“

„Du blutest, ich will dir die Wunde verbinden“, sagte das Mädchen; er lehnte ab.

„Laß bluten, es ist nicht gefährlich, aber fort, nur fort, sie haben den weißen Vater getötet und werden uns gleich auf den Fersen sein!“

Er riß sie fort im wilden Jagen, nach einer Seite, wohin der Hauptstrom der Flüchtlinge sich nicht gewendet hatte, erreichte glücklich mit ihr die Palissaden und endlich den schützenden Wald, wo er einen dürftigen Verband auf seine Wunden legte.

Von der Stadt her klang das wilde Heulen der Sieger, und ein dunkler Rauch, welcher über derselben emporstieg, bekundete, daß man den Feuerbrand auf die Dächer geschleudert hatte. In wilder Mord- und Beutegier eilten dort die rohen Banden durch die Gassen, und als die roten Gluten an den Sparren der christlichen Kirche emporleckten, schleuderten sie den Leib des Priesters in die Flamme, der so mit seinem Heiligtum zugleich vernichtet wurde.

Der Feuerglanz leuchtete den Siegern, welche mit mehr als siebenhundert Gefangenen, die dem entsetzlichsten Schicksal entgegengingen, davonzogen, er leuchtete den zahllosen Toten, die im Walde noch auf der Flucht erschlagen worden waren, auf die gräßlich entstellten und verzerrten Gesichter: Mütter drückten noch im Tode die Säuglinge, deren Wimmern ihr Versteck verraten, voll nie ersterbender Zärtlichkeit an die Brust, Kinder lagen ausgestreckt über den Leichen der Eltern, die bis zum letzten Hauche ihr Teuerstes verteidigt hatten — es waren entsetzliche Bilder! Der Flammenglanz leuchtete aber auch den Wenigen, denen ein glückliches Geschick es gegönnt hatte, dem allgemeinen Blutbade zu entkommen, und unter diesen befanden sich auch Glanzauge und Skandavati, welche nun, begleitet von einem alten Huronen, in den Wäldern die Spur des großen Häuptlings Anatoha suchten.

Das war die entsetzliche Katastrophe von Teanaustaye, genannt St. Joseph.

Von diesen Vorgängen hatte der wackere Huronenhäuptling Anatoha keine Ahnung. Im Geleite von mehr als zweihundert tüchtigen Kriegern hatte er seine Handelsfahrt unternommen, und das Glück war ihm scheinbar günstig. Ohne Gefährdung waren die Huronen auf ihren Kanoes bis in die Nähe der Niederlassung Three Rivers gekommen. Sie trieben ihre kleinen Fahrzeuge in das Schilf des Ufers, lagerten sich an dem Gestade und trafen alle Vorkehrungen, um in würdiger Weise mit den Bleichgesichtern zu verkehren. Einige ölten sich die langen Haare, andre bemalten Gesicht und Brust, wieder andre schmückten sich mit Federn und Wampum — kurz alle waren beschäftigt und dabei recht fröhlich. Da wurde mit einem Male das Alarmzeichen gegeben. Einige Krieger, welche weiter nach dem Walde gegangen waren, hatten in demselben eine nicht unbeträchtliche Zahl Irokesen erspäht, die wohl einen Gewaltstreich gegen das Fort beabsichtigt hatten. Die Nachricht versetzte sofort alle in höchste Aufregung; sie warfen die Farbtöpfe und den Schmuck beiseite, griffen nach ihren Waffen und eilten halb geölt und halb geschmückt den Feinden entgegen.

Die Irokesen hielten stand; ein Schauer von Pfeilen, dazwischen Flintenschüsse — denn auch dieser Indianerstamm hatte sich während des friedlichen Verkehrs mit den Blaßgesichtern Feuerwaffen zu verschaffen gewußt — begrüßte die Angreifer. Diese warfen sich auf den Boden, sprangen dann blitzschnell auf, erwiderten mit einer kräftigen Salve die Schüsse der Feinde und drangen nun mit wütendem Geschrei auf diese ein. Die Irokesen waren in der Minderzahl; sie wehrten sich indes eine Zeitlang mit verzweiflungsvoller Tapferkeit, endlich wendeten sie sich zur Flucht; nur die Mutigsten und Entschlossensten griffen zu ihren Messern und Beilen und ließen es auf ein Handgemenge ankommen, in welchem sie endlich doch erlagen. Auch von den Flüchtlingen entkamen nur die wenigsten, und in dem Walde vor Three Rivers fand eine blutige Schlächterei statt; bald prangten an den Gürteln der Sieger die noch rauchenden Skalpe der Feinde, und geschmückt mit diesen entsetzlichen Trophäen, die Häupter bedeckt mit Blätterkränzen, hielten die Huronen ihren freudigen Einzug in das Fort, wo sie herzlich beglückwünscht und auf das Beste bewirtet wurden.

Nach Beendigung ihrer Handelsgeschäfte machten sie sich auf den Heimweg, um ihre Freunde und Angehörigen in St. Joseph mit der angenehmen Siegeskunde zu überraschen. Sie sollten selbst mit der unangenehmsten aller Nachrichten überrascht werden.

Nach zweitägiger Reise rasteten sie am Abende im Walde und brannten die Lagerfeuer an. Da hörten die ausgestellten Posten Hundegebell, und als sie daran gehen wollten, auszukundschaften, da brachen aus dem Dickicht zwei Hunde, ein Neufundländer und ein Wolfshund, und hinter ihnen erschien eine kleine Gruppe Menschen. Zu ihrem Staunen erkannten die Huronen außer zwei Weißen auch drei Angehörige ihres Stammes, und bald begrüßten sie mit einer gewissen Freudigkeit Glanzauge und Skandavati. Das ganze Lager kam in Aufregung, die sich aber in unangenehmer Weise bis zum Äußersten steigerte, als die Kunde von Mund zu Mund ging: Teanaustaye ist von den Irokesen zerstört. Alles drängte sich um das Lagerfeuer Anatohas, wo die Ankommenden sich niedergelassen, und in tiefem, dumpfem Schweigen horchte man auf die Erzählung Skandavatis, der auf der Flucht im Walde die beiden weißen Jäger getroffen, die, planlos umherschweifend, sich ihm und den Seinen anschlossen.

Die Empfindungen der Huronen bei der Nachricht von der Vernichtung einer ihrer ansehnlichsten Städte waren verschieden: bei den einen rief dieselbe Wut und Ingrimm hervor, bei den andern einen gewaltigen Schreck, denn der Untergang ihres Stammes schien ihnen mit diesem schweren Unglück besiegelt. Anatoha allein erhob sich mit männlicher Fassung und Würde; er sprach und alle andern verstummten:

„Teanaustaye ist von der Erde verschwunden, unsre Brüder und Freunde sind tot. Der große Geist hat uns schwer geschlagen und hat sich abgewendet von seinen huronischen Kindern, aber den Mut wollen wir nicht darum verlieren. Wir werden unsre Wigwams nicht mehr an dem Orte des Unglücks aufbauen, sondern nach einer andern Stadt ziehen und mit unsrer Kraft die Kraft der jungen Krieger derselben unterstützen, und Manitu wird uns nicht verlassen, wenn wir uns nicht selbst aufgeben. Auch dürfen wir rechnen auf die Donnerbüchsen unsrer Freunde, der Bleichgesichter, deren Blut zugleich mit Huronenblut geflossen ist, und die bereit sein werden, dem hingeschlachteten weißen Vater ein Totenopfer zu bereiten. Darum Mut und Vertrauen, meine Brüder!“

Die Worte des Häuptlings beruhigten wenigstens einigermaßen die Gemüter. Die älteren und angeseheneren der Krieger setzten sich zu einer Beratung zusammen, und endlich beschloß man, nach der Stadt St. Louis sich zu werfen, die unfern von St. Marie gelegen war und zu dem Missionsgebiete derselben gehörte.

Allmählich wurde es ruhiger im Lager der Huronen, die Feuer brannten nieder, nur eines flackerte noch müde, und an demselben saß der Häuptling mit Glanzauge und Skandavati. Die Miene Anatohas war ernst wie der Ton seiner Rede. „Ich freue mich, daß du Glanzauge lieb hast, und daß sie bereit ist, dir zu folgen als deine Squaw in dein Wigwam — aber wo steht dein Wigwam? — du hast keines. Unser Volk ist jetzt gleich dem gehetzten Wilde, und es sind keine Tage der Freude für dasselbe. Nicht Zeit ist es jetzt, lustig zu sein und ein Weib zu nehmen, wo der Tomahawk ausgegraben ist und mit blutiger Schneide an allen Orten in den Kriegspfahl gehauen wird. Es ist ein Kampf, aus welchem nur eine der beiden Nationen des roten Volkes übrig bleiben wird, und ich fürchte sehr, das werden nicht die Huronen sein. Unsre Krieger sind tapfer und tapferer wie die der Irokesen, aber sie lassen sich berauschen von der Freude eines kleinen Sieges und feiern Feste, während der Feind ihre Städte verbrennt. Wir sind nicht einig genug im Streite, nicht ausdauernd, nicht so schlau überlegend wie unsre Feinde, und darum sind wir im Nachteil. Die Zeit ist voll Blut, und die Seelen unsrer erschlagenen Brüder stöhnen um Rache, das Unglück schwebt wie ein großer Raubvogel mit schwarzen Flügeln über unserm Volke, und ihr verlangt Glück? — Laß ab, Skandavati, von dem Wunsche, gerade jetzt Glanzauge deine Squaw zu nennen, jetzt, da du nicht bei deinem Weibe im friedlichen Wigwam wohnen kannst, sondern auf dem Kriegspfade gehen mußt, wo an jedem Tage ein Irokesenpfeil dir die Brust durchbohren, oder ein Tomahawk den Schädel zerschmettern kann! Willst du vorzeitig deine Squaw zur Witwe machen, willst du mit schwerem Herzen selbst zum Kampfe ziehen? — Gut und voll Begeisterung streitet sich's, wenn man an die Braut denkt, schwerfällig hebt sich der Arm, und die Brust weicht vor den feindlichen Waffen zurück bei dem Gedanken an Weib und Kind. Fordert nicht den Zorn Manitus, des großen Geistes, heraus, da ihr Euch freuen wollt, wo euer Volk leidet. Wenn der Friede wieder einkehrt in unsre Wälder und das blutige Kriegsbeil begraben wird, dann mögt auch ihr Euch angehören, und eure Hochzeit soll ein Fest sein für unsern ganzen Stamm."

Anatoha schwieg und sah in die düstere Glut des Feuers, die beiden jungen Leute aber schauten einander in die Augen, eine Minute stumm und zögernd, dann reichte Glanzauge Skandavati die Hand und sagte:

„Mein Bruder hat recht; wir wollen warten."

Und ohne durch eine Miene oder ein Wort zu verraten, daß ihm der Aufschub unangenehm sei, neigte der junge Hurone das Haupt und drückte die Hand des Mädchens in der seinen. — —

Bald erlosch das letzte Wachtfeuer. In den Mantel Anatohas gehüllt, schlummerte Glanzauge ruhig und traumlos, auch Skandavati schlief, wohl zweihundert Schritte entfernt, an der äußersten Grenze des Lagers, nur die Augen des Häuptlings fanden den Schlaf nicht. Er hörte das leise Rauschen der Bäume, und ihm war es, als erzählten die Hochstämmigen sich ahnungsvoll von dem Blute, das unter ihren Zweigen schon geflossen war und noch fließen sollte, und als sängen sie mit ihrem Rauschen ein unendlich düsteres, totenfarbiges Lied — das Lied vom Untergange der Huronen.

Maisonneuves Unterredung mit Marie.

Fünfzehntes Kapitel.

Franzmann und Deutscher.

In Villemarie ging alles seinen gewohnten, geregelten Gang, und durch größte Wachsamkeit suchte man jeden geplanten Angriff der Irokesen, die ziemlich oft um das Fort schwärmten, hintanzuhalten. Dabei war die Besatzung meist fröhlich und guter Dinge, zumal unter der von Dupont herbeigeführten Mannschaft sich einige lustige Käuze befanden, welche die ernsteren Männer Maisonneuves selbst vielfach zur Heiterkeit mit fortrissen. Dupont selbst dagegen war seltsam ernst geworden, und während er sonst bei dem gemeinsamen Mittagsmahl in der Wohnung des Kommandanten von lustigen Einfällen und Witzworten übersprudelte, war er jetzt vielfach schweigsam und hielt die Augen meist auf Marie gerichtet, die immer noch gern von ihren Abenteuern unter den Irokesen erzählte und dabei mit einer gewissen Wärme des blonden Deutschen gedachte.

Als eines Tages das Mahl beendet war und die beiden Damen sich entfernt hatten, blieben die Männer noch in dem überaus einfachen Gemache zurück. Der Wein glühte vor ihnen in den Bechern, und Dupont blickte sinnend in die goldige Flut; eine Weile war es still, und man hörte nur das Summen der Insekten, dann nahm der junge Franzose das Wort:

„Höre Paul, mir geht seit einiger Zeit schon etwas ernstlich im Kopfe herum, und ich wollte beinahe lieber, ich wäre im alten Frankreich drüben geblieben. Du weißt doch, wie gern ich deine Schwester von jeher gesehen habe, und ich mache auch kein Hehl daraus, daß mich der Gedanke an sie zumeist europamüde gemacht und zu euch getrieben hat. Nun bin ich ihr nahe und sehe sie jeden Tag, eine Thatsache, mit welcher ich, wie ich meine, in Frankreich ganz zufrieden gewesen wäre, hier aber reibt sie mich auf. Laß mich kurz sein: Du weißt Paul, daß meine Vermögensverhältnisse günstig sind, weißt auch, daß ich einem alten Adelsgeschlecht angehöre, das schon mit dem heiligen neunten Ludwig an den Kreuzzügen sich beteiligte, ich bin jung, nicht häßlich — enfin, alles in allem: ich schmeichle mir, ein nicht ganz zu unterschätzender Schwager für dich zu sein, zumal die Auswahl an Männern für deine Schwester in den kanadischen Hinterwäldern nicht allzu groß ist, du müßtest denn dein Augenmerk auf irgend einen roten Häuptling aus altindianischem Blute gerichtet haben. Also Paul, ich werbe hiermit feierlichst um die Hand Mariens."

Maisonneuve hatte ihn ruhig und ohne jede Bewegung angehört, nun entgegnete er:

„Ich habe es gewußt, daß es eines Tages so kommen würde, und als du ankamst, war mein erster Gedanke, daß auch die Stunde eintreten würde, in welcher du so zu mir sprechen würdest, wie es eben jetzt geschah. Ich freue mich deiner Werbung von ganzem Herzen und sage gerne ja und Amen; wir waren Jugendfreunde und haben gemeinsame liebe, alte Erinnerungen, und es wäre schön, wenn wir durch so nahe verwandtschaftliche Bande verknüpft würden. Aber du willst nicht mich heiraten, sondern meine Schwester, und in ihrer Hand liegt darum die endgültige Entscheidung. Ich werde dir das Wort reden, darauf magst du dich verlassen."

„Hoffst du, Paul, daß es glücken werde? Hat sie nie irgendwelche Äußerungen gethan, welche auf ihre Stimmung mir gegenüber schließen ließen? Sie hat mich in der letzten Zeit etwas kühler behandelt, was mir eigentlich ein gewisses Mißbehagen verschafft hat."

„Frauen sind unberechenbar, lieber Freund; jedenfalls weiß ich, daß Marie in Frankreich drüben dir nicht abgeneigt war, und ich wüßte nicht, weshalb sich das hier geändert haben sollte. Also Kopf in die Höhe! Ich werde noch heute mit meiner Schwester reden, du sollst nicht lange in Ungewißheit bleiben. Auf einen guten Erfolg!"

Die Becher klangen schrill zusammen, und mit freundschaftlichem Händedruck schieden die beiden Männer.

Maisonneuve hielt in der That Wort und sprach noch an demselben Tage mit Marie. Bei dem Kommandantenhause befand sich ein kleines

Gärtchen, dessen Pflege der wackere alte Dubier in seiner freien Zeit besorgte, und er verstand das, denn er war in Frankreich Gärtner bei dem Herzog von Orleans gewesen. Unter einer breitschattigen Buche stand ein einfacher Tisch und eine ebensolche Bank; das Plätzchen war ein wenig erhöht, und man konnte das freundliche grüne Fleckchen Erde mit seinen Blumenbeeten recht hübsch überschauen. Hier saß an demselben Nachmittage Marie, mit einer Handarbeit beschäftigt; ein lauer Wind fegte über die Blumenhäupter und fächelte die Wangen des Mädchens, dessen Gedanken wohl kaum bei der Arbeit waren.

Da knirschte der Sand des Weges unter einem Fuße, und die stattliche Gestalt des Kommandanten von Villemarie kam daher. Er begrüßte von weitem schon die Schwester, dann ließ er sich neben ihr nieder und legte den Arm um ihren Nacken. Sie sah mit hellen Augen nach ihm auf, und es war ein liebliches Bild hier unter der alten, grünen Buche. Nun sagte Maisonneuve:

„Schwesterchen, nun lege einmal deine Arbeit beiseite und höre mir zu; ich habe dir eine Mitteilung zu machen, welche gerade dich angeht.“

„Mich?“ fragte sie lächelnd, indem sie die Leinwand auf den Tisch und ihre beiden Hände auf die Rechte des Bruders legte.

„Sage mir einmal aufrichtig, Marie, wie gefällt dir unser Freund Dupont?“

Dem Mädchen stieg eine warme Röte in die lichten Wangen, vielleicht in Ahnung dessen, was kommen sollte.

„Wie verfällst du auf diese Frage, Paul? Er gefällt mir als geistvoller, witziger Gesellschafter ganz wohl, ist mir auch als Landsmann wert.“

„Nur als Gesellschafter und Landsmann? Und könntest du ihn dir nicht noch in einer andern Eigenschaft angenehm denken?“

„Seltsame Frage, Paul! Ich verstehe dich nicht, in welcher andern Eigenschaft?“

„Nun, rund heraus, als deinen Bräutigam oder Gatten.“

Die Röte auf Mariens Wangen wich einer jäh auftauchenden Blässe, das Wort, vor welchem sie sich gefürchtet hatte, war ausgesprochen. Sie machte den Versuch eines müden Lächelns, indem sie sagte:

„Willst du mich denn los werden, Paul? Bist du meiner überdrüssig?“

Er zog sie an sich und sagte:

„Nicht so, Schwesterchen, das weißt du selber besser; aber immer und ewig können wir doch nicht beisammen sein.“

„Aber ich will noch nicht von dir gehen, ich will bei dir bleiben.“

„Das kannst du ja auch, meine Gute; Dupont bleibt mein Kampfgenosse, und wir wohnen nach wie vor in Villemarie zusammen.“

Da schüttelte sie wehmütig das Haupt und sprach:

„Sage mir, Paul, geschähe dir damit ein besonderer Gefallen oder würde es zu deinem Glücke beitragen, wenn ich Dupont die Hand reichte?“

„Mein gutes Kind, von mir und meinem Glücke ist hier gar nicht die Rede, sondern nur von dem deinen. Ferne sei es von mir, dich irgendwie beeinflussen zu wollen. Dupont ist ein guter Mensch, ein wackerer Kriegsmann, ein vermögender Gutsbesitzer, ein Edelmann aus altem Hause und mein ältester Freund — das sind Vorzüge, die bei mir zu seinen gunsten sprechen, und es wäre mir nicht unangenehm gewesen, ihn als Verwandten begrüßen zu können; aber meine einzige Schwester steht mir näher, und deine Wahl ist eine vollkommen freie; nicht das Mindeste soll dich beeinflussen.“

„Nun denn, Paul, dann werde ich Dupont nicht heiraten; frage mich nicht warum — ich bin mir selbst nicht klar; es mangelt mir eben an jener Zuneigung, ohne welche ich keinen Bund für das ganze Leben schließen möchte.“

Maisonneuve schwieg einen Augenblick, dann sagte er:

„Unser Freund wird betrübt sein über die ablehnende Antwort, und ich fürchte, einen Kampfgefährten zu verlieren, den ich jetzt ungern entbehrte, aber sei's darum — dein Wohl geht mir über alles.“

„Guter Paul, mache dir keine Sorge, Dupont ist eine Natur, die diese Abweisung überwinden wird, und er ist dabei so abenteuerlustig, daß er kaum die Gelegenheit, seiner Neigung zu frönen, wie sie hier gerade sich ihm bietet, so leicht aufgeben wird. Außerdem laß mich selbst mit ihm sprechen; wenn ich nicht ganz irre, so steht er dort auf dem Walle. Bitte, lieber Paul, schaffe ihn mir her, ohne ihm noch meine Entscheidung mitzuteilen — ich hoffe alles ins gute Gleis zu bringen.“

Galant erhob sich Maisonneuve und entfernte sich, um dem Wunsche der Schwester nachzukommen. Im Grunde war ihm die Absicht Mariens, selbst die Angelegenheit zu ordnen, sehr angenehm, und so kam es, daß Dupont bereits nach wenigen Minuten vor dem Mädchen stand und mit achtungsvoller Verbeugung sie grüßte.

Sie lud ihn mit freundlicher Handbewegung ein, neben ihr auf der Bank sich niederzulassen, und der junge Franzose wagte, indem er der Einladung Folge leistete, schon zu hoffen, denn so freundlich war Marie lange nicht gewesen. Diese begann:

„Mein Bruder hat mir eine Mitteilung gemacht, die mich ungemein ehrt und nicht durch einen Zweiten, auch nicht durch Paul möchte ich Ihnen meine Antwort zugehen lassen, um so mehr, als dieselbe nicht so lautet, wie Sie es wohl wünschen. Sie sind ein Mann, Dupont, der Wahrheit vertragen kann, darum lassen Sie mich ohne die landesüblichen Phrasen Ihnen sagen, daß ich Sie achte und schätze als Soldat, als Edelmann, als Freund meines Bruders, aber trotzalledem nicht Ihre Frau werden kann."

Dupont saß da mit zusammengekniffenen Lippen und starrte sie einige Sekunden an, als ob er erwartete, daß sie weiter sprechen sollte; dann sagte er:

„Es wäre unhöflich von mir, wenn ich nach Gründen fragen würde, aber hart dünkt es mir, ohne solche abgewiesen zu werden."

Da lachte das Mädchen silberhell auf, so daß er dasselbe verwundert anschaute, dann rief sie:

„Ach Gründe, lieber Dupont, Gründe habe ich nicht, sondern nur einen Grund: Ich habe noch nicht Lust, eine Frau zu werden!"

Ein Aufleuchten ging über das Gesicht Duponts:

„Dann brauche ich mich also nicht für alle Zeiten als abgewiesen zu betrachten, ich darf noch hoffen, einst vielleicht ein andres angenehmeres Wort von Ihnen zu vernehmen?"

„Schelten Sie mich ein Kind, Dupont, aber ich kann Ihnen auch darauf keine Antwort geben. Weiß ich's denn selbst, wie ich in der Zukunft denken kann, oder wie sich die Verhältnisse gestalten werden?"

„Es ist also nicht unüberwindliche Abneigung, welche Sie für jetzt meinen Antrag zurückweisen läßt?" —

„Abneigung, nein; ich bin Ihnen herzlich zugethan wie einem guten Freunde und würde Sie gewiß vermissen, wenn Sie an unserm Tisch fehlten."

Ein etwas bitteres Lächeln zuckte um den Mund Duponts:

„Den Tischgast werden Sie doch wohl entbehren müssen, da ich nach Ihren Erklärungen es nicht über mich bringe — —"

„Halt, halt, nicht ausreden! Sie sollen nicht von uns gehen, und am wenigsten in Verstimmung oder Groll. Sie wissen, wie mein Bruder an Ihnen hängt, Sie müssen bleiben ihm zuliebe, und wenn Sie es hören wollen, auch mir zuliebe. Denken wir, die Episode von heute sei gar nicht vorgekommen in unserm Leben und bleiben wir gute Freunde und wenn es sein muß, auch Kriegskameraden, denn ich kann auch schießen — das kann Vater Dubier bezeugen."

Sie streckte ihm mit liebenswürdigster Freundlichkeit die Hand hin, und langsam legte er seine Rechte in dieselbe; dann beugte er sich nieder, preßte seine Lippen darauf und entfernte sich stumm und langsam.

Es war ein Mißton in die kleine Tischgesellschaft im Kommandantenzimmer gekommen, und so sehr auch Marie sich bemühte, die Gesellschaft zu erheitern und eine bessere Stimmung zu schaffen, es wollte ihr nicht gelingen; Dupont blieb ernst und schweigsam, ohne dabei Anstand und Sitte zu verletzen, und Maisonneuve hatte Mitleid mit dem Freunde, ohne wiederum seiner Schwester einen Vorwurf machen zu können.

Da kehrten Longinus und Tom von ihrer Streife zurück. Ihre Nachrichten über das Vordringen der Irokesen schufen Erregung und Besorgnis, und im Kreise der Männer herrschte die Überzeugung, daß man wohl bald selbst mitten in dem Kampfe stehen würde. Die Unterhaltung wurde nun eine lebhaftere, und es war natürlich, daß sich Marie öfters an Longinus wandte, um ihn über das und jenes zu befragen und durch seine Erzählungen eine animiertere Stimmung herbeizuführen. Mit eifersüchtigem Auge überwachte Dupont diesen durchaus unschuldigen Verkehr, und bitterer Haß erwachte in ihm gegen den blonden Deutschen, der ihm keinerlei Veranlassung dazu gab.

An einem Abende saß Longinus auf dem Walle, und Pilot lag zu seinen Füßen. Die Soldaten im Hofe waren lustig und sangen, einige Huronenweiber spülten Koch- und Trinkgefäße aus am Brunnen, Tom putzte die Waffen und bereitete das Abendbrot. Da kam der Franzose. Er grüßte kühl und nach kurzem, höflichem Entschuldigungsworte ließ er sich neben dem Deutschen nieder.

„Verzeiht, wenn ich Euch in Euren Gedanken störe, aber ich muß einmal mit Euch sprechen, denn zwischen uns beiden ist nicht alles klar.“

Longinus sah ihn fragend und verwundert an, und der Neufundländer richtete sich aus seiner liegenden Stellung auf.

„Ich höre, Monsieur Dupont!“

„Ich werde kurz sein und bitte um nichts weiter, als um Aufrichtigkeit, wie sie zwischen ehrlichen Männern Brauch ist!“ —

„Ohne Einleitung — sprecht!“

„Nun denn — liebt Ihr Fräulein von Maisonneuve?“

Es war, als ob Longinus von einem Keulenschlage getroffen worden wäre, er taumelte förmlich zurück und sprang auf, der Neufundländer aber fletschte knurrend die Zähne.

„Was kann das Euch kümmern, Herr?“

Das Auge des Franzosen flammte.

„Das will ich Euch sagen. Ich habe vor einiger Zeit um die Hand der Dame angehalten und bin abschlägig beschieden worden, ohne daß man einen bestimmten Grund dafür angegeben hätte, darum wünschte ich Gewißheit, ob ein andrer mir hier im Wege steht. Ihr seht, ich bin aufrichtig, seid es auch und beantwortet mir meine Frage!“

„Nun denn — ja, ich habe das Fräulein lieb — aber, wenn Ihr ein Ehrenmann seid, behaltet, was Ihr jetzt wißt, für Euch!“

„Und wird Eure Neigung von dem Fräulein erwidert?“

„Das weiß ich nicht, mein Herr Dupont, denn was ich Euch gesagt, ist noch niemals über meine Lippen gekommen, und Fräulein von Maisonneuve hat gleichfalls mir kein Geständnis gemacht. Und nun genug von diesem Thema!"

„Noch nicht, wenn es Euch beliebt. Versprecht mir zuvor, niemals Euer Herz dem Fräulein zu eröffnen!"

„Und wenn ich das nicht verspreche?"

„Dann müßt Ihr einen Waffengang mit mir thun auf Tod und Leben! Wir lieben sie beide, einer nur kann sie besitzen, darum ist der andre zu viel, gleichviel wie er heißen mag. Also, wollt Ihr mir auf Ehrenwort versprechen, was ich von Euch verlange?"

„Nein, mein Herr Dupont — aber ebenso wenig werde ich meine Waffe mit Euch kreuzen. Es kommen die Tage, da wir hier jeden Mann brauchen werden, und ein Verbrechen wäre es, Villemarie einen Verteidiger rauben zu wollen. Ihr wißt, daß nicht Feigheit mich so reden läßt; von meinem Mute habe ich in den Hinterwäldern mehr Proben gegeben, als Euch zu geben möglich war, obgleich ich Euren Mut und Eure Tapferkeit nicht unterschätze. Und zudem — was wollt Ihr? — Gesetzt, das Fräulein hätte mich wirklich lieb, was ja noch nicht im mindesten ausgemacht ist, meint Ihr nicht, daß, falls Ihr mich töten würdet, sie Euch dann um so mehr hassen müßte? Nein, Herr von Dupont, laßt diesen Streit ruhen zwischen uns. Wenn Ihr nicht wollt, wohl, dann stoßt mir meuchlings Euren Stahl zwischen die Rippen, kämpfen mit Euch um dieser Sache willen und zu solcher Zeit werde ich nicht!"

Damit wendete Longinus sich ab und schritt, gefolgt von seinem Hunde, langsam durch die Schatten der Nacht, der Franzose aber, die Hand am Degen, knirschte vernehmlich hinter ihm her:

„Kein Edelmann! — Plebejerblut! Pfui!"

Der Deutsche wendete sich nicht um, ein beinahe spöttisches Lächeln zuckte um seine Lippen. Über diesen Punkt glaubte er nicht ein zweites Mal sich mit Dupont auseinandersetzen zu sollen.

Diese Szene trug nicht dazu bei, das Leben auf Villemarie behaglicher zu gestalten. Longinus erkannte sehr bald, wie seine Anwesenheit an dem Kommandantentische für Dupont die ärgste Unannehmlichkeit war, und er besaß Takt genug, unter dem Vorwande, er wolle Tom nicht allein essen lassen, sich zurückzuziehen. Dupont hatte allerdings damit nichts erreicht, da nun Marie auffallend stiller wurde und er daraus zu seinem größten Unbehagen schließen mußte, daß diese sich mehr, als ihm gleichgültig war, für den gehaßten Deutschen interessiere.

Da geschah es, daß Longinus, als er eines Tages in dem Gärtchen promenierte, Marie traf. Im Gespräche kamen sie zu der Bank, welche unter der Buche stand und ließen sich hier nieder. Die Rede wendete sich ganz von selbst auf die augenblicklichen, gesellschaftlichen Verhältnisse in Villemarie, und das Mädchen sprach ihr Bedauern aus, besonders über die Kälte und Entfremdung zwischen Longinus und Dupont, und begann nach dem Grunde zu forschen. Der junge Deutsche suchte auszuweichen, schützte den Unterschied der Nationalität, sowie der Geburt und ähnliches vor.

Marie sagte:

„Das spöttische Lächeln, welches um Eure Lippen zuckt, sagt mir, wie wenig Ihr selbst an diese Gründe glauben mögt, und zugleich, wie Ihr Euch — und mit vollem Rechte — dem Edelmanne Dupont gleichstellt. Nein, das ist die Veranlassung nicht, und ich habe ein dunkles Gefühl, als ob meine eigne Person dabei mit im Spiele sei."

Sie schwieg, als erwarte sie eine Antwort, aber auch Longinus sprach nicht. Nach einer kleinen Pause fuhr sie fort:

„Ihr schweigt, und Euer Schweigen sagt mir, daß ich recht habe."

„Ihr habt recht", entgegnete er mit seltsam gedämpfter Stimme und mit gesenktem Haupte.

Wiederum trat eine Pause ein, dann fragte Marie:

„Und es ist zwischen euch zu Auseinandersetzungen gekommen?"

„Ich beklage es, Fräulein, daß die Rede jetzt darauf kommen mußte und möchte Euch bitten, davon abzubrechen!" —

„Nein, Longinus, ich will klar sehen; Ihr seid ruhiger als der leidenschaftlich erregte Dupont, ich will aus Eurem Munde wissen, was es gegeben hat."

Sie legte ihm leicht die Hand auf die Schulter und sah ihm voll und freundlich ins Gesicht.

„Wie soll ich Euch das sagen, Fräulein? — Ein gewandter, leichtzüngiger Franzose würde sich fein und geistvoll hier herauswinden, ich bin ein plumper Deutscher und kann nicht Umschweife und Winkelzüge machen. Da habt Ihr alles in wenigen Worten, nur glaubt mir, daß ich weder Euch noch Dupont gegenüber die Sache angeregt habe: Dupont hat Euch lieb und ich — ich habe Euch auch von ganzem Herzen lieb!"

Er war aufgestanden, hatte die Hand des Mädchens an seine Lippen geführt und war dann rasch hinweggegangen. Verwirrt, errötend blickte ihm Marie nach, dann neigte sie das Haupt, und mit einem freundlichen glücklichen Lächeln legte sie die Hand auf ihr Herz.

Keines von beiden hatte bemerkt, wie sie während ihres Gespräches beobachtet wurden von zwei scharfblickenden, glühenden Augen — jenen Duponts. Alle Qualen der Eifersucht faßten diesen an, als er sah, mit welcher Freundlichkeit Marie mit dem Deutschen verkehrte, wie sie ihm vertraulich die Hand auf die Schulter legte, und wie dieser endlich die

Rechte des Fräuleins ehrerbietig an die Lippen zog. Ein wilder Grimm durchtobte ihn, er ließ sich den Rest des Tages nicht mehr sehen, und erst gegen Abend schritt er wieder über den Wall, in der Erwartung, den Verhaßten zu treffen.

Er fand Longinus, welcher nach seiner Gewohnheit auf seinem Lieblingsplätzchen saß und, indem er hinausstarrte in die Landschaft, über welche sich schleierhafte Abendnebel legten, über seine Begegnung mit Marie nachsann. Eigentlich fühlte er Reue, daß er nicht dem Gespräche ausgewichen, und daß er so ohne Rückhalt sein Herz eröffnet hatte, da hörte er vor sich den nahenden Schritt des Franzosen, und als er aufblickte, stand Dupont vor ihm.

Dieser grüßte nicht, sondern fragte in ziemlich rauher Weise:

„Ihr habt heute mit dem Fräulein von Maisonneuve gesprochen?"

Longinus erhob sich nicht von seinem Sitze.

„Was habt Ihr danach zu fragen? Ihr seid nicht bestimmt zu meinem Aufseher und ich thue, was ich will."

„Den Mund voll zu nehmen versteht Ihr", entgegnete der andre; „Ihr habt ihr gesagt, daß Ihr sie lieb habt?"

Longinus war aufgestanden, und eine seltsame Erregung durchzitterte ihn.

„Ja, das habe ich gethan, mein Herr Dupont, und Euch steht es nicht zu, meine Worte zu beurteilen oder zu verurteilen. Am allerwenigsten habe ich Euch Rechenschaft zu geben, und ich sage Euch, daß ich für alle Eure feindseligen Angriffe fortan nur das Schweigen der Verachtung haben werde."

„Mir das, mir, einem altfranzösischem Edelmanne?" brauste Dupont auf. „Ihr nehmt Eure großen Worte als Deckmantel Eurer Feigheit! Hier!" — Er zog unter seinem Mantel zwei Degen hervor und warf dem Deutschen einen vor die Füße. — „Hier, nehmt, denn nur einer von uns geht lebend von diesem Platze!"

Longinus trat mit dem Fuße auf die zu Boden geworfene Waffe und sah mit einem Blicke unsäglicher Verachtung den Franzosen an.

„Wie, Ihr wollt wirklich nicht?" schrie dieser. „Habt Ihr Lehm in den Adern anstatt des Blutes, fühlt Ihr Euch denn nicht beschimpft, wenn Ihr eine Ausforderung ablehnt, und meint Ihr nicht, ich thue Euch eine ganz besondere Ehre an, wenn ich als Edelmann mich mit Euch zu schlagen bereit bin?"

Longinus suchte seine kalte Ruhe zu bewahren; mit einem unverkennbaren Anfluge von Spott sagte er:

„Ich will Eurer adligen Klinge den Schimpf ersparen, sich mit dem Blute eines Plebejers zu besudeln!"

„Diesmal entkommt Ihr mir nicht", eiferte Dupont dagegen — „entweder Ihr nehmt die Waffe hier oder ich stoße Euch nieder, wie einen ehrlosen, feigen Hund!"

Hochaufgerichtet stand der Deutsche dem wutschäumenden Gegner gegenüber; mit einem leichten Ruck warf er seine blonde Mähne in den Nacken, und seine Augen blitzten seltsam, da er sprach:

„Ich werde es auf das zweite ankommen lassen!“ — —

Es war mehr der unartikulierte Schrei des gereizten Tieres als der Laut einer Menschenstimme, den Dupont nun ausstieß, als er — blitzschnell mit seinem Degen gegen Longinus ausfiel. Der Schein der Waffe zuckte nur einmal durch das Abenddunkel, denn der Deutsche, gewohnt vom Indianerkampfe, jede Bewegung des Feindes zu beachten, hatte in demselben Momente, wo ihm der Stoß drohte, den Franzosen unterlaufen, war ihm in den Arm gefallen und hielt sein Handgelenk wie mit einer eisernen Klammer umspannt. Noch ehe Dupont recht wußte, wie das alles kam, war ihm die Waffe entwunden, Longinus warf sie nieder und setzte den Fuß darauf.

Einen Augenblick schien es, als ob der Franzose sich auf ihn werfen und im wilden Ringkampf sein Glück versuchen wollte, aber die ruhige Sicherheit des Gegners entwaffnete ihn.

Ohne Aufregung sagte Longinus:

„Nehmt Eure Waffen, Herr — ich will vergessen, was vorgekommen, aber versucht mich nicht zum zweitenmal, ich könnte nicht immer in großmütiger Laune sein. Hier kommen Leute!“

Der Deutsche wendete sich den Ankommenden zu, welche durch den Wortwechsel und das Waffenklirren herbeigelockt waren, und beruhigte sie mit der Erklärung, daß es sich um eine harmlose Übung gehandelt habe, Dupont aber hatte die Degen aufgenommen und hatte sich zähneknirschend entfernt.

Tom hatte sich sehr gefreut, als er von der Geschichte hörte und von der Art, wie Longinus sich verhalten:

„Immer nobel, mein Junge, ganz wie dein seliger Vater; ich hab's immer gesagt: Beim Duivel, die Langer sind geborene Edelleute! Das liegt so im Blute. Übrigens Herzensjunge, kommst du auch noch wahr und wahrhaftig in eine Adelsfamilie hinein, denn die Maisonneuves werden froh sein, wenn sie einen Schwager, wie dich bekommen, anstatt eines Windhundes, wie dieser Dupont. Beim Duivel, der weiße Falke ist in diesen Wäldern ein Adelstitel, der mehr Respekt hat, als die Königskrone von Frankreich. Freue mich wirklich von ganzem Herzen, daß du diesem Windbeutel einmal die Zähne gewiesen hast!“

Der Alte plauderte die halbe Nacht hindurch — das war so mitunter seine Gewohnheit, wenn ihm das Herz recht voll war; endlich schliefen die beiden deutschen Gefährten ein und schliefen bis an den Morgen.

Als Tom sich am Brunnen wusch, erfuhr er, daß Dupont beim ersten Tagesgrauen ganz allein und vollständig gewaffnet, das Fort verlassen habe;

später teilte Maisonneuve Longinus mit, daß er einen kurzen Brief zurückgelassen mit der Erklärung, er wolle einmal auf 48 Stunden auf Abenteuer ausgehen, da er sich nach einer Abwechselung sehne. Maisonneuve war in Sorge, und auch Longinus mochte es nicht verhehlen, daß die Zeit, um ohne Begleitung auf Abenteuer auszuziehen, mindestens herzlich schlecht gewählt sei. Über sein Zusammentreffen mit Dupont schwieg er.

Gegen Abend dieses Tages sahen die Posten, welche nach dem Walde zu standen, zwischen den Kronen der Bäume ein dünnes Rauchsäulchen emporsteigen; es war kein Zweifel, daß sich Irokesen in der Nähe befanden, denn Huronen würden zur Nachtzeit das Fort aufgesucht und hier um Aufnahme gebeten haben. Außerdem brachte ein flüchtiger Hurone die bestimmte Kunde, daß Irokesen in den Wäldern streiften. Nun steigerte sich die Sorge Maisonneuves um Dupont auf das Äußerste, denn daß der einzelne, mit dem Indianerkrieg beinahe gar nicht bekannte Mann jenen Banden in die Hände fallen mußte, war kaum zu bezweifeln.

Tom und Longinus waren dabei, als der Kommandant seine Angst äußerte. Der alte Trapper sah seinen Genossen bedeutungsvoll an und sagte:

„Erlaubt, Herr von Maisonneuve, daß wir zwei auf die Suche gehen.“

Longinus drückte dem Alten gleichzeitig die Hand und sagte:

„Brav, mein alter Tom! Ja, Herr Baron, wir wollen sehen, was sich irgend thun läßt. Wir zwei und unsre beiden Hunde sind vier, und wir alle vier kennen die Rothäute und ihre Art.“

Maisonneuve war erfreut und gerührt. Er nahm das Anerbieten an, wünschte aber, daß für alle Fälle eine Anzahl seiner Leute sich an der Expedition beteiligten. So wurden denn noch zehn Mann ausgewählt, und unter dem Dunkel der Nacht verließen das Dutzend Männer und die beiden Hunde das Fort, dessen Wachtposten gleichzeitig verdoppelt worden waren.

Die Nacht war kühl und sternlos, und vorsichtig gingen die Bewaffneten nach dem Walde und zunächst nach der Richtung, in welcher man den Rauch hatte aufsteigen sehen. An dem Rande des Gehölzes gebot Longinus Halt und erklärte, daß vorerst er ganz allein auf Kundschaft gehen wollte. Tom wußte, wie notwendig dies sei, und wie sich niemand besser dazu eigne, als sein junger blonder Freund, und so hielt man ihn nicht zurück. Nur Pilot wollte ihn begleiten, Longinus aber gebot auch dem Hunde, zu bleiben.

Mit größter Vorsicht ging er nun durch den Wald; sein scharfes Auge sah auch in der Dunkelheit, und unter seinem Fuße rollte kein Steinchen, knarrte kein Zweig, der etwa auf dem Boden lag. Er atmete lang und tief und zog den Geruch des Rauches ein — der Ort, an welchem die Irokesen ihr

Lager aufgeschlagen, konnte nicht allzuweit sein. Nun legte er sich nieder auf die Erde, und schlangengleich bewegte er sich weiter. So gelangte er bis hart an die Lichtung, wo er den Feind vermutet hatte; er sah sich in seiner Voraussetzung getäuscht, der Platz war leer. Gewiß war indes, daß die Irokesen hier gewesen waren, dafür sprachen die Spuren des niedergebrannten Lagerfeuers und sogar Speisereste. Eilig kehrte Longinus zu seinen Gefährten zurück, um mit ihnen Rat zu halten. Allzuweit konnten die Feinde nicht sein, da man erst am Abend noch den Rauch hatte von hier aus aufsteigen sehen, und Tom, welcher die Gegend sehr genau kannte, sprach die Ansicht aus, daß die Indianer in einer von Natur aus sehr geschützten Schlucht, welche ungefähr zwei Stunden weiter entfernt war, sich niedergelassen haben dürften. Man beschloß, da die Meinung viel für sich hatte, sich dorthin zu wenden, und lautlos bewegte sich der kleine Zug weiter.

Es war eine mäßig breite Thalschlucht, welche eigentlich nur einen Zugang hatte. Graue Felsen erhoben sich mehr oder weniger steil und senkrecht an den andern Seiten, und der Ort schien demnach zu einem Lagerplatze wie geschaffen. Hierher hatten sich denn auch die Irokesen zurückgezogen. Der Zugang war durch ausgestellte Posten besetzt, im übrigen aber schlief die aus ungefähr dreißig Mann bestehende Bande in kleinere Gruppen zerstreut. An die graue Felswand gelehnt, saß einsam ein Mann, dessen Augen der Schlaf floh: Dupont. Er war in der That den Indianern, bei der völligen Unbekanntschaft mit deren Kampfesweise, geradezu in die Hände gelaufen. Wie er so nichts ahnend durch den Wald schritt, waren plötzlich rechts und links vor ihm dunkle Gestalten emporgesprungen, so daß er nicht einmal von seiner Schußwaffe Gebrauch machen konnte. Er suchte sich im Ringkampf und mit Hilfe seines Dolchmessers der Gegner zu erwehren, aber es war vergebens. Einer der Irokesen hatte ihm einen Stich in die Hand beigebracht, ein zweiter ihm einen Schlag auf den Kopf versetzt, daß er blutig und betäubt zusammenbrach, dann hatte man ihn fortgeschleppt. Als er aus seiner Besinnungslosigkeit erwachte, fühlte er sich gefesselt an Händen und Füßen, seine Wunden notdürftig verbunden. Um sich her sah er graue Felsen, an welche der rötliche Schein des Lagerfeuers der Irokesen schlug, die da in seiner Nähe kauerten und ihr Mahl verzehrten. Sein Kopf und seine Hand schmerzten, die Baststricke schnitten in seine Gelenke, und das Gefühl trostloser Verlassenheit kam über ihn. Er sah ein, daß er Longinus gegenüber wie ein trotziger Knabe gehandelt, und daß er in diesem Knabentrotz eigentlich auch das Fort verlassen habe, ohne einen bestimmten Plan, ohne ein Ziel; er selbst gestand sich zu, daß das, was ihm nun widerfahre, nur eine Strafe seiner eignen Thorheit und Unbesonnenheit sei. Was würde man jedoch mit ihm machen? — Er hatte zuviel von indianischer Grausamkeit gehört, um auf glimpfliche Behandlung hoffen zu können, und Schreckbilder der düstersten Art tauchten vor ihm auf. Das war es, was den Schlaf von seinen Augen scheuchte, auch nachdem das Lagerfeuer niedergebrannt war und die braunen Gestalten vor ihm in Schlummer gesunken waren. Er glaubte sich rettungslos verloren und hatte nur den einen Wunsch, daß man seine Marter und sein Ende nicht lange hinausschieben, sondern am andern Morgen bereits ihn töten möchte.

Da blickte sein Auge an der nahen Felswand in die Höhe, und mit einem Male war es ihm, als ob zwischen dem aus den Spalten herauswuchernden Gebüsche ein dunkler Schatten schwebe, der immer tiefer sich herabsenkte. Er strengte seine Sehkraft auf das Äußerste an und erkannte bald, daß er sich nicht getäuscht. Die Wahrnehmung hatte im ersten Augenblicke für ihn geradezu etwas Grauenhaftes. Ein Mensch konnte unmöglich an dieser senkrechten Böschung herabkommen, auch kein Tier, und dem sonst so mutigen Manne kam eine Sekunde lang der Gedanke an Gespenster. Gleich darauf aber mußte er trotz seiner traurigen Lage über eine solche Annahme lächeln, während er immer noch mit gespanntester Aufmerksamkeit den Bewegungen des Schattens folgte. Nun schien dieser den festen Boden erreicht zu haben und war wie mit einem Male in die Erde gesunken. Gleich darauf jedoch sah ihn Dupont schlangengleich sich heranbewegen, und nun war es ihm außer Zweifel, daß er es mit einem Menschen zu thun habe. Freund oder Feind? — Das war der Gedanke, der ihn gewaltig erregte, aber er verhielt sich vollkommen ruhig. Nun war der Herankriechende bereits ziemlich nahe, und Dupont hörte in französischen Lauten die geflüsterten Worte:

„Ich bringe Euch Hilfe!“

Das erste Gefühl des Franzosen war das der Freude, das zweite das einer fast unangenehmen Überraschung, als er Longinus erkannte, indes das erste überwog.

„Ihr kommt, um mich zu retten — o wie sehr habe ich Euch Unrecht gethan!“ sagte er.

„Laßt das jetzt“, entgegnete der Deutsche, indem er die Bastschnuren an Händen und Füßen Duponts mit seinem Jagdmesser durchschnitt, „wir müssen sehen, wie wir Euch in die Höhe bekommen; beim heiligen Pafnuzius, die roten Hunde scheinen Euch bereits übel zugesetzt zu haben!“

Der Franzose wollte sich erheben; er vermochte es nur mit Anstrengung, denn seine Füße schmerzten in heftiger Weise.

„Kriecht auf der Erde mir nach“, gebot Longinus — „das andre wird sich finden!“

Dupont gehorchte, und sie kamen zu der Stelle, wo der Deutsche sich herabgelassen hatte. Hier hing über den Felsen ein mäßig starkes Tau herunter, welches wie Longinus sagte, oben von den Freunden gehalten wurde.

„Ich muß Euch daran anbinden", sprach der weiße Falke, „denn Ihr seid zu schwach, um Euch selbst halten zu können!"

Dupont, der jetzt erst seine Schwäche fühlte und einer Ohnmacht nahe war, ließ alles ruhig geschehen, und nachdem ihn Longinus ermahnt, mit den Füßen sich während des Aufziehens von den Felsen abzustoßen, wurde er nun von den oben Stehenden langsam in die Höhe gezogen. Der Deutsche aber begab sich nach dem Platze, wo der Gefangene gesessen und kauerte sich nieder, um, wenn ja einer der Posten sich näherte, diesen glauben zu machen, Dupont befinde sich noch hier, und um hier zu warten, bis man das Seil wieder herablassen würde.

Da sah er, wie eine dunkle Gestalt aus der Mitte der Irokesen gegen ihn herankam, so zwar, daß durch dieselbe ihm der Weg in der Richtung nach dem Seile versperrt wurde. Hier galt es nun, das Äußerste zu wagen. Er ließ den Indianer ganz nahe kommen und kauerte scheinbar unbeweglich, während seine Rechte fest den Griff seines Jagdmessers gefaßt hatte. Mit einem Male sprang er blitzschnell empor, hatte den überraschten Irokesen mit der Linken an der Kehle ergriffen und stieß ihm gleichzeitig mit der Rechten die Waffe in die Brust. Mit einem gurgelnden Laute brach der Getroffene zusammen, und Longinus eilte nach dem Seile. Es war zu seinem Glücke bereits zur Stelle, denn der Todeslaut des ermordeten Genossen war von den andern gehört worden, eine allgemeine Bewegung kam in das Irokesenlager, und kaum hatte Longinus das Seil erfaßt, als die wilde Meute bereits auf ihn losstürmte. Aber der Flüchtige war von unten nicht mehr zu erreichen, Pfeile sausten ihm nach, ohne ihn zu treffen, und glücklich kam er nach der Höhe. Freudig begrüßte ihn Tom, und Dupont, welcher eben beschäftigt war, durch Speise und Trank sich zu stärken, trat an ihn heran und reichte ihm die verwundete Hand:

„Ihr wißt, was ich mit diesem Händedruck Euch sagen will" — sprach er.

„Auf weitere gute Kameradschaft!" erwiderte Longinus herzlich. „Aber, hier gilt es, nicht zu zaudern" — wendete er sich zu den andern — „hört ihr die roten Hunde drunten lärmen und heulen? — die Flucht ist entdeckt, ich habe einem von ihnen noch mein Messer zwischen die Rippen gestoßen, und ich fürchte, sie werden uns bald auf den Fersen sein!"

„Wie steht's mit Euch, Herr Dupont" — fragte Tom — „werdet Ihr im stande sein zu marschieren?"

„Ich hoffe es", sagte der Franzose, „und Ihr mögt glauben, daß ich die letzten und äußersten Kräfte dran setzen werde, um den Teufeln nicht zum zweitenmal in die Hände zu kommen!"

„Nun, zuletzt sind wir auch noch da", bemerkte Longinus, „und wenn's nicht gut geht, beim heiligen Pafnuzius, dann tragen wir Euch eben! vorwärts Kameraden!"

Der Zug der Männer brach auf, und im Morgengrauen ging es thalabwärts. Die Hunde sprangen voraus, gleich schnellen Kundschaftern und strichen nach den verschiedensten Richtungen durch den Wald. Nach einstündiger, angestrengter Wanderung stand Pilot plötzlich still und knurrte leise, Longinus kommandierte Halt! und die Männer standen still wie aus Erz, die Büchsen schußfertig in der Hand. Deckung konnte man hier nur hinter Baumstämmen und Buschwerk finden, aber die zwölf Männer besaßen im Waldkrieg eine solche Sicherheit, daß sie mit einem Male wie vom Erdboden verschwunden schienen und der Wald ganz kirchenstille lag.

Etwa zehn Minuten später brach eine Schar von ungefähr fünfzehn Irokesen durch den Wald. Die Indianer hatten sich offenbar in mehrere Abteilungen geteilt, um der Flüchtigen leichter habhaft zu werden und meinten wohl, daß sie es nur mit drei oder vier verschlagenen Gegnern, welche den Gefangenen ihnen entführten, zu thun haben könnten. Sie streiften übrigens vorsichtig und spähten offenbar nach den etwaigen Fährten der Gegner. Sie kamen dabei den Versteckten immer näher, als einer von ihnen die Fußspuren bemerkt zu haben schien. Er zeigte diese den andern, und sie traten wie zur Beratung zusammen.

Tom lag unmittelbar neben Longinus.

„Sollen wir?" flüsterte er, indem er auf seine Büchse deutete.

„Abwarten!" entgegnete der weiße Falke ebenso leise.

Da klang ein deutliches „Hugh!" durch den Wald, einer der Indianer hatte offenbar einen minder vorsichtigen Weißen bemerkt und sprang mit gehobenem Tomahawk der Stelle zu, während die übrigen sich kampfbereit machten. Da krachte ein Schuß, der Irokese, welcher vorgesprungen war, wankte, und unmittelbar darauf schrie Longinus: „Feuer!" Die Schüsse hallten von allen Seiten, und das Echo warf sie von Bäumen und Felswänden vervielfacht zurück, aber sie hatten nicht allzuviel Erfolg; es waren höchstens vier der Feinde verwundet, und die Indianer waren kühn genug nicht zu fliehen. Das Aufblitzen der Schüsse hatte ihnen gezeigt, wo sie ihre Gegner zu suchen hatten, ihre Pfeile schwirrten durch das Buschwerk, und hie und da hatte bereits das Handgemenge begonnen. Dasselbe wurde nun allgemein, und nur ab und zu krachte noch einmal ein Schuß. Der Kampf war kurz. Die Weißen waren eigentlich, einschließlich ihrer beiden Hunde, den Indianern überlegen, und so gaben diese mit Verlust von drei

Toten und sechs Verwundeten den Kampf auf. Mit Ausnahme zweier leicht Verwundeter, die als Gefangene mit heimgeführt wurden, ließ man die übrigen im Walde liegen, da man mit dem Transport der eignen Blessierten zu thun hatte. Unter diesen befand sich auch Dupont, welchen ein Pfeil an der Schulter verletzt hatte. Auf Longinus sich stützend, der ihn eigentlich mehr trug als führte, schleppte er sich fort, als aber der Zug gegen die Mittagsstunde im Fort ankam, brach er zusammen und fiel in ein heftiges Wundfieber.

Die Ankommenden wurden auf das Freudigste begrüßt, um so mehr, als ihre Expedition von günstigem Erfolge begleitet war, und besonders glücklich zeigte sich Maisonneuve darüber, daß man ihm den Jugendfreund zurückgebracht.

Mit diesem sah es allerdings trübe genug aus. Das Fieber tobte in seinen Adern, und im bewußtlosen Zustande sprach er das tollste Zeug durcheinander. Zum Glück hatte er eine Pflegerin gefunden, wie er sie in keiner Weise besser wünschen konnte, in der stillen, sanften Margarete. Der Zug warmer werkthätiger Menschenliebe hatte dieses jugendlich glühende Herz herübergeführt über den Ozean, aber bisher hatte ihm immer noch die Gelegenheit gefehlt, mit dem ganzen, ihm innewohnenden Eifer sich bethätigen zu können. Nun wendete sie den Verwundeten, gleichviel ob Irokesen ob Franzosen, ihre unausgesetzte und selbstaufopfernde Pflege zu, vor allem aber ließ sie eine solche Dupont angedeihen, der derselben freilich auch am meisten bedürftig schien. Es dauerte mehr als vierzehn Tage, ehe er wieder zum klaren Gebrauch seiner Sinne kam und abermals vierzehn Tage, ehe er sein Lager verlassen konnte. Unablässig beinahe war Margarete während dieser Zeit um ihn bemüht und suchte ihm durch Vorlesen und durch Gespräch über die Länge der Stunden hinwegzuhelfen.

Diese Aufopferung verfehlte ihren Eindruck auf Dupont nicht; er sah erst jetzt im beständigen Umgang mit dem Mädchen, wie hübsch und anmutig dasselbe war, und immer mehr trat vor ihrem Bilde dasjenige Mariens zurück. Stumm, aber mit wahrer Andacht hing er an ihren Lippen, wenn sie ihm altfränkische Sagen oder auch die Begebenheiten aus den Büchern der Könige vorlas, und als er sich von seinem Krankenlager erhob, war er in mancher Beziehung ein andrer geworden.

Als er zum erstenmal wieder in das kleine Gärtchen kam, um im Sonnenschein sich zu erquicken und zu erholen, begegnete er Longinus. Er ging sogleich auf denselben zu, streckte ihm die Hand entgegen und sagte:

„Nehmt noch einmal meinen wärmsten Dank für das, was Ihr an mir gethan habt und gewährt mir eine Bitte: Vergeßt, was hinter uns Unangenehmes liegt. Ich wollte, ich könnte Euch einmal beweisen, wie wert

Ihr mir seid und könnte Euch einmal heraushauen aus der Mitte der Feinde. Ich war ein toller Querkopf, und um Euch zu zeigen, daß ich ein andrer geworden, sage ich Euch: Nehmt Marien, Ihr werdet sie glücklich machen, und ich wünsche euch beiden von ganzem Herzen Heil und Segen; ich aber habe eine Blume gefunden, die bisher still im Verborgenen blühte und die ich aus ihrer Bescheidenheit hervorziehen will."

Die beiden Männer gingen im warmen Sonnenschein auf dem knisternden Sandwege auf und nieder, und Dupont stützte sich auf die Schulter des jungen Deutschen; der Friede war wieder eingekehrt in Fort Villemarie, und die Mittagsgesellschaft im Kommandantenzimmer war heiterer und belebter, als jemals zuvor.

Über dem Lande jedoch hingen drohender als je die düsteren Wetterwolken des unheilvollen Irokesenkrieges.

Die Huronen gehen der Jagd nach.

Sechzehntes Kapitel.

Blutige Tage.

Seit der Zerstörung von Teaunaustaye oder St. Joseph waren acht Monate vergangen. Die Huronen hatten sich vorwiegend in St. Louis und St. Ignaz, nicht gar fern von der Hauptstation der Jesuitenmission St. Marie, niedergelassen, und für einige Zeit schien die Ruhe hergestellt. Der Winter brach herein über die kanadischen Wälder mit seinen Stürmen und seinen Schneemassen, die Huronen gingen jagen in die verschneiten Gründe oder lagen träge in ihren Städten. Vergebens ermahnten die Jesuiten, welche die Verschlagenheit der Irokesen fürchteten, zu Vorsicht und Wachsamkeit, umsonst bemühte sich selbst Anatoha, sein Volk zum Handeln emporzureißen. Seine Mahnungen, ein Heer zu sammeln und beizeiten Verteidigungsmaßregeln zu treffen, verhallten ungehört, und mit bitterem Schmerze erkannte der Häuptling, daß seine mit Blindheit geschlagene Nation vom Schicksal zum Untergang bestimmt sei. Das Einzige, was er erreichte, war, daß man St. Louis, wo er selbst wohnte und St. Ignaz mit einer mäßig starken Palissadenbefestigung umgab. Düster genug sah er der Zukunft entgegen, während sein Volk in gewohnter Weise Feste feierte und bald hungerte, bald von der heimgebrachten Jagdbeute unmäßig schwelgte.

Es kam der Vorfrühling. Der Hauch des Märzwindes schmolz die Schneedecke — die düsterste Jahreszeit Kanadas begann. Die Wälder waren grau und nackt und kahl, in den Feldern zeigte sich durch den halbgeschmolzenen schmutzigen Schnee der dürftig aufgetaute, schlammige Boden, noch bedeckt mit den von der Ernte des letzten Herbstes übrig gebliebenen und verfaulten Stoppeln: „Grau das Wetter, grau die Luft — Totenwetter!“

Es war am 16. März. Noch graute der Tag nicht, als es sich in dem Walde vor St. Ignaz bereits regte. Dunkle, bewaffnete Gestalten schlichen von allen Seiten heran, um den Ort zu rekognoszieren — die Irokesen. Die Stadt lag etwas erhöht, eine mäßig breite Schlucht zog sich auf drei Seiten um dieselbe her, und 5 m hohe Palissaden waren zu ihrem Schutze errichtet. Aber kein einziger Posten stand da, der die Feinde hätte sehen können und der die Bewohner gewarnt hätte. In ihrer unbeschreiblichen Verblendung hatten auch hier beinahe alle Krieger den Ort verlassen, um der Lust des Jagens zu frönen oder auf kleine Skalppartien auszuziehen; kaum mehr als vierhundert Menschen waren daheim, und dies zumeist Weiber, Kinder und alte Männer. Sorglos lagen sie im Schlafe, nur hie und da heulte ein Hund unheimlich zwischen den totenstillen Wigwams, und die Sonne war noch immer nicht aufgegangen. Da dröhnte mit einem Male ein hundertstimmiges Geschrei der Wut durch die erzitternde Luft und weckte die Schläfer aus ihren Träumen zur entsetzensvollen Wirklichkeit; es war, als ob die Hölle alle ihre Teufel ausgespieen hätte. Ein grauenhaftes Menschenschlachten begann, denn anders kann das Blutbad von St. Ignaz nicht bezeichnet werden. Die Irokesen fanden keinen Widerstand, und mit teuflischer Wollust mordeten sie, weder Alter, noch Geschlecht schonend. Sie waren von allen Seiten eingedrungen und sperrten darum auch von allen Seiten den Ausgang. Wie gehetztes Wild liefen die Weiber und Kinder, schreiend und heulend, hilf- und ratlos durcheinander, und eines nach dem andern sank unter den Streichen der Messer und Tomahawks.

Die entsetzensvolle Blutarbeit war das Werk weniger Minuten. Zwischen den stöhnenden Verwundeten und den noch glücklich zu preisenden Toten standen zusammengeschnürt die Gefangenen, die dem fürchterlichsten Schicksal noch aufbewahrt blieben, und die entmenschten Mörder strichen sich das Blut ihrer Opfer auf die Brust und in das Gesicht und heulten dazu ihre wilde Siegesweise.

Da die Stadt ihnen als Stützpunkt für ihr weiteres Vordringen, oder im Falle eines Mißglückens ihres Kriegszuges zur Deckung und Verteidigung dienen konnte, so wurde dieselbe nicht zerstört, sondern man ließ eine kleine Abteilung als Besatzung zurück, und dann brach die Hauptmasse auf gegen das ungefähr 7 km entfernte St. Louis.

Indes war es doch drei Huronen gelungen, aus dem unglücklichen St. Ignaz unbemerkt zu entkommen, und halbnackt eilten diese durch den halbgeschmolzenen Schnee und in dem Schlammboden gegen die bedrohte Stadt. Die noch immer herrschende Dunkelheit und der Wald begünstigten ihre Flucht, und als die Palissaden von St. Louis im Morgensonnenglanz sich röteten, da standen sie vor denselben und schrieen die entsetzensvolle Losung hinauf: „Die Irokesen! Die Irokesen!“

Das eine Wort verbreitete auch hier einen panischen Schrecken, zumal als man von dem Schicksale von St. Ignaz erfuhr. Das Schlimmste war, daß es auch hier an Verteidigern mangelte, und selbst Anatoha befand sich nicht hier, sondern war ausgezogen, um in dem ganzen Gebiete seiner Nation die waffenfähigen Männer zum Kampfe aufzubieten, da er wußte, daß mit dem beginnenden Frühjahr der Streit auf Tod und Leben mit den Irokesen den Anfang nehmen würde.

Es waren ungefähr achtzig Krieger an dem Orte, die übrigen waren ausgezogen zur Jagd, oder hatten sich an Anatoha angeschlossen auf dessen Kriegszuge. Es galt kein langes Zögern und Bedenken. Die Männer hielten kurzen Rat, und die Meinung Skandavatis, welcher sich zum Glücke hier befand, griff durch: Man wollte die Frauen, Kinder und Greise fortschaffen, und diese sollten sich nach St. Marie begeben oder tiefer in den Wald flüchten, die achtzig Krieger aber wollten den Ort mit allen Kräften verteidigen, selbst bis auf den letzten Mann.

Die Weiber und Kinder weinten auch hier, als es an den Abschied und an den Auszug ging; viele von ihnen weigerten sich, die Stadt und die Ihrigen zu verlassen, einige wollten sich sogar an dem Kampfe beteiligen. Unter den letzteren war auch Glanzauge, in deren Adern Heldenblut wie das ihres tapferen Bruders rollte, und Skandavati mußte seine ganze Beredsamkeit aufbieten, um sie von ihrem Vorsatze abzubringen. Er versicherte ihr, daß ihre Anwesenheit nicht nützen, sondern nur schaden würde, da der Gedanke, sie beständig der Gefahr ausgesetzt zu sehen, für ihn etwas ungemein Beängstigendes hätte und seine Aufmerksamkeit von dem Kampfe ableiten würde. Da schloß sie sich endlich dem Zuge der Flüchtlinge an.

Ganz und gar nicht zur Flucht zu bewegen war dagegen der Jesuit Brebeuf, der es für seine Pflicht hielt, bei der ihm anvertrauten Herde zu bleiben, der noch manche Seele für den Himmel zu erwerben hoffte, und der bereit war, falls es nötig sein sollte, auch den Tod des Märtyrers hier zu erleiden.

Die achtzig Krieger standen auf den Palissaden, welche den einzigen Schutz der Stadt bildeten, die also nicht die natürliche Stärke von St. Ignaz besaß; ihre Kriegsgesänge hallten durch die Morgenluft, und kein Gedanke der Furcht regte sich in ihren Herzen; zudem wußten sie nicht, in welcher Stärke die Angreifer sich nahten.

Es war die höchste Zeit gewesen, daß die Flüchtlinge sich entfernt hatten, denn bald darauf stürzten die Irokesen in wilder Wut aus dem Walde heran zum Angriff. Die leichte Eroberung von St. Ignaz hatte sie übermütig und siegessicher gemacht, und gleich grimmigen Tieren warfen sie sich gegen die Palissaden. Ihrem entsetzlichen Kriegsgeheul antwortete ein gleiches seitens der Huronen, und Steine und Pfeile hagelten nieder auf die Köpfe der Angreifer. Die Verteidiger verfügten nur über wenige Gewehre, doch verwendeten sie ihre Schüsse in ungemein geschickter Weise.

Der erste wilde Anprall der Feinde wurde zurückgeschlagen, die Irokesen schleppten ihre Toten und Verwundeten beiseite, und während die Huronen, durch ihren Erfolg noch mehr ermutigt, ihre trotzigen Kriegsgesänge anstimmten, stürmten die Feinde zum zweitenmal heran, allen voran der riesige Kiotsaton. Wieder krachten die Schüsse und dröhnten die Steine hinab auf die Köpfe der Stürmer, aber diesmal wichen sie nicht.

Während ein Teil von ihnen an den Palissaden emporzuklettern bemüht war, setzte ein andrer sich am Fuße derselben fest und begann mit scharfen Beilschlägen in das Flechtwerk einzuhauen, um Breschen hindurchzubrechen. Das gelang denn auch an zwei Stellen, und hier entspann sich nun der erbittertste Kampf. Hier stand auch Brebeuf mit seiner unerschütterlichen Ruhe und spendete die Taufe und erteilte die Vergebung der Sünden. Die Gegner waren förmlich ineinander verbissen und zerfleischten sich mit ihren Messern und Zähnen auf das Entsetzlichste. Die Zahl der Verteidiger schmolz immer mehr zusammen und dadurch, daß sich alle in die Breschen drängten, um den Irokesen den Eingang zu wehren, war die Höhe der Palissaden von Verteidigern entblößt, und so gelang es den Feinden, in die Stadt zu kommen. Die Huronen wurden nun von zwei Seiten angegriffen, und ihr weiterer Kampf wurde auf diese Weise erfolglos.

Skandavati, welcher bereits aus zwei Wunden blutete, wurde von rückwärts niedergerissen und gefesselt, und ein gleiches Schicksal traf Brebeuf. Man zog dem Jesuiten die Kleider vom Leibe, schlug ihn mit Stöcken und Keulen, zerrte ihn an den Haaren und an dem Barte und trieb ihn dann mit den übrigen Gefangenen fort gegen St. Ignaz. In die Häuser von St. Louis aber schleuderten die Irokesen wild die Feuerbrände, die glühendrote Lohe schlug aus den dürren Dächern empor, und mancher Kranke, der nicht hatte fortgeschafft werden können, wurde ein Opfer der Flammen; die Stadt war von Grund aus zerstört.

Der Übermut der rohen Sieger schien keine Grenzen zu finden, denn sie trennten sich nun in mehrere Banden, durchstreiften die ganze Gegend, steckten alle umliegenden Dörfer in Brand, mordeten und vertrieben die Einwohner und trafen sogar Anstalten, sich gegen St. Marie selbst zu wenden.

Hier war man in nicht geringer Furcht. Um neun Uhr morgens am 16. März bemerkten einige Priester der Mission einen massigen, schweren Rauch, der sich über die kahlen, grauen Wälder gegen Südosten hinwälzte. Sie riefen die übrigen Brüder, entsetzt und bleich starrten sich alle an, und auf allen Gesichtern stand geschrieben, daß jeder wußte, um was es sich handle. Sie sahen deutlich jetzt die roten Flammen aus dem dunklen Rauche zur hellsten Lohe emporschlagen.

„St. Louis brennt! — das sind die Irokesen!“ schrieen sie entsetzt auf. Bald kamen auch einzelne Flüchtlinge, darunter Glanzauge, an und schilderten, was geschehen war, und wie auch St. Ignaz in den Händen der Feinde sei. Der größere Teil der Flüchtigen aus St. Louis hatte St. Marie nicht für sicher genug angesehen und hatte sich in dem durchweichten Schnee fortgearbeitet bis an den Huronensee. Das Eis auf demselben war noch nicht ganz geschmolzen; ob seine Decke eben noch fest genug war, um einen Weg zur Flucht zu bieten, vermochte niemand zu entscheiden. In ihrer Angst wagten die Armen doch den gefährlichen Übergang, und sie wanderten den ganzen Tag und die ganze folgende Nacht, hungernd, frierend und vor Kälte zitternd. Jenseit des Sees hielten sie Rast und zündeten ein Lagerfeuer an, um sich notdürftig zu erwärmen. So lagerten die Heimatlosen, fast sämtlich Weiber, Kinder und alte, waffenlose Männer, ohne Obdach, ohne Lebensmittel, in beständiger Furcht vor den Feinden und in schweren Sorgen um ihre Angehörigen, die im blutigen, aufreibenden Kampfe standen. Der Morgen des 17. März war angebrochen, und sie wußten nicht, wohin sie sich wenden sollten. Die Männer beratschlagten, die Weiber weinten.

Da blitzten über den Abhang des bewaldeten Hügels, an dessen Fuß sie lagerten, Waffen herab, und nun erreichte die Angst und Verwirrung den Höhepunkt. An eine Flucht war weiter nicht zu denken, sie machten sich gefaßt zu sterben, und die Mütter drückten ihre Kinder krampfhaft an sich. Mit einem Male tönte ein freudiges „Hugh!“ aus dem Munde eines alten Mannes, alle blickten auf, und am Fuße des Hügels stand, gleichsam als Vortrab der ankommenden Bewaffneten, ein junger Mann mit lichten glänzenden Haaren, die Büchse im Arm und einen Neufundländer Hund zur Seite.

„Der weiße Falke!“ ging es von Mund zu Mund, und im nächsten Augenblicke schon sah sich Longinus von der Menge umgeben, die schreiend und heulend ihm mitzuteilen bemüht war, was zu St. Ignaz und St. Louis geschehen war. Indessen rückte eine Abteilung von ungefähr vierzig Franzosen die Anhöhe herab, an ihrer Spitze Maisonneuve. Das herausfordernde Auftreten der Irokesen während der letzten Zeit, die Gefangennahme Duponts, beunruhigende Nachrichten, welche von Kundschaftern gebracht wurden, hatten den Kommandanten des Forts bestimmt, einen Streifzug zu unternehmen, ein Entschluß, der trotz der ungünstigen Jahreszeit von den Soldaten mit lebhafter Begeisterung aufgenommen worden war, weil die meisten derselben des Müßigliegens in Villemarie überdrüssig waren.

Endlich gelang es Longinus, aus dem Durcheinanderlärmen der Stimmen klar zu werden über die Mitteilungen, welche die vertriebenen Huronen machen wollten. Maisonneuve erschrak heftig, denn wenn die Dinge standen, wie diese Flüchtlinge aussagten, dann war die Missionsstation St. Marie ganz außerordentlich bedroht, und schnelle Hilfe war hier nötig. Man hielt darum auch nur eine kurze Rast, gab auch den von Hunger gequälten Indianern einen Teil der Mundvorräte, und nach zwei kurzen Stunden brach man auf gegen St. Marie.

Die Huronenflüchtlinge schlossen sich dem Zuge an, der freilich dadurch langsamer vorwärts kam, als es Maisonneuve wünschte, aber dieser mochte die Armen auch nicht hilflos in der trostlosen Einöde zurücklassen.

Während sich so diese Expedition durch Schnee und Sumpf hindurcharbeitete, um so schnell wie möglich die bedrohte Niederlassung der Jesuiten zu erreichen, war man dort, in St. Marie, in größter Angst und Sorge. Wohl hatten sich eine kleine Schar Huronen hier gesammelt, bereit zur Verteidigung auf Tod und Leben, aber die Palissaden waren nicht besonders fest, und wenn die Feinde Feuerbrände schleuderten, so mußten die leichtgebauten Holzhäuser ein Raub des glühenden, verheerenden Elementes werden. Die Besorgnis der Missionare stieg noch gegen Abend, als man bereits irokesische Kundschafter an dem Saume der nahen Wälder herumstreifen sah. Man that in dieser Nacht in St. Marie kein Auge zu; die Verteidiger lagerten mit den Waffen in der Hand auf den Palissaden und blickten auf zu dem grauen Nachthimmel, der trübe über dem Lande hing, und hinunter auf das einförmig graue Fleckchen Erde, auf welchem sich in dunklerer Schattierung der breite Streifen des Waldes hinzog, aus welchem jede Minute der Feind mit seinem entsetzlichen Kriegsgeheul hervorbrechen konnte; in dem Kirchlein aber brannten die ganze Nacht hindurch die Lampen, und die Priester mit den Weibern und Kindern der Verteidiger lagen auf den Knieen und beteten unaufhörlich zu dem heiligen Joseph, dessen Festtag unmittelbar bevorstand. Alle thaten Gelübde, wenn sie von der Gefahr diesmal erlöst würden; die einzigen Laute, welche man in dieser bangen Nacht in St. Marie hörte, war dies monotone Beten, das bis zu den Wachen auf den Palissaden drang, und manch einer der bekehrten Huronen stimmte mit leisen Lippen ein.

Endlich begann der östliche Himmel grau zu werden, die Nacht neigte sich dem Ende zu, und eine leise Hoffnung kam wieder in die Gemüter der

Geängstigten. Da sahen die Posten, welche nach der entgegengesetzten Richtung des von Irokesen besetzten Waldes standen, eine dunkle Menschenwolke herankommen. Die Herzen fingen an, stärker zu klopfen, die Männer untersuchten ihre Waffen, denn man glaubte nicht anders, als die Feinde hätten die Niederlassung umgangen und wollten nun von der andern Seite den Überfall beginnen. Wie groß und wie angenehm war indes die Überraschung der Besorgten, als sie in huronischen Lauten angerufen wurden und in dem Führer der heranziehenden Schar von mehr als 200 Männern Anatoha selbst erkannten! Schon die Nähe des hochgeachteten Häuptlings schien allen neuen Mut einzuflößen. Die Jesuiten begrüßten ihn und kamen ihm entgegen, um ihn freudig in die Stadt einzuführen, was er indes ablehnte.

Die Leute, die er gesammelt, brannten vor Begierde, direkt zum Kampfe gegen den Feind geführt zu werden, und Anatoha hoffte noch immer auf neuen Zuzug. Er beschloß deshalb, in den Wald vor der Ansiedelung vorzurücken und, in mehrere Abteilungen getrennt, in demselben Posten zu fassen, da er mit Sicherheit darauf rechnete, hier auf die Banden des Feindes zu stoßen.

So zogen die Huronen beim Morgendämmern gegen den Wald, die Zurückbleibenden in St. Marie fühlten sich aber von neuer Hoffnung belebt. Diese sollte noch verstärkt werden, als etwa eine Stunde später Maisonneuve mit seinen Leuten seinen Einzug hielt. Gleich als hätte man schon jetzt den Sieg errungen, hielt Ragueneau einen Dankgottesdienst zu Ehren des heiligen Joseph, und den ermüdeten Soldaten, sowie den huronischen Flüchtlingen, die man auf das Liebreichste aufnahm, gab man das Beste, was die Niederlassung an Lebensmitteln zu bieten im stande war.

Indessen hatte sich die von Anatoha geführte Schar in vier kleinere Banden geteilt und stand zerstreut im Walde. Die Irokesen, welche kaum eine Ahnung von dem Sukkurs hatten, welcher St. Marie zu teil geworden, hatten während der Nacht den Beschluß gefaßt, die Niederlassung anzugreifen und zu vernichten. Da stieß ihr Vortrab, vielleicht hundertfünfzig Mann stark, auf die eine Abteilung der Huronen. Diese war zu schwach, um Widerstand leisten zu können, und wurde nach kurzem Kampfe geworfen. Heulend und schreiend stürmten die Geschlagenen durch den Wald, und die Irokesen blieben ihnen, zumal sie glaubten, es mit der ganzen Macht ihrer Gegner zu thun zu haben, dicht auf den Fersen. So kamen beide Teile bis in die Nähe der Niederlassung, und die Posten sahen den ungleichen Kampf, beziehentlich die Flucht der Ihrigen.

In wenigen Augenblicken waren die Franzosen alarmiert, und in dichtgeschlossener Rotte stürmten sie hinaus, dem Feinde entgegen. Eine volle Salve schlug krachend zwischen die Irokesen und machte diese stutzig, bald aber schienen sie sich klar über die geringe Zahl ihrer Gegner und gingen auch gegen diese zum Angriff über. Die flüchtigen Huronen hatten indes, sobald sie sich unterstützt sahen, mit rascher Geistesgegenwart sich gesammelt und hielten stand. Die Gegner waren einander so nahe, daß von den Schußwaffen nicht mehr Gebrauch gemacht werden konnte. Es war ein Kampf mit Messer und Beil, mit Kolben und Tomahawk, mit Händen und Zähnen.

Der Lärm des Streites war aber sowohl von Anatoha und den übrigen Banden der Huronen, als auch von der noch zurückstehenden etwa dreihundert Köpfe starken Hauptmacht der Irokesen vernommen worden, und beide Parteien eilten schleunigst dem blutigen Schauplatze zu. Der Kriegsruf Anatohas, der den Irokesen im Rücken erklang, erfüllte diese mit Entsetzen, und sie begannen bereits zu weichen, als von der andern Seite das Schlachtgeschrei Kiotsatons ertönte und ihnen neuen Mut einflößte.

Die neu ankommenden Scharen, geführt von den beiden hervorragendsten Häuptlingen, warfen sich gegeneinander mit der Wut entfesselter Tiere, der Platz zwischen dem Walde und der Niederlassung füllte sich mit Leichen, und mit Entsetzen und unter fortwährenden Gebeten sahen die Missionare einem Kampfe zu, wie er mit solcher Erbitterung selten geführt werden mochte. Sogar das Kampfgeschrei war verstummt, nur Stöhnen, Krachen, ab und zu ein Schuß klang herüber; in stummer, aber um so grauenvollerer Wut würgten sich die Gegner.

Die Franzosen schienen noch immer gleich einer festgeschlossenen Phalanx zu stehen, eingekeilt in die Mitte des wogenden Gewühls; um sie waren die Irokesen am meisten und engsten zusammengedrängt, und es schien, als ob das Häuflein weißer Männer erstickt und erdrückt werden sollte von der Masse der braunen Gestalten. Da sahen die Missionare, wie die kleine Schar allmählich sich zu erweitern und zu vermehren schien, ein freier Kreis lichtete sich um sie her, man sah die geschwungenen Gewehrkolben und dazwischendurch ein Aufblitzen, das nur von der langen, geraden Klinge Maisonneuves kommen konnte. Die Besatzung auf den Palissaden hatte bisher in ungeheurer Erregung dem Kampfe zugesehen; als aber jetzt sich die Sonne herauswand aus den trüben Wolken und die blanken Äxte und Messer in ihrem Scheine heller blinkten, da vermochten auch sie der Aufregung nicht mehr Herr zu bleiben, sie verließen die Palissaden, und mit aufjauchzendem Kriegsgeschrei stürzte sich das kleine Häuflein der Verteidiger in den Streit. Das waren frische Kräfte, und unter ihrem Ansturm begannen die Irokesen zu weichen. Das entflammte nur noch höher den Mut der Huronen, mit unwiderstehlicher Gewalt, mit erneutem Wutgeheul stürzten sie sich auf die Gegner, dazwischen krachte eine Salve aus den Büchsen der Franzosen, welche mehr Freiheit ihrer Bewegungen sich errungen hatten, und als erst die zuvorderst stehenden Irokesen zurückdrängten, entstand bald unter ihren Leuten Verwirrung, die endlich in beinahe regellose Flucht überging.

Maisonneuve kommandierte seine Leute jetzt zurück nach dem Fort, während die Huronen sich auf die Verfolgung der flüchtigen Feinde begaben. Nur Longinus hatte sich ihnen angeschlossen, und während die Franzosen, auf das Herzlichste begrüßt, ihren Einzug in St. Marie hielten, stürmten Verfolgte und Verfolger in wilder Hast durch den Wald in der Richtung nach dem zerstörten St. Louis. Die Trümmer der niedergebrannten Hütten rauchten noch, die Palissaden, wenn auch voll Breschen und Löcher, boten jedoch Gelegenheit, sich noch immer zu verteidigen. Hier hinein warfen sich die flüchtigen Irokesen, aber gleichzeitig mit ihnen drang auch Anatoha mit den Seinen ein, und ein blutiges Gemetzel entstand.

Viele der Irokesen waren nach dem Kampfe vor St. Marie versprengt worden, und nur eine kleine Schar war es, welche in dem zerstörten St. Louis Zuflucht gesucht hatte. Sie vermochten der Übermacht der Huronen nicht zu widerstehen, die meisten wurden gefangen, die andern aber niedergehauen. Still ward es nach der Blutarbeit auf dem Platze; ein Teil der Sieger lagerte sich hinter den Palissaden zur Bewachung der Gefangenen, ein andrer unter Führung Anatohas und des weißen Falken brach unermüdlich zu neuer Verfolgung auf.

Die entkommenen Irokesen, deren sich immer mehr im Walde versprengt zusammenfanden, wendeten sich gegen St. Ignaz. Auf diesem Wege trafen sie auf eine ihrer Streifabteilungen, welche an dem Kampfe noch gar nicht beteiligt war und welche Kiotsaton gefunden hatte. Die Leute waren von außerordentlicher Streitlust beseelt und verlangten, gegen den Feind geführt zu werden. Flüchtlinge, die dem Blutbade von St. Louis entgangen waren, erzählten von den Vorgängen daselbst, und so wendete sich die ganze Bande wutentbrannt gegen diesen Ort.

Die etwa hundertfünfzig Mann starken Huronen, welche als Besatzung hier zurückgeblieben waren, hörten das Kriegsgeheul und machten sich sofort bereit zum Kampfe. Die Feinde stürzten gegen die Palissaden heran mit einer Wildheit, die alles hinter sich ließ, was an diesem blutigen Tage geleistet worden war, aber die Verteidiger, trunken noch von ihrem Siege, leisteten einen nicht minder energischen Widerstand. Zum zweitenmal wurde also um die zerfetzten Palissaden gestritten. Wieder arbeitete Keule, Beil und Messer, in höchster Erbitterung drangen die Huronen heraus aus ihrer notdürftigen Verschanzung und warfen sich wie wilde Teufel auf die Scharen der Angreifer. Das war der entsetzlichste und hartnäckigste Kampf, der an diesem Tage stattfand. Bald kämpfte auf Seite der Huronen nur noch die Verzweiflung, aber der Abend dämmerte herein über dem grauenhaften

Schauspiele, ohne daß das Gemetzel sein Ende gefunden. Der Übermacht erlagen die Verteidiger, aber der Sieg der Irokesen war ein Pyrrhussieg; Kiotsaton war verwundet, weit über hundert von seinen Leuten lagen tot auf dem Platze, und der ganze Preis, den sie erstritten, waren etwa zwanzig todmüde Huronenkrieger. Der Rest der tapferen Verteidiger lag hingestreckt neben den umgerissenen Palissaden, in deren mutiger Verteidigung sie gefallen waren.

Wenn das Volk der Huronen trotz solcher Heldenkämpfe doch seinem Schicksal verfiel und dem sicheren Untergang entgegenging, so wird ihnen wenigstens angesichts dieses Tages von St. Louis der Vorwurf der Feigheit nicht gemacht werden können; an ihrer eignen Verblendung vielmehr sind sie untergegangen.

Die Schlappe, welche sie indes bei St. Louis erlitten, glich sich zum Teil wieder aus in St. Ignaz. Ein Häuflein Irokesen, welches nicht auf die Schar Kiotsatons stieß, hatte sich direkt gegen St. Ignaz gewendet, aber trotzdem dieser Ort wohlerhalten, mit starken Palissaden versehen und, wie erwähnt, durch seine günstige Lage verteidigt war, war doch ein solcher Schreck über die Irokesen gekommen, daß sie, anstatt sich hier zur Verteidigung festzusetzen, beschlossen, den Ort gleichfalls niederzubrennen und tiefer in die Wälder zu flüchten. Zuvor aber gedachten sie an den Gefangenen, welche sich hier befanden und unter welchen auch Brebeuf und Skandavati waren, einen entsetzlichen Akt der Grausamkeit zu verüben. Sie konnten dieselben nicht mitnehmen und wollten sie auch nicht so ohne alle Marter töten. Deshalb schlugen sie Pfähle ein im Innern der Hütten, banden die Unglücklichen je zu zweien an einen solchen, und nachdem dies geschehen, steckten sie die Stadt in Brand. Die Flammen leckten an den trockenen Holzbauten und züngelten rasch in die Höhe, Wut- und Angstgeschrei ertönte, und mit wildem, höhnendem Lachen zogen die Unmenschen ab, allerdings ihrem Verhängnis gerade entgegen. Zur selben Zeit, als sie die Feuerbrände in die Wigwams schleuderten, waren Anatoha und Longinus mit den Ihrigen vor St. Ignaz angekommen. Die abziehenden Irokesen liefen in ihrer Verblendung den Huronen geradezu in die Hände, und während die Stadt in Flammen aufging, fand unmittelbar vor ihren Palissaden ein grauenhaftes Blutbad statt. Die entmenschten Mordbrenner hatten sich ihrer Schandthat nicht erfreuen können, und auch ihre Opfer sollten zum größten Teile ihnen und ihrer Rachsucht entrissen werden.

Als Longinus das Feuer über den Dächern zucken sah, da ahnte er, was die roten Teufel gethan; mit einigen wenigen Huronen eilte er über die Palissaden hinein nach dem brennenden Orte, um zu retten, was noch gerettet werden konnte.

Indes spielte sich in dem umfangreichsten der Wigwams in St. Ignaz eine eigenartige Szene ab. An einen und denselben Pfahl gebunden, Seite an Seite, standen der Jesuit Brebeuf und Skandavati. Als der erstere sah, wie man die Feuerbrände zurechtmachte, um den Gefangenen einen möglichst qualvollen Tod zu bereiten, sagte er zu seinem Leidensgenossen:

„Wir müssen sterben, Skandavati!“

„Ich weiß es“, entgegnete mit vollster Ruhe der Hurone; „hat mein weißer Vater Furcht?“

„So wenig als mein roter Bruder. Wie sollte ich Furcht haben; wenn die Flammen meinen Leib verzehren, werde ich geläutert in der Glut, und meine Seele geht in den Himmel. Will Skandavati mit mir in den Himmel kommen?“

„Nein“, erwiderte ruhig der Indianer. „Skandavati wird hingehen, wo seine Freunde und Brüder sind, in die ewigen Jagdgründe Manitus, des großen Geistes!“

Die Flammen züngelten auf dem Dache des Hauses, der Raum füllte sich mit Qualm und Rauch. Mit dem ganzen Feuereifer seiner Beredsamkeit suchte der Jesuit in diesen letzten Augenblicken noch eine Seele für seinen Himmel zu retten. „Sieh, sowie das Feuer uns jetzt verzehren wird und wir unter Qualen sterben werden, so dauert die Qual des Verbrennens ewig fort für dich, wenn du nicht vor deinem Ende meines Glaubens Genosse und des Himmels teilhaft wirst! Bekehre dich zu meinem Gotte, Skandavati, und deine Seele ist gerettet und wird eingehen zu ewigen Freuden.“

„Wenn dein Gott so stark ist, daß er uns rettet von dem Tode des Verbrennens, dann will ich an ihn glauben; kann er das nicht, so ist er ein schwacher Gott, und Skandavati stirbt, wie er gelobt hat, damit er zu seinen roten Brüdern und Schwestern komme!“

Die glühenden Sparren fielen bereits von dem Dache herab, und der Qualm wurde dichter, die Glut größer. Noch immer redete der glaubenseifrige Missionar dem andern zu, Christ zu werden, aber anstatt zu antworten, begann der Hurone in tiefen Kehltönen mit vor Rauch heiserer Stimme den Totensang seines Volkes anzustimmen. Da betete der Priester laut und immer lauter, und die Recitation des christlichen Vaterunsers mischte sich mit den seltsam dumpfen, getragenen Tönen des indianischen Totenliedes.

Und der Rauch hüllte die beiden Gestalten wie in einen unheimlichen Mantel, und die Flammen leckten niederwärts an den Wänden, da stand leuchtend wie der Erzengel Michael selbst — so schien es dem Jesuiten — eine Gestalt mit wallendem Haar neben ihm, eine Messerschneide durchblitzte den grauen Rauch, die Fesseln fielen von Händen und Füßen, und wie im Fluge fühlte er sich fortgerissen durch den branderfüllten Raum, hinaus ins Freie, und hart an den Palissaden sank er neben dem gleichfalls geretteten

Skandavati nieder. Der Retter aber war schon wieder davongeeilt, um noch andern seine Hilfe zu bringen, und Brebeuf hatte ihn wohl erkannt; es war Longinus gewesen.

Er atmete tief auf, aber auch jetzt bei dem jähen Wechsel des Geschicks vergaß er seiner Mission nicht, und er redete den verwundert um sich her blickenden Skandavati an:

„Weiß mein roter Bruder noch, was er versprochen, daß er an den Gott der Christen glauben will, wenn er gerettet wird aus des Feuers Glut? Gott hat groß und gnädig an uns gehandelt, will Skandavati nun auch sein Versprechen halten?"

Das Auge des Indianers sah scheu und trotzig zugleich.

„Skandavati hat noch nie sein Wort gebrochen."

„Glaubst du also, daß der Gott der Christen ein starker und mächtiger Gott ist?"

„Ich glaube es", sagte noch immer in der vorigen Weise der Hurone. Da tauchte der Jesuit seine Finger in eine kleine, in der Nähe befindliche Wasserlache, die vom Blute etwas getrübt war, und indem er die Stirn Skandavatis berührte, sprach er feierlich die Taufformel:

„Im Namen des dreieinigen Gottes, des Vaters, des Sohnes und des heiligen Geistes taufe ich dich und nehme dich in den Bund der Christen auf. Ich erteile dir zugleich den Namen des mächtigen Patrons, dessen Fest wir morgen feiern, und der uns geschützt hat in dieser großen Gefahr; Joseph sollst du von nun ab genannt werden!"

Der Indianer war zusammengezuckt, als des Priesters feuchter Finger ihn berührt hatte, dann aber wie erschreckt emporgefahren und davongestürzt. Sinnend blickte der Jesuit ihm nach, aber eine gewisse Freudigkeit zog doch durch sein Herz, denn er hegte die Überzeugung, hier eine Seele für den Himmel gewonnen zu haben.

Die meisten der dem Verbrennungstode Geweihten waren dank dem energischen Eingreifen des weißen Falken gerettet worden, nur bei einigen, besonders Weibern und Kindern, war man zu spät gekommen, der Rauch hatte sie bereits erstickt. Die siegreichen Huronen sammelten sich, um die rauchende Trümmerstätte zu verlassen, und mit ihnen zogen auch Longinus und Brebeuf. Finsteren Blickes, bar jeder Siegesfreudigkeit, schritt Skandavati einher, sichtlich stets bemüht, Anatoha auszuweichen, von dessen Antlitz auch heute nicht der gewohnte düstere Ernst sich verlor.

Der Zug ging an dem vollständig zerstörten St. Louis vorüber, über dessen traurigen Resten sich noch immer der Rauch kräuselte; der Ort lag friedhofstill, die Irokesen hatten denselben mit ihren wenigen Gefangenen verlassen, und die Huronen wendeten sich nach St. Marie, wo sie auf das

Freundlichste bewillkommnet wurden. Die Jesuiten bezeigten besonders ihre Freude über die Rückkehr Brebeufs, den sie bereits als Märtyrer ihrer Sache angesehen hatten.

Der nächste Tag war ein Festtag für die Niederlassung, der Tag des heiligen Joseph. Kundschafter hatten noch während der Nacht die Botschaft gebracht von dem völligen und eiligen Rückzuge der Irokesen. Sie hatten freilich ihre Rückzugslinie in grauenhafter Weise markiert, indem sie ihre Gefangenen auf dem Wege teils erschlugen, teils an Bäume banden und das hastig um sie her aufgetürmte Reisig in Brand steckten. Man hatte also vorläufig nichts von ihnen zu fürchten und feierte darum mit um so leichterem Herzen das Fest des heiligen Joseph. Das kleine Kirchlein war geschmückt, die Jesuiten hatten ihre besten Gewänder angezogen, die Franzosen hatten Gewand und Waffen auf das Beste geputzt, Maisonneuve und Longinus wohnten in der vordersten Reihe dem Gottesdienste bei, und während der Weihrauch um den kleinen Altar wirbelte, stimmte Ragueneau, wie nach erfochtenem Siege, das „Te deum laudamus — Herr Gott, dich loben wir“ an.

Es befanden sich auch ungetaufte Huronen in der Kirche, welche voll Neugier, Staunen und Grauen den Priestern, die nach ihrer Auffassung weiße Zauberer waren, zusahen, ganz hinten aber, in der Nähe des Eingangs lehnte Skandavati. Ihn hatte nicht Neugier, sondern etwas wie Pflichtgefühl hereingetrieben, aber seine Seele war nicht bei den Zeremonien, die vor seinen Augen geschahen; in ihm kämpften zwei Gewalten: der Gedanke an die alten Gottheiten, wie seine Väter seit Jahrtausenden sie verehrt, und der neue Glaube, den er angenommen hatte, bloß weil er sein Wort eingesetzt hatte. Ihm ward es zu heiß in dem Raume, die Mauern schienen gegen ihn heranzurücken und ihn zu erdrücken, er trat hinaus ins Freie und atmete tief auf, als hinter ihm die Gesänge der Christen langsam verhallten.

Er schritt durch den stillen Ort eine geraume Zeit allein mit seinen Gedanken, da legte sich eine Hand auf seine Schulter, und da er umschaute, blickte er in das ernste Gesicht Anatohas. Er schrak beinahe zusammen, gleich als ob er auf böser That ertappt wäre, und vermochte kaum das scheue Auge zu erheben.

„Mein Bruder Skandavati ist nicht fröhlich!“ sagte der Häuptling mit seiner ruhigen, schwertönigen Stimme.

„Wie soll ich mich freuen, da so viel Blut unsrer roten Brüder geflossen ist und das Ende des Blutvergießens noch gar nicht zu sehen ist?“ entgegnete der Angeredete.

„Es ist nicht das allein, was meinen Bruder traurig macht; wohl mag ihm die Not unsres Volkes am Herzen nagen, wie mir, aber seine

Seele ist betrübt, weil sie sich sehnt nach Glanzauge. Und Glanzauge ist nicht mehr Glanzauge, ihr Blick ist trübe, und es liegt wie ein Nebel auf dem Lichte des Auges von den Thränen, die sie nach innen weint. Und ich mag nicht mehr ansehen, wie sie sich still grämt und schweigt und wie du ernst und düster unter meinen jungen Kriegern wandelst. Ich will meinem Bruder Skandavati ein angenehmes Wort sagen: Er soll Glanzauge heimführen als seine Squaw. Aber es ist eine Hochzeit zwischen Blut und Leichen, und finster blickt Manitu aus den Kriegswolken darauf herab. Siehe, der Untergang unsres Volkes ist von den Okis beschlossen, und wir werden ihn mit unsern Waffen nicht abhalten, denn unser Volk ist blind. Jeden Tag kann mich ein tödlicher Schlag treffen und niederschmettern, denn ich werde das Ende meines Stammes nicht überleben; zwar bist auch du nicht sicher im Kampfe, und der Tod kann dir näher sein, als du meinst und als ich es wünsche, aber ich will meine Schwester an dein Herz legen, daß ihr beide und wäre es auch nur einen kurzen Traum des Glückes träumt und Anatoha segnet, wenn er früher als Skandavati zu den Vätern hinabsteigt. Komm, mein Bruder, daß ich dich zu deiner Braut führe!"

Der düstere Ausdruck war verschwunden von dem Antlitz des jungen Huronen, ein Sonnenleuchten des Glückes flog über seine Züge, und vergessen war für einen Augenblick Brebeuf und seine Taufe. Er folgte dem Häuptling nach dem Wigwam, in welchem Glanzauge sich aufhielt. Der Gottesdienst war indes beendet, die Leute strömten heraus aus dem Kirchlein und gingen nach verschiedenen Richtungen auseinander. Anatoha winkte einige ältere Huronen herbei, und während sie an seiner Seite gingen, teilte er ihnen mit, daß er Glanzauge mit Skandavati vermählen wolle, und daß sie Zeugen der Verbindung sein sollten.

Die Männer traten in das Wigwam ein, und Glanzauge, umgeben von einigen Freundinnen, trat ihnen entgegen. Sie war lieblicher anzusehen als je, und ihre Augen leuchteten voll stillen Glückes; sie war bräutlich geschmückt mit blitzendem Wampum und bunten Gewändern, und Skandavati erkannte, daß sie bereits wußte, um was es sich handle. Bei seinem Anblick schlug sie verschämt die Augen nieder, und gesenkten Blickes reichte sie ihm die Hände hin. Nach indianischer Sitte hätte der Bräutigam der Braut nun seine Geschenke übergeben sollen, und mit einer darauf folgenden kurzen Ansprache des Familien- oder Stammeshauptes schloß die Feier ab. Skandavati war einigermaßen in Verlegenheit, da er nichts von Geschenken bei sich führte, aber Anatoha hatte auch daran gedacht; er deutete nach einer Holzbank an der Seitenwand des Hauses, und der junge Hurone sah daselbst einen herrlichen Wampumschmuck und eine bunte Federkrone liegen. Er ging darauf zu und trug es mit einem Blicke des Dankes auf den Häuptling der Braut entgegen. Als aber diese die Hände ausstreckte, um es in Empfang zu nehmen und damit den eigentlichen Vermählungsakt zu vollziehen, stand mit einem Male, wie aus dem Boden herausgewachsen, Brebeuf neben dem Bräutigam.

„Joseph Skandavati, du willst ohne Genehmigung deiner Kirche einen Ehebund schließen?“ fragte er ernst, nicht unfreundlich. Ein Moment der Stille trat ein, dann riß Anatoha die Braut zurück, die Geschenke fielen zu Boden, und seine grollende Stimme fragte:

„Du bist getauft worden, Skandavati?“

Schweigend senkte der Hurone den Blick.

„Hast du nicht den Mut, deinen Glauben zu bekennen?“ sagte Brebeuf.

Da warf Skandavati den Kopf in den Nacken, in seinen Augen begann es ungestüm und wild zu glühen, und er sagte:

„Ja, ich bin getauft, nicht weil ich wirklich glaube an euren Gott, sondern weil ich mein Wort nicht brechen wollte. Nimm die Taufe wieder von mir, weißer Vater, denn ich kann niemals der Eure sein!“

„Die Taufe gibt der Seele ein unverwischbares Merkmal, und getauft bleibst du bis an dein Ende!“

Da faßte der Häuptling seine Schwester mit der Linken, und seine Rechte deutete nach dem Ausgang; ohne Zorn, aber mit eherner Strenge sagte er:

„Du bist deinen Vätern untreu geworden, Skandavati, du kannst niemals der Mann meiner Schwester werden!“

Der junge Hurone beugte, wie von einem Keulenschlag getroffen, das Haupt und schritt langsam hinaus.

Seitdem galt er als verschollen.

Der Hirsch bäumte sich mit gewaltigem Satze empor.

Siebzehntes Kapitel.

Der Führer verloren!

Über Villemarie lag eine klare, sternige Nacht. Die Wachen gingen mit gemessenem Schritt auf dem Walle auf und nieder, und in der Nähe des Kommandantenhauses saß Tom auf einer einfachen Steinbank; zu seinen Füßen lag der treue Wolfshund. Dem alten Trapper war es unbehaglich zu Mute, er ärgerte sich darüber, daß er hier sein mußte, während sein Goldjunge Hermann lustig durch die Wälder streifte und vielleicht in Gefahr war. Maisonneuve hatte vor seinem Ausmarsch den Oberbefehl an Dupont übertragen und gleichzeitig Tom ersucht, zurückzubleiben, um bei etwaiger Gefahr jenen mit seiner gereiften Erfahrung unterstützen zu können. Es war dem alten Jäger nicht eben angenehm, aber er erkannte selbst die Notwendigkeit, daß ein im Indianerkrieg erprobter Mann in der Niederlassung sein müsse, während ein andrer solcher die Expedition begleitete. Da Longinus nun gern hinaus wollte, so brachte der wackere Alte das Opfer, aber es kam ihm schwerer an, als irgend jemand glauben mochte. Er wünschte beinahe im innersten Herzen einen feindlichen Überfall, nur um nicht die ganze Zeit unthätig und müßig liegen zu müssen.

Es war alles so still in und um Villemarie, aus dem Fenster der Kapelle schimmerte der Lichtstrahl von der ewigen Lampe, und die Wohnung Duponts war ebenfalls noch erleuchtet. Den alten Waldläufer faßte eine maßlose Sehnsucht, hinauszustreifen nach dem Walde und bei nächtlicher Jagd sich eine Beute zu gewinnen. Er stand auf, und sein Hund erhob sich gleichfalls. Mensch und Tier gingen langsam über den Hof, und das Mondlicht zeichnete ihre Schatten schwankend auf dem Boden. An der Thür zu Duponts Gemach klopfte Tom an und trat ein. Der Franzose saß lesend bei einem Glase Wein und schaute verwundert auf den Alten, der zu so ungewohnter Stunde bei ihm eintrat; er erhob sich indes sofort und ging dem Besuche höflich entgegen.

„Nehmt's nicht übel, Herr von Dupont", sagte dieser, „daß ich Euch nicht einmal in der Nacht Ruhe gönne, aber beim Duivel, mir ist eine Unruhe in meine alten Knochen gefahren und mich zieht's hinaus nach dem Walde. Gebt mir Urlaub bis morgen früh, und ich verspreche Euch, wenn's irgend angeht, auch für einen Braten zu sorgen. Ich habe drüben in den Sümpfen am Ottawa die Fährten von Wild entdeckt. Hoffe, daß Ihr mich auch in dieser Nacht nicht gerade brauchen werdet." Dupont konnte das Begehren des Alten um so weniger abschlagen, als derselbe lediglich aus Höflichkeit sich bei ihm meldete und im Grunde genommen nicht unter seinem Kommando stand, und so stampfte denn kaum fünf Minuten später Tom mit seinem Hunde hinaus in die schweigende Gegend, die schwere Büchse über der Schulter.

Er schritt nach der Richtung des Ottawaflusses hin, an dessen Ufer sich Sumpfland und dahinter der Urwald mit seiner düsteren Pracht ausdehnte. Es war dem alten Weidmann behaglich, wieder einmal außerhalb der Pfähle zu sein, und es fehlte nicht viel, daß er ein lustiges altes Seemannslied gepfiffen hätte. Aber er wußte, daß er dies Gelüste, seinem momentanen Gefühle Ausdruck zu geben, unterdrücken müsse, und ging darum geräuschlos fürbaß. Vorsichtig durchschritt er die eine Ecke des Waldes und näherte sich der sumpfigen Anschwemmung, in welcher er vor einiger Zeit Hirschfährten entdeckt hatte.

Mitten in dem Sumpflande war eine Oase oder besser eine kleine Insel, die durch Anstauung von Zweigen, Erde und Schlamm zwischen einigen Bäumen sich gebildet hatte und für einen Anstand, wie es schien, trefflich gelegen war. Tom probierte zunächst die Tragfähigkeit des Sumpfes, und da er nur wenig einsank, so watete er durch den Morast und durch Wassertümpel, welche ihm bis an die Kniee reichten, und kam glücklich auf der Insel an. Er setzte sich auf einen Baumstumpf, untersuchte seine Büchse und wartete mit der Geduld des echten, ausdauernden Jägers. Es war außerordentlich still im Walde, nur die ersten Insekten des Jahres schwirrten und surrten, und ab und zu klang der charakteristische Lockruf des Whipporwill.

Tom hatte sich nicht getäuscht, wenn er hier auf ein Wild gelauert hatte, nur mußte er ziemlich lange warten. Ein prächtiger Hirsch erschien drüben am Ufer des Sumpfes. Er kam aus dem Walde; der Silberglanz des Mondes umfloß die schöne, kräftigschlanke Gestalt des Tieres, das sorglos sein Geweih wiegte und mit gehobenen Nüstern langsam einherschritt.

Es windete scharf nach allen Seiten und schien beinahe Verrat zu wittern, aber regungslos standen Mann und Hund auf der kleinen Insel. Tom hob die Büchse, und das Mondlicht war ihm hell genug, um das Korn klar in der Kimme zu sehen. Donnernd hallte der Schuß im Walde wider, der Hirsch bäumte sich mit einem gewaltigen Satze empor und brach dann zusammen, und der Hund setzte mit lautem Bellen hinüber nach dem Rande des Waldes. Noch immer rollte das Echo des Schusses im Walde wider, und der Jäger horchte hoch auf. Das klang so dumpf und so fern, das Blut stieg mit einem Male dem Alten gegen die Stirn und preßte ihm vor Aufregung die Augen beinahe aus den Höhlen. Das war kein Echo, das waren Schüsse, welche die Nacht wachriefen, und der Schall kam von der Richtung der Niederlassung her.

Dem Trapper war es zweifellos, daß dort ein Überfall der Irokesen stattgefunden. Und das mußte geschehen, gerade in dieser einen Nacht, in der er abwesend war! Der Gedanke an die Frauen, die auch seiner Obhut anvertraut und deren Schutz ihm von Maisonneuve auf die Seele gebunden war, machte, daß sein Haar sich sträubte und ein Schauer eisig kalt durch den Körper des sonst furchtlosen Mannes ging. Mit weiten Sätzen eilte er durch den Sumpf, tief sank er bei jedem Sprunge in den Morast ein, mit der Kraft der Verzweiflung riß er sich jedesmal wieder empor, und unbekümmert um seine Beute, die langgestreckt und regungslos da lag, lud er seine Büchse von neuem und eilte in wildester Hast gegen die Niederlassung, gefolgt von dem Wolfshunde.

Er hatte sich nicht getäuscht, wenn er annahm, daß die Schüsse von Villemarie her kamen, und daß es sich dort um einen Überfall handle. Eine Bande von beinahe zweihundert Irokesen war unter dem Schutze des Waldes bis in die Nähe des Forts gekommen, hatte sich während des Tages in derselben herumgetrieben und war zu dem Beschlusse gekommen, einen nächtlichen Angriff zu wagen. Daß ein Teil der Besatzung fern war, wußten sie durch ihre Spione, welche die Anwesenheit Maisonneuves in St. Marie berichtet hatten. Es war in der zweiten Hälfte der Nacht, die Wachen waren eben abgelöst worden, und Dupont hatte sich zur Ruhe begeben, da merkten die Posten das Heranrücken des Feindes, und es blieb ihnen kaum Zeit, die Besatzung zu alarmiren.

Halb angekleidet stürzten die Männer mit eilig zusammengeraffter Bewaffnung auf die Palissaden, und schon tönte das tobende Wutgeheul der roten Bande durch die Nacht. Wie grell aufflammende Blitze zuckte es vor den Kanonen auf, und die ersten Schüsse der Verteidiger knallten hinab in die stürmenden Haufen. Die beiden Jungfrauen, Marie und Margarete, waren voll Entsetzen aus dem Schlafe erwacht, und Dupont hatte nicht einmal Zeit gefunden, sie zu benachrichtigen. Marie faßte sich zuerst, und ihre mutige Haltung kräftigte die zagende Gefährtin. Sie hatten sich binnen wenigen Augenblicken angekleidet und aus dem Gemache des Kommandanten Waffen genommen; nun eilten sie hinaus in die Nacht, wo der Kampf lärmte.

Dupont, welcher die Augen überall zu haben schien, bemerkte auch die weißen, flatternden Gewänder und bat, indem er den beiden entgegentrat, sich in die Kapelle zurückzuziehen und dort für den Sieg der Ihrigen zu beten. Marie weigerte sich, dies zu thun, und wollte an dem Kampfe teilnehmen, da befahl er ihr als derzeitiger Befehlshaber der Niederlassung ernst und kurz, zu gehorchen. So gingen die beiden Frauen nach der Kapelle und knieten vor dem Altare nieder. Einsam war es in dem Raume, und der Schein der ewigen Lampe flimmerte auf dem milden Mutterantlitz Mariens, das aus dem Bilde auf die zwei Beterinnen herabschaute. Hier war Margarete die mehr Gefaßte, und mit lauter Stimme betete sie ein Vaterunser um das andre, während draußen der Kampflärm tobte und immer näher zu kommen schien.

Die Lage war für die Verteidiger eine allerdings schwierige; es waren ihrer ungefähr vierzig Franzosen und zwanzig Huronen, deren Weiber und Kinder, welche sich gleichfalls in der Niederlassung befanden, auf dem Hofe kreischten und schrieen. Die Anzahl der Gegner betrug beinahe das Vierfache, und von allen Seiten kletterten die roten Gesellen mit Katzengewandtheit an den Palissaden empor. Wohl sank manch einer von einer Kugel getroffen oder vom schweren Kolbenschlag niedergeschmettert hinunter in den Graben, aber immer neue Angreifer rückten nach, und ihre Zahl schien bei dem nächtlichen Kampfe noch größer, als sie es wirklich war.

Dupont bewies sich eben so tapfer wie kaltblütig. Wo immer der feindliche Andrang am größten war, da tauchte er mitten im Gewühle auf, sein langer, blitzender Degen zog seine weiten, sausenden Kreise, und kaum hatte man ihn hier gesehen, so stand er auch schon wieder an einem andern bedrohten Punkte. Der Umstand, daß der Angriff von allen Seiten her erfolgte, machte die Verteidigung von vornherein nahezu aussichtslos, und den Irokesen gelang es auch in der That, die Palissaden an ihrer schwächsten

Stelle zu ersteigen, und ihr markerschütterndes Jubelgeheul verkündete den Sieg den Genossen und ermutigte diese zu verdoppelter Wut.

Einen Augenblick war Dupont wie von Entsetzen gelähmt, denn jenes Heulen verkündete auch ihm, was geschehen war, und er dachte an die Frauen, zu deren Schutz das Letzte und Äußerste gewagt werden mußte. Den Kampflärm überdröhnend hallte sein Ruf: „Zur Kapelle!“ und fechtend zogen sich die Franzosen gegen das Heiligtum zurück. Der Ort war zur Verteidigung am meisten günstig, denn das Kirchlein war etwas höher gelegen und fest gebaut.

Die beiden Mädchen hatten das Geheul der Wilden gehört und nicht anders geglaubt, als daß die Niederlassung bereits vollständig in den Händen der Irokesen sich befinde und ihre Verteidiger tot oder gefangen seien. Dazu kam, daß sie mit entsetzlicher Deutlichkeit den Lärm näher kommen hörten. Da wurde auch die bisher mutige Marie von furchtbarem Schrecken erfaßt, die Ereignisse ihrer ersten Gefangenschaft traten ihr lebhaft vor die Seele und ohne weiteres Besinnen, ohne zu überlegen, daß sie der Gefahr gerade in die Hände liefen, riß sie die halb ohnmächtige Margarete mit sich fort gegen den Ausgang. Da hörten sie von dort her das laute Kampfgeschrei, das Klirren der Waffen, den Hall dazwischenkrachender Schüsse. Hier war es unmöglich durchzukommen, und die beiden Mädchen eilten wieder zurück, um den kleinen Ausgang zu gewinnen, welcher durch den schmalen Raum der Sakristei hinter dem Altare ins Freie führte. Hier war es offen, und nach wenigen Augenblicken waren sie außerhalb der Kirche. Aber was sie hier erblickten, mußte sie mit neuem Entsetzen erfüllen. Rings um sie her schien alles von den roten Gestalten zu wimmeln, von den Ihrigen sahen sie keine Spur, nur den entsetzlichen Lärm hörten sie noch deutlicher als zuvor. In ihrer Angst und Ratlosigkeit wagten sie weder vorwärts noch rückwärts zu gehen, dicht aneinander geschmiegt drückten sie sich an die Wand der Kapelle in der stillen, aber geringen Hoffnung, den Augen der Feinde zu entgehen.

Die Irokesen schienen in der That alle dem Eingang des Kirchleins zuzudringen, von woher das lauteste Kampfgetöse erscholl, und so wagten die Mädchen wieder einige Schritte vorwärts zu thun und versuchten die Palissaden zu erreichen und über dieselben zu entkommen. Aber was dann? — das wußten sie nicht, und daran dachten sie zunächst auch nicht. Eiligen Schrittes liefen sie der Umwallung entgegen und hatten dieselbe beinahe erreicht, als sie wie mit einem Male sich von roten Gestalten rings umgeben sahen, das teuflische Hohngelächter derselben in ihren Ohren hörten und mit wilden, rauhen Händen sich angefaßt fühlten. Dann schwand ihnen vor Schrecken und Erregung die Besinnung.

Der Kampf hatte indes bei dem Eingang der Kapelle seinen Höhepunkt erreicht; dicht aneinander gedrängt standen die Verteidiger, deren Häuflein bereits zusammengeschmolzen war, und über sie herein sausten die Pfeile der Feinde. Die Gegner waren dabei so dicht aneinander, daß es den Verteidigern nicht möglich geworden wäre, in das Innere der Kapelle zu gelangen, ohne daß die Angreifer gleichzeitig mit eingedrungen wären. Die ersteren waren nahe daran, von diesen erdrückt zu werden, als eine unerwartete Wendung der Dinge durch Tom herbeigeführt wurde.

Dieser war vor wenigen Augenblicken bei dem Fort angekommen und hörte aus dem Innern desselben den wüsten Lärm des Kampfes. Er hatte im Nu die menschenleere Palissade erstiegen an einer Stelle, von welcher aus er sofort einen Überblick über die Situation gewinnen konnte. Das Zwielicht des Morgens dämmerte; bei seinem matten Schein sah der alte Jäger mit seinen scharfen Augen sofort die sehr bedrängte Lage der Verteidiger und dicht um sie herum geschlossene Scharen der Irokesen. Sein erster Gedanke war, seine Büchse an die Schulter zu reißen und in den gedrängten Knäuel der Feinde hineinzuschießen. Aber er mußte auch erkennen, daß sein einziger Schuß so wenig nützen konnte, als wenn er allein sich in den Rücken der Irokesen geworfen. Ratlos blickte er umher und sah zwei Geschütze in seiner unmittelbaren Nähe. In ihrer Siegessicherheit hatten die Feinde vergessen, die kleinen Kanonen zu demolieren, ja nicht einmal daran gedacht, die daneben aufgespeicherte Munition unbrauchbar zu machen, oder über die Palissaden hinunterzuwerfen. Mit Riesenkraft wendete Tom die Geschütze, so daß deren dunkle Mündungen sich gegen den Haufen der Feinde wandte und lud sie mit dem vorhandenen gehackten Blei und Nägeln. Dann entzündete er die Lunte, und der erste Schuß dröhnte und übertäubte einen Moment den Lärm des Kampfes. Die Wirkung war eine furchtbare. Mit zerrissenen Gliedern wälzte sich wohl nahezu ein Dutzend der Rothäute am Boden, und ehe die andern von ihrem Schrecken sich erholten, sauste krachend die zweite Ladung in ihre dicht gedrängten Reihen und riß abermals eine beträchtliche Anzahl nieder. Ein panisches Entsetzen faßte die Irokesen, und schreiend und heulend wendeten sie sich zur Flucht. So bekamen die Verteidiger Luft und neuen Mut. Wie ein Rasender drang Dupont auf sie ein und mähte mit seiner langen, geraden Klinge in ihren Reihen, die in voller Verwirrung den Widerstand aufgaben und einen solchen nicht einmal Tom gegenüber versuchten, welcher, nachdem er seine Büchse abgeschossen, mit wuchtigen Kolbenschlägen seiner schweren Waffe sich Bahn brach zu den Seinen. Kaum fünf Minuten später war das Fort von den Feinden verlassen, und Dupont drückte voll herzlichen, aufrichtigen Dankes die Hand des alten Waldläufers.

Nun eilte er in die Kapelle, um nach dem Befinden der beiden Mädchen zu sehen und sie zu beruhigen. Sie waren verschwunden. Er rief ihre Namen, aber vergebens, nur der Schall seiner eignen Stimme gab ihm die Antwort zurück. Eine fürchterliche Ahnung erfaßte ihn. Totenbleich eilte er nach den Gemächern des Kommandanten, aber auch hier waren die Vermißten nicht zu finden. Dupont teilte seinen Leuten seine Vermutung mit, und alle suchten und riefen, aber umsonst, und mit unumstößlicher Sicherheit stand es fest, daß die Jungfrauen geraubt waren.

In der ersten Aufregung und erfüllt von Ingrimm und Kampfeswut wollte Dupont die Feinde verfolgen, aber der besonnene Tom hielt ihn davon ab. Dreiundzwanzig von den Verteidigern waren tot oder verwundet, die Palissaden bedurften der Ausbesserung, denn man konnte nicht wissen, ob die Irokesen nicht ihren Angriff wiederholen würden, und der Rest der Besatzung war auf das äußerste ermüdet.

Ratlos und mutlos senkte der französische Edelmann das Haupt und starrte auf die Blutlachen im Hofe und auf die stöhnenden Verwundeten. Da legte der alte Tom ihm die Hand auf die Schulter:

„Werdet nicht mutlos, Herr von Dupont! Den beiden Mädchen wird kein Haar gekrümmt werden, denn beim Duivel, die roten Hunde werden nicht so kostbare Geiseln aus der Hand geben. Das Beste wird sein, ich mache mich auf und folge vorsichtig ihren Fährten, um zu erfahren, wohin man sie schleppen wird. Und haben wir erst das festgestellt, dann können wir eher handeln."

Dupont drückte dem wackeren alten Jäger die Hand, und dieser erklärte sich bereit, sofort aufzubrechen und seine Mission anzutreten. Gefolgt von seinem Hunde und begleitet von einem jungen Huronen, Tamaio mit Namen, verließ er binnen kurzem das Fort.

Die Spuren der Feinde waren leicht zu verfolgen, und mit eiserner Unermüdlichkeit und größter Vorsicht gingen die beiden Männer ihnen nach. Der eine Tag verging, und in einer versteckten Schlucht hielten sie ihre nächtliche Rast. Der Abend war kalt, die Erde feucht, aber sie wagten doch nicht ein Feuer anzuzünden, um nicht durch den Rauch die Feinde auf sich aufmerksam zu machen. Sie zehrten von den Lebensmitteln, welche sie aus dem Fort sich mitgenommen, und überließen dann voll Müdigkeit die Nachtwache dem treuen Hunde.

Als kaum der Morgen graute, brachen sie zu erneuter Verfolgung auf. Stundenlang eilten sie durch Wälder und Bergschluchten, niemals die Spuren der Feinde aus den Augen lassend, denen sie mitunter ganz nahe sein mußten. Auch der zweite Tag verstrich, und noch immer schienen die Irokesen keine feste Rast zu machen, und noch immer ging die Jagd durch Wald und Moor.

Da änderte sich mit einem Male die Szenerie. Ein kleines Thal that sich vor den beiden Männern auf, durch welches ein von den Frühlingswassern ziemlich angeschwollenes Flüßchen führte. Hier ging ihnen beinahe plötzlich die Fährte der Feinde verloren. Anfangs glaubten sie, daß jene über den Fluß gesetzt seien, aber das erwies sich bald als unrichtig, und wahrscheinlicher war es, daß die Irokesen von hier auf versteckt gehaltenen Kanoes den Fluß hinabgefahren seien.

So folgten auch sie dem Laufe des Gewässers, das mit schmutzigtrüben Fluten hinrollte, und kamen endlich bis zu seiner Mündung in einen großen Strom, welchen beide Männer für den Ottawa ansahen. In dem Delta, welches die Mündung bildete, beschlossen sie zu rasten, zumal der Ort geschützt und selbst im Falle eines Angriffes zur Verteidigung nicht ungeeignet war. Zwei Dritteile der Stellung waren durch das Wasser geschützt, der dritte Teil weithin eben, ohne Büsche und Bäume, nur mit Gras oder ganz niedrigem Gestrüpp bewachsen, hinter welchem kein heranschleichender Feind sich schützen oder bergen konnte. Der Abend war noch nicht völlig hereingebrochen, und man machte unter dem Gestrüpp eine Art Lager zurecht. Dann aber beschloß Tom, da die Lebensmittel ausgegangen waren, einen kleinen Jagdzug in das Thal zu unternehmen.

Je weiter er in demselben vorwärts schritt, desto breiter wurde der wellenförmige Boden, den hier und da dünne Baumgruppen bedeckten. Das kundige Jägerauge fand auch ziemlich rasch die Fährte eines Wildes, dessen scharfkantige Hufe sich in den weichen Uferwiesen abgedrückt hatten. Den Blick auf den Boden geheftet, dabei auf jeden Laut gespannt lauschend, ging Tom vorsichtig vorwärts.

Da hörte er mit einem Male einen schrillen Aufschrei, der durch die ruhige Luft zitterte. Der Jäger blieb stehen, er fühlte, wie sein Herz beinahe hörbar ihm an die Rippen schlug, und wie ihm kalter Schweiß auf die Stirne trat, denn jener entsetzliche, ihm bis ins Mark einschneidende Laut kam aus der Richtung, wo er seinen huronischen Gefährten zurückgelassen hatte. Vorbei war's mit der Jagd und mit jedem Gedanken an dieselbe, und in banger Hast, erfüllt von unheilvoller Ahnung, eilte er auf seiner Fährte zurück nach dem Lager. Atemlos, mit keuchender Brust setzte er durch Gestrüpp und Buschwerk und trat bald aus dem bewachsenen Teile des Thales heraus in die freie Gegend. Wenige hundert Schritte war er noch von der erwählten Lagerstelle entfernt und mit erregtem Auge schaute er nach derselben hin. Da war kein Feind zu sehen. Mit langsamen Schritten ging er vorwärts. Von dem kleinen Feuer, das sein Gefährte entzündet, stieg ein dünner Rauch empor, der sich von dem glänzenden Rot des Abendhimmels deutlich und verräterisch abzeichnete, aber die Gestalt Tamaios vermochte das geübte Jägerauge nicht zu entdecken. Da faßt ihn die Besorgnis mit verdoppelter Gewalt. Vorsichtig schleicht er näher heran, und endlich sieht er den Huronen blutig und wie leblos auf der Erde liegen. Ein Pfeil ist ihm in die Brust gedrungen, und das gefiederte Ende ragt aus dem rotbraunen Leibe heraus.

Noch einmal überschaut Tom die ganze Gegend. Weit und breit ist nichts zu sehen, still liegt die ganze Ebene, nur die Halme des Grases bewegen sich im leichten Winde, und in dünnen Wirbeln steigt der Rauch des Lagerfeuers auf. Nun tritt er an seinen leblosen Gefährten heran und beugt sich tief zu demselben nieder. Er untersucht ihn genauer und findet, daß das Blut noch immer aus der Wunde träufelt und daß der Puls in schwachen Schlägen geht. Da schöpft er Wasser aus dem nahen Flusse, und nachdem er sorgsam den Pfeil entfernt und den Verwundeten mit dem kühlen Naß besprengt hat, öffnet dieser die Augen und blickt wie verwundert um sich her; er will sprechen, aber die Stimme versagt ihm.

Während der alte Jäger mit außerordentlicher Umsicht einen Verband anlegte, fragte er:

„Kann mein Bruder Tamaio mir sagen, wie das gekommen ist?“

Der Hurone versuchte wieder zu sprechen, er hob das Haupt und öffnete die Lippen, aber er brachte nichts heraus als das Wort „Irokese“.

„Das sehe ich!“ — brummte Tom halb für sich — „das beweist schon die Feder an dem Pfeile“, und während der Verwundete wieder zurücksank, blickte der alte Trapper wieder spähend umher, und der Wolfshund streifte durch das nahe Gras. Das Tier schnupperte mit tief gehaltenem Kopfe, bis es nicht allzuferne stehen blieb und durch sein Knurren ein Zeichen gab, daß es Verdächtiges gefunden. Tom schritt der Stelle zu und fand das Gras hier niedergedrückt von dem Körper eines Menschen. Zugleich zeigten sich die Fußspuren, die gegen die benachbarten Höhen sich hinzogen. Daß dort Feinde waren, war offenbar, daß es die Räuber der beiden Mädchen aus Fort Villemarie sein sollten, war indes mehr als zweifelhaft, und den Trapper ärgerte es weit mehr, daß er die Spur dieser verloren hatte, als daß er hier, wie es schien, in einen Hinterhalt geraten war.

Er überlegte, was er thun sollte, indem er nach dem niedergebrannten Feuer zuschritt. Seine Lage war nichts weniger als ungefährlich. Allein und nicht zureichend gedeckt, vermochte er kaum an ernstlichen Widerstand zu denken, wenn man ihn wirklich angriff. Es war allerdings möglich, daß man ihn noch nicht bemerkt hatte, und in diesem Falle wäre es nicht allzu schwer gewesen, zu entkommen, wenn er den Wellen sich anvertraut hätte und fortgeschwommen wäre. Aber es widerstrebte dem ehrlichen Manne, den huronischen Bundesgenossen, der sich ihm vertrauensvoll angeschlossen hatte, hier allein liegen und verkommen zu lassen, und so beschloß er denn, abzuwarten, ob der Feind etwas gegen ihn unternehmen würde.

Die Sonne ging allmählich zur Rüste, und Tom versuchte sein Lager, soweit das anging, noch vor Sonnenuntergang in besseren Verteidigungszustand zu setzen. Er zog sich noch etwas weiter gegen den Strom zurück, wo das Ufer sich senkte und eine Leiste von geringer Länge und Breite bildete, die als natürlicher Damm und Schutzwehr angesehen werden konnte. Hier beschloß er Stellung zu nehmen und, wenn es sein mußte, sich auf Leben und Tod zu verteidigen. Dahin brachte er auch den verwundeten Huronen, und während der Wolfshund wie ein getreuer Posten sich auf der natürlichen Brustwehr lagerte, hielt Tom Übersicht über seine Verteidigungsmittel. Tamaio stöhnte und öffnete wieder die Augen, wild um sich her blickend. Er schien jetzt die Situation zu begreifen, aber er vermochte nichts Näheres über den Überfall zu berichten.

„Mein weißer Bruder mag sich retten, er schwimmt wie der Fisch im Ottawa, er wird den bösen Irokesen entkommen; Tamaio wird hier sterben, aber er will nicht, daß seinethalben die „große Büchse“ zu Grunde geht.“

Tom schüttelte statt der Antwort das Haupt; nach einer kleinen Pause sprach er:

„Wäre schlechte deutsche Art, beim Duivel, den Kampfgefährten im Stiche zu lassen. Mein roter Bruder möge ruhig sein und nicht unnötig sprechen!“

Es ward wiederum still zwischen den beiden Männern. Die Sonne hatte sich tiefer gesenkt und bereits den Horizont geküßt, die Schatten der Dämmerung lagerten sich grau und schwer über dem Gefilde. Alles war ruhig, fast unheimlich ruhig rings umher, nur zuweilen knisterte es in dem beinahe ganz verglommenen Wachtfeuer. Tom lehnt an dem Damme, die treue, sichere Büchse im Arm und die Waffen des Indianers im Bereiche seiner Hand. Ohne Furcht und zum äußersten entschlossen, sieht er hinaus ins Land. Da flammt an dem Berge vor ihm eine Feuersäule auf und gleich darauf auf der entgegengesetzten Seite des Flusses eine andre. Der Schein ist hell genug, um dem einsamen Manne die dunklen Gestalten erkennen zu lassen, welche sich dort durcheinander bewegen. Tom weiß, daß er mit seinem Gefährten umzingelt ist und daß es diesmal bitterer Ernst wird. Er schnallt den Gurt, in welchem das breite Messer steckt, fester, prüft das Schloß seiner Büchse, stößt in einer gewissen Erregung noch einmal den Ladestock in den Lauf, untersucht die Spitze des Wurfspießes Tamaios und sieht immer wieder hinüber nach dem Feinde. Der Hurone stöhnte ab und zu, und Tom wußte nicht, lag er bewußtlos oder schlief er;

nur eines war sicher: er lebte noch, und der Trapper durfte ihn nicht im Stiche lassen.

Da saust es wie ein Wurfspeer durch die Luft, mit einem seltsam sauchenden Tone, das Wasser im Strome schlägt einmal plätschernd auf, und wieder ist es still. Einige Pfeile folgen schwirrend dem ersten Geschoß und begraben sich schweigend in der Tiefe des Gewässers, denn das hohe Ufer ist dem alten Jäger ein günstiger Schutz. Ingrimmig knurrt der Wolfshund, aber ohne seinen Posten zu verlassen oder auch nur die Stellung zu wechseln.

Im Osten glimmt es heller empor über dem Horizont, der Mond geht auf und wirft sein blasses, unsicheres Licht über die Landschaft. Da war es Tom, als sähe er einige dunklere Flecken im Grase vor sich, seine Augen glühten heller auf, dann riß er jählings die Büchse an die Wange und legte auf eine dieser dunklen Stellen an. Mit dumpfem Grollen entladet sich die Waffe, und ein Aufschrei, der gleichzeitig einer menschlichen Kehle entquillt, belehrt den alten Jäger, daß seine Annahme ihn nicht getäuscht habe. Außerdem sieht er, wie noch zwei andre Gestalten aufspringen und, wie es scheint, rückwärts eilen. Im Nu hat er den Wurfspieß des Huronen erfaßt und schleudert ihn mit voller Gewalt. Die eiserne Spitze dringt schneidend ein in den Körper des einen Feindes und drängt sich zur Brust wieder heraus, in dem von Blut geröteten, glänzenden Eisen zuckt der Mondstrahl. Der getroffene Mann aber springt im wilden Satze empor, schleudert mit den Armen nach dem Himmel und bricht neben seinem gefallenen Kameraden zusammen.

Da tönte ein wildes, tobendes Brüllen, und auf der Ebene in dem niedrigen Grase ward es lebendig, wie in einem Ameisenhaufen, den des Wanderers Stock auseinandergeworfen. Die Waffen glänzten wild und näherten sich, während Tom kaltblütig seine Büchse aufs neue lud. Da war es, als ob es in dem Strome hinter ihm rauschte, und so sehr auch die Feinde vor ihm seine Aufmerksamkeit fesselten, sein feines Ohr hatte auch das Geräusch in seinem Rücken gehört. Er wendete sich um und sah auf den Wellen zwei große Kanoes heranschwimmen, gefüllt mit dunklen Gestalten. Er glaubte sich von allen Seiten umzingelt und sah den Tod vor sich. Die Feinde im Rücken waren ihm näher, gegen sie wendete er sich und riß, während der Kriegsschrei der Irokesen von vorn her schallte, die Büchse an die Schulter. Da rief eine Stimme:

„Beim heiligen Pafnuzius, das ist Tom!"

„Hermann, Longinus, Herzensjunge, Gott sei gelobt!" schrie der Alte.

Es war in der That der blonde Deutsche in Begleitung Anatohas und einer Anzahl Huronen, welche auf einer Streife begriffen waren. Sie übersahen im ersten Augenblicke die Situation und hatten mit beispielloser

Schnelligkeit sich bereit gemacht, die heranstürmenden Irokesen zu empfangen. Das wilde Heulen derselben klang unheimlich und entsetzenerregend, man erkannte nun bereits deutlich die Gestalten, ja selbst die Gesichter — sie waren kaum vierzig Schritte mehr von dem Damm, hinter welchem ihre Gegner lagen, entfernt. Da kommandierte Tom: „Schießt!“ und eine Salve von Kugeln und Pfeilen schlug den unangenehm überraschten Angreifern entgegen. Mit wildem Schreien wendeten sie sich zur Flucht, aber hinter ihnen brachen auch die Huronen aus ihrem Lager hervor, und den Kriegsruf ihres Volkes brüllend, stürzten sie den Feinden nach.

Der Mond strahlte hell über dem Thalgrunde und beleuchtete das blutige Schauspiel. Die Irokesen, nur anfangs überrascht, stellten sich zur Wehre, und im wildesten Handgemenge rangen die Gegner Brust an Brust. Die Huronen waren indes in der Minderzahl, und trotz der angestrengtesten Tapferkeit begannen sie zu weichen. Vergebens suchten die beiden Deutschen sowie Anatoha sie zu verzweiflungsvollem Widerstand zu ermutigen, umsonst, sie wurden immer mehr nach dem Flusse gedrängt. Noch einmal gelang es, hart an dem Damme, der vordem die Schutzwehr Toms und seines Gefährten gewesen, den Feind zurückzuschlagen, und glücklich erreichte man die Kanoes.

Pfeile und Wurfgeschosse der Feinde sausten nach, schlugen in das aufspritzende Wasser und verwundeten zwei Huronen, aber einen weiteren Versuch, die Flüchtlinge zu verfolgen, machten die Irokesen nicht; sie begnügten sich, den geschlagenen Feinden ein brüllendes Hohngelächter nachzusenden, das diese mit einem Wutgeheul beantworteten.

Nun erst konnte man die erlittenen Verluste überschauen. Sie waren zahlreich und schwer, am härtesten aber der des Führers. Vergebens klang der Name Anatoha durch die Nacht, der Ruf verhallte, und keine Antwort folgte. Bestürzung lag auf allen Gesichtern, und das erste Gefühl, welches die Huronen erfaßte bei der Gewißheit, daß der berühmte Häuptling nicht unter ihnen sei, war das der tiefsten Entmutigung. Man fragte sich gegenseitig nach seinem Schicksal, aber niemand vermochte eine bestimmte Antwort zu geben. Gesehen hatten ihn alle, wie er nach seiner Art mit Todesverachtung kämpfte, bald hier, bald dort in dem blutigen Gewühle auftauchte, aber niemand hatte ihn fallen sehen. Diese Kunde war aber nicht geeignet, tröstlich zu wirken, denn hinter derselben lauerte eine um so entsetzlichere Vermutung. Wenn Anatoha nicht gefallen war, wenn er in die Hand der Feinde geraten war? — Selbst die Huronen schauerten stumm in sich zusammen bei solchen Gedanken, denn sie wußten, daß die erbitterten Feinde Martern ohne Maß und Zahl über ihren gefürchtetsten Gegner verhängen würden.

Auch Longinus war erschüttert, als er sah, daß der Häuptling vermißt wurde, er war es aber noch mehr, als er vernahm, weshalb Tom ausgezogen sei aus Villemarie. Alles Blut strömte ihm nach dem Herzen, sein Gesicht wurde fahl, und seine Hand faßte krampfhaft nach dem Rande des Kanoes, als er hörte, daß Marie geraubt sei. Eine finstere Entschlossenheit kam über ihn, und er erklärte dem alten Freunde, daß er bereit sei, Blut und Leben für die Befreiung der Geliebten einzusetzen. Tom drückte dem auf das Äußerste Erregten warm die Hand:

„Ruhig Blut, Herzensjunge! Ich gehe mit dir, und 's wäre doch, beim Duivel, sonderbar, wenn wir zwei Waldläufer nicht auf die richtige Fährte kämen, und haben wir die einmal, dann holen wir auch die zwei Mädchen heraus. Fetzenweise sollen sie mir das Fleisch von den alten Knochen reißen, wenn ich nicht mit dir durch dick und dünn gehe."

Longinus ermannte sich; er erhob sich im Stern des Kanoes und rief:

„Haltet, meine roten Brüder! Setzt mich und die „große Büchse" ans Ufer, wir wollen den Fährten der Bluthunde folgen und bringen euch, will's Gott, euren Häuptling wieder!"

Nach wenigen Minuten standen die beiden Deutschen am Gestade und schlugen die Richtung nach dem Walde ein, während ihre beiden Hunde, die Nasen tief zur Erde gesenkt, ihnen voraneilten.

Skandavati in der Waldeinsamkeit.

Achtzehntes Kapitel.

Bei den Wampanoagen.

Es war eine grüne Lichtung im schwarzen Walde. Gewaltige Baumreihen faßten sie von allen Seiten ein, und große, grüne Steine lagen über dieselbe verstreut. Der Abendsonnenschein beleuchtete freundlich die Urwaldstille, und schweigend lag die ganze Welt ringsum.

Auf einem der Felsblöcke saß ein junger Indianer, seine Waffen lagen neben ihm im Moose. Das Gesicht des Mannes war eingefallen und hager, in verworrenen, langen Strähnen fiel ihm das schwarze Haar auf die Schultern, und die großen, tiefliegenden Augen starrten wie gedankenlos vor sich hin. Es war Skandavati, der getaufte Hurone, der, sein Geschick verfluchend und im wilden Hasse gegen die Irokesen sowohl wie gegen die Weißen, denen er den Verlust seines Lebensglückes zuschrieb, in die Wildnis geflüchtet war und hier einem gehetzten Tiere gleich hauste. Sein Trachten ging nach dem Tode, aber er wollte nicht sterben, ohne eine Anzahl Feinde vorausgeschickt zu haben zu den dunklen Okis der Unterwelt.

Die Sonne sank tiefer, schwere Schattenstreifen flogen gespenstisch über die Lichtung, über seinem Haupte ging ein Zug großer dunkler Vögel hin. Er griff beinahe mechanisch nach seinem Bogen, die Sehne schwirrte, und mit dem befiederten Pfeile in dem glänzenden Halse stürzte eines der Tiere in seiner unmittelbaren Nähe nieder. Er hob den Vogel, welcher noch zuckte und ihn aus starren, brechenden Augen ansah, an dem Flügel in die Höhe und zog aus der Wunde den blutigen Pfeil, den er an dem Moose abwischte. Dann machte er zwischen dem Gestein ein Feuer an und begann sein Mahl zu rüsten. In senkrechter Säule stieg der graue Rauch wirbelnd empor, und der Hurone schien sich wenig darum zu kümmern, ob derselbe ihn verraten könne.

Er wurde, während er aß, durchaus nicht gestört, und die Nacht war schon völlig hereingebrochen, als er sein Mahl eingenommen hatte. Die Sterne gingen über dem Walde auf, und beim Mondenschimmer warfen die Bäume schwere Schlagschatten auf die Lichtung. Da brach er auf, um sich ein Lager zu suchen. Langsam ging er zwischen den mächtigen Stämmen hin, bis er an einem mächtigen Ahorn stehen blieb. Mit außerordentlicher Behendigkeit kletterte er an dem Stamme empor und setzte sich zwischen den Ästen zurecht, und die Blätter über ihm und um ihn her, die verschlungenen Zweige bildeten Dach und Wände seines Schlafgemachs.

Eine kleine Lücke blieb ihm frei zum Ausblick nach der Lichtung. Dort sah er, nachdem er nur eine kurze Weile in seinem Asyl gesessen, den Schein eines Feuers und um dasselbe dunkle Gestalten. Heißer Grimm erwachte in seiner Seele, denn keinen Augenblick war er darüber im Zweifel, daß es Irokesen waren. Zu schlafen vermochte er nicht, sein Geist sann und arbeitete, und er dachte bereits daran, während der Nacht ganz allein das Lager zu überfallen und im tollkühnen Kampfe ein heldenhaftes Ende zu suchen. Da wurde seine Aufmerksamkeit aufs neue erregt. Der Feuerschein beleuchtete nämlich grell und scharf zwei Gesichter, welche nicht in diese Umgebung paßten, zwei Blaßgesichter. Es waren Frauen, und des Huronen scharfes Auge vermochte sogar die Farbe der Gewänder zu erkennen. Im Augenblick war es ihm klar, daß dieselben aus Fort Villemarie geraubt sein mußten, und eine Sekunde lang durchzuckte ihn eine wilde Freude. Er gönnte den Bleichgesichtern, die ihn getauft und ihm sein Glück damit zerstört hatten, Schmerz und Sorge und Kummer. Aber das Gefühl war fast so schnell geschwunden, wie es auftauchte, der bessere Geist siegte in dem Huronen. Was hatten diese weißen Frauen für Anteil an seinem Unglück? Unbillig wäre er gewesen, ihnen Tod oder Gefangenschaft zu gönnen, und Skandavati entwarf bereits Pläne für ihre Befreiung. Bald aber sah er ein, daß er allein nicht im stande sein würde, dieselbe zu bewirken, daß es nutzlos und thöricht wäre, wenn er sich opferte, und er kam zu dem Entschlusse, den Irokesen zu folgen bis nach dem Orte, wo sie die fremden Frauen zurücklassen würden. Dort war es ihm vielleicht eher möglich, für ihre Rettung zu wirken.

Ruhig lehnte er sich an den Stamm des Baumes zurück, und bald darauf schlief er. Beim Morgengrauen war er erwacht und von dem Baume herabgestiegen. Er schlich sich an die Lichtung heran und sah, daß die Irokesen noch nicht aufgebrochen waren. In dem dämmernden Frühnebel sah er die Posten um das Lager streifen und sah, wie man das Feuer von frischem nährte, um das Morgenmahl zu bereiten. Regungslos lag der Hurone mehr als eine Stunde lang hinter einem Felsblocke. Endlich brachen die Feinde auf. Skandavati konnte sie zählen, so nahe war er an sie herangekommen. Die Irokesen schienen ganz sorglos und marschierten unter Gesang weiter; die beiden weißen Mädchen hatten sie in der Mitte und schleppten sie auf roh gearbeiteten Tragbahren. Der Hurone folgte dem Zuge in geringer Entfernung bis zum Abend. Dann suchte er sich wieder in der Nähe ein Nachtlager und schlief unbekümmert ein.

Die Morgensonne weckte ihn auf, und sein erster Blick galt dem Lager der Irokesen. Das war jedoch verschwunden. Die Asche des niedergebrannten Lagerfeuers, der zusammengetretene Boden, einige Knochen als Reste des abgehaltenen Mahles waren zu entdecken, von den Feinden selbst nichts mehr. Forschend blickte der Hurone um sich her, um die Fährte der Davongezogenen zu entdecken, und es gelang ihm, ihr ungefähr eine halbe Stunde weit zu folgen. Hier wurde der Boden fest und steinig, und die Spuren verloren sich, gleich als ob die Feinde hier in die Erde gesunken wären. Eine Mutlosigkeit, wie sie Skandavati niemals empfunden, erfaßte ihn, er wußte selbst nicht warum. Er warf sich zwischen den Bäumen nieder und legte den Kopf zwischen seine beiden Hände. Die Sonne stieg höher, ihn kümmerte das nicht; er hatte nur das eine Gefühl, daß er allein, getrennt von seinem Volke, hier in der Wildnis zu Grunde gehen müsse, und es kam ihn beinahe bittere Reue an darüber, daß er seinen Stamm verlassen. Hatte ihm, dem Christen, auch Anatoha die Hand seiner Schwester verweigert, das war ihm doch erlaubt geblieben, daß er an des verehrten Häuptlings Seite kämpfen und sterben durfte. Nun war er wie im wilden Knabentrotz fortgelaufen, ziel- und zwecklos, um vielleicht einem unrühmlichen Ende entgegenzugehen und ohne den Seinen zu nützen. Sollte er wieder zurückkehren? Er hätte es gekonnt, wenn sein Gürtel schwer war von den Skalpen seiner Feinde, wenn er sagen konnte: Seht, ich bin einer der Eurigen und ein großer Krieger geblieben, wenngleich der weiße Mann mir sein Taufwasser auf das Haupt gegossen hat! — Aber so konnte er nicht reden; er hatte die Zeit verträumt im Walde, während vielleicht sein Stamm schon im letzten Verzweiflungskampf kämpfte und aus den Städten der Huronen die Feuersäule der Vernichtung aufstieg. Der Gedanke packte ihn mit einem Male aufs lebhafteste, und voll Ensetzen sprang er auf und griff nach seinen Waffen.

Da klang es an sein Ohr wie ferne Stimmen. Augenblicklich hatte er sich wieder niedergeworfen in das niedrige Strauchwerk und lauschte nun gespannt nach der Richtung, woher die Laute kamen. Zwei Männer, mit Feuerwaffen auf der Schulter, schritten durch den Wald, zwei Blaßgesichter, der eine mit grauen Haaren auf dem eckigen Stierkopfe, der andre mit hellen Locken, und zwei Hunde kamen durch das Dickicht. Der Neufundländer schien den Indianer zu wittern, denn er blieb in der Richtung stehen, wo Skandavati lag, und knurrte halblaut. Der Hurone hatte die beiden sofort erkannt, und wenn er auch einen Ingrimm hegte gegen die Bleichgesichter, diese zwei wurden davon nicht berührt: Longinus und Tom.

Der Indianer sprang aus seinem Versteck auf und rief den Namen des Hundes. Pilot lief heran und wedelte mit dem Schweife, als ob er einen alten Bekannten grüße, und der Wolfshund Toms schien diese Vertraulichkeit seines Gefährten als hinlängliche Legitimation des Indianers anzusehen. Die beiden Jäger hatten wie auf Kommando die Büchsen schußfertig zur Hand, als die braune Gestalt zwischen den Bäumen auftauchte, aber eben so schnell hatten sie Skandavati erkannt.

Zu ihrer Freude erfuhren sie, daß die beiden geraubten Mädchen noch in der verflossenen Nacht hier gerastet hatten, daß also die Irokesen noch nicht allzuweit sein konnten, und sie hofften mit Hilfe ihrer Hunde die Spur wiederzufinden. Zugleich aber erzählten sie dem jungen Huronen von dem Kampfe am Ottawa und dem Verschwinden Anatohas. Da knickte Skandavati zusammen, als ob ihn ein wuchtiger Schlag getroffen hätte; dann schlug er mit einem wilden Heulen die Hände vors Gesicht, ergriff seine Waffen, und wie von feindlicher Meute gehetzt, eilte er fort durch den Wald.

Die beiden mochten ahnen, was in jenem vorging. Sowie sie den Fährten der ihnen teuren Personen folgten, so suchte der Hurone die Spur seines verehrten, tapferen Häuptlings, um ihn zu retten oder mit ihm zu sterben.

„Beim heiligen Pafnuzius!“ — sagte Longinus — „ich gönne der Rothaut, daß sie ihren Sachem wiederfindet oder im ehrlichen Kampfe untergeht; es wäre schade, wenn die Hunde von Irokesen ihn an ihren Marterpfahl bekämen. — Also hier war das nächtliche Lager der Räuber!“

Sie standen vor dem niedergebrannten Wachtfeuer, die Hunde bemächtigten sich der Knochen, welche herumlagen, und suchten dann mit gehobenen Köpfen die Witterung.

Sie schienen darüber bald sicher zu sein, denn sie eilten nach einer bestimmten Richtung hin, blieben stehen und sahen sich nach ihren Herren um, als ob sie dieselben einladen wollten, ihnen zu folgen.

„Die Hunde sind im klaren, mein Junge, also frisch vorwärts!“ sagte Tom, und beide bogen zur Linken in den Wald ein. Nach mehrstündigem

Marsche sahen sie die Fährten der Irokesen auf dem Fußboden, und mit verdoppelter Eile drangen sie nun vorwärts. Es ward nicht viel gesprochen zwischen beiden, jeder richtete seine ganze Aufmerksamkeit auf den Weg und auf die nächste Umgebung.

Sie gönnten sich nur eine kurze Mittagsrast und genossen die Reste ihrer gestrigen Mahlzeit, um nicht ein Lagerfeuer anzünden zu müssen. Wohl hätten sie frisches Fleisch in Fülle haben können, denn ein mächtiger Flug Waldtauben, die im Frühjahr zu Tausenden in den Wäldern Kanadas einfallen, strich über ihren Köpfen hin, aber beide wußten, daß es mehr als bedenklich wäre, jetzt zu schießen. Gegen Abend trafen sie auf den Ort, wo die Irokesen ihre Tagesmahlzeit abgehalten, und hier ließen sie sich gleichfalls nieder. Die sternklare Nacht verging ruhig und ohne Störung, und mit dem ersten Morgenstrahl brachen die beiden Deutschen wieder auf, rastlos ihren Weg verfolgend.

Es ging durch tiefe, zerrissene Schluchten, über bewaldete Höhen, durch schäumende Bergbäche, welche toll über die Felsstücke in ihrem Bette hinwegtanzten, und endlich gegen Mittag sahen sie zwischen den Bäumen hindurch die Rindendächer eines größeren Dorfes. Beide waren sich darüber klar, daß man die Geraubten hierher gebracht habe, und beschlossen deshalb auch, zunächst nicht weiter zu gehen. Solange es Tag war, konnte man sich nicht näher an den Ort heranwagen, und sie mußten zu ihrer Erforschung die Nacht abwarten. Sie lagerten sich etwas über dem Dorfe an einem versteckten Platze, der ihnen gleichzeitig einen kleinen Überblick über dasselbe gewährte. Es war ein ansehnlicher, aber seltsamerweise unbefestigter Ort. Die Häuser standen bis in den Wald hinaus, und das Schreien der Kinder, das heisere Bellen der Hunde, und wilde Lieder, wie sie die jungen Irokesenkrieger sangen, tönten verhallend bis zu den beiden Männern.

Dies Liegen auf der Lauer war allerdings wenig angenehm, aber sie vermochten wenigstens sich im Gespräch zu unterhalten und gemeinsam ihren Plan zu entwerfen. Da stieß Longinus den Alten an und deutete mit dem Finger nach einer Richtung, auch Pilot und der Wolfshund zeigten Unruhe.

„Still, ihr Köter!“ rief Tom halblaut, dann sah er seinen Gefährten fragend an.

„Überlaß ihn mir!“ flüsterte Longinus, und beide waren wieder still.

Durch den Wald daher kam ein junger Indianer, der noch nicht viel dem Knabenalter entwachsen war. Er war von schlankem Wuchse, mit einem Antlitz, dessen finsterer Ernst nicht zu seinem Alter passen wollte, und trug außer einem kurzen Messer mit geschnitztem Beingriff keine Waffe. Er kam ahnungslos auf die Stelle zu, wo die beiden Deutschen lagen, und nicht das leiseste Geräusch verriet ihm die Nähe der Feinde. Er ging hart an dem

Felsblock vorüber, der ihm die Gefahr verbarg, und nun erst vernahm er mit dem scharfen Gehör seines Volkes ein schwaches Geräusch. Er wandte sich um, die Hand an dem Griff seines Messers, aber ehe er noch von der Waffe Gebrauch machen konnte, fühlte er sich von zwei eisernen Armen umschlungen, mit einem Griff war ihm das Messer entwunden, und gleichzeitig fühlte er sich mit Riesenkraft an der Kehle gepackt, daß er taumelte.

„Rühre dich nicht, Irokese, oder es ist dein Ende!“ sagte Longinus halblaut, und gleichzeitig erhob sich auch Tom hinter dem Felsblock.

Der junge Indianer sah, nachdem er die erste Überraschung überwunden, furchtlos und ruhig die beiden Männer an und ließ sich, ohne ein Wort zu sagen, die Fesseln um die Hände legen und tiefer in das Dickicht führen.

„Höre, Rothaut, du wirst uns sagen, was wir von dir wissen wollen!“ begann Longinus im Dialekt der Irokesen.

„Und was wollen die Bleichgesichter wissen von Minawayo?“ fragte der Irokese mit ruhiger, wohllautender Stimme.

„Haben deine Stammesgenossen gestern Abend oder heute am Morgen zwei weiße Squaws hierher geschleppt? — Rede!“ Longinus setzte ihm das Messer auf die Brust. Um den Mund des jungen Irokesen spielte ein verächtliches Lächeln, da er sagte:

„Der weiße Krieger ist ein thörichter Mann, wenn er meint, daß Minawayo sich fürchtet vor dem Eisen; mein Herz klopft nicht stärker, als wenn ich schlafe im Wigwam meiner Mutter. Mein Vater war ein großer Krieger und ist gefallen, nachdem er hundert seiner Feinde vorausgeschickt zu den Okis der Unterwelt, und ihre Kopfhäute hängen an der Decke meines Wigwams!“

„Laß die Großprahlereien, Rothaut“, sagte Tom, „und beantworte, was wir dich fragen. Sind die weißen Mädchen da unten?“

Ein Blitz des Zornes flog aus den falkenhellen Augen des Indianers gegen Tom.

„Ja, sie sind dort, im Hause Tubalakis, des Häuptlings, und wenn ich euch das sage, so geschieht es, weil ich den Häuptling hasse, noch weit mehr als euch. Bindet mir die Hände los, und ich will euch erzählen, was euch lieb sein wird.“

Tom sah Longinus an, als ob er fragen wollte: Sollen wir's mit dem Burschen wagen? — Der junge Jäger aber löste bereits die Baststricke, welche die Handgelenke des Irokesen umspannt hatten:

„Komm, aber merke dir wohl: bei dem ersten Versuche zu entfliehen oder uns zu verraten, bist du verloren!“

Sie nahmen ihn in die Mitte und führten ihn tiefer in den Wald. Dort ließen alle drei sich nieder, und Minawayo erzählte nun:

„Ich bin der Sohn des großen Häuptlings Contarrea; mein Vater ist gefallen durch die Hinterlist Tubalakis, der neidisch war auf seinen Ruhm. Ich war damals noch ein Knabe, aber ich habe im Auge Tubalakis gelesen, als man meinen toten Vater heimbrachte, dem ein Beilhieb der Huronen den Kopf gespalten hatte: Tubalaki freute sich, daß derjenige tot war, der ihn überragte. Damals habe ich angefangen, ihn zu hassen, und ich hasse ihn mit der brennendsten Glut, seitdem er mir verwehrt hat, teilzunehmen an dem Kampfe, aus welchem unsre jungen Krieger zurückkehren mit den blutigen Skalplocken der Feinde an ihren Gürteln. Er hat mich ein Kind genannt, einen Knaben, der noch mit dem Federball spielen möge — ich will ihm zeigen, daß ich ein andrer bin, als für den er mich hält. Möge sich Tubalaki hüten vor dem Knaben, der von ihm das Blut seines Vaters verlangen wird. Das habe ich euch sagen müssen, ihr Bleichgesichter, damit ihr mir glaubt, was ich nun hinzufüge, und Minawayo hat noch niemals gelogen. Meine Mutter ist vom Stamme der Wampanoagen, und das Blut dieses Stammes ist in meinen Adern. Der Häuptling der Wampanoagen, genannt die „rote Feder“, ist nur wenige Stunden von hier entfernt mit seinen Kriegern. Er ist ein Feind Tubalakis wie ich selbst, zu ihm wollte ich gehen, ihn zu holen, denn ich will nicht mehr ein Irokese sein; seit man meine Mutter gestern begraben, bindet mich nichts mehr an den undankbaren Stamm, und ich werde Wampanoage. Nun wißt ihr alles und wißt, daß ich euch kein Feind, sondern ein Freund bin.“

„Ich glaube dir, Minawayo!“ sagte Longinus, und Tom fragte hastig:

„Wo steht die „rote Feder“? Der Häuptling der Wampanoagen ist mir bekannt, und mit seiner Hilfe werden wir die Geraubten gewiß wiedergewinnen.“

„Ich will euch führen dahin, wo ihr die Wampanoagen trefft; folgt mir!“

Ohne zu zaudern, erhoben sich die beiden Deutschen und schritten neben dem Indianer her. Es wurde wenig gesprochen auf dem Wege, und nach einem Marsch von nahezu drei Stunden sah man ein Indianerlager. Furchtlos schritten die drei darauf zu. Die Rothäute sahen sie herankommen und gerieten in Aufregung. Sie standen in drohender Haltung und hielten die Waffen in den Händen. Da tauchte in ihrer Mitte eine hohe Gestalt auf, umflattert von einem gelben Tuche wie von einem Mantel, und auf dem Kopfe wehte eine weithin sichtbare rote Feder. Er winkte den Seinen, sich ruhig zu verhalten, und mit gekreuzten Armen erwartete er die Näherkommenden.

„Was macht die „große Büchse“ auf dem Kriegspfade der Wampanoagen, und wen führst du mit dir? Wer ist der Mann mit den gelben Haaren?“

Tom trat näher an den Häuptling heran und sagte:

„Es freut mich, daß sich der große Sachem der Wampanoagen, die „rote Feder“, meiner erinnert; der da aber ist mein Freund und Genosse, der „weiße Falke“.

Des Häuptlings Auge blitzte scharf nach Longinus hin, und mit einer würdevollen Verbeugung sagte er, noch immer die Arme über der breiten Brust gekreuzt:

„Die Bleichgesichter sind willkommen in dem Lager der Wampanoagen, und ich erwarte, was sie mir mitzuteilen haben.“

Er lud sie durch eine beinahe vornehme Handbewegung ein, ihm an das Feuer zu folgen, wo sie sich niederließen. Jetzt erst schien der Häuptling auch Minawoya zu sehen, und er begrüßte ihn. Das Kalumet ward in Brand gesetzt und ging in dem kleinen Kreise herum, dann erzählten der junge Irokese und Tom, um was es sich handle. Des Häuptlings Blick ward finster, da er sagte:

„Ihr kommt zu guter Stunde. Ich habe eine Schuld einzufordern von Tubalaki, und er wird sie zahlen mit seinem Blute. Die Wampanoagen werden in einer halben Stunde aufbrechen und den Feuerbrand schleudern in das Wigwam Tubalakis und der Seinen.“

„Vergönne mir, großer Sachem, daß ich den Skalp Tubalakis gewinne und gib mir die Waffen der Wampanoagen!“ sprach Minawayo.

„Tubalaki ist ein großer Krieger, und seine Hand ist stark; du sollst deine Kraft an ihm messen, aber ich werde hinter dir stehen!“ — —

Eine halbe Stunde später klang der dumpfe Ton der Muscheltrompete, die dem Häuptling an einer Schnur über die Schulter gehangen, und die Wampanoagen brachen auf. Neben dem Häuptling schritten der junge Irokese und die beiden Deutschen.

Die Nacht war hereingebrochen über dem Walde, als der Zug bei dem Irokesendorfe anlangte. Noch war nicht alles ruhig in demselben, und man beschloß, mit dem Überfall noch zu warten. Indes wurden die Leute — es mochten ihrer siebzig sein — nach verschiedenen Richtungen entsendet, um bei dem Signalruf des Häuptlings von mehreren Seiten zugleich vorzubrechen. Noch zwei Stunden beinahe vergingen, dann hallte ein lang gezogener, dumpfer Ton über die Gegend — die Muscheltrompete des Wampanoagensachems.

Gleich darauf schien die Luft zu erbeben unter einem vielstimmigen Wutschrei, aus den ersten Häusern des Dorfes zuckten die Feuergarben, und bei dem Flammenschein begann in den Gassen ein blutiges Gemetzel. Nach dem Hause des Häuptlings zu drängte eine hohe Gestalt im wallenden gelben Mantel mit roter Feder auf dem Haupte, ihm zur Seite kämpfte ein

Jüngling mit dem blanken Tomahawk in der braunen, krampfhaft geballten Faust, und mit diesen zugleich brachen sich die beiden Deutschen mit Messer und Kolben blutige Bahn.

Tubalaki, der Irokesenhäuptling, hatte sich vergebens bemüht, seine Leute zu sammeln; der Überfall war zu plötzlich und unerwartet gekommen, und nur ein kleines Häuflein hatte sich um den Führer geschart, der die breite Axt über dem Haupte schwang.

„Heute wird der Knabe dir zeigen, daß er ein Mann ist“, schrie Minawayo und drang auf ihn ein. Das wuchtige Kampfbeil Tubalakis sauste nieder, aber der junge Indianer war blitzschnell dem Schlage ausgewichen und hatte den Häuptling unterlaufen. Die beiden rangen Brust an Brust, und niemand hätte dem kaum den Knabenjahren Entwachsenen solchen Mut und solche Kraft zugetraut. Aber dem riesenstarken Häuptling war er nicht gewachsen. Schon hatte ihn dieser auf ein Knie niedergedrückt und zog eben das breite Messer aus dem Gurt, um es Minawayo durch die Gurgel zu stoßen, als ihn der Schlag des Tomahawks des Wampanoagensachems traf, daß er taumelte und den Gegner losließ. Diesen Moment benutzte der junge Irokese, um Tubalaki sein Messer in die Brust zu rennen.

„Das ist für das Blut meines Vaters“, rief er, immer aufs neue sein Messer in den Leib des Gegners senkend, bis dieser röchelnd verendete.

„Die Kopfhaut sei dein!“ sagte kalt die „rote Feder“, und Minawayo ging an sein entsetzliches Werk. Indes war auch der Feuerbrand auf das Haus Tubalakis geschleudert worden, und aus dem brennenden, raucherfüllten Gebäude eilten zwei lichtgekleidete weibliche Gestalten, schreiend und weinend.

Da tönte laut durch all den Kampfeslärm der Ruf: „Marie!“ — Die eine der beiden Gestalten schauerte zusammen und blickte auf, und grell beleuchtet von dem Feuerschein stand ein junger Mann mit wehenden lichten Locken und hielt die Arme nach ihr ausgebreitet. Da jauchzte das Mädchen mitten unter den Schrecknissen auf in seliger Lust: „Hermann!“ und sie flog ihm an die Brust. Margarete war ihr nachgeeilt, und während der Kampf sich mehr seitwärts zog, standen die drei Menschen einige Sekunden stumm in Überraschung und Glück. Nun rief Longinus mit hallender Stimme nach Tom. Der kam mit rauchgeschwärztem Gesichte und neben ihm Pilot, welcher sofort Marie erkannte und auf seine Weise durch Wedeln und Springen seine Freude kundgab.

„Vorwärts, Tom, daß wir aus dem brennenden Neste hinauskommen!“ rief Longinus, und während er Marie, die halb betäubt schien von dem plötzlichen Wechsel, auf seine Arme nahm, thát Tom ein gleiches bei Margarete, und ohne weiter aufgehalten zu werden, eilten sie durch Rauch und Qualm hinaus nach dem Walde, in weiten Sätzen sprang Pilot um sie her; Tom aber hatte in dem Kampfe seinen treuen Wolfshund verloren.

Die Flammen glühten noch lange durch die Nacht, und die Wampanoagen feierten bei ihrem Scheine ihr wildes Siegesmahl. Ihre Gesänge klangen heulend und grausig, und sie umtanzten die Scheiterhaufen, auf welchen sie die Gefangenen verbrannten. Erst gegen Morgen wurde es ruhiger. Longinus beabsichtigte, noch ein Stück Weges mit den Indianern zu ziehen, um gesicherter gegen einen feindlichen Überfall zu sein. Er schloß sich darum am Morgen den Wampanoagen an und sagte gleichzeitig deren Häuptling seinen Dank im Namen der zwei befreiten jungen Damen. Die „rote Feder“ sah ihn groß an.

„Wofür dankt mir der „weiße Falke“? Ebenso gut wäre es an mir, ihm zu danken. Wir haben gemeinschaftlich gekämpft und gemeinsam ist allen die Beute. Die Krieger der Blaßgesichter werden ihren Anteil erhalten, aber sie werden auch das, was sie erobert haben, zur Verteilung mit ausliefern.“

Dem jungen Deutschen stieg eine unheilvolle Ahnung auf; er sah den Blick des Häuptlings begehrlich hinüberschweifen zu den beiden Mädchen, welche sich zitternd aneinander drängten.

„Wir haben nichts erobert“, sagte er bestimmt und stolz.

„Als was sieht das Blaßgesicht die beiden weißen Squaws an?“

„Nicht als Beutegegenstände, Sachem, da sei Gott vor! Sie gehören nicht mir noch dir, noch den Irokesen, sondern gehören ihren Verwandten in Villemarie.“

Ein spöttisches Lächeln umspielte den Mund des Häuptlings.

„Die „rote Feder“ hat gesprochen, und mein Wort habe ich noch niemals zurückgenommen: Ihr sollt die eine der weißen Squaws für euch behalten, die andre aber“ — und er deutete mit dem Finger nach Marien — „soll mein Anteil an der Beute sein!“

Mit diesen Worten wollte er gerade auf die Mädchen zugehen, aber Longinus und Tom vertraten ihm den Weg. In stummer Erregung standen die Wampanoagen, und die Arme über der Brust gekreuzt, sah Minawayo der weiteren Entwickelung dieses Schauspiels zu. Die Zornadern auf der Stirn des Häuptlings waren angeschwollen, und seine Rechte faßte den Stiel des Tomahawks.

„Die Blaßgesichter wollen nicht das Recht der Wampanoagen anerkennen?“ fragte er mit erregter Stimme.

„Das Recht wohl, aber keine unverschämte Forderung!“ — rief Longinus; „zurück, Wampanoage, wenn dir dein Leben lieb ist!“

Der blonde Deutsche hatte die Büchse an die Wange gerissen, und Tom stand in gleicher Stellung neben ihm; der Neufundländer fletschte knurrend die Zähne. Der Häuptling, unbekümmert um die Gefahr, riß den Tomahawk aus dem Gürtel und stürzte gegen Longinus vor, ein Schuß dröhnte, und wie vom Blitz getroffen brach der Wampanoage zusammen. Das war alles das Werk des einen Augenblickes, und in dem nächsten sah man nur einen wüsten, wirren Menschenknäuel und blitzende Waffen. Die Indianer hatten sich, den Fall ihres Führers zu rächen, auf die beiden Weißen gestürzt, und deren Untergang schien unvermeidlich.

Da warf sich mit einem Male Minawayo, der am Streit sich nicht beteiligte, zwischen die Kämpfenden, und mit einer Stimme, deren durchdringende Kraft man kaum bei ihm vermutet hätte, rief er den Wampanoagen einige den Weißen unverständliche Worte zu, und im Augenblicke verstummten Waffenlärm und Kampfgeschrei, und die Indianer sahen wie erschrocken und erstaunt nach dem Jüngling hin, der hochgehobenen Hauptes und mit blitzenden Augen dastand.

Der kurze Kampf hatte indes bereits seine Opfer verlangt. Da lag mit gespaltenem Schädel der treue Neufundländer Pilot und neben ihm sein Herr, dem das Blut über das Gesicht strömte, und an dessen Seite, unbekümmert um alles andre, Marie und Tom niedergekniet waren, während Margarete, zitternd und auf das Tiefste erregt, dabei stand.

„Ihr seid unsre Gefangenen“, sagte Minawayo mit ruhiger, milder Stimme. Tom erhob sich und sprach:

„Mein roter Bruder hat die Gewalt, aber er sieht auch ein, daß uns großes Unrecht geschehen ist. Blut ist auf beiden Seiten geflossen, wir dürfen einander keinen Vorwurf machen — möge er uns unsres Weges ziehen lassen mit dem verwundeten Krieger meines Volkes.“

Der junge Indianer schüttelte mit dem Ausdruck der Festigkeit und der Bekümmernis zugleich das Haupt.

„Die Blaßgesichter haben den großen Häuptling der Wampanoagen getötet, das Blut der „roten Feder“ schreit — ich darf die weißen Menschen nicht ziehen lassen, ohne die weisen Männer des Volkes, dem ich nun angehöre, um Rat gefragt zu haben.“

Finster stand der alte Trapper da und blickte trübe nach dem noch immer bewußtlosen Longinus, von dessen Stirn Marie das rinnende Blut zu wischen bemüht war; dann sprach er düster: „Wir fügen uns in den Zwang, aber ich hoffe von Minawayo, daß er ein großes Herz hat und uns behandelt wie Menschen.“

„Der weiße Krieger hat wohl gesprochen“, sagte der Indianer, und mit unnachahmlicher Hoheit winkte er einigen Wampanoagen, die sämtlich mit dem Ausdruck der Verehrung nach dem Jüngling schauten, an dessen Gürtel neben dem Skalp des Irokesenhäuptlings noch zwei andre Kopfhäute

Der junge Häuptling der Wampanoagen wirft sich zwischen die Kämpfenden

hingen. Die Gerufenen traten heran zu dem verwundeten Longinus, wuschen ihm das Blut vom Angesicht und legten geschickt und schnell einen Verband über die Stirn. Der Tomahawk des Häuptlings hatte den jungen Deutschen getroffen in demselben Momente, in welchem er den Schuß losgefeuert hatte. Die Kraft des Wampanoagen war aber eine bereits geschwächte gewesen, und so drang seine schneidige Waffe nicht so tief in die Stirn des Gegners, wie es im andern Falle wohl geschehen wäre, immerhin war aber der Schlag bedeutend genug, um selbst einen Mann wie Longinus zu betäuben.

Bei der Berührung mit dem kühlen Wasser öffnete er die Augen und blickte einen Moment wie verwirrt um sich her; er sah die dunklen Gestalten der Indianer, aber sein Auge blieb wie freudig verklärt auf dem Antlitz Mariens haften, welche aufs neue an seiner Seite niedergesunken war. Sie faßte seine Hände und bat ihn, ganz ruhig zu bleiben, er aber zog ihre Hand an seine brennenden Lippen und fragte, was denn die ganze Situation bedeute.

Indes hatte Tom seine Büchse an den Häuptling gegeben, der voll Neugier und Freude die Waffe untersuchte, und war zu dem Verwundeten herangetreten.

„Ja, mein Herzensjunge, es ist diesmal nicht gut gegangen. Wir stecken wie die Füchse in der Falle in der Hand dieser Rothäute, und meine ganze Hoffnung ist, daß Minawayo, der hier außerordentlich viel zu gelten scheint, sich anständig gegen uns verhalten wird. Was sie mit uns vorhaben, das müssen wir freilich abwarten; indes Kopf in die Höhe, mein Junge, solange der alte Tom lebt, sollen sie dir kein Haar krümmen.“

Er hatte in deutscher Sprache geredet, und verwundert hatte der junge Häuptling die fremden Laute mit angehört.

Longinus lag noch immer, die Hand Mariens in der seinen haltend; er sagte:

„Um mich ist mir nicht leid, was liegt auch an mir, aber daß Ihr und Fräulein Margarete aus einer Gefangenschaft in die andre geraten sollt, das schmerzt mich; könnte ich mit meinem Herzblut euch loskaufen, beim heiligen Pafnuzius — ich gäb's mit Freuden her!“

Marie drückte ihm die Hand, und Thränen standen ihr in den Augen, Tom aber sprach in seiner gutmütig polternden Weise: „Ruhig, mein Junge, und rege dich nicht unnötig auf; Reden macht's, beim Duivel, nicht besser, und solange uns die Köpfe noch zwischen den Schultern sitzen, ist's noch nicht bedenklich. Nur kaltes Blut, kaltes Blut!“

Die Indianer hatten zwei Tragbahren angefertigt; auf eine derselben legten sie den Verwundeten, welchem Tom zur Seite schritt, den man in keiner Weise gefesselt hatte, auf die andre mußten sich die beiden Mädchen setzen, und so setzte sich der Zug in Bewegung. Man wanderte darauf.

ohne viel zu rasten, länger als acht Tage. Dann erreichte man eines Nachmittags ein recht ansehnliches Wampanoagendorf, das freundlich an einem kleinen, dunklen See gelegen war. Männer, Weiber und Kinder kamen dem Zuge entgegen und begleiteten denselben.

Ganz gegen alle indianische Gewohnheit ließ man jedoch die Gefangenen von Zudringlichkeiten oder gar Mißhandlungen unbehelligt, und Tom hatte auch ziemlich bald den Grund davon in Erfahrung gebracht. Die Fragen aller, welche entgegeneilten, galten dem vermißten Sachem, der „roten Feder“, und nach den Erläuterungen, welche die Einziehenden gaben, flogen nicht gerade freundliche Blicke nach Longinus, aber man wagte trotz des offenbaren Ingrimms keine Thätlichkeiten, weil Minawayo neben dem Verwundeten einherging und die Augen aller mit einer außerordentlichen Verehrung an ihm hingen. Tom aber konnte aus den Reden, die er hörte, so viel entnehmen, daß die Mutter des jungen Indianers die Tochter des berühmtesten Wampanoagenhäuptlings gewesen, der nach seinem Tode noch gleich einem Gott verehrt wurde. Daß nun der Enkel dieses Vergötterten, dessen Blut in seinen Adern rollte, zu seinem Volke zurückkehrte, zu einer Zeit, wo der angesehenste Sachem, die „rote Feder“, getötet worden, wurde als ein ganz besonderer Glücksfall angesehen und Minawayo nunmehr als der geborene Stammeshäuptling betrachtet. Diese Ehrfurcht steigerte sich noch, als man die Skalps an seinem Gürtel bemerkte, welche deutlich genug bekundeten, daß der Jüngling auch ein großer Krieger sei.

Was man eigentlich mit ihnen beabsichtige, vermochten die Gefangenen nicht zu erforschen. Sie waren in dem Wigwam, welches man dem jungen Häuptling eingeräumt hatte, untergebracht worden, und Minawayo behandelte sie in geradezu zuvorkommender Weise.

Das war besonders der Fall den zwei Mädchen gegenüber, die zwar ebenso wie Tom auf das strengste bewacht, aber im übrigen fast mit einer Art Auszeichnung behandelt wurden.

Marie wich übrigens beinahe gar nicht von dem Lager des kranken Longinus; sie hatte unablässig die kalten Umschläge auf seiner Stirn gewechselt und abwechselnd mit Margarete und Tom treulich bei ihm gewacht, als des Fiebers wilde Glut ihn durchtobte. Dasselbe hatte endlich nachgelassen, das Bewußtsein war ihm wiedergekehrt, und mit großen, verwunderten Augen betrachtete er die liebliche Pflegerin an seiner Seite. Alles Vergangene war ihm gleich einem Traume und mußte ihm aufs neue erzählt werden. Und wieder, wie ehedem, sprach er, als eines Tages Marie allein bei ihm weilte:

„Um mich thut's mir nicht leid — was liegt an mir, wüßte ich nur Euch geborgen und gerettet!“

„O sprecht nicht so", erwiderte das Mädchen, „hat denn das Leben gar keinen Reiz und keine Lust für Euch, daß Ihr so gleichgültig von demselben redet? Und meint Ihr denn, daß niemand sich um Euch sorgt und all sein Lebtag klagen müßte, wenn Ihr nicht mehr wäret?"

Der Kranke blickte mit seinen tiefblauen, treuherzigen Augen auf in das Gesicht seiner Pflegerin, das mit einem Male von heißer Röte überflutet war.

„Ihr redet von meinem alten, treuen Tom — Ihr habt recht, es ist vielleicht die einzige Seele auf Erden, die an der meinen hängt, denn er steht so allein da im Leben wie ich."

„Die einzige? — Glaubt Ihr wirklich, daß dies die einzige sei?"

„Welche andre sonst noch?" fragte er mit leiser, zitternder Stimme.

„Gilt Euch meine Freundschaft so gering? Meint Ihr, ich könnte Euch jemals vergessen, was Ihr um meinetwillen gethan und gelitten? — Und für wen anders habt Ihr erst vor kurzem Euer Blut vergossen und die Wunde erhalten, an der Ihr noch daniederliegt? — Ich müßte ja ein Herz von Stein haben, ja ich müßte selbst ganz und gar von Stein sein, wenn ich jemals das vergessen könnte."

Da war es, als ob ein Gefühl nie gekannter Seligkeit durch sein Herz ginge, er sah wieder zu Marie empor, und aus deren Augen leuchtete es ihm entgegen wie aus dem Himmel selbst. Seine Seele war zu voll, er vermochte nichts zu sprechen als nur das eine Wort: „Marie!" aber in demselben lag alles, was er hoffte, ersehnte und fürchtete.

„Hermann!" rief das Mädchen und streckte ihm beide Hände entgegen. — Sie hatten sich verstanden und der Bund der Herzen war für das ganze Leben geschlossen. Als Margarete eintrat, vernahm sie mit Staunen und Freude, daß die beiden, welche sie längst als für einander bestimmt erkannt hatte, sich gefunden hatten. Mitten unter den Wilden, getrennt von Heimat, Verwandten und Freunden, feierten die vier Weißen ihr stilles Freudenfest, und selbst dem alten Tom kam vor Erregung etwas Feuchtes ins Auge, worüber der wackere Bursche sich beinahe ärgern mochte.

Die Freude wurde nur getrübt, weil man nicht wußte und nicht absehen konnte, was die Wampanoagen mit ihnen vorhatten. Endlich sollten sie auch darüber klar werden. Eine seltsame Regsamkeit der Indianer war ihnen bereits seit einigen Tagen aufgefallen, und eines Abends hatten auf dem freien Platze länger als gewöhnlich die Feuer gelodert; man hatte offenbar eine Beratung gehalten. Während derselben waren die Gefangenen strengstens bewacht worden und Tom durfte nicht, wie er das beabsichtigt hatte und wie er es des Abends häufig that, vor die Thür des Wigwams treten. Man ließ sie übrigens nicht lange im unklaren über das, was die Versammlung beschlossen hatte.

Schon am nächsten Morgen kam Minawayo im vollen Häuptlingsschmuck mit wallendem Mantel und stolzer Federkrone zu den Weißen, die nach ihrer Gewohnheit um das Lager des verwundeten Longinus sich vereinigten, welcher an diesem Tage zum erstenmal wieder aufzustehen gedachte. Das Gesicht des jungen Häuptlings hatte einen traurigen Ausdruck, und seine Stimme klang seltsam mild:

„Die Krieger und die Weisen meines Volkes haben gestern Rat gehalten über das Schicksal der Blaßgesichter, die in unsrer Hand sind. Meine weißen Freunde werden mich ruhig anhören und nicht böse sein, wenn ich eine trübere Botschaft sagte, als ich selbst möchte, denn Minawayo ist ein Freund der weißen Männer!“

Da der Häuptling einen Augenblick schwieg, rief ihm Longinus zu:

„Möge der Sachem der Wampanoagen weiter sprechen, wir hören!“

„Ich weiß, daß der „weiße Falke“ ein großer Krieger ist und daß ihn ein hartes Wort nicht niederschlägt. Der „weiße Falke“ muß sterben!“

Ein Aufschrei zuckte von den Lippen der beiden Mädchen, die Hände Toms zitterten und suchten in der Erregung nach einer Waffe, über Longinus' Wange aber ging ein kaum merkliches Erbleichen, dann fragte er mit fester Stimme:

„Und was geschieht mit meinen Freunden?“

„Sie werden nach deinem Tode freigelassen und nach ihrer Heimat geleitet.“

„Ich danke dir, Sachem, für diese Nachricht und bin bereit zu — —“

„Halt, beim Duivel“ — unterbrach ihn Tom; „warum soll er sterben und ich Leben und Freiheit erhalten?“

„Mein weißer Bruder, die „große Büchse“, thut recht daran, so zu fragen. Die weisen Männer und die Krieger meines Volkes haben um das Beratungsfeuer gesessen und die Powows unsres Stammes haben die Geister gefragt, was geschehen solle, denn Minawayo und seine Freunde haben nicht das Blut der Bleichgesichter vergießen wollen. Die Geister aber haben erklärt, daß noch immer das Blut des Häuptlings der Wampanoagen schreie, weil der Mörder der „roten Feder“ am Leben sei. Sein Blut haben die weisen Männer und die Krieger meines Volkes verlangt — der „weiße Falke“ muß sterben!“

„Wer hat euch denn gesagt, daß der „weiße Falke“ den Häuptling erschossen hat? — Ich bin's gewesen, und wenn ihr dem Blut eures Sachem eine Genugthuung schaffen wollt, dann nehmt meinen alten Schädel hin — 's ist nicht viel dran verloren!“

Longinus wollte sprechen, er hatte sich auf seinem Lager erhoben, Minawayo aber winkte ihm ernst und gebieterisch zu schweigen und sagte:

„Die „große Büchse“ hat es gut gemeint mit ihrem Freunde, aber sie hat gelogen. Die Feuerwaffe des „weißen Falken“ war abgeschossen, in derjenigen seines Freundes steckt noch die Kugel.“

„Ich danke dir, Tom, für deine Liebe, mit welcher du im stande wärest, dich selbst zu opfern, aber meinst du, daß ich ein solches Opfer annehmen würde? — Ja, Wampanoage, ich habe die „rote Feder“ niedergeschossen, und stünde die Sache heute wieder wie damals, ich würde ebenso handeln, denn der Häuptling war ehrlos. — Doch genug, sage mir, wann und wie ich sterben soll?“

Minawayo sah mit einem traurig fragenden Blicke die andern an, dann sagte er:

„Wann die Mondscheibe den vollen Kreis zeigen wird und — am Marterpfahl!“

Da war Marie mit einem lauten Schrei niedergestürzt vor dem jungen Häuptling und umfaßte seine Kniee. Eben wollte sie mit Thränen in den Augen denselben anflehen, Gnade zu üben oder seinen Einfluß zur Rettung des Geliebten geltend zu machen, als Longinus plötzlich von seinem Lager aufsprang, mit beinahe rauher Gebärde sie vom Boden emporriß und rief:

„Marie, was thust du? — Wenn du mich wirklich lieb hast, dann sprich kein Wort zu dieser Rothaut und bettle nicht um mein Leben! — Ich weiß, daß es nicht in seiner Hand liegt, mich zu retten; geh', entferne dich, Wampanoage — ich achte dich trotz der Nachricht, die du mir gebracht, und will dir zeigen, wie weiße Krieger dem Tode ins Auge sehen!“

Der Häuptling entfernte sich stumm, Marie aber warf sich nun weinend und schluchzend an Longinus' Brust, so daß ihr Weh selbst dem abgehärteten Tom in die Seele schnitt.

„Nein, du darfst nicht sterben“, rief sie; „soll ich dich erst ganz gefunden haben, um dich nun schon in so entsetzlicher Weise zu verlieren? Soll ich deine Witwe werden, ohne dein Weib geheißen zu haben? — Aber sie sollen mich nicht von dir reißen, diese entmenschten Rothäute, ich werde mich vor dich stellen an den Marterpfahl, ich werde mit dir sterben in Martern, Rauch und Flammen, ich gehe nicht von dir, du guter, armer Hermann!“

Zum erstenmal preßte Longinus mit leidenschaftlicher Innigkeit die Jungfrau an seine Brust, in welcher Schmerz und Seligkeit sich stritten. Er strich ihr leise das goldene Haar von der Stirn und sagte:

„Nein, mein liebes Mädchen, nicht so! Hundert- und tausendmal schwerer würde mir der Tod sein, wüßte ich, daß du mit in meinen Untergang hineingezogen würdest. Hart und schmerzlich wird mir wohl das

Scheiden von dir, an deren Seite ich noch ein langes Leben voll Glück und Freude gern geträumt hätte, aber ich weiß, daß du geborgen bist und in die Arme deines Bruders zurückkommen wirst; so sterbe ich, wenngleich nicht gern, so doch gefaßt, und willst du mir eine Liebe thun in meinen letzten Tagen, so mache mir das Herz nicht schwer!"

Marie senkte das Haupt, und Thränen rollten ihr aus den Augen; Tom trat heran an Longinus und reichte ihm die Hand:

„Noch lebt der alte Tom, mein Junge, und bis zum Vollmond sind noch acht Tage Zeit. In acht Tagen kann sich viel ändern, liebes Fräulein, und solange einem in diesen Hinterwäldern der Kopf noch zwischen den Schultern sitzt, braucht er, beim Duivel, nicht zu verzweifeln. So berechnet auch die Bosheit dieser Teufel ist, einen Verwundeten erst wieder auszuheilen, um ihn dann am Marterpfahl neuerdings zu Tode zu quälen, so hat sie doch den Vorteil für uns, daß wir den gesunden Hermann leichter retten können als den kranken. Also, Kopf in die Höhe, Fräuleinchen, solange ich lebe, kommt Longinus nicht an den Marterpfahl!"

Die Worte des alten erfahrenen Trappers trösteten und ermutigten die beiden Mädchen, und Longinus lächelte, obwohl er tief im Herzen eigentlich wenig Hoffnung hegte. Freilich wußte auch Tom wohl noch nicht, wie die Rettung bewerkstelligt werden sollte, zumal die Bewachung der Gefangenen weit strenger als bisher geschah, aber der Gedanke an Flucht stand eisenfest in dem Kopfe Toms und für alle Fälle und auf jede Gefahr hin mußte ein Versuch dazu gemacht werden. Wenn er mißlang, was war's dann weiter? — Dann starb er eben neben und mit seinem Herzensjungen an dem Marterpfahl, und die beiden Mädchen — das konnte er von Minawayo voraussetzen — wurden dessenungeachtet in Freiheit gesetzt.

Die Flucht der Gefangenen würde jedoch ein Ding der Unmöglichkeit geblieben sein, wenn dieselben nicht eine sehr bedeutende Unterstützung gefunden hätten. Die Bewachung war Tag und Nacht eine sehr strenge. Unsre Freunde schliefen in zwei getrennten Verschlägen, welche wieder durch eine Bretterwand geschieden waren von dem vorderen großen Teil des Wigwams, und in diesem lagen Nacht und Tag Indianer als Wächter; zudem waren die beiden Deutschen waffenlos, da man ihnen alles, auch ihre Messer, abgenommen hatte. Vergebens zermarterte Tom seinen Kopf, um Rat zu schaffen, es wollte ihm nichts einfallen, was zur Rettung hätte führen können, und schon waren von den acht Tagen der Henkersfrist drei verstrichen.

Da war es Marie, durch welche Hilfe gebracht wurde. Zu ihrer Bedienung war ihr und ihrer Begleiterin Margarete ein junges Indianermädchen gegeben worden, Narramatah mit Namen. Gleich in den ersten Tagen hatte sich ein freundliches Verhältnis zu dieser gebildet, und durch das Geschenk eines goldenen Medaillons, welches Marie um den Hals getragen hatte, war sie vollständig gewonnen worden. Narramatah erinnerte an Glanzauge, und schon deshalb hatte Marie sie von vornherein lieb gewonnen. Stundenlang saß die Indianerin bei den weißen Mädchen und suchte, soviel dies anging, sich mit diesen zu verständigen.

An sie wendete sich Marie mit der inständigen Bitte, ihr und ihren Freunden zur Flucht zu verhelfen. Die Indianerin schüttelte trübe den Kopf; sie wollte nicht zur Verräterin werden an ihrem Stamme und fürchtete für sich selbst die Gefahr der Entdeckung; als aber Marie sich vor ihr niederwarf und flehend ihre braunen Kniee umfaßte, da traten ihr selbst Thränen in die Augen und sie vermochte nicht hart zu bleiben. Sie versprach zu helfen, soweit es ihr möglich sei, und in ihrer Herzensfreude fielen die beiden französischen Edeldamen dem braunen Kinde des wilden Stammes um den Hals und küßten es herzlich. Die junge Indianerin war erstaunt ob solcher Liebkosungen, und ihre Augen glänzten seltsam. Narramatah vermochte fürs erste noch nicht zu sagen, wann und in welcher Weise die Flucht bewerkstelligt werden sollte, aber man vertraute ihrem Scharfsinn und ihrer Geistesgegenwart, und getröstet und voll Hoffnung fielen Marie und Margarete sich in die Arme, sobald die Indianerin sich entfernt hatte. Sie begaben sich sogleich in den anstoßenden Verschlag zu Longinus, um diesem mitzuteilen, was sie erreicht hatten, und selbst in das Herz des blonden Deutschen zog neue Hoffnung und neue Lebenslust ein; in freudig angeregter Weise plauderte er mit seiner Braut und mitten in der Gefahr noch entwarfen sie leise flüsternd ihre goldenen Zukunftspläne.

Und doch fehlte sehr wenig, daß ihr Hoffen gleich im Entstehen gescheitert wäre. Während Narramatah sich mit den beiden Mädchen unterhielt, war ein Lauscher nahe gewesen. In dem großen Vorderraume der Hütte lagen die Wächter der Gefangenen und spielten mit verarbeiteten Knochen eine Art Würfelspiel. Narramatah ging ungehindert aus und ein, zumal sie bestimmt war, den Gefangenen Speise und Trank zu bringen. So oft sie durch den Raum schritt, hob einer der Indianer, ein junger, schlanker Mann, die brennenden Augen zu ihr empor und verfolgte sie mit glühenden Blicken. Er hatte sie bereits vor einiger Zeit zum Weibe begehrt und sie hatte ihn abgewiesen, weil er seines boshaften Charakters wegen wenig beliebt und angesehen war. Aber der Bursche hatte weder die zurückgewiesene Werbung noch seine Zuneigung zu Narramatah vergessen, und wenn sie durch den Raum ging, an den spielenden und lärmenden Indianern vorüber, da wurde er zerstreut, und Gewinn und Verlust wurden ihm gleichgültig, so leidenschaftlich sein Volk im übrigen gerade in dieser Beziehung ist.

Als sie nun längere Zeit nicht von den Gefangenen herausgekommen war, hatte er sich erhoben und war hart an den Verschlag herangetreten, hinter welchem sich die beiden weißen Mädchen befanden. Da Marie in ihrer Aufregung ihre sonstige Vorsicht vergaß und lauter redete, so vermochte der Lauscher beinahe jedes Wort zu vernehmen, welches gesprochen wurde, und ein böses, triumphierendes Lächeln spielte um seine Lippen.

Als Narramatah herauskam, erschrak sie, als sie ihn und seinen Blick sah, und es war ihr im Augenblicke klar, daß dieser Mann der Verräter werden würde. Er kam ihr nachgeschritten und vor der Thür des Wigwams rief er sie halblaut an; indem er sie häßlich lächelnd anblickte, sagte er:

„Narramatah will den Blaßgesichtern zur Flucht verhelfen, Umalu wird das hindern; er wird den Kriegern der Wampanoagen erzählen, was er gehört hat.“

Das Mädchen war stehen geblieben und hatte sich rasch gefaßt.

„Umalu hat gelauscht wie eine alte, zahnlose Squaw, die am Abend am Brunnen etwas Neues erzählen will. Er ist feige und boshaft und hat nur Mut, wenn sein Feind an den Marterpfahl gebunden ist, aber nicht, wenn er mit dem Tomahawk oder mit dem Kampfmesser in der Hand ihm gegenüber steht. Sein Gürtel trägt nur den Skalp eines Feindes, den ein andrer für ihn erschlagen hat; pfui, die jungen Krieger unsres Stammes lachen ihm ins Gesicht, wenn sie ihn sehen, und sie werden ihn verachten, wenn sie erfahren, was er thun will. Die Wampanoagen haben selbst ihre Feinde niemals verraten.“

Die Indianerin hatte halblaut, aber mit fester Stimme gesprochen, aus ihren Augen flammte es wie blitzende Verachtung, und hochaufgerichtet wandte sie ihm den Rücken.

Eine Sekunde lang blieb er wie angewurzelt stehen, er hatte gemeint, sie niederzuschmettern, und fühlte sich nun von ihr selbst gedemütigt. Zorn, Beschämung und leidenschaftliche Liebe stritten in ihm; die letztere gewann rasch die Oberhand und noch einmal rief er den Namen des Mädchens. Dieses wandte sich langsam um:

„Was hat Umalu mir noch zu sagen?“

Die Stimme des Indianers zitterte hörbar, als er sprach:

„Ich will nicht, daß Narramatah mich verachten soll. Möge mich die Blume der Wampanoagen anhören. Noch einmal rede ich zu ihr, um sie aufzufordern, meine Squaw zu werden. Möge Narramatah mich bis zu Ende hören“, bemerkte er, als er sah, wie das Mädchen im Begriffe stand, sich abzuwenden, und mit einer gewissen Hast fuhr er fort:

„Ich selbst will den Blaßgesichtern helfen, sie sollen fliehen, wenn Narramatah verspricht, mein Weib zu werden; ich fordere das nicht gleich, erst wenn die Skalpe von zehn erschlagenen Feinden an meinem Gürtel hängen, will ich kommen und an das Versprechen erinnern, das mir die Blume der Wampanoagen geben soll. In ihrer Hand liegt es, die Blaßgesichter zu retten oder zu verderben und Umalu zu einem großen Krieger oder zu einem elenden Hunde zu machen."

Er hielt an und sah dem Mädchen forschend ins Gesicht. Er konnte in demselben nicht den bangen Seelenkampf lesen, den dasselbe kämpfte. Sie sollte sich einem ungeliebten, bisher sogar verachteten Manne versprechen, ihr Schwanken war begreiflich, aber vor ihr Auge trat auch das Bild des bleichen, schönen Mädchens, das ihre braunen, nackten Kniee flehend umklammert hatte, auf ihrer Stirn und ihren Lippen brannten noch die heißen Küsse der durch ihre Zusagen Glücklichen, und sie beschloß für die Blaßgesichter das Opfer selbst ihres verlorenen Lebens zu bringen.

Sie sah dem jungen Indianer ins Auge, und dessen Glanz war mit einem Male so ganz verändert; er blickte erwartungsvoll, bange und beinahe traurig nach ihr, und ihr letztes Zaudern war vorüber. Sie reichte ihm plötzlich die Hand und sagte:

„Narramatah will das Weib Umalus sein — bei den Gebeinen meines Vaters — wenn Umalu die Blaßgesichter frei macht."

Der Wampanoage drückte die ihm gebotene Hand an sein Herz und sagte schlicht und fest:

„Umalu wird sie befreien."

Die Gefangenen ahnten nichts von dem Bundesgenossen, den sie gewonnen und der ihnen doch außerordentlich förderlich sein sollte. Eine solche Unterstützung war um so nötiger, als die Indianer, wohl aus Furcht vor einem Fluchtversuch, die beiden männlichen Gefangenen während der Nacht an Händen und Füßen fesselten.

Narramatah hatte den Plan, welchen Umalu entworfen, den Weißen mitgeteilt und derselbe war der Art, daß er gelingen mußte.

An dem zur Flucht bestimmten Abende lagerte sich Umalu unmittelbar vor dem Eingang zu dem Verschlage, in welchem Tom und Longinus sich befanden. Er hatte es auch übernommen, sie nach gewohnter Weise zu fesseln, hatte dies jedoch nur zum Schein gethan, so daß die beiden leicht die Fesseln abstreifen konnten. Zugleich hatte er ihnen einen Farbentopf gebracht und sie angewiesen, sobald er durch Klopfen an dem Verschlage ihnen das Zeichen geben würde, daß seine Gefährten schliefen, sich nach Art der Wampanoagen anzumalen. Außerdem wußte er jedem von ihnen einen Umwurf und Federschmuck nach Art der Krieger seines Volkes zu verschaffen und versprach auch, ihre Büchsen ihnen in die Hand zu liefern.

In ähnlicher Weise verkehrte Narramatah mit den beiden weißen Mädchen, welche sich in außerordentlicher Aufregung befanden. Auch sie sollten die Gesichter sich anmalen und Indianerkleider über ihre lichten Gewänder anziehen. Ihnen stand übrigens der gefährlichere Teil der Flucht bevor.

Während Tom und Longinus mit einem Messer, das ihnen Umalu gleichfalls zugesteckt hatte, einen Teil der Rindenwand ausbrechen und durch die Öffnung hinauskriechen sollten, war es beschlossen, daß die Mädchen durch den Vorderraum, in welchem die Wächter schliefen, hindurch gehen sollten.

Die Nacht war eingebrochen, und mit fieberhafter Ungeduld warteten die Gefangenen auf die verabredeten Zeichen. Die Wampanoagen lärmten, lachten und sangen, und Stunde um Stunde verging, ehe es stiller ward. Allmählich verstummte indes der Lärm und zwischen das halblaute Gespräch einzelner klang das durchdringende Schnarchen andrer. Und abermals verstrich eine Stunde, Minawayo hatte selbst noch einmal nach den Gefangenen gesehen und sie scheinbar im tiefen Schlafe gefunden, dann war alles ruhig geworden.

Da pochte es mit leisem Finger zweimal an die Bretterwand, und im Nu hatten die zwei Männer ihre Fesseln abgestreift und begannen nun in höchster Eile ihre Umwandlung. Sie bemalten und putzten sich gegenseitig nach indianischer Art, und Tom schmierte den Rest der Farbe auf das blonde Haar des Gefährten, das am leichtesten zum Verräter werden konnte.

Die Metamorphose war ziemlich rasch beendet und als sie sich bei dem matt verglimmenden Feuerschein, welcher aus dem Vorderraume über den nicht bis zur Decke des Hauses reichenden Verschlag herüberleuchtete, betrachteten, mußten sie beide trotz ihrer Lage unwillkürlich lächeln.

Nun begann der zweite Teil der Arbeit, das Durchbrechen der Rindenwand an einer von Umalu bezeichneten Stelle. Um den kaum wiederhergestellten Longinus nicht gleich von vornherein seiner Kräfte wieder zu berauben, besorgte dies Tom allein, und mit dem scharfen, kräftigen Messer hatte er in nicht ganz einer halben Stunde eine Öffnung fertig, welche groß genug schien, daß ein Mann sich durchzwängen konnte. Tom blickte hinaus — alles war still und dunkel und die Nacht war trübe. Kaum eine Minute später stand er draußen, tief atmend, und half nun auch Longinus, der ihm unmittelbar folgte. Stumm drückten sich die beiden Männer die Hand und sahen sich nach Umalu und den zwei Mädchen um.

Aus dem Schatten eines kleinen Gebüsches traten ihnen vier Personen entgegen: es waren die Erwarteten und Narramatah. Auch Marie und Margarete waren in allerliebste Indianerinnen verwandelt und reichten, trotz der Besorgnis, lächelnd den Freunden die Hände. Marie hielt nun bereits alles für überstanden, nachdem sie glücklich den gefährlichen Raum hinter sich hatten. Einzeln und in kleinen Zwischenpausen hatten die Mädchen ihren Gefängnisraum verlassen und waren durch die schlafenden Indianer leisen Fußes hindurchgeschritten. Marie war nicht wenig erschrocken, als einer der Wampanoagen sich im Schlafe erhob und halblaut „Narramatah" rief; wenig fehlte und sie hätte aufgeschrieen und alles damit verraten, aber der Indianer sank augenblicklich wieder zum Schlaf zurück und an allen Gliedern zitternd eilte sie hinaus. Ihr folgte Margarete und erst zuletzt das Indianermädchen selbst.

Einer der Wampanoagen hatte sie allerdings genau beobachtet, Umalu, welcher unmittelbar vor dem Bretterverschlag bei ihrem Gefängnis gelegen hatte. Sobald Narramatah hinausgegangen war, erhob auch er sich geräuschlos und stieg über die Leiber seiner Gefährten hinweg. Aus einer Ecke des Wigwams nahm er die Büchsen, Kugelbeutel und Pulverhörner der beiden Weißen und nachdem er noch einmal umhergeschaut und sich überzeugt hatte, daß alle seine Gefährten schliefen, schlich er hinaus.

Die beiden Weißen waren glücklich, als sie ihre Waffen wieder in den Händen hatten, und mit einer Art Rührung preßte Tom die treue Büchse, den langjährigen Freund und Genossen seiner Abenteuer, an die Brust. Dankend reichten sie dem Wampanoagen die Hand, der aber deutete auf die junge Indianerin und sagte:

„Mögen die weißen Krieger Narramatah danken, wenn sie in Sicherheit sein werden!"

Mit einer Gebärde des Stolzes wandte er sich ab und schritt wieder dem Wigwam zu, um sich an seine vorige Stelle unter seine Gefährten zu legen; er hatte noch einen Teil seiner übernommenen Aufgabe zu lösen, nämlich am andern Morgen zuerst die Flucht der Gefangenen zu verkünden und die durch seinen scheinbaren Eifer irre geleiteten Genossen auf eine falsche Spur zu bringen.

Die Flüchtlinge hatten indes unter Führung Narramatahs das totenstille Indianerdorf verlassen; ein Hund hatte mit heiserem Bellen angeschlagen, war aber von dem Mädchen schnell beruhigt worden, und nun führte der Weg durch Wälder und Schluchten über beschwerliche Steige, die nur ab und zu von einem das Gewölk durchbrechenden Mondstrahl matt beleuchtet wurden. Mehr als eine Stunde weit gab die Indianerin ihren Schützlingen das Geleit, dann beschloß sie umzukehren, um zu rechter Zeit wieder bei den Ihrigen zu sein und jeden Verdacht zu beseitigen. Sie gab noch Weisungen über den einzuschlagenden Weg und etwaige Schlupfwinkel, dann nahm sie Abschied, indem sie noch ein großes Paket mit Lebensmitteln überreichte.

Mit Thränen in den Augen küßten Marie und Margarete das Wampanoagenmädchen, und wenige Augenblicke später war dasselbe in den Schatten der Nacht verschwunden.

Nun wanderten die Flüchtlinge unaufhaltsam weiter, und an mehr als einer gefährlichen Stelle war es Tom, welcher mit eiserner Kraft und Kaltblütigkeit seine Gefährten hinüberführte oder hinübertrug. Beim Morgengrauen waren sie ziemlich weit von dem Wampanoagendorfe entfernt und hielten in einer Schlucht unter vorspringenden Felsen die erste Rast. Auf die trübe Nacht folgte ein schöner, sonnenklarer Tag, und es war, als ob sein Glanz hineinleuchte in ihre Herzen und ihnen Kraft und Mut gebe.

Wie eine Indianerschar lagerten sie an dem kleinen Bache, der an dem Felsen vorübereilte, und betrachteten sich nun erst genauer. Seltsam genug blickten die blauen, treuherzigen Augen des „weißen Falken" aus dem dunklen, bemalten Antlitz, und zwischen den gefärbten Haaren blickte hie und da noch ein Strähnchen goldgelbes hervor. Man beschloß, zunächst noch einige Tage diese Indianermaske beizubehalten, so unbequem sie namentlich den beiden Damen schien.

Da die kleine Gesellschaft nicht große und anhaltende Märsche aushielt, weil man besonders Longinus nicht allzusehr erschöpfen wollte, so legte man in den ersten beiden Tagen nicht allzu große Strecken zurück, wurde aber in keiner Weise weder von den Wampanoagen, welche in der That ihre Spur nicht gefunden zu haben oder irre geleitet zu sein schienen, noch von andern Feinden belästigt. Als unsre Freunde am dritten Abende nach der Flucht rasteten, gaben sie sich bereits den besten Hoffnungen für ihre Rettung hin und reinigten sich am nächsten Morgen von der lästigen Malerei. Aus freundlichen Augen und mit den gewohnten lichten Wangen sahen die beiden Mädchen nach Longinus, für dessen Haar die Indianerfarbe eine besondere Vorliebe zu haben schien, denn trotz der sorgfältigsten Bemühungen wollte das schmutzige Braun nicht aus den Locken weichen.

„Laß gut sein, mein Junge, die Sonne wird dir deinen Schädel schon in Ordnung bringen, und am Ende ist's, beim Duivel, besser, alle Regenbogenfarben auf seinem Kopfe zu tragen, als seinen Skalp am Gürtel einer Rothaut baumeln zu sehen oder am Marterpfahl den halbwüchsigen Indianerjungen als Zielscheibe für ihre Schießübungen zu dienen", sagte Tom.

Als Marie ihm gleichzeitig versicherte, daß er trotz der Verunstaltung seines Haares ihr gerade noch so lieb sei wie zuvor, gab er lächelnd seine Verschönerungsversuche auf und begann mit den übrigen das frugale kalte Frühstück zu verzehren.

Und wiederum marschierten sie zwei Tage und nach der Versicherung Toms kamen sie vielleicht nach vier Tagereisen bis an den Ottawa und dann mochten noch deren zwei bis nach Fort Villemarie sein. Die Furcht vor den Wampanoagen war fast ganz vorüber, aber der streifenden Irokesen halber zog man nur mit größter Vorsicht vorwärts und da man von den Büchsen nur im Notfall Gebrauch zu machen beabsichtigte, so mußte man betreffs der Lebensmittel sich außerordentlich einschränken und manchmal auch ohne Fleischkost zufrieden sein.

Sie hatten an dem betreffenden Tage eben im Waldschatten Mittagsruhe gehalten, als Tom mit einem Male emporfuhr.

„Hermann, mein Junge, hörst du nichts?“ rief er mit gespanntem Ohre lauschend und ergriff seine Waffe.

Longinus war emporgesprungen und horchte gleichfalls angestrengt nach der Richtung, nach welcher sein Gefährte sich hingewendet. Es entstand eine kleine Pause, während der man die Herzen der vier Leute hätte können schlagen hören, und nun vernahmen alle ein fernes dumpfes Hallen, wie wenn ein kurzer Knall sich an Felswänden oder Baumstämmen bricht.

„Beim heiligen Pafnuzius“, rief Longinus, „das sind französische Büchsen und kaum eine Stunde entfernt. Dort gibt's Kampf, und zwei Arme und zwei Büchsen mehr würden wohl zu gebrauchen sein!“

Er sah fragend die beiden Mädchen an, als ob es deren Einwilligung bedürfe, daß sie sich an der Sache beteiligten. Marie stand neben ihm; ihre Wangen glühten, ihre Augen blitzten:

„Franzosen, Landsleute sagst du, Hermann? Vielleicht mein Bruder! O kommt, kommt, laßt uns zu ihnen eilen!“

„Alles mit Vorsicht!“ sagte Tom — „und vorwärts in Gottes Namen!“

So eilten sie fort durch den Wald in der Richtung, woher der Schall gekommen war. Eine Weile hatten sie nichts gehört, dann scholl deutlicher als vordem das Krachen einer vollen Salve und abermals nach einer Viertelstunde klang es wie dumpfes Stimmengewirr.

„Bleibt hier zurück, ich will jene Anhöhe ersteigen, vielleicht kann ich vom Gipfel aus etwas sehen“, sagte Tom und schritt unverzüglich nach dem Berge hin, der in unmittelbarer Nähe sich erhob. Er war indes noch keine dreihundert Schritte gegangen, als diesmal ganz nahe bereits abermals Flintenschüsse krachten, denen aus etwas größerer Entfernung eine andre Salve und ein wildes Durcheinanderschreien folgte. In großen Sprüngen kam Tom zurückgeeilt und schrie schon von weitem:

„Dort hinten liegt eine Schlucht, dort zieht der Kampf sich herauf; fort von hier und laßt uns jenen kleinen Felsen ersteigen, sie werden wohl gleich hier einander in den Haaren liegen!“

Eilenden Laufes wendeten sie sich, die Mädchen unterstützt von den Männern, seitwärts nach einer kleinen Felsgruppe, hinter welcher sie hinreichende Deckung fanden, und von wo aus sie den Kampf beobachten konnten. Tom hatte recht gehabt. Kaum hatten sie ihr Asyl erreicht, als sie auch schon vor dem Fuße des erwähnten Berges eine Schar Indianer auftauchen sahen, die eilig, wie auf der Flucht herandrängten. Hinter ihnen zeigten sich bereits Uniformen und blinkende Gewehrläufe und unsre Flüchtlinge beobachteten nun unter sich ein blutiges Handgemenge.

Noch einmal setzten sich die Rothäute, die jedenfalls Irokesen waren, zu verzweifelter Gegenwehr, und die beiden Deutschen standen vor Erregung zitternd, weil es ihnen — was sie so gern wollten — nicht gegönnt war, mit in das blutige Gemenge einzugreifen, da sie die beiden Mädchen nicht schutzlos zurücklassen konnten.

„Beim Duivel, die Rothäute machen unsern Leuten das Leben sauer, ich glaube, sie dringen wieder vor, und wir sind hier wie angenagelt, unsre Büchsen tragen nicht hinüber. Das ist Dupont, wenn meine alten Augen mich nicht im Stich lassen, er führt seine Klinge, wie's nicht besser sein kann — hurra, da haut er einen nieder, da einen zweiten — laßt mich hinunter, Kinder, daß ich mit meinem Kolben ein wenig arbeiten kann, mir kribbelt's im Arme und in allen zehn Fingern."

Die Gestalt des alten Trappers reckte sich hoch empor, und es schien, als ob er mit einem Satze über den Felsen hinabspringen und dem Kampfgewühl entgegeneilen wolle.

Da hallte fast in ihrer unmittelbaren Nähe eine Salve und in demselben Augenblicke, als eine Anzahl der Rothäute zusammenbrach, flohen die andern in wilder Hast von der Lichtung am Fuße des Berges gegen den Wald. Zwischen den Bäumen hervor aber kam eine neue Abteilung französischer Soldaten und stürmte jetzt im wilden Laufe gegen die Flüchtlinge heran, welche dadurch gegen die kleine Felsgruppe gedrängt wurden, auf welcher unsre Freunde sich befanden.

„Maisonneuve!" jubelte Longinus, und „Maisonneuve und Villemarie!" brüllte Tom; fast gleichzeitig fielen von dem Felsen herab zwei wohlgezielte Schüsse und lenkten die Aufmerksamkeit von Freund und Feind auf diesen Punkt. Und während die Irokesen sich auf drei Seiten angegriffen glaubten und den letzten Rest des Widerstandes aufgebend sich im Walde zerstreuten, hatte Maisonneuve, welcher die zweite Abteilung der Franzosen befehligte, Longinus erkannt und eilte nun rasenden Laufes gegen den Felsen heran, während die beiden Mädchen gleichzeitig, jede Gefahr vergessend, mit lauten Jubelrufen ihm entgegenstürzten.

Der Degen entfiel der tapferen Hand des wackeren Helden, und unbekümmert um den weiteren Kampf, schloß er die Wiedergefundenen nacheinander in die Arme und drückte sie an sein Herz. Mochten die geschlagenen

Feinde auch glücklich entkommen, er hatte erreicht, was er so sehnsüchtig erhofft hatte, und sein Hifthorn rief mit lautem Schalle seine Leute zusammen. Und als sie allmählich sich einfanden, da sahen sie alle mit dem Gefühl der Rührung, das manchem dieser wettergebräunten Männer sogar eine Thräne in die Augen preßte, wie Bruder und Schwester noch immer engverschlungen standen und wie er mit zitternden Händen ihr über das goldige Haar strich. Am meisten erfreut war Dupont, der vor allem glücklich schien, daß Margarete wieder gerettet war, dem aber auch zuerst die veränderte Haarfarbe des jungen Deutschen auffiel. Sofort wurde ein Lager aufgeschlagen und um die brodelnden Kessel gelagert, aus denen ein angenehmer Fleischduft um so lieblicher in Toms und Longinus' Nase stieg, als sie seit einigen Tagen den Fleischgenuß hatten entbehren müssen, und nun erzählte man von den überstandenen Abenteuern. Longinus aber hatte Maisonneuve beiseite genommen, und eine lange Weile sah man die beiden Männer in ernstem Gespräche auf- und abgehen unter den Bäumen.

„Was hat denn Longinus für Heimlichkeiten mit dem Kommandanten?" fragte Dupont.

„Werdet es bald genug erfahren, Herr!" brummte der alte Tom, und Marie blickte mit glühenden Wangen zur Erde nieder. Nun sah man, wie die beiden Männer sich wie zum Abschluß ihres Gespräches die Hand drückten; Maisonneuve legte seinen Arm in denjenigen des jungen Deutschen, und so kamen sie beide heran zum Lagerfeuer. Hier winkte der Edelmann seiner Schwester, und Marie trat in höchster Erregung, aber ohne die Augen aufzuschlagen, an seine Seite. Er nahm sein Hifthorn und setzte es wie rufend an die Lippen, und im Augenblick standen die Männer, mit den Waffen in der Hand, in Reih' und Glied, Dupont, den blankgezogenen, glänzenden Degen in der Hand, an ihrer Spitze. Maisonneuve erfaßte mit der einen Hand Marie, mit der andern Longinus und so trat er vor die Front. Dupont, welcher eine Ahnung von dem hatte, was nun geschehen würde, kommandierte zum Präsentieren, und Tom und Margarete standen als Zuschauer bei diesem seltsamen Schauspiel zur Seite. Maisonneuve aber sprach:

„Meine Freunde und Kampfgenossen! Mitten im Getümmel der Waffen haben sich zwei Herzen gefunden, die für einander in warmer Liebe schlagen. Was Gott zusammenfügt, das soll der Mensch nicht scheiden, und so erkläre ich denn angesichts des blauen Himmels und des grünen Waldes und in eurer Gegenwart meine Schwester Lucie Marie Baronesse von Maisonneuve für verlobt mit Hermann Langer, genannt Longinus!"

Und wie er die Hände beider ineinander legte, da klang jauchzender Zuruf der Soldaten, und alle drängten sich heran, um dem geliebten Kommandanten und dem Brautpaare selbst ihre Wünsche darzubringen und ihre Freude zu bezeigen. Vor allem that dies Dupont in der selbstlosesten Weise; er sagte zu Maisonneuve:

„Das hast du brav gemacht, Paul; in Longinus steckt Edelmannsblut, wenn er gleich nicht das „von“ vor dem Namen hat. Aber nun, nachdem du uns allen eine Überraschung bereitet hast, erlaube, daß ich dir mit einer solchen wieder vergelte. Er kommandierte: „Antreten!“ und sofort standen die Leute wieder in Reih' und Glied. Nun trat er hin zu Margarete und führte die nur schwach sich Sträubende vor die Front:

„Wenn wir heute schon einmal am Verloben sind, so stelle ich euch hiermit noch ein zweites verlobtes Paar vor, das euch allen bekannt ist!“

Und abermals erscholl das freudige Zurufen, und glücklich, selig lagen die beiden Bräute sich in den Armen. — — —

Drei Wochen später gab es ein großes Fest in Villemarie, eine Doppelhochzeit. Die Fahnen flatterten von den Palissaden, die Kanonen donnerten, die kleine Kirche war ausgeschmückt mit grünen Zweigen und bunten Blumen, und Brebeuf hielt den beiden Paaren, die in trüber, ernster Zeit den Bund fürs Leben schlossen, eine tiefergreifende Rede. Am Nachmittage war ein ansehnliches Faß Wein, das eigens von Quebec bestellt worden war, auf den Hof gerollt worden, und um dasselbe lagerten singend und scherzend die Soldaten. Hier hielt Tom, wohl das erste Mal in seinem Leben, eine Rede:

„Seht, ihr Landratten, so weit kann's Seemannsblut bringen, und ich wollte nur, mein seliger Kapitän Hermann Langer könnte heute mit hier sitzen und aus diesem Stückfaß trinken; 's ist zwar französischer Wein, aber den kann auch ein Deutscher aus Lübeck genießen, und wir sind allzumal hier weder Franzosen noch Deutsche, sondern Kanadier. Und nun trinke ein jeder in Andacht seinen Tropfen, und es lebe ganz Villemarie und die beiden Brautpaare! Hoch, hoch, hoch!“

Anatoha verwundet.

Neunzehntes Kapitel.

Ein verhungerndes Volk.

Unter den Huronen hatte sich das Gerücht verbreitet, Anatoha sei erschlagen worden, und dasselbe hatte einen gewaltigen Schrecken unter ihnen verursacht. Anatoha aber lebte. In jenem unglückseligen Kampfe an dem Flusse war er getroffen von einem Beilschlag zusammengesunken; über ihn fort und um ihn her tobte das wilde Gewühl weiter, und das war ihm zum Glücke, denn keiner der Feinde kam dazu, dem gefürchteten Führer die Kopfhaut zu rauben oder ihm den Todesstoß zu versetzen, und der Streit zog sich allmählich weiter. Anatoha war durch Schmerz und Stöße wieder zum Bewußtsein gekommen, aber auch zu sofortiger Klarheit über die Situation. Er erkannte, daß die Seinen geschlagen und auf der Flucht seien, und mußte deshalb darauf bedacht sein, sich selbst zu retten. Er schleppte sich mühsam auf der Erde fort, seine Stirn blutete und auch eines seiner Beine schien, wohl infolge des Herumtretens auf seinem Leibe verletzt zu sein. Langsam und unter fürchterlichen Schmerzen bewegte er sich weiter bis an das Wasser. Hohe Binsen wuchsen an dem Rande des Flusses, weiter hinein wogte dichtes Schilfrohr im leichten Winde; die Kühle des Gewässers lockte ihn, seinen brennenden Leib in die Fluten zu tauchen, und eben als das wilde Siegesgeheul der Irokesen erscholl, warf er sich zwischen die Ufergräser und ließ sich hinabrollen in die Wellen.

Die Frische des Wassers erquickte und stärkte ihn; bis an den Hals in der Flut stehend, legte er sich einen Verband um sein Haupt, und auch seinem Beine that das feuchte Element wohl. Obgleich ihm seine Stellung auf die Dauer beschwerlich war und nur die Zweige eines überhängenden Baumes ihm die Möglichkeit eines Anhalts boten, beschloß er doch bis zum Anbruch des Abends auszuhalten.

Zweimal kamen die Irokesen, vielleicht infolge der sichtbaren Blutspuren bis hart an die Stelle, wo er im Wasser stand, und beide Male mußte er durch längeres Untertauchen seine Anwesenheit verbergen. Endlich nach stundenlangem Harren wagte er sein feuchtes Asyl zu verlassen und erreichte mit unsäglicher Mühe den Wald. Sein Körper ward geschüttelt vom Wundfieber, dabei empfand er heftige Mahnungen des Hungers, aber nur mit Gras und Wurzeln vermochte er denselben zu stillen. Er wagte nicht, sich ein Feuer anzuzünden, aus Furcht, daß der Rauch ihn den Feinden verraten könnte.

So verbrachte er in der qualvollsten Weise einige Tage und Nächte. Endlich glaubte er ein Asyl gefunden zu haben, in welchem er auszuruhen und sich auszuheilen gedachte. Es war eine kleine, ganz versteckte Schlucht, gebildet von zwei in einen Winkel zulaufenden steilen Felsen, die nur einen ganz schmalen Zugang ließen, während die dritte Seite verwachsen war von dichtem Gebüsch und Strauchwerk. Hier lag er an dem kleinen Feuer, das er sich angezündet, und nährte sich meist von Pflanzen oder Fischen, die er sich in einem nahen Gewässer mit dem überaus einfachen Angelgerät fing.

Als er eines Morgens früh wieder dieser Beschäftigung oblag, sah er, wie ein schmales, notdürftig zusammengefügtes Rindenkanoe den Fluß herabschwamm, in welchem ein einzelner Indianer saß. Der Häuptling vermochte aus der Entfernung nicht zu erkennen, welchem Stamme derselbe angehörte, auch mochte seine Sehkraft geschwächt sein infolge der allgemeinen Ermattung seines Körpers, deshalb verließ er seine Stellung und hinkte langsam zurück, um im nahen Gesträuch sich so zu verbergen, daß er das Kanoe beobachten konnte, sobald es ihm in Sehweite kam.

Das geschah bald genug und mit einem Male sprang der Häuptling empor, schneller als es eigentlich sein körperlicher Zustand erlaubte, und schrie in dem Tone offenbarster Freude:

„Skandavati! Skandavati!“

Der Indianer in seinem Boote horchte hoch auf, jetzt schien er den abgezehrten braunen Mann zwischen dem grünen Gesträuch zu bemerken und mit lautem Jubelruf wendete er sein Kanoe nach dem Ufer. In wenigen Augenblicken war er bei dem Häuptling angekommen; er warf sich vor ihm nieder, und indem er seine Kniee umfaßte, vermochte er nur stets aufs neue wieder den Namen des Verehrten, Totgeglaubten, zu rufen.

Tagelang hatte der treue Mann die Wälder durchstreift, um den von seinem Volke Vermißten zu finden, denn er mochte nicht glauben, daß Anatoha tot sei; endlich hatte er ihn gefunden, aber siech, elend, hungernd, verwundet.

Am liebsten hätte er seinen Häuptling auf seinen Schultern hinübergetragen nach seinem kleinen Fahrzeug und wäre mit der teuren Last in den Strom hinausgefahren, um den Seinen den Führer, den Helden wiederzugeben, aber das ging nicht an; sie hätten sich beide schwerer Gefahr ausgesetzt, denn bei einem leicht möglichen feindlichen Überfall hätte der Häuptling, außer stande, sich verteidigen zu können, wehrlos in die Hand seiner Feinde fallen müssen. Skandavati entschloß sich darum, bei Anatoha in dessen Schlupfwinkel auszuhalten und mit der Treue des Bruders, der Liebe des Sohnes für den Kranken zu sorgen.

So geschah es denn auch. Der Häuptling lag auf der Binsenmatte, welche Skandavati ihm bereitet hatte, und konnte der vollsten Ruhe genießen, während der junge Indianer für ihn durch Wald und Schlucht, auf Fluß und Teich streifte, um ihn mit kräftigenden Lebensmitteln zu versorgen. So fühlte sich Anatoha bereits nach einigen Tagen kräftiger, voll frischen Mutes und voll Lebenslust und konnte daran denken, seinen Weg zu den Huronen anzutreten.

Am Abend, bevor das geschehen sollte, lag er in seinem Schlupfwinkel und harrte auf Skandavati. Er hatte ein Feuer angezündet, und in senkrechter Säule stieg der Rauch empor zum klaren Abendhimmel; der Wald war still, hoch in der Luft zog ein großer einsamer Vogel seine Kreise, und der Häuptling träumte von hoffnungsvolleren Tagen. Mit der neuerwachten Kraft erwachte auch neuer Mut, und er sehnte sich wieder nach dem Streite und dem Skalp der Feinde.

Da war ihm mit einem Male, als ob er aus weiter Ferne einen Schrei höre; er lauschte mit angehaltenem Atem, aber der Ton wiederholte sich kein zweites Mal. Eine unerklärliche, aber heftige Angst erfaßte ihn, er mußte an Skandavati denken, und sofort sprang er auf, ergriff den Bogen, welchen sein Gefährte zurückgelassen, und eilte in der Richtung hin, woher er den Schrei vernommen hatte. Er mochte beinahe zehn Minuten gegangen sein, als er auf einer Lichtung bei dem matten Scheine des Abends einen dunklen Körper bemerkte. Voll banger Ahnung schritt er auf denselben zu und erkannte zu seinem Entsetzen Skandavati. Er war in fürchterlicher Weise zugerichtet, das Antlitz und die Brust waren blutüberströmt, die Kopfhaut fehlte. Der Häuptling wußte, was geschehen war, sein Freund war in die Hände der Irokesen geraten; er kniete bei ihm nieder und rief ihn beim Namen und wischte ihm das Blut vom Gesicht — umsonst, der Verwundete regte sich nicht und öffnete nicht die Augen. Anatoha blickte nach Wasser umher; er sah einen Tümpel in der Nähe, schöpfte aus demselben und wusch den Verwundeten. Da blickte dieser mit stieren Augen empor, eine Sekunde lang schien er den geliebten Häuptling zu erkennen, er drückte ihm mit letzter Kraft die Hände, richtete sich mit einer krampfhaften Anstrengung empor, sprach noch einmal den Namen „Glanzauge", dann ließ er die Hand Anatohas los und dehnte sich lang aus auf dem Moose. Skandavati war tot.

Dem Häuptling, der manchen roten Krieger hatte sterben sehen, trat angesichts dieses Toten eine Thräne ins Auge, denn der Mann, welcher verstümmelt, entstellt und blutig vor ihm da lag, war für ihn gestorben. Sein Leib sollte nicht den Tieren des Waldes überlassen bleiben; mit einem breit zugeschnittenen Aste, den er von dem nächsten Baume genommen, grub er in dem morastigen Boden ein Grab und senkte den Toten hinein, nachdem er seine Waffen neben ihn gelegt. Vorbei war es mit seiner Lebenshoffnung und mit seiner Kampfesfreudigkeit; ihm war der Tote gleichsam Symbol seiner gesamten unglücklichen Nation, die er im Geiste ebenso verstümmelt von ihren Feinden, ebenso tot und begraben sah.

Um jede Minute, die er hier noch säumte, that es ihm leid, denn jede Minute führte ja sein Volk näher zum Untergang, und ohne sich weiter um das Feuer zu bekümmern, dessen leichten Rauch er zwischen den Bäumen aufsteigen sah, eilte er fort in die Nacht, um seiner Nation bei ihrem Verzweiflungskampfe nicht zu fehlen. Und in der That, sein Volk war in großer Verzweiflung. Des einzigen Führers beraubt, welcher im stande gewesen wäre, einen festen, geordneten Widerstand ins Werk zu setzen, ohne zu einer rechten Einigung kommen zu können, mutlos und von Elend gelähmt, aufgeregt von wilder, alle Widerstandskraft raubender Furcht, schienen die Huronen selbst ihren Untergang herbeiführen zu wollen. In allen Gauen und allen Dörfern gab es nur ein einziges Schlagwort: Flucht! Selbst die besonnensten, tüchtigsten Krieger, die weisesten Männer am Beratungsfeuer waren eingeschüchtert und dachten nicht an Kampf.

Schon vierzehn Tage nach den erwähnten Kämpfen begannen sie mit geradezu wahnsinniger Zerstörung des eignen Besitzes. Es war grauenvoll zu sehen, wie sie ihre eignen Städte und Dörfer in Brand steckten und wie es in ihrem ganzen Gebiete von gewaltigen Feuerbränden lohte, nur damit die Irokesen nicht Unterkunft und Schutz finden könnten.

Das verflossene Jahr war ein Mißjahr gewesen, und die Ernte hatte kaum ausgereicht, um den dringendsten Mangel zu befriedigen, von zurückgelegten Vorräten konnte nicht die Rede sein. So hatten die Flüchtigen nicht einmal Lebensmittel, und was sie in dem laufenden Jahre angebaut, ließen sie in ihrer sinnlosen Verwirrung zurück oder zerstörten es, um nicht für ihre Todfeinde gesäet und gepflanzt zu haben.

In größeren und kleineren Abteilungen streiften sie plan- und ziellos durch die Wälder; die Wildnis war teilweise noch nicht aufgetaut, und mit unsäglichen Beschwerden arbeiteten sie sich mit Weib und Kind hindurch. Nach Norden und nach Osten wendeten sich ihre Züge; die einen suchten Verstecke an dem klippigen Strande oder auf versteckten Inseln des Huronensees, andre schlossen sich an freundliche Indianerstämme, wie beispielsweise an die sogenannte Tabaksnation an — das Volk der Huronen hatte damals bereits aufgehört, als solches zu existieren.

Diese Verhältnisse konnten jedoch auch der Jesuitenmission in St. Marie nicht gleichgültig sein. Bis jetzt hatte diese Niederlassung ihren Hauptschutz gehabt in den zahlreichen und durch Palissaden wohl verteidigten Städten, welche sie von den Irokesen trennten. Diese waren vernichtet, zwischen St. Marie und den Feinden lag nur die einsame Wildnis mit den verkohlten Trümmerstätten, und bange Besorgnis erfaßte die Väter der Gesellschaft Jesu, denn jeden neuen Angriff der Irokesen mußten notwendigerweise sie zuerst aushalten. Zudem war es mit der eigentlichen Bestimmung dieser Missionsniederlassung vorbei. Wo keine Herde war, brauchte man auch keine Hirten mehr; von einer Bekehrung der Huronen in großartigerem Maße konnte nun nicht mehr die Rede sein — denn wo waren die Huronen? Zwar hatten die Jesuiten mehr als je jetzt Aussicht, Märtyrer für ihre Sache zu werden, wonach sich mancher von ihnen in seinem Feuereifer geradezu sehnte, aber sie waren doch viel zu klug, um einzusehen, daß ein Märtyrertod unter solchen Umständen niemand zu gute kommen und die Nachwelt sie sogar als Thoren verurteilen könnte, die sich zweck- und nutzlos opferten.

Soviel sie auch sich gemüht und mit so anerkennenswertem Eifer sie für die Huronenbekehrung gewirkt, jetzt war alles verloren und alles umsonst, und die trübe, aber zwingende Notwendigkeit trat an sie heran, ihr Asyl verlassen zu müssen.

Ragueneau berief die Brüder nach dem Beratungszimmer, und lange ward hin und her gesprochen, ehe man zu dem ebenerwähnten schweren Entschlusse kam. Und nachdem man einmal über die nächsten Schritte klar geworden, kehrte diesen schwärmerisch-begeisterten Männern die ganze Ruhe und Freudigkeit zurück, und in tiefer Erregung sprach der Superior:

„Seit den Anfängen des Christentums ist der Glaube immer und überall nur inmitten Kreuz und Leiden gepflanzt worden. So tröstet uns diese Notwendigkeit, und inmitten von Verfolgungen, in den äußersten Übeln, welche uns befallen, und in den noch größeren Übeln, welche uns drohen, sind wir voll Freude, denn unsre Herzen sagen uns, daß Gott nie uns zärtlicher geliebt hat, als jetzt."

Man hatte beschlossen, nach der Insel Ekaentoton — die große Manitolininsel — zu übersiedeln. Dieselbe lag in dem nördlichen Teile des Huronensees, nicht allzuweit von den Ufern, und bot namentlich den Vorteil, daß man näher an den Ottawa und damit an die französischen Niederlassungen herankam. Man that sofort die nötigen Schritte und schickte Kundschafter aus, während gleichzeitig sich einzelne von den Jesuiten aufmachten, um den fliehenden Huronen zu folgen, sie zusammenzuhalten, wenn es irgend noch möglich war, und ihnen Trost zu bringen. Der eine fuhr in seinem gebrechlichen, mit Fichtenharz verklebten Kanoe gegen Norden, an den öden, wilden Küsten des Sees hin und suchte seine in Felsschluchten und Waldeinsamkeit geflüchteten huronischen Freunde; andre streiften gegen Osten, und wo immer sie ein Häuflein Versprengter und Elender fanden, schlossen sie sich an dieselben an und nahmen teil an allen Mühen und Beschwerden ihres elenden, hungerreichen Wanderlebens.

Die Berichte über die Manitolininsel lauteten günstig, der Fischfang versprach daselbst reichliche Ausbeute, und so wollte man daran gehen, die Mission dahin zu verpflanzen. Da erschien eines Abends ein kleiner Zug Huronen vor den Palissaden der Niederlassung und bat um Einlaß. Es waren zwölf Männer, angesehene Leute ihrer Nation; ihre Gesichter waren eingefallen, die Augen lagen tief, Hunger und Elend hatten ihre Geschichte in diese Züge geschrieben. Mit dem Empfinden tiefen Mitleids nahmen die Jesuiten sie auf und ließen ihnen Speise und Trank reichen. Die Männer aber verlangten vor den Superior der Mission geführt zu werden, und man willfahrte ihnen. Ragueneau hatte die Brüder berufen, um zu hören, was die Huronen durch den Mund ihrer Abgesandten ihnen mitzuteilen hätten.

Der älteste der Indianer trat vor und überreichte eine Anzahl großer Wampumgürtel und sprach:

„Weißer Vater, indem wir dir diese Ketten überreichen, denke, es sei der Mund unsrer Weiber und Kinder, der aus denselben zu euch spricht und der dasselbe zu sagen hat, was wir im Namen der Krieger unsrer unglücklichen Nation zu dir reden. Das Herz der weißen Männer ist allezeit freundlich gewesen mit den roten Kriegern der Huronen, und so möge auch heute ihr Ohr offen sein für unsre Bitten. Es liegt nicht allzuweit von hier die Insel, welche ihr genannt habt zum heiligen Joseph, geschützt durch Wald und Schlucht, mit gutem fruchtbaren Boden, und an ihren Ufern ziehen Fische vorüber in großer Zahl. Hier wollen die versprengten, unglücklichen Überreste unsres Volkes sich niederlassen, und die Weisen und die Krieger der Huronen haben uns zu euch geschickt, damit wir euch bitten: Kommt mit zu den roten Kindern der Huronen, die euch lieb haben, und wohnt mit uns auf der Insel, die ihr St. Joseph nennt. Mit euch sind wir stark und mutig, ohne euch sind wir eine Herde ohne Hirten; mit euch werden wir allen Angriffen der Feinde mutigen Widerstand leisten, ohne euch werden sie uns abschlachten wie die Tiere des Waldes und des Feldes. O kommt zu uns und laßt uns nicht untergehen! So spricht durch uns der Mund unsrer letzten Krieger, der Mund unsrer Weiber und Kinder!"

Der alte Hurone hatte mit Lebhaftigkeit und mit Pathos gesprochen, und Ragueneau hielt mit den übrigen Missionaren eine kurze Besprechung in französischer Sprache. Alle waren darin einig, daß man diese Einladung als einen Wink des Himmels ansehen müsse, und so wurde den hoch erfreuten Abgesandten mitgeteilt, daß man ihrem Wunsche nachkommen und in den nächsten Tagen bereits nach St. Joseph übersiedeln werde. Am andern Morgen gingen die Huronen mit Dankesworten und Segenswünschen ab, um den besorgten und geängstigten Ihrigen die freudige Nachricht zu überbringen.

Es war den Jesuiten außerordentlich schmerzlich, den Ort zu verlassen, der ihnen lieb geworden. Die armseligen Holzbauten von St. Marie, welche den Wilden allezeit Meisterwerke der Kunst geschienen, waren ihnen gleichsam zur zweiten Heimat geworden; die Niederlassung war für sie die Wiege des Christentums in den kanadischen Wäldern gewesen, manche harmlose Freude hatten sie hier genossen, manche teure Erinnerung haftete an diesem Boden — alles war vorbei.

Zum letztenmal feierte Ragueneau einen Hochgottesdienst in der schlichten kleinen Kirche, aber trotz Mühsalen und Gefahren ertönte auch heute aus dem Munde der frommen, begeisterten Schar das „Herr Gott, dich loben wir!" Manch einem traten dabei Thränen in die Augen, aber die Wehmut wurde unterdrückt, denn es war nicht Zeit, sich weichlichen Gefühlen hinzugeben.

Nach dem Gottesdienste trug man die Heiligenbilder, Meßgewänder, die kirchlichen Geräte und dergleichen auf ein eigens gezimmertes, umfangreiches und festgebautes Floß. Es entwickelte sich eine außerordentliche Rührigkeit; alle Hände und Füße waren in Bewegung. Die einen trugen die letzten Kornvorräte, welche man teils von den Feldern um St. Marie gewonnen, teils durch Kauf in früheren gesegneten Jahren erworben hatte, andre brachten Waffen und Schießbedarf, Werkzeuge und Waren für den Tauschhandel, endlich schiffte man ein, was man noch an Haustieren besaß, einige Rinder, Schweine und Geflügel.

Nun kam allerdings noch der schwerste und ergreifendste Akt. Sie mußten selbst den Feuerbrand in ihre Ansiedelung werfen, die Frucht eines jahrelangen Schaffens selbst vernichten, indes es blieb nichts andres übrig, wenn man nicht wollte, daß hohnlachende Irokesenscharen sich hinter den Palissaden festsetzen und von hier aus der neuen Ansiedelung gefährlich und verderblich werden sollten. Die Flammen leckten an den Gebäuden und den Palissaden zugleich; es war gegen Abend und der Sonnenuntergang nahe. Senkrecht stiegen bei völliger Windstille die gelbroten Flammen in die Höhe, prasselnd ergriffen sie das Dach der kleinen Kirche, und in demselben Moment beinahe gab Ragueneau das Zeichen, daß man das Floß vom Ufer abstoßen möge. Von der Mündung des Wye aus fuhren die obdachlosen Männer hinaus in die stille Nacht und in den See.

In scheinbar endloser Weise dehnte sich derselbe aus; das hohe Rohr an seinen Ufern stand regungslos, keine Welle, kein Gekräusel war auf seiner Oberfläche zu sehen, kein Hauch unterstützte die unermüdlichen Ruder der Indianer und der französischen Soldaten. Das vom Gewicht der Menschen und der Vorräte niedergedrückte Floß hatte kaum drei Zoll Bord, und doch hielt der Steuermann hinaus in die gleichsam gläserne Wüste, weit hinter sich lassend die marschige Landspitze, über welcher Flammen und Rauch emporstiegen. Kein Segel, kein Boot zeigte sich auf der weiten Fläche, über welche der Mond sein mattblinkendes Licht ausgoß, es schien, als ob das gebrechliche Fahrzeug mit den mutigen Männern, die es trug, das einzige Bewegliche auf der ganzen Welt wäre.

So verging die ganze Nacht, und unablässig ging es weiter durch den goldenen Morgen, der sein Strahlennetz über das weite Wasser hing und einen leichten, aber wenig günstigen Wind brachte. Der See ward jetzt ein vollständiges Labyrinth von Inseln und engen Kanälen, und sanft glitt das Fahrzeug längs den felsigen Eilanden hin. Nach allen Richtungen öffneten sich zahlreiche Kanäle, bald eng und gewunden, bald gerade und offen, aber stets mit üppig bewachsenen Ufern. Die wilde Kirsche, der Pflaumenbaum, die wilde Rose mit Farnen und Moosen aller Art bedeckten die Küsten und erfüllten die Luft mit Wohlgeruch, während von den Felsen Fichte und Pappel ihre Zweige zum Wasser herabhängen ließen.

Das Reiseziel war nahezu zwanzig Meilen entfernt, und man brauchte mehrere Tage, ehe man dasselbe erreichen konnte, ja unmittelbar vor demselben drohte eine bedenkliche Gefahr.

Ein Gewitter hatte in der letzten Nacht getobt und den See in seinen tiefsten Tiefen aufgewühlt, aber der Morgen war ruhig, und der Wind verhieß eine günstige, rasche Fahrt. Das Floß passierte ohne jede Schwierigkeit eine Untiefe, jenseit derselben aber dehnte sich ein weites Becken aus, dessen weißköpfige Wellen von Westen her sich schäumend jagten. Das Fahrzeug flog dahin über die rollenden, tosenden Wogen mit einem doppelten Reff im Sturmsegel. Weit vor demselben erhob sich deutlich sichtbar ein felsiger Vorsprung, der äußerste Punkt, an dem man vorbeisegeln mußte, um das Reiseziel zu erreichen. Man hielt das Floß so nahe dem Winde, als es nur gehen wollte, und sauste ungemein schnell dahin über den schäumenden See. Eine Zeitlang schien es zweifelhaft, ob man glücklich an der Spitze vorbeikommen würde, und als man näher kam, zeigte sich rings um dieselbe eine schäumende See. So oft die Wogen an das Riff anschlugen, spritzte zischend der weiße Schaum hoch in die Luft. Der Wind nahm an Gewalt und Heftigkeit zu, und über das schwerarbeitende Fahrzeug gingen Sturzwellen hinweg, so daß die Jesuiten und andre sich fest an den Boden drückten, und die ersteren mit Besorgnis die heiligen Geräte, Meßgewänder und dergleichen erfaßten, damit sie nicht vom Wasser hinweggespült würden.

Nun war man den Felsen gegenüber und nur ganz wenig von der Brandung entfernt. Mit einem Male wendete sich der Wind, und in gewaltigen Stößen trieb er das Fahrzeug geradezu in die Brandung hinein. Die Ruderer hatten sich gleichfalls auf dem Boden zusammengedrängt, und einige Augenblicke konnte gar nichts geschehen. Da schrie Ragueneau, der keinen Moment die Geistesgegenwart verlor: „Heraus mit den Rudern!“ Aber alles war in Bestürzung und Verwirrung, die langen Ruder hinderten sich gegenseitig, der Untergang schien unvermeidlich.

Endlich fingen drei oder vier Ruder an, regelrecht zu arbeiten, aber das war gegen solchen Wogengang viel zu wenig. Schon war das Fahrzeug dicht an dem Felsen, so dicht, daß mancher bereits seine Seele dem Himmel empfahl und die Mutigsten Vorbereitungen trafen, um sich möglicherweise zu retten, da setzten noch vier Ruder ein. Einen Augenblick schwebte wiederum alles in Ungewißheit, aber mit alter, bewährter Kraft handhabten die erprobten Männer ihre Werkzeuge. So gelang es endlich, mit fast übermenschlicher Anstrengung von dem Felsen abzukommen, und trotz Wind und Wogen kam man glücklich um die Spitze. Zwei Stunden später lief das Fahrzeug durch Sumpf und Morast hinan an das Ziel der Reise.

Nahe am Eingang der Matchedachbucht liegen einige Inseln, welche heute die Namen Glaube, Hoffnung und Barmherzigkeit führen. Die Barmherzigkeits- oder Christeninsel, von den Huronen Alwen-Doé, von den Jesuiten St. Joseph genannt, war es, an welcher man landete. Sie war sechs bis acht Meilen breit und weitaus die größte der Gruppe. Dichter Urwald deckte ihre Oberfläche und zog sich bis heran an die sumpfigen Niederungen der Küste, und ein blaugrauer Himmel hing über dem düsteren Eiland, als die Jesuiten ihren Fuß darauf setzten.

Hierher hatten sich etwa dreihundert Huronenfamilien geflüchtet, welche in Not und Angst inmitten des Waldes lagerten. Die Priester, mit welchen etwa dreißig französische Soldaten ankamen, sahen mit Staunen, ja mit Rührung auf das Bild, das sich vor ihren Augen entfaltete.

Aus Baumstämmen und Rinde hatten sie notdürftig Hütten und Schuppen sich errichtet, und vor ihnen lagerte die Menge. Sie hatten die Feuer angezündet, rußige Kessel hingen darüber, und der düsterrote Glutschein beleuchtete nun die erbarmenswerten Gestalten. Aus den abgezehrten Gesichtern, den trüben, tief eingesunkenen Augen redete der Hunger seine beredte Sprache, das wirre und ungekämmte Haar, die unsichere, ängstliche Haltung bekundeten die Verzweiflung, die in ihren Herzen wühlte. Sie hatten eine kleine Lichtung um ihre Ansiedelung her gemacht und etwas Getreide gepflanzt, aber ehe dasselbe der Ernte entgegenreifte, konnten sie alle verhungert sein.

Es war ein Anblick, der Rührung und Mitgefühl bei den Jesuiten wecken mußte, als bei deren Ankunft alle die Unglücklichen mit den lebhaftesten Freudenbezeigungen ihnen entgegeneilten: es schien, als ob sie nun sich gerettet und gesichert glaubten, und neue Hoffnung zog in ihre Herzen ein.

Nun begann eine regere Thätigkeit; der Axtschlag schallte im Walde, und derselbe begann sich allmählich zu lichten, die Wohnungen wurden fester und solider gebaut, und um die Ansiedelung legte man einen Kranz von Palissaden: Lebensmut, selbst Kampfeslust kehrten — freilich nur für kurze Zeit — wieder. Die Jesuiten aber durchforschten die Insel auf das Genaueste, um einen Platz für Erbauung eines kleinen Forts ausfindig zu machen. Ein solcher ward denn auch gefunden, und mit bewundernswerter Schnelligkeit ging man an die Ausführung. Die französischen Soldaten, welche zumeist ohne Lohn, lediglich aus religiöser oder abenteuerlicher Schwärmerei in den Dienst der Jesuiten getreten waren, gaben sich mit staunenswerter Ausdauer der Arbeit hin, und in kurzer Zeit stand die kleine Festung, wie aus dem Boden herausgewachsen. Sie war im Viereck gebaut aus festem Mauerwerk und mit Bastionen versehen; die Mauern waren 4 m hoch, und ringsum lief ein breiter, ziemlich tiefer Graben. Innerhalb dieser Befestigung befand sich eine kleine Kapelle, welche man ganz nach dem Muster jener in St. Marie einrichtete, außerdem noch einige einfache Wohnhäuser und ein Brunnen. Die Überreste dieses Forts geben heute noch Zeugnis von der glücklichen und tüchtigen Anlage desselben.

Vorgeschobene Schanzen wurden in der Nähe aufgeworfen, damit bei einem etwaigen Angriff auf die Huronenniederlassung die französischen Soldaten von hier aus wirksamer in die Verteidigung eingreifen konnten.

Das Fort selbst erhielt zur Erinnerung an die verlassene, liebgewordene Stätte den Namen St. Marie.

Der Sommer verging, ohne daß man von Anatoha irgend etwas vernahm, und Glanzauge, welche in der neuen Niederlassung im Hause alter Verwandter lebte, betrauerte auf das Schmerzlichste den verlorenen Bruder und lehnte alle Bewerbungen, welche selbst in dieser trüben Zeit an sie ergingen, standhaft ab; sie konnte wohl auch Skandavati nicht vergessen, von dessen traurigem Ende sie keine Kunde hatte, und auf welchen sie vielleicht noch immer harrte. Auch unter ihren Stammesgenossen erwartete man seine Wiederkehr, in der Hoffnung, daß er die Stelle Anatohas einnehmen würde.

Die Irokesen hatten die Spur der Flüchtlinge gefunden, und die Strömung trieb manchmal die Leiche eines Huronen, des Skalps beraubt, an die Küste der Insel; jedes solches Ereignis brachte neue Aufregung und Angst, und alltäglich oder vielmehr allnächtlich fürchtete man einen Überfall. Die französischen Posten waren indes überaus wachsam, und so entging man während des Sommers jedem Angriff.

Der Winter brach herein, und er brachte der Niederlassung neuen Zufluß. Alle die Zerstreuten, Heimatlosen, welche unter den herbsten Entbehrungen in oft grauenhaften Verstecken auf den felsigen Inseln und in den nördlichen Wäldern ihr Leben gefristet hatten, kamen scharenweise, um sich mit ihren Landsleuten zu vereinigen und unter den Bastionen des französischen Forts Schutz zu suchen. So fanden sich denn hier ungefähr 8000 dieser Armen zusammen, und die Jesuiten hatten vollauf zu thun, um für Unterkommen und Nahrung der neuen Ankömmlinge zu sorgen. Man baute eine ziemliche Anzahl Rindenhütten, und es war rührend anzusehen, wie die Huronen sich gegenseitig unterstützten. Je acht bis zehn Familien wurden in einer solchen überaus einfachen Wohnung zusammengedrängt, und die Leute waren wahrhaft froh, daß sie so beisammen sein konnten; so kamen kinderlose Witwen, elternberaubte Waisen doch leichter über das Traurige ihrer Lage hinaus: das Kriegsbeil der Irokesen, die Hungersnot und ein wilde, verheerende Seuche hatten entsetzlich unter diesem Volke aufgeräumt, das noch vor kurzem als eines der angesehensten und zahlreichsten von Kanada galt.

Das Schlimmste war, daß unter dieser großen, hier zusammengedrängten Menge nur wenige sich befanden, welche noch die Kraft zum Arbeiten in sich fühlten und daß unter den Neuangekommenen fast keiner irgendwelche Vorsorge für den Winter getroffen hatte. Wie Schatten und wie Gerippe schleppten sich diese Jammergestalten von Männern, Weibern und Kindern von Haus zu Haus, um zu betteln von jenen, die selbst nichts besaßen. Sie gingen so lange, bis sie vor Müdigkeit und Entkräftung liegen blieben, und in den Wäldern, gelehnt an die Baumstämme oder ausgestreckt auf dem fahlen Moose, traf man Tote, welche dem Hunger erlegen waren. Der furchtbare Gast wütete zumeist unter den Kindern, und mit stieren, glanzlosen Augen, verzweiflungsvoll und beinahe wahnsinnig sahen die unglücklichen Mütter ihre Lieblinge sterben, ohne helfen zu können.

Die Jesuiten hatten das Möglichste gethan, um dieser fürchterlichen Not zu steuern und um den Ansprüchen an ihre Barmherzigkeit zu genügen. Sie hatten schon im Herbst Leute ausgeschickt, welche mit den Algonquins unterhandelten und von diesen größere Quantitäten getrockneter Fische kauften, während die Huronen auf Geheiß der Missionare in den Wäldern Eicheln sammeln mußten. Es war eine elende Frucht, die man sonst nur den Tieren zur Mast vorwirft, und man sammelte von dieser widerlichen Nahrung fünf- bis sechshundert Scheffel. Um den unangenehmen Geschmack zu verbessern, kochten sie die Indianer mit Asche, oder sie wurden gemahlen und von den Priestern mit Korn vermengt; während des Winters wurden den Huronen achthundert Säcke von dieser Mischung gegeben.

Der Winter kam mit Schnee und Eis, und die Not wuchs von Tag zu Tage, je weiter man in die rauhe Jahreszeit hineinkam. Die Häuser der unglücklichen Indianer boten einen entsetzlichen Anblick dar. Überall lagen Sterbende und Tote, und die Überlebenden kümmerten sich nicht mehr um diese und sahen in stumpfer Teilnamlosigkeit zu, wenn die Franzosen kamen, um die Verstorbenen fortzuschaffen und zu begraben. Es gab Tage, an welchen fünfzig bis sechzig starben, und Massengräber nahmen die Toten auf.

Ja, es geschah das Entsetzlichste, was man sich denken kann; heimlich, im Dunkel der Nacht schlichen die hungermüden, abgezehrten Indianer nach den Begräbnisplätzen und gruben die Leichen wieder aus; mit dem Fleische der Verstorbenen nährten sich die Überlebenden — eine grauenhafte Nahrung! Es war ganz natürlich, daß sehr bald zu dem Hunger auch noch eine pestartige Seuche sich gesellte, und ehe noch der Frühling ins Land kam und das Moos verwachsen ließ über den Gräbern, war die Hälfte der Unglücklichen gestorben.

Die Kälte war durchdringend, fußtief lag der Schnee, in welchen man die Toten verscharrte, und dabei erzählte man fortwährend, daß die Irokesen um die Insel schwärmten, so daß die französischen Wachtposten Tag und Nacht, von Sonnenuntergang bis Tagesanbruch, wenn wilde Schneestürme um die Bastionen sausten oder das Mondlicht die bitterkalte Nacht durchleuchtete, deren Stille nur durch das Krachen der Äste unterbrochen wurde, auf ihren Wällen die Runde machen mußten.

Bewundernswert war in der That damals die Haltung der Priester, und soviel die Jesuiten durch Fanatismus und falsches Eifern für das

Christentum gefehlt haben, soviel ihr Orden in der Geschichte auch gesündigt haben mag, man kann jenen Männern, die nicht um weltlichen Vorteils willen auf jenem eisesstarren Eiland aushielten, Achtung und Anerkennung nicht versagen.

Ehe noch der Tag im Osten graute, erhoben sie sich von ihrem Lager und verrichteten ihr Breviergebet. Wenn die Sonne erglühte am Horizonte, tönte das Glöcklein von ihrer Kapelle durch den kalten Wintermorgen und rief diejenigen von den Huronen, welche dem Christentum angehörten, zur Andacht. Und in ganzen Scharen kamen die abgezehrten Gestalten herbei, so daß der kleine Raum des Gotteshauses nicht ausreichte, sie alle auf einmal zu fassen. Das Elend, in welchem sie dahinlebten, einerseits, wie die freundliche Fürsorge der Väter anderseits, die lediglich aus Nächstenliebe ihr hartes Los teilten, hatte fast alle bewogen, sich taufen zu lassen, und mit rührender Andacht wohnten sie dem Gottesdienste bei. Acht- bis zehnmal füllte sich der Raum der kleinen Kapelle, bis alle der Segnungen des Gottesdienstes teilhaftig geworden waren.

Dann kehrten sie nach ihrem Dorfe zurück und kauerten sich um ihre Feuer, in dumpfer Gleichgültigkeit hinbrütend und in düsterer Ergebung abwartend, bis der Hunger auch sie töten würde. Das waren die Stunden, in welchen die Priester von Hütte zu Hütte gingen, und die Männer in ihren abgeschabten Talaren, mit den bleichen, entsagungsvollen Gesichtern erschienen den Unglücklichen gleich Engeln, welche den Lichtstrahl des Trostes in ihre Herzen fallen ließen und welche, soweit dies noch möglich war, auch für ihre leiblichen Bedürfnisse Sorge trugen. Wo die Not am dringendsten schien, gaben sie den Darbenden kleine Lederstücke, welche mit verschiedenen Marken abgestempelt waren und welche, je nach Beschaffenheit der Marke, die Berechtigung gaben, im Fort sich eine Anzahl Eicheln, eine Handvoll Mais oder ein Stück geräucherten Fisches abzuholen.

Ehe die Sonne sich dem Untergange zuneigte, klang noch einmal das Glöcklein und rief zu neuen religiösen Übungen, die abermals das ganze Dorf versammelten.

So verstrich unter Not und Tod einem verhungernden, dem Untergang geweihten Volke jener entsetzliche Winter, und ohne Hoffnung sah man dem kommenden Frühling entgegen.

Anatoha und das alte Indianerweib.

Zwanzigstes Kapitel.

Der Löwe lebt noch.

Anatoha hatte gleich einem gehetzten Wilde die Wälder durcheilt, aber die Irokesen mußten wohl seine Spur gefunden haben, denn rastlos und unermüdlich waren sie hinter ihm her, ohne jedoch dem ebenso schlauen wie kühnen Häuptling beikommen zu können. Freilich lag er oft Tage und Nächte lang in unzugänglichen Sümpfen, wo ihn niemand vermutete, er schwamm stundenlang, von dem Nachtdunkel begünstigt, in Seen und Flüssen weiter aber wenn er des Morgens die Verfolger hinter sich gelassen zu haben glaubte, sah er mit Schrecken, daß sie schon wieder an seinen Fersen hingen. Es scheint geradezu unmöglich, daß ein Mensch, der kaum erst von einer schweren Wunde genesen war, solche Mühen ertragen konnte, denn manchen Tag hatte er auch nicht die mindeste Nahrung zu sich genommen und an andern nährte er sich von Pflanzenwurzeln und Ähnlichem.

Manchmal faßte ihn der Gedanke, sich geradezu seinen Feinden entgegenzuwerfen und den Tod zu suchen, um einem so qualvollen Leben ein Ende zu machen, aber die Erinnerung an sein Volk und der Haß gegen die Irokesen hielten ihn ab, und mit übermenschlicher Ausdauer trotzte er allen Entbehrungen und Leiden. Er hatte immer gehofft, daß er doch irgend einmal einer Bande Huronen begegnen würde, es geschah nicht; die Fuß=

spuren, welche er fand, waren jene der Irokesen. Nach wochenlangem Flüchten kam er endlich in das Gebiet, das nach seiner Meinung sein Volk bewohnte; er suchte das nächste Huronendorf vor Einbruch der Nacht zu erreichen, aber wie er auch spähte und forschte und wanderte, er fand es nicht. In der Gegend konnte er sich nicht getäuscht haben, darin war er zu sicher, hier gab es keine andre Annahme, als daß dies Dorf nicht mehr bestehe, daß es von den Feinden vernichtet sei. Mit müden Füßen und hungernd wanderte er weiter durch eine sternlose, winddurchpeitschte Nacht, um eine mehrere Meilen entfernter gelegene Huronenstadt zu erreichen. Mit der genauen Ortskenntnis und dem unfehlbaren Instinkt seines Volkes ging er auf dem dunklen Pfade, und immer sprach er sich selbst wieder Mut ein, wenn er nahe daran war zusammenzubrechen. Nur noch eine Wanderung von einer halben Stunde, dann hatte er ja das Asyl erreicht, dann war er bei den Seinen! Da trat der Mond heraus aus den zerrissenen Wolkenfetzen, bei seinem Lichte hoffte er die braunen Rindendächer zwischen den Bäumen herausgrüßen zu sehen — aber umsonst ließ er die Blicke über die ihm bekannte Gegend streifen. War er denn in einem verzauberten Lande? Da war nichts zu sehen von einem von Menschen bewohnten Orte, aber als er ganz nahe herangekommen war, erkannte er mit Schrecken, daß auch hier die Niederlassung der Seinen vernichtet war.

Hie und da stand noch ein Überrest der verkohlten Palissaden, verbrannte und geschwärzte Balken lagen noch durcheinander — alles still, unheimlich still. Da faßte den starken Mann der ganze Jammer der Verzweiflung. Sein Volk schien bereits vernichtet; was wollte er es noch überleben? — Am nächsten Morgen wollte er die Spur der Feinde suchen, sich mitten unter diese werfen, um so als Mann und Held zu sterben.

Todmüde sank er zwischen den Trümmern der niedergebrannten Stadt nieder, und so sehr war er abgemattet, daß selbst bei den entsetzlichen Qualen, die seine Seele litt, die Natur ihr Recht verlangte: der Häuptling schlief und hatte vielleicht lange nie so tief, so fest geschlafen, wie eben in dieser Nacht.

Als er am Morgen erwachte und die Welt und der Wald im goldenen Sonnenschein vor ihm lagen, da überkamen ihn neuer Lebensmut und neues Hoffen. Die beiden zerstörten Niederlassungen waren ja die am meisten vorgeschobenen; waren auch sie vernichtet, so brauchte deshalb ja sein Volk noch nicht untergegangen zu sein: die Huronen waren vielleicht zurückgedrängt und brauchten wohl nur des Führers, um mit neuem Mute, mit äußerster Kraft zu streiten und zu siegen.

So brach er denn wieder auf, um tiefer in das huronische Gebiet vorzudringen. Mit Bogen und Pfeil erlegte er einige Vögel, die hoch über ihm kreisten, mitten im Walde entzündete er, von neuer Zuversicht erfüllt, ein Feuer und stärkte sich an einem reichlichen und kräftigen Mahle. Dann goß er die Glut mit Wasser aus, daß der Rauch nicht seine Spur den Verfolgern verrate, und rüstig schritt er fürbaß.

Er kam von einer Ansiedelung nach der andern, und überall fand er eine Einöde und verkohlte Trümmer. An dem einen Orte sah er ein altes Weib mit ergrautem Haar, das saß, einem Schatten gleich, zwischen den halbverbrannten, schwarzen Balken, und neben ihr lag im Sonnenschein, zum Skelett abgemagert, ein Wolfshund. Die Alte sah ihm mit stieren Blicken entgegen, wie er heranschritt, dann rief sie kreischend seinen Namen aus, sprang empor, aber entkräftet sank sie wieder zurück.

Anatoha trat ganz an sie heran und fragte nach den entsetzlichen Ereignissen, welche Städte und Dörfer der Huronen wie vom Erdboden hinweggewischt; das Weib sah mit den glanzlosen Augen ihm ins Gesicht und sprach nichts, als wohl zehnmal nacheinander: „Essen!“

Er reichte ihr, was er an Fleisch bei sich hatte, sie verschlang es mit der Gier des Tieres, nachdem sie dem Hunde ein Stück zugeworfen; als Anatoha aber neuerdings Fragen an sie stellte, gab sie unter entsetzenvollem Lachen die tollsten und verkehrtesten Antworten: der Wahnsinn sprach aus ihr, ein Kind des Hungers und der ausgestandenen Qualen. Ein Grausen überkam den Häuptling, und mit Schauder wandte er sich ab.

Die Irrsinnige erfaßte ihn am Gewande, der Hund bellte matt und heiser, er aber riß sich los, und wie von bösen Gewalten getrieben, eilte er nach dem Walde zu; hinter ihm her klang das herzzerschneidende, gellende Lachen der Unglücklichen.

Und wieder wanderte er weiter, tagelang, und stets aufs neue stieß sein Fuß auf die zerstörten Überreste der Wohnungen seines Volkes, und ab und zu fand er auch im Walde die Leiche eines toten Mannes, verwest und angefressen von Raubtieren und Insekten: es waren Huronenleichen, er brauchte gar nicht näher heranzutreten, er wußte das — was war aus seinem Volke geworden?!

Er wollte nach St. Marie, der Jesuitenmission. Dort hoffte er Auskunft zu erhalten über das, was sich zugetragen, dort hoffte er vielleicht einige Trümmer seiner untergegangenen Nation zu finden. Es war eine geradezu fieberhafte Hast, mit welcher er vorwärts eilte, bis er endlich um die Mittagsstunde eines Tages an die Niederung des Wye kam, wo einst die Jesuiten unter Ragueneau sich ihr Heim gebaut hatten.

Das Schilf rauschte am Gestade des Flusses, einsame Wasserhühner kreischten, sonst war alles still weit und breit umher, und dem Häuptling der Huronen wollte beinahe das Blut erstarren in den Adern. Wo waren die festen Palissaden hingekommen, wohin die kleine Kirche, deren hellbemaltes Holzkreuz sonst weit hinaus geleuchtet hatte in die Waldwildnis und über den See? — Alles war verschwunden, auch hier standen nur brandgeschwärzte Reste, auch dieses Bollwerk für die Huronen war ausgetilgt vom Erdboden, die letzten Überbleibsel seines Stammes schienen vernichtet.

Da warf sich der Häuptling nieder in das Gras, und was er nie in seinem Leben gethan, was er als Schmach und weibische Feigheit angesehen bei jedem Manne seines Volkes — er that es: er preßte seine beiden Hände vor das Gesicht, und die heißen Thränen rannen zwischen den rotbraunen Fingern hervor; Anatoha weinte um sein untergegangenes Volk, das er, der Häuptling, überleben mußte.

In den Thälern der „blauen Berge“ wohnte die Tabaksnation, stammverwandt und befreundet den Huronen; nach ihren Niederlassungen gedachte sich der Häuptling zu wenden. Auch bei ihnen hatte die Bekehrungsthätigkeit der Jesuiten Eingang gefunden, und zwar in den Orten Etarita und Ekarenniondi, welche die Priester ihrer Gewohnheit gemäß zu Ehren der Heiligen benannten: St. Jean und St. Matthias.

St. Jean war immerhin ein ansehnlicher Ort, der etwa 600 Familien beherbergte, abgesehen von den Huronen, welche hier Zuflucht gesucht und gefunden hatten.

Aufs neue gehetzt von den wütenden Verfolgern, abgemattet und hungernd langte Anatoha in dem Orte an. Bei dem ersten Hause lagerte im Sonnenschein eine Schar abgezehrter Männer, das waren Huronen, und eine unendliche, maßlose Freude erfaßte den Häuptling, hier endlich Genossen seines Stammes zu finden.

Aber auch diese hatten ihn erkannt, und mit wildem Jubelgeschrei stürzten sie auf den Vermißten, Totgeglaubten zu. Das war der Wahnsinn der Liebe, und niemals im dichtesten Kampfgewühle schien Anatoha mehr in Gefahr gewesen, als hier unter den Seinen, welche ihn mit ihren Liebkosungen beinahe erstickten, die ihn auf ihren Schultern und Händen durch den Ort trugen. Aus allen Häusern kamen die Bewohner heraus — Männer, Weiber und Kinder — alle schrieen und lärmten durcheinander, die Hunde bellten heiser dazwischen, und es dauerte lange, ehe man eigentlich erfuhr, um was es sich handle. Dann aber brach auch bei der einheimischen Bevölkerung der Jubel aus, und der Einzug des Huronenhäuptlings ward zum Triumphzug.

Jetzt endlich erhielt Anatoha Kunde von dem Schicksale seines Volkes, das in seiner Angst und Verwirrung sich selbst aufgegeben hatte, aber wohin sich der größere Rest der Huronen gewendet, vermochte man auch hier ihm nicht zu sagen. Er aber schüttelte alle Mutlosigkeit von sich ab, und sein einziges Denken und Streben war Kampf mit dem furchtbaren Feinde auf Tod und Leben.

Die Anwesenheit des bekannten und berühmten Häuptlings, seine flammenden Worte, seine hinreißenden Gebärden riefen eine wilde Bewegung unter den Kriegern der Tabaksnation hervor, und als Anatoha ihnen mitteilte, daß die Irokesen bis in die Nähe von St. Jean herumstreiften, da faßte alle wilder Kampfesmut.

Ein aufgeregtes Treiben begann in dem bisher so stillen Orte. Überall auf den Gassen und Plätzen wie in den Wigwams bereitete man sich zum Kampfe vor. Hier wurden Waffen instandgesetzt, Bogen geschnitzt und Beile geschärft, dort bemalte und befiederte man sich, und Tag und Nacht klangen nun wilde, heulende Schlachtgesänge und schreckten den Gegner, wenn er ja in die Nähe des Ortes gekommen wäre.

In der That waren Irokesen bis in diese Gegend vorgedrungen und warteten nur auf einen günstigen Moment zu einem Überfalle. Sie zogen sich vor den Tabaksindianern zurück, umgingen St. Jean in einem weiten Bogen und rückten von einer andern Seite gegen dasselbe heran. In einem Walde nahe bei dem Orte überraschten sie einen Tabaksindianer mit seiner Squaw und machten dieselben zu Gefangenen. Das Weib in ihrer Herzensangst und um die Feinde freundlicher für sich zu stimmen, erzählte nun von dem verteidigungslosen Zustand der Stadt, in welcher nur Kinder, Weiber und Greise zurückgeblieben waren.

Diese Nachricht kam den Irokesen außerordentlich gelegen, und in wilder Eile brachen sie gegen St. Jean auf. Mit entsetzlichem Geheule stürzten sie auf die Niederlassung los, und wie ein entfesseltes Gewässer drangen sie mordlustig in die Gassen ein. Hier liefen die Unglücklichen schreiend, jammernd, waffenlos und ohne Verteidiger umher und stürzten den fürchterlichen Banden gerade in die Hände.

Auch hier fand man den Leiter der Mission, den Jesuiten Garnier, auf seinem Posten, der, soviel er nur vermochte, taufte und Sündenvergebung erteilte, bis die Irokesen ihn mit Beilschlägen niederstreckten und seinen Leib verstümmelten.

Bald leckte der Feuerbrand an den Holz- und Rindenwohnungen, und in kurzer Frist lag St. Jean in rauchenden Trümmern, und auf dem schwelenden Balken verkohlten zahllose Leichname.

Flüchtlinge brachten den ausgezogenen Kriegern die Trauerkunde, und von höchster Wut entflammt, brachen dieselben sofort zur Verfolgung des Feindes auf. Sie marschierten Tag und Nacht und erreichten endlich in einem von Bergen eingeschlossenen Thale die hier lagernden Irokesen.

Diese hatten keine Ahnung von der Nähe der Feinde und schwelgten bei dem Siegesmahle, als der fürchterliche Kampfruf der Gegner sie aufschreckte. Sie waren indes durch die glücklichen Erfolge der letzten Zeit außerordentlich ermutigt, ja übermütig geworden und warfen sich mit tobendem Wutgeheul den Tabaksindianern und den mit ihnen verbundenen Huronen entgegen. So ward in dem Thalgrund eine überaus blutige Schlacht geschlagen. Die Wellen des Bächleins, das hindurchfloß, färbten sich schaurig rot, und Menschenleichname mit klaffenden Wunden im Schädel oder in der Brust wurden thalabwärts von dem Gewässer fortgeführt.

Das war ein Zahltag für Anatoha. Wie der grausame Tiger, welcher die Eisenstäbe seines Gitterkäfigs durchbrochen, stürzte er sich in die Feinde, mit den Waffen, mit den Fäusten, selbst mit den Zähnen sie würgend, als müßte er allein an diesem Tage den Irokesen zurückzahlen, was sie seinem Volke angethan. Der dichteste Feindesknäuel löste sich, wenn er mit wuchtigen Schlägen sich zwischen denselben hineinarbeitete, er schien unermüdlich, unüberwindlich, unverwundbar.

Beinahe einen halben Tag lang wurde hier gestritten, mit Erbitterung und zorniger Wut einerseits, mit dem Mute der Verzweiflung anderseits, und erst der hereinbrechende Abend machte dem Blutwerk ein Ende — ein Schlachten war's, nicht eine Schlacht zu nennen. Unter den schützenden Schatten der Nacht, die ihren sternlosen Wolkenschleier über das kleine Thal hing, entflohen die letzten Irokesen in das waldige Gebirge, während die Sieger, die teilweise sogar am Blute ihrer erschlagenen Gegner sich berauschten, sich inmitten der stillen Toten und der stöhnenden Verwundeten ihre Lagerfeuer entzündeten und zwischen Blut und Leichen ihre grauenhafte Mahlzeit hielten.

Am andern Morgen brachen sie auf, um nach St. Jean zurückzukehren, und hier standen die Männer, welche vor kurzem noch wie wilde Bestien gestritten, stumm und regungslos wie bronzene Bildsäulen und blickten gesenkten Hauptes und starren Auges auf die traurigen Überreste ihres Besitzes, ihres Glückes.

Die verkohlten Leichname ihrer Angehörigen wurden zusammengetragen und in einem großen, gemeinsamen Grabe der Erde übergeben unter den heulenden, tieftönigen Trauergesängen der Menge. Dann aber ging man daran, den Ort neu aufzubauen.

Der Axtschlag schallte aus den nahen Wäldern, und mit beispielloser Schnelligkeit, bei gemeinsamer, angestrengter Arbeit, wuchsen die hölzernen, rindengedeckten Häuser wieder empor, und bald gab nur der große Grabhügel vor den Palissaden Zeugnis von der fürchterlichen Katastrophe, welcher der Ort zum Opfer gefallen war.

Anatoha blieb zunächst als Gast bei den Tabaksindianern, die in ihm ihr Heil und ihre Zuflucht sahen, und mit dem Einbruch des Winters fanden sich auch noch eine Anzahl in den Wäldern zerstreuter und versprengter Huronen ein, welche freilich von dem Schicksal ihres Stammes dem Häuptling nicht die ersehnte Kunde zu geben vermochten.

Während aber die armen Huronen auf St. Joseph einen durch Hunger und Not qualvollen Winter verlebten, darbte man wenigstens in St. Jean nicht, wenn auch nicht gerade der Überfluß sein Füllhorn über die Tabaksnation ausgoß.

Die Huronen auf dem Eise des Sees.

Einundzwanzigstes Kapitel.

Die Heimat verloren — alles verloren!

Der Frühling kam ganz und gar in seiner gewohnten Weise, die Sonne leuchtete durch die Bergwälder, der Schnee schmolz, die Bäche schwollen an, und an den Bäumen zeigte sich junges Grün. Es war kein Hoffnungsgrün für die Huronen auf der Insel St. Joseph. Die Menge, welche den ganzen Winter über gedarbt hatte, war aufgeregt und vom Hunger zum äußersten gebracht. Wohl kamen mit den Frühlingswinden wieder die wilden Irokesenbanden und zeigten sich drohend in der Nähe der Insel, aber es begann auch der Zug der Fische an den Gestaden, und es war wieder möglich, in den von Schnee befreiten Wäldern Eicheln zu suchen.

Die Unglücklichen hatten nur die Wahl zwischen dem gewissen Hungertode, der schon hunderte von ihnen hinweggerafft, und zwischen der Gefahr, in die Hände ihrer Todfeinde zu fallen. Sie wählten letztere, und zu Anfang März entschloß sich eine Anzahl von ihnen, nach dem Festlande überzusetzen und dort sich irgendwie Lebensmittel zu verschaffen. Die meisten von ihnen verließen die Insel mit stiller Ergebung, beinahe überzeugt, daß sie den lauernden Feinden nicht entgehen würden. Diejenigen, welche Christen geworden waren, legten zuvor ihre Beichte ab, genossen das Abendmahl und setzten die Jesuitenmission zur Erbin ihrer geringen Habe ein.

Um die Osterzeit brach der erste Trupp auf; ein eiskalter Wind wehte wiederum vom See herüber, und es schien, als ob ein zweiter Winter einbrechen wollte. Noch lag die Eisdecke über dem Gewässer, eine unheimliche, schaukelnde Brücke, welcher sich die Indianer anvertrauten — aber lieber dem Element zum Opfer fallen, als elend verhungern! Das Geschick schien indes den völligen Untergang des unglückseligen Stammes beschlossen zu haben, denn das von dem Frühlingsstrahl durchwärmte, aufgeweichte Eis barst unter den Füßen der darüber Schreitenden. Mit wildem Angstgeschrei sanken die einen, mit stumpfer Gleichgültigkeit die andern in das dunkle Gewässer des Sees. Einige starben mit dem Stumpfsinn der Verzweiflung, andre aber nahmen den Kampf auf, um ihr elendes Dasein weiter zu fristen. Zwischen Wasser und Schollen arbeitete sich eine kleine Schar durch und erlangte wieder festen, aber unsicheren Boden unter den Füßen. Da brach ein Unwetter herein, der Sturmwind fegte sausend über den See, der Schnee wirbelte wie im Winter, die Unglücklichen verloren auf der Eisfläche Richtung und Pfad, und so brach die Nacht herein.

Niemand hat sie wieder gesehen, die Armen, die wohl in Eis und Schnee erstarrten und die, als die Lüfte linder wehten, der See aufnahm in sein weites dunkles Bett: der Huronensee begrub die braunen Krieger, die ihm den Namen gegeben.

Obwohl sie nicht nach St. Joseph zurückkehrten und man betreffs ihres Geschicks sich den trübsten Vermutungen hingeben mußte, schreckte das doch andre nicht, den gleichen gefahrvollen Weg einzuschlagen. Diesmal erreichten zwei größere Banden glücklich das Festland, und in kleinere Scharen geteilt, begannen sie das Geschäft des Fischfangs. Aber auch hinter ihnen lauerten Gefahr und Tod, und glücklich mochten noch jene zu preisen sein, die froststarrt ihr Ende im See gefunden hatten. Die Irokesen schienen nämlich zu ahnen, daß ihre Gegner sich auf die Dauer nicht würden auf St. Joseph erhalten können, und eine sehr ansehnliche Kriegerschar war noch in Schnee und Eis aus ihren Wohnsitzen aufgebrochen und hielt sich an den Ufern des Sees beobachtend auf. Sobald sie durch ihre Späher erfahren hatten, daß die Huronen des Fischfanges halber an das Festland gekommen, teilten sie sich in zwei Banden und rückten, die Unglücklichen einschließend, von zwei Seiten heran. Der Überfall gelang aufs vollständigste. Der eine Teil der Huronen setzte sich mit dem Mute der Verzweiflung zur Wehr, aber die ausgehungerten, geschwächten Leute unterlagen sehr bald der frischen, rohen Kraft der Gegner, welche nun mit bestialischer Wut über sie herfielen. Die älteren Männer wurden einfach hingeschlachtet, und die jüngeren und kräftigeren hatten alle jene Mißhandlungen zu erdulden, welche diese Indianerkämpfe so grauenhaft und widerwärtig machen: man schnitt Striemen aus ihrem Fleische und fraß dieselben vor ihren Augen, man verstümmelte sie an Händen und Gesicht und andres mehr, aber selbst die abgematteten, ausgehungerten und entkräfteten Huronen zeigten noch ihren Stolz darin, daß sie kein Zeichen, keinen Laut des Schmerzes äußerten.

Am nächsten Tage stießen die zwei Irokesenbanden wieder zusammen, und ein brüllendes Freudengeheul bekundete ihren Gruß und gleichzeitig das Gelingen ihres Zuges. Beide Abteilungen hatten ihre Gefangenen geknebelt, und von den Huronen, welche St. Joseph verlassen hatten, kehrten nur sehr wenige dahin zurück. Die Unglücksgefährten erkannten sich gegenseitig mit Entsetzen. Die Irokesen standen mit ihren wilden, entmenschten Gesichtern um sie her und heulten ihre Triumphgesänge. Da begann mit einem Male einer der Gefangenen ein christliches Trostgebet mit lauter Stimme herzusagen, und wie auf ein gegebenes Zeichen sanken sie alle auf die Kniee nieder und beteten im Chor mit. Dann aber stimmten sie eine Hymne an, welche Brebeuf sie gelehrt und die sie beim feierlichen Gottesdienst zu singen pflegten.

Die Irokesen waren einige Zeit wie erstarrt und sahen auf das seltsame Gebaren ihrer Gefangenen hin, bis mit einem Male der riesenhafte Kiotsaton, denn er selbst führte diese Banden, einige Worte ihnen zurief. Nun stießen sie ein entsetzliches Hohngelächter aus, und wenige Augenblicke später sollten die Huronen mit Schauder sehen, was die Wut ihrer Feinde ausgesonnen. Sie hatten mit ungemeiner Schnelligkeit eine Art Kreuz hergestellt, indem sie an einem Baumstamm ein Querholz befestigten, und daran kreuzigten sie einen jungen Huronen, indem sie mit hölzernen Pflöcken ihn daran festnagelten. Dann machten sie ein gewaltiges Feuer, und nun begann ein Martern voll ausgesuchter Grausamkeit, das in seinen Einzelheiten niederzuschreiben die Feder sich sträubt.

Der junge gekreuzigte Hurone hing regungslos, aber mit glühenden, offenen Augen da, und da diese außerordentliche Stärke und Willenskraft die Irokesen verdroß, verbrannten sie ihm mit Feuerbränden die Fußsohlen, während sie gleichzeitig ihre andern Gefangenen mit glühend gemachten Waffen mißhandelten. Da überkam diese der Fanatismus des Martyriums; der Gekreuzigte stimmte mit gebrochener und vor Schmerz zitternder Stimme wieder den alten heiligen Hymnus an, und die andern stimmten ein, und sie sangen unter Mißhandlungen, bis Ohnmacht oder Tod sie dazu unfähig machte. Die Jesuiten würden sich solcher Zöglinge gefreut und sie wegen ihres Loses glücklich gepriesen haben, hätten sie eine Ahnung davon gehabt, wie diese Männer starben.

Als die nach dem Festlande Ausgezogenen auch diesmal nicht wiederkehrten, um mit dem Gewinn ihres Fischfangs den nagenden Hunger der Ihrigen zu stillen, da erfaßte die Zurückgebliebenen die Verzweiflung, und den Ausbrüchen derselben gegenüber fanden selbst die allezeit beredten Jesuiten nicht Worte des Trostes; auch ihnen schien es nun im Rate des Himmels beschlossen zu sein, daß das Volk der Huronen untergehen müsse, und zum ersten Male wollte selbst diese starken, in Not und Gefahr gehärteten Naturen Rat- und Mutlosigkeit erfassen.

Im Dunkel der Nacht hatten die Huronen zusammengesessen um das Beratungsfeuer, aber wohl niemals noch war ihr Sinn so trübe, ihr Mut so gesunken gewesen. Niemand mochte anfangs das Wort ergreifen, denn keiner wußte Rat oder Ausweg. Der unvermeidliche Untergang stand vor aller Augen. Ein alter, stets angesehener Häuptling machte den Vorschlag, das Volk der Huronen möge, wenn es einmal dem Tode geweiht sei, ehrenvoll fallen.

Der letzte Rest sollte zu den Waffen greifen, selbst in das feindliche Gebiet eindringen und im letzten Kampfe noch soviel wie möglich von den Gegnern in den Untergang hineinziehen.

Vor einem halben Jahre noch hätten die Worte des alten Kriegers Anklang gefunden; seitdem aber hatten Hunger und Angst das Volk derart heruntergebracht, daß sie den Kampf fürchteten, daß sie in erbärmlicher Feigheit nur daran dachten, wie sie das elende Leben erhalten und fristen sollten. Man hätte sich freilich auch die zu Gerippen abgezehrten Männer, die um das düster flackernde Feuer lagerten, nicht im Kampfe mit einem kräftigen Gegner denken können. Nun wurden die verschiedensten Stimmen und Meinungen laut, welche alle darauf hinausliefen, die Reste des Volkes freiwillig aufzulösen: rette sich jeder, so gut er kann und wohin er mag, das war das allgemeine Schlagwort.

Die einen beabsichtigten, sich in die entlegensten und unzugänglichsten Wälder zurückzuziehen, andre wollten auf einer fernen Insel Zuflucht suchen, wieder andre sich zu befreundeten Stämmen durchschlagen, und endlich die Feigsten und Verkommensten gedachten sich von den Irokesen adoptieren zu lassen und Namen und Sitten ihrer bisherigen Todfeinde anzunehmen. Der einzige einhellige Beschluß, welcher gefaßt war, schien der, die Insel St. Joseph, die bisherige Zufluchtsstätte, zu verlassen.

Nur der alte Häuptling, welcher zum Kampfe geraten hatte, und ein ihm Gleichgesinnter schüttelten trübe die Häupter und beschlossen einen letzten Versuch zu machen, die unglücklichen Reste ihres Volkes zusammenzuhalten. Sie kamen am nächsten Morgen in das Haus der Jesuiten, und der eine von ihnen sprach zu Ragueneau:

„Vergib uns, weißer Vater, wenn wir in der Not unsres Volkes uns an dich wenden. Du und deine Brüder, ihr habt für die roten Kinder der Huronen stets ein liebreiches Herz gehabt, habt Hunger und Elend mit uns geteilt, verlaßt uns auch jetzt nicht in unserm höchsten Jammer. Ihr allein könnt uns retten, wenn eine Rettung für uns noch möglich ist. O, mein weißer Vater, verhindere die Auflösung unsres Volkes, das dir und deinen Brüdern danken soll, solange noch ein Angehöriger desselben lebt. Wähle einen neuen Ort aus, wo du uns sammeln kannst, und warte nicht, bis der Hunger und das Kriegsbeil der Irokesen uns bis auf den letzten Mann vernichtet haben. Mehr als zehntausend der Unsern sind tot, und nicht lange wird es dauern, so wird auch der Überrest dem Untergang verfallen, wenn du zögerst und uns nicht rettest. Das Schicksal der letzten Huronen liegt in deiner Hand, mein Vater — öffne dein Ohr und dein Herz unsern Worten und merke auf, was wir dir sagen. Deine Brüder, die Bleichgesichter, haben an dem Ausgang des großen Stromes eine ansehnliche und feste Stadt gebaut, Quebec, wende dahin deine Augen und verpflanze dorthin die traurigen Überreste unsres Volkes. Unter dem Schutze der großen Donnerbüchsen und unterstützt von deinen tapferen Landsleuten, wollen wir dort uns niederlassen und vor den Mauern von Quebec eine stille Gemeinde gründen und deinen Gott anbeten; dort werden wir wenigstens ein Stücklein Brot finden für unsre hungernden Kinder, die seit so langer Zeit nichts als herbe Eicheln und bittere Wurzeln genossen haben. Hilf uns, hilf uns, weißer Vater!"

Eine tiefe Rührung erfaßte den Jesuiten. Er versprach den beiden Häuptlingen, mit seinen Brüdern die Sache zu besprechen, und entließ sie getröstet. Die Angelegenheit erlaubte keinen Aufschub, und die Missionare traten alsbald zur Beratung zusammen. Zum zweiten Male sollten sie ein Asyl verlassen, das den Mittelpunkt ihrer Missionsthätigkeit gebildet hatte — ja noch mehr, sie sollten vorläufig ihren Bekehrungseifer überhaupt dämpfen; denn wenn sie in Quebec sich niederließen, gaben sie eigentlich das Feld ihrer Thätigkeit auf. Es war nicht zu verwundern, daß sie bei den Mitteilungen Ragueneaus in lebhafte Erregung gerieten. Man kam lange nicht dazu, einen Beschluß zu fassen. Ein vierzigstündiges Gebet ward angeordnet, damit Gott ihren Geist erleuchte und die rechte Erkenntnis ihnen verleihe. Unablässig und abwechselnd kniete die Hälfte von ihnen, Tag und Nacht, in der kleinen Kapelle, und das Resultat ihres Betens und Überlegens war, daß man beschloß, der Bitte der beiden Häuptlinge nachzugeben und die Reste der Huronen durch Überführen nach Quebec zu retten.

In aller Stille wurden die Vorbereitungen zur Abfahrt getroffen, die Kanoes in Bereitschaft gesetzt und die Reste der kargen Lebensmittel hineingeladen. Es war ein wehmütiger Abschied von dem Lande ihrer Hoffnungen, welches das Blut der Märtyrer getrunken, ohne daß dasselbe bisher „der Samen der Christen“ geworden wäre. Das aus Backsteinen aufgeführte Fort ließ man stehen, hauptsächlich deshalb, weil ein kleiner Teil der Huronen auf der Insel zurückbleiben und in demselben seinen Wohnsitz nehmen wollte.

Es war ein ergreifender Abschied, den die letzten Reste der Huronen voneinander nahmen, und die Zurückbleibenden standen am Strande und winkten noch lange nach der kleinen Kanoeflottille hinüber, die lautlos, ohne Sang und Klang und ohne bunte Wimpel dahinfuhr. Sie hielt sich zumeist entlang der Küste, und den Jesuiten schnitt es in die Seele, wenn sie bedachten, was seit zwei Jahren sich auf diesem Gebiete geändert hatte. Vor dieser Zeit hatte noch fröhlich und glücklich eine der angesehensten Indianernationen hier gewohnt — jetzt lag alles wüste und still, öde und tot.

Dann lenkten sie die Steuer nordwärts an der östlichen Küste, an dem mit zahlreichen Inseln besetzten Georgsberg entlang, und überall zeigte sich dasselbe traurige Bild, überall die Spuren der Irokesen. An den Ufern des Nippissingsees hatten die Alkonguins gewohnt, ein glückliches Volk, das in Überfluß an Fisch und Wild lebte, das einen blühenden Handel mit andern befreundeten Stämmen trieb — wo waren sie hin? Die Asche ihrer niedergebrannten Wigwams war alles, was noch an sie gemahnte, sie selbst waren verschwunden. Auch die einst so schönen, gesegneten Ufer des Ottawa waren zur Wüstenei geworden; nur ab und zu erhob sich ein roh aus Holzstämmen aufgerichtetes Fort, dessen Zweck und Bestimmung nicht zweifelhaft sein konnten; hier hatten die siegreichen Irokesen überwintert in dem Lande, das sie zur Einöde gemacht.

Die Reisenden sollten übrigens Gelegenheit haben, die außerordentliche Tollkühnheit ihrer Feinde an sich zu erfahren. Sie hatten an einem dunklen Abend ihre Kanoes ans Land gezogen, die Lagerfeuer angezündet und Posten aufgestellt. Die Nacht brach heran, die Feuerglut erlosch allgemach, still ward es ringsum, nur das Wasser des Ottawa rauschte leise. Die Wachen waren ermüdet, außerdem auch sicher gemacht, weil die Reise bisher so gut von statten gegangen war, und so setzte sich bald hier, bald dort einer von den Posten nieder, und die Augen sanken ihm zu.

Zehn Irokesen lagen entfernter im Walde, sie hatten den Zug der Huronen beobachtet und schlichen nun leise an das Lager derselben heran. Unhörbar wie dunkle Schatten kamen sie und gelangten, ohne von den Wachen bemerkt zu werden, mitten unter die Schläfer. An den erlöschenden Feuern lagen ihre Opfer ausgestreckt, und der verglimmende Schein leuchtete ihren Mördern. Aber nicht meuchlerisch wollten die Irokesen ihre Opfer niederhauen, dagegen regte sich ihr kriegerischer Stolz, und so erhoben sie denn mit einem Male ihr wildes, heulendes Kampfgeschrei. Erschreckt fuhren die Huronen aus dem Schlafe empor und griffen zu den Waffen, aber ehe sie noch dieselben erfaßt und bevor sie noch über die Zahl ihrer Gegner im klaren waren, lagen ihrer sieben bereits blutend auf der Erde.

Von der Überzahl wurden die Eindringlinge indes doch umzingelt, und nun begann im Dunkel der Nacht ein fürchterlicher Kampf. Die Irokesen schienen sich mit kalter Überlegung dem Tode geweiht zu haben; ohne es zu versuchen, sich durchzuschlagen, kämpften sie, von den Feinden dicht umdrängt, und ihre frische Kraft kostete den Huronen noch manches Opfer. Endlich waren sieben von ihnen erschlagen, einer war auf nahezu wunderbare Weise entkommen, und zwei verwundete Gefangene blieben in den Händen der Sieger.

Dieser Sieg war teuer genug erkauft, und die Wut der Huronen würde den Gefangenen ein fürchterliches Ende bereitet haben, wenn nicht die Jesuiten mit aller Macht sich gegen Marter und Mißhandlung ausgesprochen hätten. Zu retten waren allerdings die beiden nicht, ein huronischer Häuptling spaltete ihnen mit dem Tomahawk den Schädel.

Dann setzte man die Fahrt auf dem Ottawa fort und erreichte ziemlich bald die Niederlassung Villemarie-Montreal.

Die auf der Insel St. Joseph Zurückgebliebenen hatten indes ihren Einzug in das Fort bewerkstelligt und fühlten sich hier auch im ganzen sicher. Wohl kamen die Irokesen jetzt bis nach der Insel herüber, aber dank der Wachsamkeit der Huronen wagten sie das Fort nicht anzugreifen. Indes ihre Kühnheit wurde in andrer Weise bedenklich, indem sie nämlich selbst auf der Insel eine kleine Befestigung anlegten. Aus gefällten Bäumen stellten sie einen Verhau her und setzten sich zum Schrecken der ohnedies geängstigten Huronen hinter demselben fest.

Diese fanden sich zur Beratung zusammen und beschlossen endlich mit Waffengewalt diese gefährliche Nachbarschaft zu beseitigen. Eines Abends rückten sie aus und zogen in lautloser Stille durch den Wald. Angesichts der feindlichen Befestigung erhoben sie ihr Kriegsgeschrei und begannen gegen dieselbe loszustürmen. Aber ihre Gegner waren wachsam, und trotzdem die Huronen mit der alten Kampfeslust stritten, vermochten sie doch die Feinde nicht zu verdrängen, und beim Grauen des Morgens zogen sie, verhöhnt von den Irokesen, nach ihrem Fort zurück.

Da überfiel die Mutlosigkeit sie aufs neue, um so mehr als die Irokesen Verstärkung erhielten und nun auch noch auf dem Festlande, der Insel gegenüber und durch den Wald gedeckt, ein Fort anlegten. Man beklagte jetzt lebhaft, daß man sich nicht den Jesuiten angeschlossen hatte und mit nach Quebec übergesiedelt war. Indes ihre Ausdauer sollte belohnt werden.

Eines Tages sah man auf dem See eine kleine Anzahl Kanoes heranschwimmen. Der Anblick rief anfangs Schrecken hervor, weil man nicht anders glaubte, als es seien Irokesen; als aber die Fahrzeuge näher kamen, da brach mit einem Male ein wilder Jubelschrei aus hundert Kehlen, denn im Stern des ersten Bootes stand hoch aufgerichtet, den Federschmuck des Häuptlings in dem Haare — Anatoha.

Durch Flüchtlinge, welche bei der Tabaksnation ein Unterkommen suchen wollten, hatte er endlich das Schicksal der Seinigen erfahren, sowie daß ein Teil derselben noch auf der Insel St. Joseph sich aufhalte, und rasch entschlossen wollte er sich diesen anschließen. Was immer an Huronen in St. Jean und bei den Tabaksindianern sich zusammengefunden, scharte sich um ihn, und an der Spitze dieses Häufleins steuerte er jetzt der Insel zu.

Als die Huronen am Ufer den langvermißten Führer erkannten, stürzten sie sich in das Wasser, schwammen seinem Kanoe entgegen und äußerten in wildester Weise ihre Freude. Im Triumphe trugen sie ihn in das Fort, und mit einem Male kam neue Kampfesfreudigkeit, ja Siegeszuversicht in ihre Herzen.

Auch die Irokesen sollten indes die Rückkehr Anatohas zu den Seinen merken. Die erste Waffenthat desselben galt der verhaßten Befestigung des Feindes auf der Insel, und schon drei Tage nach seiner Ankunft tobte der Kampf abermals um den Verhau. Diesmal waren Einheit und Planmäßigkeit in dem Angriff; mit Katzengewandtheit kletterten die Huronen an dem Holzwerk empor, und ob auch mancher Kampfgenosse mit zerspaltenem Schädel zurücksank, es drängten unermüdlich immer andre nach, und endlich stand Anatoha oben auf der Befestigung, stieß seinen jauchzenden, weithinschallenden Siegesruf aus und schleuderte gleichzeitig mit riesenstarkem Arme den feindlichen Häuptling kopfüber hinab unter die nachstürmenden Huronen.

Damit war der Kampf entschieden. Vor dem Siegesgeheul der Gegner, welche man solange unterschätzt und gering geachtet, gerieten die Irokesen in Entsetzen, und in wilder Hast verließen sie ihr kleines Fort und flohen nach dem Walde und nach dem See zu. Das war seit langem ein glücklicher Tag in der Geschichte der Huronen, und es schien, als ob ein günstiger Stern noch einmal dem unglücklichen Volke aufgehen sollte. Die Befestigung der Irokesen wurde zerstört und die reichlichen Vorräte an Lebensmitteln mit lebhaftester Freude in Besitz genommen.

Leider wußten die Huronen nicht Maß zu halten; sie feierten noch an demselben Tage ein Siegesmahl und aßen sich nach langem Darben mehr als satt; bekümmert saß Anatoha dabei, und immer klarer wurde es ihm, daß dies Volk, das einmal in feiger Mutlosigkeit sich selbst aufgab und das bei dem ersten besten Anlaß wieder in einen so wilden Taumel der Freude und Siegessicherheit geriet, wohl kaum im stande sein würde, dem Untergange zu entgehen.

Eine seiner ersten Fragen hatte Glanzauge gegolten, der teuren Schwester. Er konnte nichts weiter erfahren, als daß sie unter dem Schutze der Jesuiten mit nach Quebec ausgewandert sei, lieb aber war es ihm zu hören, daß sie zu den wenigen zählte, welche immer noch die Annahme des Christentums verweigert hatten.

Als Anatoha von dem Fort hörte, welches die Feinde auf dem Festlande angelegt hatten, beschloß er auch aus diesem dieselben zu vertreiben, doch wollte er hierbei nicht mit Gewalt, sondern mit Klugheit und List vorgehen. Er nahm deshalb eines Morgens einige erprobte Männer, welchen er seinen Plan mitgeteilt, und verließ mit diesen das Fort. Sie setzten sich in ein Kanoe und fuhren hinüber nach dem Festlande, gerade in der Richtung, in welcher die feindliche Niederlassung sich befand. Sie führten Geschenke, besonders eine Anzahl schöner Wampumgürtel mit sich und thaten überhaupt so, als ob alle feindseligen Absichten ihnen vollständig fern lägen. So kamen sie heran bis an das Fort der Irokesen. Dieselben verstanden die friedlichen Zeichen, welche ihnen gemacht wurden, und ließen die Männer ohne weiteres ein. Anatoha war bei seinen Feinden hinlänglich bekannt, und dieselben wunderten sich nicht wenig, wie er selbst nun kam, um mit ihnen zu unterhandeln, nachdem er erst kurze Zeit zuvor auf der Insel den Ihrigen in blutigem Streit als Sieger gegenübergestanden. Finstere, haßerfüllte Blicke hefteten sich auf ihn, und manche Hand fuhr nach dem Tomahawk, indes die Achtung vor dem Feinde, der sich freiwillig der Waffen begab, war zu tief bei den Indianerstämmen eingewurzelt, und so trat man denn mit den Huronen in Beratung zusammen.

Die Rednergewandtheit des Huronenhäuptlings zeigte sich im glänzendsten Lichte; er sagte:

„Meine roten Brüder! Wie lange wollen wir uns gegenseitig zerfleischen zur Lust und zum Vorteil der Bleichgesichter, welche lüstern sind nach unsern Jagdgründen und welche den großen Manitu der roten Kinder verdrängen wollen. Seht, so sprechen die Krieger meines Stammes durch meinen Mund: Laßt uns die Waffen aus den Händen legen und das Kriegsbeil begraben. Nehmt die Geschenke an, welche wir euch bieten, und laßt alles vergessen sein, was hinter uns liegt. Unser Volk ist zusammengeschmolzen nicht durch euren Tomahawk, sondern durch den Hunger, und doch ist Kanada reich an Wild und Fisch, und wir könnten alle leben. Laßt uns friedlich bei einander wohnen und ein einziges Volk sein. Was mögt ihr mehr verlangen, als daß die Krieger der Huronen euch bitten: nehmt uns auf in eure Heimat, laßt uns für Krieger eures eignen Volkes gelten, nehmt uns für alle Zeiten an als Brüder und Verwandte!“

Seine Worte machten sichtlichen Eindruck auf die Irokesen, und es war für sie ehrenvoll und schmeichelhaft, daß der Angesehenste der Häuptlinge der Huronen einer der Ihrigen werden wollte. Sie gingen darum nach kurzer Beratung auf seinen Antrag ein, und er sollte zu den Seinen zurückkehren, um diesen die nötigen Mitteilungen zu machen; drei seiner Begleiter sollten jedoch als Geiseln für die Aufrichtigkeit der Huronen zurückbleiben.

So geschah es denn auch, und Anatoha kehrte mit zwei seiner Vertrauten zu dem Fort auf der Insel zurück. Es ging wie ein Lauffeuer von Mund zu Mund, daß er dem Volke eine wichtige Mitteilung zu machen habe, und so strömte denn alles, Männer, Weiber und Kinder, zusammen, um neugiervoll anzuhören, um was es sich handle. Und nun sprach Anatoha mit seiner volltönenden Stimme:

„Meine Brüder und Schwestern! Eine wundersame Wandlung hat sich vollzogen; wo gestern noch Haß war, soll heute Liebe sein, wo gestern noch Blut floß, soll heute Brot gegeben werden. Die Irokesen, bis gestern unsre Todfeinde, haben sich bereit erklärt, ein Volk zu sein mit den Huronen, uns aufzunehmen in ihre Gemeinschaft. Die Zeit des Hungerns ist vorüber, anstatt Elend und Not werden wir Fülle haben in einem fruchtbaren und glücklichen Lande, anstatt des Krieges lacht uns der Friede. Ihr werdet verwundert sein und fragen, wie ich und zwar gerade jetzt, wo das Glück uns wieder winkt, mit den Irokesen über solche Dinge verhandeln kann. Ich sage euch: unser sind viel zu wenig geworden, um einen glücklichen Ausgang des Kampfes herbeiführen zu können, aber gezeigt haben wir doch den Irokesen, daß wir nicht Hunde mit stumpfen Zähnen geworden sind und daß sie, wenn sie uns in ihren Stamm aufnehmen, sich selbst ehren und nützen. Nun sprecht, ihr Brüder und Freunde, habe ich recht gehandelt, und wollt ihr ein Leben bei den Irokesen dem unvermeidlichen Untergange vorziehen?“

Ein freudiges, wildbewegtes Zurufen erfolgte als Zeichen der Zustimmung, und keiner aus der Menge hatte wohl das halb schmerzliche, halb verächtliche Zucken um die Mundwinkel des Häuptlings gesehen. Der aber nahm jetzt einige der angesehensten und tüchtigsten Krieger beiseite, und sein scharfer Blick hatte schnell genug solche herausgefunden, die nicht in den begeisterten Lärm eingestimmt hatten. Er setzte sich, während die Masse des Volkes noch lärmte und johlte, mit ihnen abseits, und was hier in dem kleinen Kreise verhandelt wurde, klang freilich anders: die Huronen wurden ebenso sehr wie die Irokesen getäuscht; denn hier sprach Anatoha:

„Mögt ihr wirklich glauben, meine Brüder, daß es zwischen mir und dem Todfeind meines Volkes einen solchen Vertrag geben kann? Niemals, aber ich will vergelten, was sie uns gethan, ich will messen mit dem Maße, mit welchem sie uns zugemessen. Haben sie oft und oft Verrat an uns geübt, so sollen sie wiederum verraten werden. Wohl dürft ihr fragen, weshalb ich unsern Brüdern nicht die Wahrheit sage; aber ihr wißt es selbst, daß der Verrat sich selbst bis in unsre Wigwams eingeschlichen hat und daß die Irokesen alles erfahren könnten, noch ehe für uns die Zeit zu handeln gekommen ist.“ Und nun setzte er den freudig Aufhorchenden auseinander, was er eigentlich beabsichtige.

Unter den Huronen begann eine außerordentliche Regsamkeit und namentlich die Squaws waren es, welche aufs eifrigste mit Vorbereitungen für die Auswanderung in das Land ihrer neuen Freunde beschäftigt waren.

In den folgenden Tagen gingen Besuche und Botschaften zwischen Huronen und Irokesen hin und her, und letztere schienen ein derartiges Vertrauen zu den ersteren zu fassen, daß eines Tages wohl vierzig ihrer besten und angesehensten Krieger nach der Insel herüberkamen. Die Huronen nahmen ihre Gäste sehr freundlich auf, und bald saßen sie alle gemeinsam und bunt durcheinander um die qualmenden Feuer. Aber Verrat und Mord lauerten über den Häuptern der Irokesen; von Mund zu Mund ging in der Runde der Huronen die Absicht Anatohas, und als die gesellige Lust ihren Höhepunkt erreicht hatte, gab der Häuptling ein vorher bestimmtes Zeichen.

Nun erhoben die Huronen ihr wildes Kriegsgeschrei und stürzten sich auf ihre nichts ahnenden Gäste, welche meist ihre Waffen beiseite gelegt. Sie wurden fast widerstandslos niedergehauen, aber einer gab kurz vor seinem Tode noch Zeugnis, daß sie erlitten, was sie verdient hätten. Denn auch den Irokesen war es nicht ernst mit der Verbrüderung mit den Huronen, und sie wollten dieselben nur sicher machen, um sie dann samt und sonders zu vernichten und ihr Volk auszurotten. So war der Verrat dem Verrate zuvorgekommen.

Nur einer von den Irokesen war entkommen, denn er war durch einen der in Anatohas Pläne Eingeweihten gewarnt worden zum Danke dafür, weil er vor Jahren bereits dem Huronen einmal das Leben gerettet; dieser eine brachte die entsetzensvolle Kunde seinen Stammesgenossen auf dem Festlande, welche, von jähem Schrecken erfaßt, ihr Fort im Stiche ließen und in eiliger Flucht nach ihrer Heimat sich begaben.

Der Jubel der Huronen kannte keine Grenzen, sie begaben sich hinüber nach dem Festlande, und da sie die gefürchtete irokesische Feste leer fanden, steckten sie dieselbe in Brand und zogen sich dann mit einigen wenigen Vor=

räten, die sie aufgefunden, wieder nach ihrer Insel zurück. Nur einer blieb bei dem allgemeinen Freudentaumel ernst und nahm keinen Anteil an dem Festmahle, an Tänzen und Gesängen. Während die wilden, heulenden Lieder an seine Ohren schlugen, saß er einsam im Walde und sann mit tiefernstem Angesicht nach, was nun geschehen solle. Auf der Insel St. Joseph konnten die Huronen nicht bleiben, das war ihm klar, denn die Irokesen kamen ganz gewiß mit erdrückender Übermacht zurück, um den Mord ihrer Stammesgenossen zu rächen, und dann waren diese entarteten Reste seines Volkes unrettbar verloren. Die Insel mußte deshalb verlassen werden, und der Häuptling machte darum den Vorschlag, den bereits ausgewanderten Freunden zu folgen und gleichfalls nach Quebec zu übersiedeln.

Und so geschah es denn auch. Ihre Kanoes wurden schon in der nächsten Zeit in den See gebracht, und an einem trüben Morgen zogen die letzten Huronen aus ihrer jahrhundertelang bewohnten Heimat aus; die meisten ohne ein Gefühl der Wehmut, denn eine gewisse Verwilderung war unverkennbar bei ihnen eingerissen. Sie wendeten sich zuerst nach der Manitoulininsel, und nach kurzer Rast daselbst überließen sie ihre Fahrzeuge dem Ottawa. Es waren etwa vierhundert, zumeist Männer, welche sich dem letzten und größten Führer ihres Volkes anschlossen.

Der Missionar Brebeuf am Marterpfahle.

Zweiundzwanzigstes Kapitel.

Ein getreues Herz des höchsten Schatzes Preis.

In Villemarie hatte sich, seit wir uns zuletzt daselbst befanden, wenig geändert. Die Irokesen schienen sich zunächst um das Fort nicht zu kümmern, und die Besatzung desselben erfreute sich tiefen Friedens. Ab und zu unternahm man kleine Streifzüge in die Umgebung, ohne dabei auf Feinde zu stoßen, doch wagte man anderseits nicht, einen größeren Teil der Truppen weiter fort zu senden, weil man die Irokesen kannte, die ein solches Vorkommnis ganz gewiß zu einem Überfall benutzt hätten. So hatten die Ansiedler eigentlich gute Zeit. Auf ihren Feldern gedieh Gottes Segen, ab und zu brachte ein von Quebec kommendes Fahrzeug Nachrichten, Lebensmittel und Wein aus Frankreich, und so fühlten sich denn weitaus die meisten der Besatzung recht wohl.

Zu jenen, bei welchen dies nicht ganz der Fall war, gehörte unser alter Freund Tom. Ihm waren die Unthätigkeit und das Liegen auf der Bärenhaut verhaßt, und wenn er auch ab und zu einmal einsam in den Wäldern streifte, so genügte ihm das nicht und vermochte ihn nicht länger mehr zu befriedigen. Er hatte sich zu sehr an die Gesellschaft Hermann Langers gewöhnt und mochte sie bei seinen Streifereien nicht entbehren, und weil er das mußte, darum behagte es ihm auch nicht mehr im Walde. Wenn er einen ganzen Tag nur vom Fort sich entfernt hatte, sehnte er sich nach seinem „Herzensjungen“, und mit der ersten, besten Jagdbeute, die er erlegt hatte, kam er wieder heim.

Longinus selbst war ganz glücklich im Besitz seines Weibes bis auf eins — die Sehnsucht nach Deutschland. Er hatte sie niemals so lebhaft gefühlt, als wenn er jetzt an der Seite Mariens saß und auf die dunklen Wälder Kanadas hinausblickte. Sollte es ihm wirklich bestimmt sein, hier im fernen Westen unter fortwährender Gefahr sein Leben hinzubringen und endlich doch eines Tages unter dem Beilhieb oder dem Pfeilschuß eines Wilden zu sterben? — Sollte sein Weib ihr junges Leben in dieser Abgeschlossenheit von aller Welt, in diesem Gefängnis — denn anders konnte man es kaum nennen — von Villemarie dahinwelken lassen? Mit den brennendsten Farben malte ihm die rege Phantasie seine Heimat, Deutschlands Buchen- und Eichenwälder, Lübecks Straßen mit ihren hohen Giebelhäusern, den Hafen mit seinem Walde buntbewimpelter Masten — — und wessen sein Herz voll war, davon ging der Mund über, und wenn er so neben Marie saß, dann erzählte er von all den fernen Herrlichkeiten, daß auch in der Brust des jungen Weibes eine unbestimmte Sehnsucht erwachte nach diesem fernen Lande, in welchem die Wiege ihres geliebten Mannes stand. Auch das zweite junge Paar, das in Villemarie lebte, hatte ganz ähnliche Anwandlungen, der Bekehrungsdrang, welcher Margarete, die Abenteuerlust, welche Dupont nach Kanada geführt, waren bei beiden fast vollständig erloschen und hatten andern Empfindungen Platz gemacht. Auch hier war anfangs leise, dann immer stärker die Sehnsucht nach Frankreich erwacht, die Sehnsucht nach ungestörtem Genusse ihres jungen Glückes.

So sehr nun auch beide Paare geneigt waren, Villemarie zu verlassen, so wenig brachte es jemand von ihnen über sich, dem wackeren Maisonneuve, der am Glücke beider seine herzliche Freude hatte, irgend etwas von Abschied zu sagen. Sie machten sich alle Vorwürfe bei dem Gedanken daran, daß sie den Mann, der ihnen lieb und teuer war, allein im fremden Lande und unter Gefahren zurücklassen sollten; denn daß er nicht mit ihnen gehen würde, davon waren sie alle fest überzeugt, er war mit seinem Blut und Leben mit dem Werke, das er gegründet, mit seinem Villemarie, verwachsen.

In die Einförmigkeit dieses Lebens kam eine vorübergehende Abwechselung, als die unter Leitung der Jesuiten von St. Joseph auswandernden Huronen vor Montreal ankamen und vor der Umwallung des Forts Rast machten. Es waren Feiertage eigentlich für beide Teile. Die Huronen konnten seit langer, langer Zeit wieder einmal etwas Besseres genießen, als sie seither gewohnt waren, ja selbst ein Fäßchen des beliebten Feuerwassers, das sie unendlich lange entbehrt hatten, war ihnen durch Maisonneuves Liebenswürdigkeit überlassen worden. Anderseits aber freuten sich auch die Ansiedler im Fort über den regen und fröhlichen Verkehr, der für einige Tage bei ihnen eingekehrt war. Das leichtlebige Kindergemüt der Indianer vergaß hier vollständig der ausgestandenen Not und überließ sich ausgelassener Fröhlichkeit. Es tauchte bei manchen von ihnen sogar der Gedanke auf, hier unter dem Schutze von Villemarie eine neue Niederlassung zu gründen, aber die Besonnenen unter ihnen, sowie die Jesuiten, deren Leitung sie sich anvertraut, rieten davon auf das Entschiedenste ab, indem man hier noch allzunahe an dem feindlichen Gebiete wohne und nur der Ansiedelung der Franzosen, die nicht allzustark sei, den fortwährenden Andrang der Feinde auf den Hals hetze.

So ging denn die Fahrt nach einigen Tagen weiter auf dem St. Lorenz hinab gegen Quebec. Zurückgeblieben war nur eine Person — Glanzauge. Sie hatte alsbald nach der Landung Marie aufgesucht und war freudig überrascht, als sie dieselbe als Gemahlin des blonden Deutschen wiederfand. Auch Marie freute sich, die Gefährtin ihrer einstigen Abenteuer zu sehen, aber sie war bei ihrem Anblick fast erschrocken; das war nicht mehr das liebliche Mädchen von damals mit den vollen, samtweichen Wangen und den glänzenden, schönen Augen, sondern das war eine scheinbar sehr gealterte Frau mit hagerem, eingefallenem Gesicht und mit müden Augensternen. Das wollte der guten Marie fast in die Seele schneiden, und als sie von all dem Jammer, der Not und dem Hunger gehört, den Glanzauge und die Ihrigen erduldet, da bat sie die Indianerin auf das Eindringlichste, bei ihr zu bleiben.

Glanzauge konnte sich lange nicht dazu entschließen, ihr Volk zu verlassen, mit dem sie bisher so treulich Elend und Gefahr geteilt, und nur das vereinte Zureden aller, selbst ihrer huronischen Freunde, die Hoffnung, ihren Bruder, falls er noch am Leben war, hier leichter zu treffen als im ferneren Quebec, bewog sie zur Nachgiebigkeit.

Nach wenigen Wochen begannen ihre Wangen wieder frischer, ihre Augen glänzender zu werden, aber die Wehmut um das Geschick ihres Bruders, um das Geschick ihres Volkes wollte sie nicht verlassen. — —

Der Mangel an Lebensmitteln auf der kleinen Indianerflottille, welche gegen Quebec fuhr, machte es nötig, daß ab und zu kleine Streifzüge in das an dem Strome liegende Land unternommen wurden, das an Wild immerhin reich war.

Man war vielleicht noch zwei Tagereisen von Quebec entfernt, alles war von Mut und Zuversicht erfüllt, nun glaubte man endlich ganz aus dem Bereich der fürchterlichen Feinde zu sein, und so beschloß ein kleiner

Teil der Huronen, den Rest des Weges zu Fuß zurückzulegen und einen Jagdzug bei dieser Gelegenheit zu unternehmen. Der Jesuit Brebeuf, der Gefahr und Mühe und Not treulich mit den Huronen geteilt hatte und der sich des größten Zutrauens bei ihnen erfreute, war bereit, sich diesem Teile anzuschließen, einmal, weil ihm die lange Fahrt auf dem Strome nicht behagte, und anderseits — und dies war wohl der Hauptgrund — weil er nicht wollte, daß die, welche hier zu fröhlicher Jagd auszogen, des geistlichen Zuspruchs und des christlichen Gebets entbehren sollten. Es waren ungefähr fünfundzwanzig Männer, welche eines Morgens fröhlich aufbrachen, um der lange entbehrten Lust des Jagens zu frönen. Aber das Unheil lauerte auf sie in entsetzlicher Gestalt. Die Irokesen waren, wie das vorhergesehen werden konnte, beständig auf ihren Spuren; ihre Späher gingen durch ganz Kanada bis hinab gegen Quebec, und so war ihnen nicht verborgen geblieben, daß sie in Montreal gerastet hatten und daß sie nun den Lorenz hinab weiterfuhren. Einzelne ihrer Banden strichen nun durch die Wälder an den Ufern, in der Erwartung, daß der Hunger ihre Feinde bewegen werde, ans Land zu gehen, um Lebensmittel zu gewinnen, und darin hatten sie sich in der That nicht getäuscht.

Die Huronen hatten keine Ahnung von der Nähe des Feindes und streiften mit aller Sorglosigkeit durch den Wald. Der Tag verging ihnen, ohne daß sie im Jagen besonders glücklich gewesen, aber die Beute reichte für das abendliche Mahl, und dem Genusse desselben gab man sich auch mit ausgelassener Fröhlichkeit hin. Brebeuf ermahnte zu gemeinschaftlichem Gebete, aber er vermochte seine Herde nur schwer dazu zu bringen, und konnte sich so bereits überzeugen, daß das Christentum hier noch lange nicht in Fleisch und Blut übergegangen war. Die Nacht sank allmählich nieder auf den Wald, die Feuer verglimmten langsam; hie und da streckten sich die braunen Gestalten zum Schlafe nieder, und die ausgestellten Wachen schienen keine besondere Neigung zu haben, die wenig angenehme und, wie es sie dünkte, überflüssige Pflicht zu üben. Und doch wäre große Wachsamkeit so notwendig als nur irgend möglich gewesen.

Um Mitternacht ungefähr brach die Irokesenbande, welche den ganzen Tag über schon auf der Spur der ahnungslosen Huronen geblieben und welche das Lager von allen Seiten umzingelt hatte, mit wildem Toben und Lärmen ein. Die entsetzensvolle Überraschung war bei den Überfallenen so groß, daß sie eigentlich gar keinen Widerstand leisteten, sondern sich entweder wehrlos niederhauen oder fesseln ließen. Auch Brebeuf war gebunden worden; er hatte es mit ruhiger Ergebung geschehen lassen, und eine innere Stimme sagte ihm, daß die Stunde gekommen sei, da er mit seinem Blut und Tod Zeugnis geben sollte für seinen Glauben. Sein einziges Denken war ein Gebet zu Gott um Kraft und Stärke. Die Irokesen schienen noch während der Nacht ihre wilde Lust an den Gefangenen auslassen zu wollen, denn die ausgeglühten Feuer wurden wieder angefacht und die Vorbereitungen zu den üblichen Martern getroffen. Die Gefangennahme des Bleichgesichtes schien den Wilden ganz besondere Freude zu machen, denn sie banden Brebeuf an einen Baumstamm und tanzten nun mit wildem Heulen um ihn her. Sie schwangen Feuerbrände in den Händen, daß die Funken weit umherstoben und auf Gesicht und Haupt des Missionars fielen. Der stand mit dem Ausdruck völliger Seelenruhe inmitten der entmenschten Horde, und seine Sorge galt offenbar weniger sich selbst, als seinen mitgefangenen Bekehrten. Daß sie in den letzten Augenblicken wanken könnten in ihrem Bekenntnis, daß sie wiederabfallen könnten vom Glauben, das war seine größte Angst, und so redete er, so oft es ihm möglich war, sich verständlich zu machen, mit lauter Stimme den Huronen zu, sie sollten geduldig sein in der Ertragung von Leiden, denn je größer die Qualen, desto größer würde der Lohn im Himmel sein.

Die Irokesen, erbittert über das Gebaren und über den kalten Mut des weißen Mannes, hielten ihm brennende Fackeln an Kopf und Füße, aber trotz der entsetzlichsten Schmerzen redete Brebeuf weiter zu den Huronen und drohte gleichzeitig seinen Peinigern mit ernster, erhobener Stimme mit der Strafe des ewigen Feuers. Die Stimme des gemarterten Mannes zeigte ebensowenig von Schmerz, wie das zwar blasse, aber unveränderte Angesicht. Da schnitt einer der Unmenschen ihm die Unterlippe ab, während ein andrer mit glühendem Eisen ihm die Kehle verbrannte; aber die hohe stattliche Gestalt mit den grauen Haaren stand noch immer ungebeugt und trotzig, und keine Äußerung, kein Zeichen des Schmerzes bekundete, wie sehr er litt. Das steigerte die Wut der Entsetzlichen zur äußersten Höhe, und was nur immer wilde Grausamkeit ersinnen mag, man that es dem unbeugsamen weißen Manne an, der mehr litt, als jemals vielleicht ein Mensch gelitten hat. Man befestigte ihn an einen rindebedeckten Pfahl und steckte die Rinde in Brand. Die Flamme leckte und züngelte glühend an ihm empor, und da zum erstenmal rang sich ein Schrei von den Lippen des Märtyrers, welcher sich bemühte, seine Hände hilfeflehend zum Himmel emporzuheben, doch als sie nun eine Kette von glühendem Eisen ihm um den Hals legten, da stand der wunderbar Unbezwingliche wieder ganz fest, als ob er Fels und Stein wäre.

Was ihn jedoch mehr als die körperlichen Qualen schmerzte, war, daß es unter den Huronen einige gab, die vom Christentum abtrünnig wurden und durch Teilnahme an der Mißhandlung des Priesters die Freundschaft der Irokesen zu gewinnen suchten. Einer dieser Elenden, der selbst noch in Fesseln lag und den die heldenmütige Standhaftigkeit des weißen Mannes nicht mit Ehrfurcht und Staunen erfüllte, rief mit lautem Hohne, man möge ihm doch heißes Wasser über den Kopf gießen, da er soviel kaltes auf andre gegossen hätte.

Der Vorschlag wurde mit Jubel begrüßt, dem Huronen, der ihn gemacht, wurden die Fesseln durchschnitten, und der erbärmliche Schurke war der eifrigste, als es galt, den Kessel über das Feuer zu hängen und die Glut unter demselben anzuschüren.

Langsam goß man dem Leidenden, Blutenden das siedende Wasser über das Haupt, und der abtrünnige Hurone schrie ihm Worte des Hohnes dabei zu.

„Wir taufen dich“ — schrie er — „damit du im Himmel glücklich sein kannst, denn niemand kann ohne Taufe in den Himmel gehen.“

Nun begannen noch einige der Huronen, mit höhnenden Reden sich an der Pein des Missionars zu beteiligen, in der Hoffnung, damit ihre Freiheit zu erkaufen. „Er hat gesagt“ — riefen sie — „daß derjenige um so mehr von den Freuden des Himmels genießen werde, welcher auf Erden recht viel Leiden erduldet hat. So macht ihn doch glücklich! Martert ihn, und ihr sollt sehen, er ist euch noch dankbar dafür!“

Die Gestalt Brebeufs bot bereits einen entsetzensvollen Anblick, aber er duldete mit übermenschlicher Kraft. Sie schnitten Fleischstreifen von seinem Leibe und verschlangen sie vor seinen Augen, sie tanzten heulend um ihn her und schleuderten Feuerbrände nach ihm hin, und eine Reihe der empörendsten Martern erging noch über den bereits Bewußtlosen. Als er wie leblos endlich zusammenbrach, aber noch immer, ohne ein Zeichen des Schmerzes gegeben zu haben, schnitten sie ihm die Brust auf und eilten herbei, um das Blut eines Mannes zu trinken, der ihre höchste Bewunderung erweckt hatte und mit dessen Blute sie seiner Tapferkeit und Standhaftigkeit teilhaft zu werden hofften. Ein wilder Häuptling sprang durch die tobende Menge, um sich des noch zuckenden Herzens zu bemächtigen und dasselbe in wilder Gier zu verzehren.

Lassen wir den Vorhang sinken vor dem grauenvollen, der geschichtlichen Wirklichkeit nachgezeichneten Bilde!

So starb Jean Brebeuf, der Begründer der huronischen Mission, ihr wahrster Held und ihr größter Märtyrer. Er stammte aus einem edlen Hause, aus welchem, wie man sagt, die englischen Earls von Arundel entsprossen sind, doch nie hatten die gewappneten Barone seines Stammes ein so entsetzliches Geschick mit solch außerordentlicher Standhaftigkeit erduldet. Bis zuletzt weigerte er sich nachzugeben, und „sein Tod gereichte seinen Mördern zum Staunen“. Bei ihm beruhte eine begeisterte Hingebung auf einer heldenhaften Natur. Seine körperlichen Gaben waren so bemerkenswert wie sein Charakter. Seine männliche Kraft, seine Stärke und Ausdauer, welche durch unaufhörliche Fasten und Bußen nicht gebrochen werden konnten, hatten ihm im gleichen Grade stets die Achtung der Indianer gewonnen, wie sein Mut, welcher Furcht nicht kannte, vor Übereilung durch ein bedächtiges und durchdringendes Urteil bewahrt wurde; denn so ausschweifend auch die Hirngespinste waren, welche die Glut seines Eifers nährten, so vertrugen sie sich doch mit dem nüchternsten gesunden Menschenverstand in allen praktischen Dingen.*) Sein sehnlichster Wunsch war allezeit gewesen, für seinen Glauben zu sterben und „mit diesem Wunsche, sich zu einem Opfer des Scheiterhaufens und einem dem Tod geweihten Märtyrer zu machen und das seiner harrende Glück des Martyriums in heiliger Weise vorher zu kosten, band er sich durch einen außerordentlich schweren Eid an Christus." **)

Er selbst pflegte, mit seinem Namen ein Wortspiel machend, zu sagen, daß er ein Ochse sei, der zum Tragen von Lasten geeignet sei.

(Der Leichnam Brebeufs wurde nachmals nach St. Marie gebracht und auf dem dortigen Kirchhof begraben, doch der Schädel wurde als Reliquie aufbewahrt. Seine Familie schickte aus Frankreich eine silberne Büste ihres Verwandten, in deren Boden sich ein Behältnis zur Aufnahme des Schädels befand. Bis auf den heutigen Tag werden die Büste und der darin befindliche Schädel von den Nonnen des Hôtel-Dieu in Quebec mit frommer Sorgfalt gehütet.***)

Die Huronen, welche auf dem St. Lorenzstrom geblieben waren, langten glücklich in Quebec an und erfuhren erst später das fürchterliche Geschick des Missionars und ihrer Genossen; selbst den abtrünnigen Huronen hatte ihre Verräterei und ihre Teilnahme an den Mißhandlungen Brebeufs keinen Nutzen gebracht, auch sie wurden ein Opfer der Wut der Irokesen, und nur zweien gelang es, nach Villemarie glücklich zu entkommen.

So erfuhren Maisonneuve und seine Freunde zuerst von dem Märtyrertode Brebeufs, und der Kommandant von Villemarie hätte nicht der gottbegeisterte, schwärmerisch gläubige Mann sein müssen, wenn er sich nicht aufgemacht hätte, um die Überreste des Missionars, der durch seinen Tod ein Heiliger in seinen Augen geworden war, abzuholen. So ward ein kleiner Zug ausgerüstet, an welchem sich auch Longinus und Tom beteiligten. Dem alten Seemann war es auf dem kleinen Schoner, dessen man sich auf der Fahrt bediente, außerordentlich behaglich zu Sinne, und er begann seinem

*) Fr. Parkmann: „Die Jesuiten in Nordamerika."
**) So berichtet der Jesuiten-Obere Ragueneau.
***) Parkmann a. a. O.

Freunde gegenüber in begeisterter Weise wieder von seinem Seemannsleben zu erzählen und alte, längst verklungene Erinnerungen zu wecken. Der alte, ehrliche Bursche ward darüber fast zum Träumer. Auf dem Hinterdeck des kleinen Fahrzeuges lag er ausgestreckt im hellen Sonnenschein und pfiff ein altes Seemannslied zwischen den Zähnen und sah hinaus auf die blinkende Fläche des breiten, majestätischen Stromes. Ab und zu aber griff er auch mit ein, wenn es galt, in den Segeln zu hantieren oder am Steuer zu arbeiten, und Maisonneuve ließ den alterprobten Seefahrer gern gewähren.

Man fuhr selbst die Nacht hindurch, da die Aufregung Maisonneuves keine Zeit zur Landung und Rast gönnte und dieser in beständiger Sorge war, ob man den Leichnam des Märtyrers überhaupt noch finden werde.

Ein trüber Abend senkte sich nieder auf den Strom und das anliegende Land, welches in grauer Dämmerung verschwand. Schwerer Nebel stieg von den Fluten auf, und bedenklich schüttelte der alte Tom den Kopf.

„Möchte, beim Duivel, raten, ans Land zu gehen und irgendwo im Walde ein vernünftiges Lagerfeuer anzuzünden. Der Steuermann kann ja nicht die Hand vor den Augen sehen, geschweige den Kurs.“

Maisonneuve hörte lächelnd den brummenden Alten und den gleichfalls bedenklichen Steuermann an und erwiderte:

„Wir treiben stromabwärts, das Wasser selbst thut das Seinige, um uns vorwärts zu bringen, das Strombett ist breit und tief und sicher, es hat noch niemals ein Unglück gegeben auf dem Lorenz zwischen Quebec und Villemarie, solange ich in diesen Wäldern lebe — was wollen wir denn heute mit einem Male ängstlich werden? Zudem wird der Heilige, dessen Leib wir suchen, mit uns sein und uns in seinen Schutz nehmen. Also vorwärts, Freunde, ohne Zagen, zündet die Laternen an dem Maste an; morgen, wenn der Tag anbricht, haben wir die Stelle erreicht, wo Brebeuf sein qualvolles, aber glorreiches Ende gefunden!“

Dagegen ließ sich nichts weiter einwenden, und bald flimmerten die matten Lichter von dem Maste, und ruhig trug die Strömung den kleinen Schoner dahin.

„Die zwei Leuchtkäfer werden uns, beim Duivel, nicht viel nützen!“ brummte Tom und lagerte sich auf einem kleinen Haufen Tauwerk auf dem Hinterdeck und neben ihm Longinus. Die Nacht war trotz des Nebels eigentlich mild zu nennen, und die beiden Freunde hatten keine Neigung zu schlafen. Da erzählte denn der Alte wieder von seinen Fahrten und von seinem braven Kapitän, und vor dem Geiste Hermanns stand bei diesen Schilderungen wieder die stattliche Gestalt seines Vaters, so daß er mehr als einmal dem wackeren Tom die Hand drückte. Heimat und Vaterhaus übten hier in dunkler, schweigender Nacht auf dem großen kanadischen Strome ihren niemals ganz zu vernichtenden Einfluß auf zwei deutsche Menschenherzen, Jugend- und Jünglingserinnerungen gingen an dem inneren Auge Hermanns vorüber, und mit Liebe, ja mit Sehnsucht mußte er auch seiner Mutter denken, die ihn stets lieb gehabt und die vielleicht an der Seite des fremden reichen Mannes, des Lübecker Schiffsherrn, den sie nach seines Vaters Tode geheiratet, sich doppelt wenig glücklich fühlte, weil ihr einziger Sohn sich nicht um sie bekümmerte, weil sie nicht wußte, ob er noch lebe, oder ob man ihn in fremder Erde bereits eingescharrt habe zum ewigen Schlummer.

Es überfiel ihn bei solchen Gedanken eine Art Wehmut, und da auch der Waldläufer still seinen Erinnerungen nachhing, schwiegen sie beide und setzten allmählich, ohne daß sie sich dessen bewußt wurden, im Schlaf und Traum die angesponnene Gedankenreihe fort. Es wachte wohl niemand in der nebelschweren Nacht als der Mann am Steuer und der wachthabende Bootsmann und Matrose.

Mit einem Male erschütterte ein gewaltiger Stoß das ganze Fahrzeug, daß es in allen seinen Planken erzitterte, und dem Stoße folgte unmittelbar ein Krachen und Splittern und ein angstvolles Aufschreien von Menschenstimmen. In wenigen Augenblicken war alles auf den Beinen, man stieß sich in der Dunkelheit auf dem Verdeck durcheinander, das laute Kommandowort Maisonneuves rief nach Fackeln, und Tom und Longinus waren aufgesprungen und eilten nach dem Vorderdeck.

„Wir sind irgendwo aufgefahren!“ rief Longinus.

„Thorheit, mein Junge — wir sind einem andern Fahrzeug zwischen die Rippen gefahren und haben es in den Grund gebohrt, weil wir beim Stromabfahren die größere Gewalt haben. Beim Duivel, da kreischen Weiberstimmen durch die Nacht, und die Schiffsleute fluchen ganz heidenmäßig — sind Franzosen!“

Der alte Seemann hatte vollkommen recht; man war wirklich an eine französische Schaluppe angerannt, welche von Quebec heraufkam, und hatte dieselbe in den Grund gebohrt. Die Fackeln, welche matt genug durch Nebel und Nacht leuchteten, zeigten ein trauriges, entsetzliches Bild. Das Schifflein war vollständig im Sinken begriffen, Holztrümmer und Vorräte schwammen auf den Wellen, und die Matrosen besaßen Geistesgegenwart genug, die bedrohten Leben zu retten.

Die Leute Maisonneuves arbeiteten mit aller Kraft, um ihr eignes Fahrzeug aus dem andern herauszubringen und das kleine Leck, welches es davongetragen, so rasch wie möglich zu verstopfen; Tom, der sich eigentlich ganz in seinem Elemente fühlte, schimpfte in Seemannsausdrücken, wie sie ihm lange, lange nicht in den Mund gekommen waren, und war eigentlich überall, wo es Geistesgegenwart und Arbeit galt. Bald handhabte er selbst mit die Ruderpinnen, bald kommandierte er an den Pumpen, bald tauchte sein borstiger Kopf in der Nähe des Steuermannes auf; unterdessen leiteten Maisonneuve und Longinus die Rettungsarbeiten und suchten die Leute und das Gut des sinkenden Fahrzeuges zu bergen.

Als der Morgen graute und die Nebel sich zerstreuten, war das Quebecer Fahrzeug gesunken, und nur einzelne Trümmer trieben auf den Wellen, der Schoner aber setzte seinen Weg fort.

Longinus saß mit Maisonneuve und mit dem Führer der verunglückten Schaluppe zusammen, und dieser machte seinem Unmut über den Unfall in derben Worten Luft. Er konnte Maisonneuve allerdings keine Vorwürfe machen, denn Vorsicht war ihm, der in der Nacht stromaufwärts fuhr, doppelt zu empfehlen gewesen.

„Wäre mir, beim Siebengestirn und Sirius, gar nicht eingefallen“ — sagte er — „in Nacht und Nebel zu fahren, wenn nicht ein seltsam Weibsbild nach Quebec gekommen wäre mit eignem Schiffe, das es sehr eilig zu haben schien, nach Villemarie zu gelangen. Sie bot mir eine Summe, wenn ich Tag und Nacht fahren wolle, die wahrlich einen schlechteren Mann als Jean Dodet verleiten konnte, darauf einzugehen, und sie hat die halbe Summe in blankem Golde vorausgezahlt. Als ich ihr bemerkte, daß ich bei nächtlicher Fahrt meine Schaluppe riskiere, erklärte sie sich bereit, in diesem Falle auch noch die Schaluppe bezahlen zu wollen, und sie thut's, Herr, beim Siebengestirn und Sirius, sie thut's!“

„Ist das die Dame, welche drunten in meiner Kajütte liegt, die Frau mit den weißen Haaren und blauen Augen?“ fragte Maisonneuve.

„Ja, mein Seel, das ist sie. Ich habe sie auf meinen eignen Armen ins Boot heruntergetragen, als Ihr uns mit Eurem Schiffsschnabel zwischen die Rippen fuhret, nicht etwa, weil mir daran gelegen war, das versprochene Geld für meine Schaluppe zu retten, sondern, weil sie eine gar stille, liebe, traurige Frau ist, die man gern haben muß.“

„Und hat sie Euch denn nicht gesagt, weshalb sie es so eilig hat, nach Villemarie zu kommen?“ fragte Maisonneuve wieder.

Der andre zuckte die Achseln.

„Weiß nicht, habe nur erfahren können, daß sie eine Deutsche ist und an der Ostsee zu Hause, in Lübeck —“

„In Lübeck?“ schrie mit einem Male Longinus auf und rüttelte den fremden Schiffsmann an der Schulter; dann aber, wie von einer plötzlichen freudigen Ahnung erfaßt, ließ er ihn los und eilte davon. Jean Dodet griff an die Stelle seines Leibes, wo die Hand des jungen Deutschen gelegen hatte, und murrte:

„Beim Sirius, Euer Maat ist wohl verrückt geworden, Herr?"

„Das fürchte ich nicht, aber er ist auch aus Lübeck daheim."

„Hätte mir's denken können, daß er von der deutschen See daheim ist — man sieht's an der hellen Mähne und an den blauen Augen — beim Sirius, da fällt mir eben ein, der Bursche hat genau dieselben Augen, wie das Frauenzimmer, das in Eurer Kajütte sitzt!"

Und das war auch wirklich der Fall und hatte seinen sehr guten Grund. Longinus war hinabgeeilt nach der Kajütte Maisonneuves und war ohne weiteres eingetreten. Zwei ältere Frauen waren in derselben. Die eine lag in einer Art Hängematte, die andre saß ihr zu Füßen. Die erste war die mit dem weißen Haar und den milden blauen Augen, und die andre war wohl ihre Dienerin und Gesellschafterin.

Mit dem lauten, freudigen Aufschrei: „Mutter, meine Mutter!" stürzte Longinus auf die erste zu, und erschreckt, überrascht erhob sich die Dame.

„Hermann, lieber Hermann!" rief sie, und mit aufleuchtenden Augen schlang sie die Arme um den Nacken des jungen Mannes, und im überwallenden Muttergefühl küßte sie ihm die Lippen und Augen und strich ihm, wie damals, als er noch Knabe war, liebkosend über die glänzenden Haare.

Die Gesellschafterin hatte sich still entfernt, und Hand in Hand saßen Mutter und Sohn beisammen — sie hatten sich viel, sehr viel zu erzählen.

Da erfuhr Longinus, daß der zweite Mann seiner Mutter gestorben sei und ihr sein ungeheures Vermögen hinterlassen habe. Lebhafter als jemals erfaßte nun die Sehnsucht nach dem einzigen Kinde die Frau, und so beschloß sie, ihn selbst aufzusuchen und zurückzuführen nach der Heimat. Sie ließ eines ihrer Schiffe ausrüsten nach dem fernen Westen und erreichte ohne jeden Unfall die kanadische Küste.

Vergebens aber hatte sie in Quebec nach Hermann gefragt, und eine bange Sorge erfaßte sie, ob er überhaupt noch am Leben sei. Man riet ihr, Nachfrage zu halten in Villemarie, und ihre Sehnsucht und Erregung ließ sie nicht rasten, so daß sie Tag und Nacht fahren wollte, um nur recht schnell an das Ziel zu kommen.

„Und nun, mein guter Hermann" — schloß sie — „gehst du nicht mehr von mir, nun kehrst du mit mir zurück nach deiner Heimat, wo Reichtum und Ansehen, Ruhm und Ehre auf dich warten; versprich mir das, Herzenssohn! Du mußt es mir versprechen, sonst hefte ich mich hier an deine Fersen und folge dir durch Kanadas Wälder und Sümpfe, denn ich lasse nun nicht mehr von dir!"

Über Longinus kam es wie eine unendliche, stille Seligkeit, der Traum seiner Sehnsucht sollte sich erfüllen, was in den letzten Tagen und Wochen so oft sein Denken und Sinnen gewesen, sollte schöne Wirklichkeit werden. Freudig erfaßte er die Hände seiner Mutter:

Hermann Langer bei seiner wiedergefundenen Mutter.

„Ja, ich gehe mit dir wieder hinüber nach unserm alten Lübeck, aber ich komme nicht allein, ich bringe dir auch eine Tochter zu, die du lieb haben sollst, wie mich selbst!“

Und nun erzählte er von Marie, seinem Weibe, und von dem Glücke, das er an ihrer Seite gefunden und das ihn zuerst dem Waldläuferleben entfremdet habe, der alten Frau aber rannen die Thränen der Seligkeit über die blassen Wangen, und mit gefalteten Händen sprach sie:

„Ich danke dir, du lieber Herrgott, daß du mich diesen Tag hast erleben lassen!“

Nun wurden auch Maisonneuve und Tom herbeigerufen, und beide begrüßten die Mutter Hermanns in herzlicher Weise. Der alte Bursche aber rief jubelnd:

„Hurra, nun geht's wieder zur See! Hermann, mein Goldjunge, nun wirst du Kapitän und ich wieder Bootsmann, und ich will meinen, ich sei noch um zwanzig Jahre jünger und fahre wieder mit meinem Kapitän in See. Der Name Hermann Langer wird wieder aufleben auf dem Weltmeer, und du sollst sehen, Herzensjunge, was derselbe für einen guten Klang hat.“

Longinus hatte Mühe, den Alten zu beruhigen, der noch auf dem Verdeck seiner Freude die Zügel schießen ließ. — —

Man kam an dem Orte an, wo Brebeuf unter Martern geendet hatte, und fand hier in der That den furchtbar verstümmelten Leichnam, welchen die Irokesen hatten liegen lassen. Mit der größten Ehrfurcht wurde derselbe aufgehoben, gereinigt, in kostbare Tücher geschlagen und in eine eherne Truhe gelegt, welche man zu diesem Zwecke mitgeführt hatte. Nach kurzer Rast brach man gegen Villemarie auf — eine stille Fahrt! Kein Lied erklang, ja kaum ein lautes Wort; Ehrfurcht vor dem Toten und Wehmut hielten alle Zungen wie gebannt.

So langte man glücklich in Villemarie an.

Die Bewohner des Forts zogen den Ankommenden entgegen. Voran die beiden Jesuiten, welche zur Zeit hier lebten, dann die Besatzung unter Führung Duponts. Die Soldaten präsentierten, als man die eiserne Truhe mit den Überresten des toten Missionars ans Land brachte, und langsam bewegte sich der Zug gegen die Niederlassung.

Nur ein junges Weib hatte sich vorgedrängt und suchte mit liebendem Auge den Gatten — Marie lag an der Brust Hermanns, und selbst gerührt stellte er sie seiner Mutter vor und legte sie ihr in die Arme.

Die Jesuiten stimmten einen schwertönigen Trauerhymnus an, bei dessen Klängen der Leib Brebeufs fortgetragen wurde, unbekümmert jedoch darum standen die drei beisammen am Gestade, eins in Glück und Freude.

Langsam gingen sie endlich hinter dem Zuge her, und innig hielten sich die beiden Frauen umschlungen. — —

Maisonneuve mußte sich, so schwer es ihm auch fallen mochte, doch entschließen, sich von seinen Lieben zu trennen; nur wenige Tage des Beisammenseins waren ihnen noch beschieden. Longinus und Marie, Dupont und Margarete, sowie der wackere Tom, sie alle wollten Abschied nehmen von der Neuen Welt und in die Heimat zurückkehren. Dupont hatte den Versuch gemacht, auch Maisonneuve zu dem gleichen Entschlusse zu bringen, aber dieser hatte ein solches Ansinnen mit aller Entschiedenheit zurückgewiesen: das Werk, das er gegründet hatte, wollte er nicht verlassen, in Villemarie sollte man ihn dereinst begraben!

Marie bemühte sich auch, Glanzauge für die Fahrt nach Europa zu gewinnen; gern hätte sie das Huronenmädchen, das ihr so lieb geworden war, immer um sich gehabt, aber dieses erklärte, das Land, in welchem sie geboren sei, nicht verlassen, sondern bei ihrem Volke aushalten zu wollen, möge es demselben schlecht oder gut ergehen; sie bat einzig und allein, man möge sie mit bis Quebec nehmen, in dessen Nähe ihre Stammesgenossen ihre letzte Niederlassung gegründet hatten.

Noch vierzehn Tage wollte man um Maisonneuves willen die Abreise hinausschieben — wenn aber irgend einem diese Zeit zu lange deuchte, so war es Tom. Der Alte war wie vollständig verändert, ihm brannte der Boden unter dem Fuß, und er sehnte sich danach, endlich einmal wieder zwischen den Planken eines größeren Schiffes leben und hantieren zu können — — und doch sollte gerade ihm es nicht vergönnt sein, seinen letzten, liebsten Wunsch erfüllt zu sehen.

Etwa zehn Tage vor der festgesetzten Abreise langten eines Abends die vierhundert Huronen von St. Joseph unter Führung Anatohas in Villemarie an. Der Name des Häuptlings flog von Mund zu Mund, als ihn aber das schlanke Indianermädchen mit den glänzenden Augen hörte, ging zunächst ein Zittern durch die Glieder, dann aber eilte sie mit einem lauten Jubelruf den Heranziehenden entgegen. Anatoha preßte sie stürmisch an seine breite Brust, und schweigend hielten sich eine Weile die Geschwister umfangen. Still standen Huronen und Franzosen, und niemand wagte mit einem Worte die Weihe dieser Minute zu unterbrechen.

Die Huronen blieben nur einen Tag in Villemarie; am zweiten Morgen, als kaum noch die ersten Sonnenstrahlen den breiten Spiegel des Lorenz küßten, schwammen ihre Kanoes schon wieder stromabwärts; die Kanonen des Forts riefen dröhnend den letzten Huronen die Grüße nach, in der Mitte der braunen Männer aber, in dem größten der Kanoes, stand Glanzauge und blickte nach Villemarie hinüber, solange es noch dem Auge sichtbar war.

Leben und sterben mit ihrem Volke — das war ihr Wahlspruch, an ihres Bruders Seite war ihr Platz, und niemals mehr wollte sie denselben verlassen. Mit hochatmender Brust, aber mit zusammengepreßten, stummen Lippen hatte sie den Tod Skandavatis erfahren, und nun lebte keine andre Sehnsucht mehr in ihr, als gleichfalls sterben zu können, aber würdig ihres Stammes und würdig ihres Bruders.

Am festgesetzten Tage nahmen auch die andern Abschied von Villemarie. Es war eine aufregende Stunde, in welcher Maisonneuve immer aufs neue seine Lieben umarmte, die er wohl niemals wiedersehen sollte. Die Garnison war ausgerückt und stand in Reih und Glied, und der Kommandant gab den Scheidenden das Geleite bis nach dem Schiffe. Lustig blähten sich am Maste die bunten Wimpel, die Kanonen grüßten von dem Fort herüber, und bald schwamm der kleine Schoner auf dem breiten, majestätischen Strome. In ruhiger Klarheit schaute die Sonne nieder auf das Bild. An Bord des Schiffleins standen sie alle, die in guten und bösen Stunden dem Erbauer von Villemarie zur Seite gewesen, und die Damen winkten mit ihren Tüchern den letzten Abschiedsgruß hinüber.

Etwa zwanzig Mann von der Besatzung waren den Abreisenden als Geleite und Schutz mitgegeben worden, und seltsam genug klangen die fröhlichen Lieder derselben in die Wehmut, welche die Herzen der Scheidenden erfüllte. Die Fahrt ging rasch von statten, trotzdem man jede Nacht landete und das Lager am Ufer des Stromes aufschlug. Noch eine Tagereise, und man hatte Quebec erreicht.

Zum letztenmal lenkte man das Fahrzeug ans Gestade und zündete die lodernden Feuer an, um das Abendmahl zu bereiten. In tiefer Stille senkte sich die Nacht mit ihrem Schleier nieder und umhüllte das Lager der Franzosen; alle waren in Schlaf gesunken, nur die Wachen gingen mit unhörbarem Schritt auf ihren Posten auf und nieder. Tiefer im Walde jedoch, welcher sich vom Gestade des Stromes landeinwärts zog, rührte sich unheimliches Leben. Hier hatte sich eine Bande von etwa vierzig Irokesen niedergelassen, und ihre Späher, die dem aus dem Franzosenlager aufsteigenden Rauche gefolgt waren, berichteten über die geringe Zahl der Bleichgesichter und über die Leichtigkeit eines Überfalles. Ein solcher wurde denn auch beschlossen, und in unheimlicher Stille zog die Bande, gleich einer düsteren Wetterwolke, gegen das nichts ahnende Lager heran. Hart am Ende des neuen Weltteils sollten sich unsre vielgeprüften Freunde noch einmal mit Blut und Eisen den Übergang nach der alten Heimat erkaufen müssen.

Die Posten waren wachsam, und kein Schlaf kam in die Augen der treuen Männer. Nur die Sterne leuchteten mit bläulichem Schimmer, der kaum die Dämmerung der Nacht durchdrang. Es war aber immer hell genug, daß einer der Soldaten einen dunklen Körper zu erkennen vermeinte, welcher schlangengleich sich auf dem Boden heranwand. Der Mann wußte genug von der heimtückischen Kampfesweise der Indianer, um über die Beschaffenheit des Körpers lange im unklaren sein zu können. Er erhob seine Büchse, und ein Schuß, ein Aufschrei durchbrach die Stille der Nacht. Ihm folgte lautes, wütendes Heulen vom Walde her, und wie eine Bande wilder Teufel jagten jetzt die Irokesen heran. Aber der Schuß hatte seine Schuldigkeit gethan: wie auf Kommando hatten sich die Schläfer aufgerafft, ihre Waffen ergriffen und einen Kreis um die aufgeregten Frauen geschlossen, die sich fest umarmten und aneinander preßten. Die beständige Erwartung der Gefahr gab diesen Männern ihre rasche Geistesgegenwart, und mehr als zwanzig blinkende Läufe starrten den überraschten Indianern entgegen, und mehr als zwanzig Schüsse krachten in ihre Schar.

Aber die wilden Feinde waren nicht geneigt, so leicht den Kampf aufzugeben; über die Leiber ihrer gefallenen Krieger sprangen sie weiter in wütenden Sätzen, und in einigen Augenblicken waren die beiden Menschenknäuel an- und durcheinander im erbitterten Handgemenge. Kolbenschläge dröhnten und Beilhiebe sausten, getroffene Männer stöhnten auf, und das wilde Schreien und Heulen durchtobte die Nacht.

Longinus hatte einen der Gegner gepackt im heißen Ringkampfe, und der Weiße und der Indianer waren wie ineinander verwachsen. Ein riesiger Irokese suchte seinem Gefährten zu Hilfe zu kommen und hob den Tomahawk, um ihn nach dem blonden Haupte Hermanns zu schleudern; sausend durchflog die schwere Waffe die Luft, aber in demselben Moment warf sich ein Kopf mit weißen, borstigen Haaren ihr in den Weg, und die Schneide fuhr zischend in die Stirn — der alte, treue Tom, welcher nur so seinen Herzensjungen zu retten vermochte, daß er sein eignes Leben hingab, sank blutüberströmt nieder neben dem Irokesen, den Longinus eben jetzt überwältigt und niedergestoßen hatte. — — —

Als der Morgen dämmerte, waren die Indianer zurückgeschlagen, und die Bleichgesichter standen um den alten, sterbenden Mann mit der klaffenden Wunde in der Stirn. Longinus kniete bei ihm und hielt seine erkaltende Hand in seiner Rechten.

„Sei ruhig, Hermann, mein Herzensjunge“, sprach der Alte mit Anstrengung, „es hat mir nicht sollen beschieden sein, drüben im Vaterlande zu sterben. Aber versprich mir eins! — Scharrt mich nicht hier ein, wo sie mich erschlagen haben, legt mich in das große Grab zu meinem guten Kapitän, deinem Vater!“

Er schwieg eine Weile, um Atem zu schöpfen, aber er ließ die Hand Hermanns nicht los; dann sprach er wieder:

„Thu' mir die Liebe und sage mir noch einmal den schönen Vers — den von dem getreuen Herzen!“

Longinus fühlte, wie ihm die Stimme zitterte, aber er that dem Sterbenden den Willen:

„Ein getreues Herze wissen
Hat des höchsten Schatzes Preis,
Der ist selig zu begrüßen,
Der ein treues Herze weiß;
Mir ist wohl bei höchstem Schmerze,
Denn ich weiß ein treues Herze!

„Ein treues Herze“ — stöhnte der Verwundete — „du hast's gefunden — mag es niemals dir fehlen — —“

Seine Augen umschleierten sich, krampfhaft drückte er die Hand des Freundes, hoch bäumte er sich noch einmal auf, und mit dem letzten Rufe: „Ein Seemannsgrab!“ sank er zurück. Longinus drückte ihm die Augen zu, und stumm standen die Männer rings umher. — —

Am Abend dieses Tages kamen sie in Quebec an, ernst und traurig, und nach abermals drei Tagen stach der stolze Dreimaster in See, welcher unsre Freunde hinübertrug nach der Alten Welt, nach der Heimat!

Auf offener See trat die Mannschaft des Schiffes zusammen, um dem ehemaligen Bootsmann des Kapitäns Hermann Langer, dem Trapper, den man den roten Tom und die „große Büchse“ genannt, die letzte Ehre zu erweisen. Die Matrosen hatten alle ihre Häupter entblößt, und aus rauhen Kehlen kam das ehrliche Gebet für den Toten. Sein letzter Wunsch ward erfüllt — er fand ein Seemannsgrab in den Wellen des Ozeans, der blau und glatt sich über dem hinabgesenkten Körper ausbreitete, ein unendliches, großartiges Leichentuch! — — — — —

Die letzten Huronen als Korbflechter.

Dreiundzwanzigstes Kapitel.

Der letzte Huronenhäuptling.

Die Huronen hatten sich nach ihrer Auswanderung von St. Joseph in der Nähe von Quebec selbst niedergelassen, und als auch Anatoha mit seinen vierhundert Kriegern wieder zu ihnen gestoßen war, überkam sie allmählich das Gefühl größerer Sicherheit. Die Jesuiten hielten auch hier getreulich bei ihnen aus, sie mit Rat und That unterstützend, und es gelang ihnen auch, die weitaus meisten zum Christentume zu bekehren. Nur Anatoha und seine Schwester weigerten sich aufs entschiedenste, von den Lehren ihrer Väter abzugehen.

Länger als ein Jahr erfreute sich die neue Ansiedelung, geschützt von den Kanonen von Quebec, des Friedens und vermochte sich ganz gedeihlich zu entwickeln, ja, sie begann sogar bereits den Anstrich der Wohlhabenheit aufzuweisen.

Die Irokesen ließen dem gehetzten Volke auch hier keinen Frieden; bald in größeren, bald in kleineren Scharen beunruhigten sie die neue Niederlassung, und selbst die Waffen der Franzosen vermochten nicht, sie einzuschüchtern.

Im Spätherbst war es, die Feldfrüchte waren eingeheimst, einzelne Abteilungen der Huronen wagten es, zur Jagd auszuziehen, aber alle diese kamen flüchtig und in Eile zurück und alle brachten die entsetzliche Kunde, es rückten die Irokesen in ungeheurer Anzahl heran. Da ward Kriegsrat gehalten. Ein Teil riet Flucht, die Mutigeren aber verlangten den Kampf, und wäre es auch der letzte, der ihnen den Untergang brächte. Anatohas Wort gab den Ausschlag:

„Seht, der Himmel ist klar, die Sonne sieht leuchtend auf uns herab. Wenn Wolken ihr Angesicht bedeckten, um unsre Schande vor ihr verbergen zu können, könnten wir fliehen, aber nun müssen wir kämpfen, solange es geht. Besser mit Ehren untergehen als ruhmlos fortleben!"

So ward denn der Kampf beschlossen. Unterstützt von einer Schar Franzosen erwarteten die Huronen ihre Todfeinde. Bald hallte die Ebene am St. Lorenz wider von wildem Schlachtenlärm, und bei zwei Stunden dauerte das grauenvolle, wilde Ringen — dann ließen die Huronen ihren Führer im Stich und flohen entsetzensvoll den Wäldern zu, und das entschied die Schlacht.

Um Anatoha stand ein Häuflein Getreuer, das mit ihm sterben wollte; es stand gleich einem Felsen, um den die wilde Brandung schäumt und den sie allgemach unterwäscht, so daß ein Stück nach dem andern abbröckelt und in die schäumenden Wogen rollt. Einer nach dem andern von den wackeren braunen Männern sank, seines Volkes Untergang mit seinem Blute besiegelnd, noch aber stand der Führer aufrecht und schwang mit nimmermüdem, riesenstarkem Arm die wuchtige Waffe. Aber auch sein Geschick mußte sich an diesem Unglückstage erfüllen. Von einem Steinwurf an die Stirn getroffen, brach er in die Kniee, und schon waren in zwanzig Händen die tödlichen Waffen gegen ihn gezückt, als Kiotsatons Stimme den Lärm der Schlacht übertönte: „Fangt ihn lebendig!"

Und so geschah es; der Löwe der Huronen wurde überwältigt und an Händen und Füßen gefesselt, und nun war alles vorbei für sein Volk. Die letzten, welche noch gekämpft hatten, schleuderten die Waffen von sich und überließen sich der Gnade oder Ungnade der Sieger, und wie ein wilder Strom, der jeden Damm zerbricht, fluteten nun die Irokesen in die Ansiedelung selbst hinein, welche die Franzosen vergebens zu verteidigen bemüht waren, und würgten und mordeten Greise, Kinder und Weiber in schonungsloser Wut.

Ein kleines Häuflein Gefangener nur trieben sie dem Walde zu, stumme, trotzig ergebene und blutige Männer und zitternde Frauen — unter ihnen war Anatoha, der letzte Häuptling seines Volkes, und seine Schwester Glanzauge. Sie hatte Kiotsaton selbst herausgeschleppt aus der brennenden Niederlassung, sie war sein Siegespreis, und diesmal mußte die Blume der Huronen seine Squaw werden. Mit finster glühenden Augen und fest aufeinander gepreßten Lippen schritt Anatoha dahin, nicht um sein Schicksal bekümmert, aber um die Schwester besorgt. Nach mehrtägigem Marsche machten die Irokesen Halt.

Hoher, dunkler Wald schloß auf drei, ein See mit schwarzem Wasser auf der vierten Seite die Bühne ab, auf welcher der Held der Huronen enden sollte.

Im Kreise rings umher lagerten die mordgierigen Banden; das Opfer stand gefesselt an einem Baumstamme und schaute mit den Blicken tiefster Verachtung auf seine Feinde, welche den Scheiterhaufen bereits errichteten, der für ihn bestimmt war. Da sah er Kiotsaton herankommen und seine Schwester, deren Hände gefesselt waren. Eine tiefe Wehmut erfaßte den Häuptling, und er machte eine Bewegung, als ob er sich aus den fesselnden Baststricken losreißen wollte.

Kiotsaton trat mit Glanzauge näher. Sein brennendes Auge heftete sich auf Anatoha, und er sagte:

„Ich biete dir die Freiheit und die Aufnahme in unser Volk, das dich als großen Häuptling ehren wird, wenn du Glanzauge mir giebst als Squaw."

Anatoha erwiderte: „Möge Glanzauge für sich selbst reden, ob sie die Squaw eines Irokesen sein will; Anatoha will keine Irokese werden!"

Da wendete sich Kiotsaton an das Mädchen, und auch ihr bot er Leben und Freiheit ihres Bruders als Preis, wenn sie sein Weib werden wolle. Eine Sekunde lang blickte Glanzauge hin nach dem stolz und aufrecht stehenden Gefangenen, dessen eherne Züge keine Erregung verrieten, dann sagte sie:

„Glanzauge hat nur Haß für die Hunde von Irokesen, und sie wird sterben, ehe sie Kiotsatons Weib wird! Auch Anatoha weiß zu sterben, und er wird im Tode noch den Irokesen ihre Schande zeigen!"

Kiotsatons Zähne schlugen im Zorn knirschend zusammen, die Augen Anatohas leuchteten aber in flammendem Feuer, als er rief:

„Das möge Manitu, der große Vater, dir vergelten, Schwester! Fluch und Schimpf den Irokesen!" — —

Das waren die letzten Worte, welche der große Häuptling der Huronen sprach. Seine Marter begann, und Glanzauge wurde gezwungen, derselben beizuwohnen. Die Flammen züngelten empor an dem Holzstoß und leckten gierig an den Füßen des Gefangenen. Der stand ruhig, als ob er in Blumen stehe, und sein Auge lag groß und mit seltsamem Glanze auf der Schwester, die mit eisernem Mute dem entsetzlichen Schauspiel beiwohnte und die bei allem Schmerze doch auch einen erhabenen Stolz fühlte bei der Seelenstärke ihres Bruders, mit welcher er seine Feinde höhnte. Es zuckte kein Glied an dem mächtigen Leibe des Häuptlings, und als Flamme und

Rauch ihn ganz umhüllten wie mit einem prächtig lodernden Mantel, da sank er langsam in Betäubung nieder. Nun riß man den Leib heraus aus den Flammen, um das Blut des Tapfersten zu genießen und so seiner Tapferkeit selbst teilhaft zu werden; als man aber in sein Fleisch schnitt, da kehrte dem Betäubten die Besinnung zurück. Er sprang mit einem Male auf, faßte einen der Feuerbrände und schlug mit demselben wild in die aufkreischende Menge, die weit zurückwich. Man schleuderte Stöcke und Steine nach ihm, an die Stirn getroffen sank er blutend nieder, und nun faßte man ihn abermals und warf ihn in die hoch aufwallenden Gluten. Aber noch einmal sprang der riesenstarke, eiserne Mann empor und faßte mit jeder Hand einen glühenden Feuerbrand. Gesicht und Brust überströmt von Blut, bedeckt mit glühender Asche und glimmenden Holzstückchen — so stürzte er sich auf die ihn umgebende Menge, die entsetzt und schreiend vor dem fürchterlichen Anblick zurückwich. Da ihm das Blut über die Augen rann, strauchelte er, und nun stürzte sich die Meute abermals über ihn, verstümmelte ihm Hände und Füße und schleuderte ihn zum drittenmal in die Glut. Und selbst jetzt rollte er sich wieder heraus, auf den Knieen kriechend, und seine Augen starrten mit so entsetzensvoller Wildheit auf die Menge, daß die Scharen zurückwichen.

In demselben Augenblicke aber trat ein Ereignis ein, welches die Aufmerksamkeit von dem gemißhandelten Manne mit einem Male ablenkte.

Glanzauge hatte neben Kiotsaton stehen und Zeuge dieses Schauspiels sein müssen. Ihr tiefinnerstes Herz empörte sich bei den Qualen ihres Bruders; am liebsten wäre sie vorgesprungen und wäre mit ihm gestorben, aber es wäre ihr unmöglich gewesen, die Menge zu durchdringen, die zwischen dem erhöhten Punkte, wo sie stand, und dem Scheiterhaufen sich befand. In größter Aufregung zerrte und riß sie an den Banden, welche ihre Hände fesselten, und in demselben Momente, als der verstümmelte Held sich zum letztenmal aus den Flammen herauswälzte, riß sie mit gewaltigem Rucke den Baststrick durch, faßte mit Blitzesschnelle nach dem Tomahawk, welcher in dem Gürtel Kiotsatons steckte, und schmetterte ihn mit wuchtigem Schlage in den Schädel des Häuptlings, der sofort zusammenbrach. In den Aufschrei der Umstehenden tönte es wie ein schriller, weithinschallender Jubelruf: Anatoha! Und ehe noch die bestürzte Menge recht wußte, um was es sich handle, durchbrach das Mädchen die dichten Reihen, lief gegen den Scheiterhaufen hin, an dessen Fuße der sterbende Huronenhäuptling lag, preßte einen Kuß auf dessen blutüberströmte Stirn und eilte nun in gewaltigen Sprüngen weiter gegen den See.

Nun erst begann man unter den Irokesen klar zu werden über das was geschehen war, und Hunderte setzten sich in Bewegung hinter dem flüchtigen Mädchen her. Das eilte, wie von den Flügeln des Sturmes getragen, dem Gestade des schwarzen Gewässers zu; mit keuchendem Atem, mit wehendem Haare stand sie nun auf der Felsplatte, die über dem düsteren See sich erhebt, und blickte mit einem schrillen Hohnlachen zurück nach ihren Verfolgern, die kaum noch zwanzig Schritte von ihr entfernt waren. Sie ließ den einen herankommen, bis er beinahe mit ausgestreckter Hand sie ergreifen konnte — da rief sie noch einmal weithinschallend den Namen ihres heldenhaften Bruders und sprang hinab in die Wellen. Die dunklen Wasser spritzten auf, dann dehnten sich die Kreise weiter, immer weiter, und entsetzt schauten die nachgeeilten Irokesen hinunter in das große, düstere Grab des Huronenmädchens.

Anatoha, Glanzauge und Kiotsaton starben zur selben Stunde.

Die kärglichen Reste der untergegangenen Nation der Huronen zogen von Ort zu Ort, ohne Rast und ohne Frieden. Zuletzt ließen sie sich in Neu-Lorette oder Indianer-Lorette nieder, einem wilden, unwirtbaren Platze. Dichter, düsterer Urwald deckt den Boden, in einer braunen, wild zerklüfteten Schlucht tost der St. Charlesfluß, und seine jagenden Gewässer tanzen mit unheimlich weißen Schaumkämmen über die schwarzen Felsriffe in seinem Bette. Müde und wie schüchtern nur blickt ab und zu ein Sonnenstrahl durch die dichten, schwärzlichen Baumkronen und zittert vorübergehend auf dem dunkelgrünen Moose und auf den schäumenden Katarakten. Eine Kapelle, der heiligen Marie gewidmet, erhebt sich auf einem kleinen Plateau an der Schlucht, ein Werk des Friedens in dieser großartigen Wildnis.

Hier findet der Wanderer auf seinem Wege noch heute die Reste des ausgestorbenen Huronenvolkes; sie flechten Körbe und nähen Mocassins und nehmen voll treuherziger Gutmütigkeit den Fremden auf, der ihre Gastfreundschaft begehrt. Vielleicht weiß einer und der andre noch Geschichten, wie sie einer seiner Vorfahren ihm erzählt, von Anatoha, dem letzten Häuptling seines Stammes.

Ende.